吴式颖　李明德

丛书总主编

外国教育通史

第十八卷

20 世纪
后期的教育
（下）

李明德　杨孔炽

本卷主编

GENERAL HISTORY OF
FOREIGN EDUCATION

北京师范大学出版集团
BEIJING NORMAL UNIVERSITY PUBLISHING GROUP

北京师范大学出版社

图书在版编目（CIP）数据

外国教育通史：全二十一卷：套装／吴式颖，李
明德总主编. -- 北京：北京师范大学出版社，2025.1.
ISBN 978-7-303-30486-8

Ⅰ. G519

中国国家版本馆 CIP 数据核字第 20251WL437

WAIGUO JIAOYU TONGSHI：QUAN ERSHIYI JUAN：TAOZHUANG

出版发行：北京师范大学出版社 https://www.bnupg.com
　　　　　北京市西城区新街口外大街 12-3 号
　　　　　邮政编码：100088
印　　刷：北京盛通印刷股份有限公司
经　　销：全国新华书店
开　　本：787mm×1092mm　1/16
印　　张：684
字　　数：9000 千字
版　　次：2025 年 1 月第 1 版
印　　次：2025 年 1 月第 1 次印刷
定　　价：4988.00 元（全二十一卷）

策划编辑：陈红艳　鲍红玉　　　　　责任编辑：李春生
美术编辑：焦　丽　　　　　　　　　装帧设计：焦　丽
责任校对：张亚丽　　　　　　　　　责任印制：马　洁

版权所有　侵权必究

编委会

总主编

吴式颖　李明德

副总主编

王保星　郭法奇　朱旭东　单中惠　史静寰　张斌贤

编　委
（按姓氏笔画顺序排列）

王　立	王　晨	王者鹤	王保星	史静寰	乐先莲
朱旭东	刘淑华	许建美	孙　进	孙　益	李子江
李立国	李先军	李明德	李福春	杨　捷	杨孔炽
杨汉麟	吴式颖	吴明海	何振海	张　宛	张　弢
张斌贤	陈如平	陈露茜	易红郡	岳　龙	周　采
郑　崧	单中惠	赵卫平	姜星海	姜晓燕	洪　明
姚运标	贺国庆	徐小洲	高迎爽	郭　芳	郭　健
郭志明	郭法奇	傅　林	褚宏启		

目 录 | Contents

第一章

新行为主义教育思想

　　新行为主义是美国 20 世纪 30 年代后出现的一种心理学理论流派,曾一度占据心理学研究的主流地位,60 年代达到顶峰,其后走向衰落。新行为主义致力于人类行为特别是学习过程的研究,有些新行为主义者还直接将其理论应用于教育领域,他们为教育、教学思想奠定了行为主义方法论基础,开辟了教育科学研究的新视角。新行为主义教育思想指的就是以新行为主义立场来阐述、解释和解决教育问题的理论体系。

第一节　新行为主义概述

　　新行为主义是由早期行为主义发展而来的。早在 20 世纪 20 年代早期,美国心理学家华生(J. B. Watson, 1879—1958)在笛卡儿哲学、孔德实证主义和当时动物心理学的影响下,对传统心理学发起了挑战。他于 1913 年发表了第一篇重要论文《行为主义者眼光中的心理学》,次年又出版了《行为:比较心理学导言》一书,阐述了行为主义的重要原则,使行为主义从当时构造主义学派与机能主义学派僵持不下的争论中异军突起,在心理学界引起了强烈反响,为后来新行为主义的崛起奠定了基础。

华生行为主义的基本主张是：心理学要成为一门科学并跨入自然科学之列，就必须放弃对"心理""意识"等机体内部状态的研究，而代之以对"行为"的研究。因为"心理""意识"等机体内部状态是无法通过实验手段进行验证的，而"行为"在实证科学的意义上是可被观察的。行为主义所要研究的就是可被观察的行为与引起这些行为的外在条件的关系，行为主义就是研究刺激与反应关系的科学。相应地，研究"心理""意识"等常使用的传统心理学"内省的"方法，也必须由科学的方法（观察法、条件反射法、实验法、语言报告法等）取代。

华生将人或动物的行为视为外界刺激直接控制的结果，将人的全部行为都归结于刺激-反应（S-R）的公式。这一立场使他导出了环境决定论或教育万能论。华生认为，外部因素是学习的决定性因素，任何人的行为都是可以通过学习和训练控制的，与机体的遗传因素无关。他的名言是："给我12个健康的、发育良好的孩子，带入我自己设定的社会，我将保证同样对待任何一个人，把他们培养成为我所选定的各种类型的专家——医生、律师、作家、批发商，甚至乞丐和小偷，不管他具有什么样的天分、趣向、能力、职业和血统。"①

华生对刺激所引起的"反应"进行了详细的研究。他依据先天遗传、后天获得及表现形式的外显与内隐等标准，将反应分为四类：①明显的遗传反应，如抓握、吃奶、愤怒和恐惧等；②潜在的遗传反应，如内分泌腺的分泌等；③明显的习惯反应，如开门、打球等；④潜在的习惯反应，如思维等。脑和脊髓在华生等早期行为主义者的眼中，并不比肌肉和腺体更重要，神经系统仅仅是使反应较为迅速和完整而已。

以华生为代表的早期行为主义者试图以自然科学的严格标准界定心理学

---

① ［美］约翰·华生：《行为主义讲演录》，艾其来译，81页，北京，现代出版社，2010。

的研究范围和方法，以客观的方法研究可观察的行为，摒弃以内省法研究主观意识，这在西方近代心理学发展史上是一次划时代的转变，体现了人类行为研究对客观性、可证实性等科学理念的追求。但他们那种完全无视机体内部因素，把复杂的心理现象简单化、机械化和极端化的观点，也受到心理学界的批评。至20世纪30年代，华生行为主义的强硬立场也引起了行为主义阵营内部的不满。一些行为主义者试图在坚持客观性原则的基础上，对早期行为主义进行改造以克服其简单化倾向，这就导致了新行为主义的产生。

20世纪30年代新行为主义的出现与逻辑实证主义和操作主义的影响是分不开的。逻辑实证主义在孔德、马赫实证主义提出的直接证实命题的基础上，提出间接证实的方法，即一个不能直接证实的命题，通过对已得到证实的命题的推衍或通过源于观察的事实的推理，也是可以接受的。这就从方法论上打破了早期行为主义者的研究禁区，使通过可观察的行为推断有机体内部因素的研究成为可能。早期行为主义的刺激-反应公式被改写为刺激-中介-反应（S-O-R）。例如，新行为主义的代表人物赫尔（C. L. Hull）、托尔曼（E. C. Tolman）都开始对 S-R 之间的中介变量进行研究。同时，以斯金纳（B. F. Skinner，1904—1990）为代表的操作主义构成了新行为主义的另一支。

操作主义产生于20世纪20年代，衍生于逻辑实证主义，由美国物理学家布里奇曼（P. W. Bridgman）首创。操作主义是一种科学哲学的原则和方法，主张科学的概念必须以可重复的操作来界定，凡是不能由操作定义的概念都是没有意义的。这一观点经托尔曼引入心理学后，为不少行为主义者所接受。从操作主义的立场出发，可以认为，一切不能为操作所表述的主观意识、心理状态都是没有科学价值的；反过来，若可以用操作定义来表达有机体的内部因素，这种研究是可以被接受的。斯金纳就是心理学界操作主义的主要代表人物，他的心理学理论可表述为操作主义心理学理论。

新行为主义在刺激、反应之间的有机体内部因素问题上的妥协姿态，使早期行为主义在研究领域、对象和方法问题上垒起的坚硬堡垒开出了豁口。20世纪60年代后，这一豁口在渐成主流的认知心理学和科学哲学方法论的新进展的巨大压力下日渐扩大，新行为主义者的阵营出现急剧分化。一部分新行为主义者开始对自己的立场产生怀疑，认为"逻辑实证主义……以及它的严格的操作程序原则已经过时，是站不住脚的"[①]；有的新行为主义者大胆吸取认知心理学的研究成果，产生了将行为与意识联系起来加以考察的认知行为主义、折中行为主义，以致新行为主义在除"仍旧坚持'反应'在心理学定义中的中心地位的观点"外，已难以找到其他共同点了。[②] 美国心理史学家库克（S. Koch）甚至提出要对新行为主义的名称进行重新概括，他指出："温和的新行为主义几乎全然丧失了其可鉴别的特点。的确，观点的变化如此之大，以至于值得在其名称前面再加上一个新的。"[③]

自20世纪60年代以来，已很难将行为主义视为一个旗帜鲜明的心理学派别了，一般将较为强调研究个体行为及其条件的心理学理论都泛称为新行为主义。本书正是从这一角度，将加涅（R. M. Gagné，1916—2002）和布鲁姆（B. S. Bloom，1913—1999）与斯金纳一起纳入"新行为主义教育思想"一章中。

第二节　斯金纳的操作主义教育思想

斯金纳是美国当代著名心理学家、新行为主义心理学的主要代表之一。他的基于操作条件反射和强化学说的程序教学、机器教学和行为控制的思想，对第二次世界大战后世界各国的教育发展产生过重要影响。

———————————

① 转引自叶浩生：《现代西方心理学流派》，134页，南京，江苏教育出版社，1994。
② 杨清：《现代西方心理学主要派别》，226页，沈阳，辽宁人民出版社，1986。
③ 转引自叶浩生：《现代西方心理学流派》，134页，南京，江苏教育出版社，1994。

一、生平与著作

斯金纳 1904 年出生于美国宾夕法尼亚州，早在汉密尔顿学院就读期间，就对华生的行为主义、巴甫洛夫的条件反射学说和罗素（B. Russell）的哲学感兴趣。1930 年，斯金纳获哈佛大学心理学硕士学位，次年获哲学博士学位后，留在哈佛大学从事研究工作。1936 年任教于明尼苏达大学和印第安纳大学，先后任副教授和心理系主任。1938 年出版了《有机体的行为》一书，首次阐述了他的心理学基本思想。1947 年重返哈佛大学，任心理系教授。他不仅是一个新行为主义者，而且也是操作主义和实证主义的信奉者。

斯金纳对教育的兴趣由来已久。1953 年的一天，他到小女儿就读的小学四年级听算术课时，发现整个教学情形"十分荒谬"，效率很低。他感叹道："糟糕得很，他们正在那里毁灭心灵，而我们可以干得好得多。"①次年，他在《哈佛大学教育评论》春季刊上发表《学习的科学和教学的艺术》这一著名论文，根据操作主义心理学的基本原理阐发了自己的教育、教学思想，为 20 世纪五六十年代美国的程序教学制定了理论规则，同时发明了教学机器。1958 年，他又出版了《教学机器》一书，使教学机器在 20 世纪五六十年代的美国盛行一时，斯金纳本人也因此被称为"教学机器之父"。

斯金纳著述甚丰，除上述已提到的外，他还著有《言语行为》（1957 年）、《强化程序》（1957 年）、《教学技术学》（1968 年）、《关于行为主义》（1974 年）。他的小说体著作《沃尔登第二》（1948 年）及《超越自由与尊严》（1971 年）是力图以新行为主义原理阐述社会生活的著作。斯金纳 1975 年退休后仍著述不辍，先后出版了《操作主义的实验分析》（1977 年）、《论行为主义和社会》（1978 年）、《一个行为主义者的成长》（1979 年）等著作。1987 年，斯金纳受我国《华东师范大学学报（教育科学版）》之约，为该刊撰写了《程序教学再探》一文，以大量生动的事例深入浅出地阐述了自己的教育主张，并对批评做了

---

① ［美］杜·舒尔茨：《现代心理学史》，沈德灿等译，277 页，北京，人民教育出版社，1981。

回应，如对程序教学与创造性培养的关系、行为技术与艺术欣赏兴趣形成的关系等问题都做了具体解释。①

斯金纳在行为科学方面的研究产生了广泛而深远的社会影响，曾受到社会的高度赞誉和尊重。1958年，他被美国心理学会授予"杰出科学贡献奖"。1968年，他被美国政府授予"国家科学奖"。1971年，美国心理学会为表彰其功绩，再次赠予他金质奖章。在他去世前不久，该学会还授予他"杰出贡献"荣誉证书。

二、教育理论的心理学基础

斯金纳教育理论是以其行为主义心理学为基础的。

(一)操作性条件反射

斯金纳认为，心理学是描述行为(即反应)与刺激关系的一门科学，在刺激与反应之间是不存在什么中间变量的，即便有，由于缺乏可操作性也是没有意义的。有机体的内部犹如黑箱，对黑箱中的活动做出理论上的任何推论都是不客观的。

斯金纳的心理学与传统的刺激-反应心理学的最大区别在于他对反应行为进行了区分。传统的刺激-反应心理学强调"没有刺激就没有反应"，刺激在先，反应在后。斯金纳则认为反应有两类：一类是引起的反应，另一类是发出的反应。引起的反应是应答性行为，是由已知刺激引起的，如光线会引起瞳孔收缩，喝柠檬汁会引起唾液分泌等；而发出的反应，是操作性行为或操作性条件反射，它不是由可识别的刺激引起的，而是由有机体本身发出的，如拖地板、开车、写信等行为。操作性行为的特点在于行为的发生并没有明确的先行刺激，似乎是自发的。日常生活中的大多数活动属于此类。强化刺激物尾随其后可增加这一行为发生的可能性，强化刺激物可以是能增强操作

① [美]B.F.斯金纳:《程序教学再探》，吴庆麟译，载《华东师范大学学报(教育科学版)》，1987(4)。

性反应速率的任何事物。例如，将饿鼠置于实验室的笼中，乱窜、尖叫的老鼠无意中触到实验者有意设置的杠杆，食物落下，经过多次尝试后，老鼠便学会了按棒行为，即建立了操作性条件反射。这里，由于食物促使了按棒行为的重复，因而具有强化刺激的作用。

斯金纳将在动物实验中的成功结果推广到人类的社会生活，认为人的学习与低等动物通过操作性条件反射进行学习的基本性质是相同的，只不过人类在日常生活中的学习更加复杂而已。婴儿起初并不是有意识地叫"妈妈"，只是在牙牙学语时偶尔发出一声"妈"，母亲就会高兴地抱起孩子亲吻，给孩子以关爱和赞赏，久而久之，婴儿便学会了叫"妈妈"，这便是人的操作性条件反射建立的例子之一。斯金纳断言，人类的行为主要是由操作性条件反射构成的，对操作性条件反射的研究是通向行为科学的最好途径。

（二）强化理论

按斯金纳的实验结论，强化在学习活动中起着极为重要的作用。强化是由强化物实施的，当某一刺激物加入某一情境时，加强了某一操作性反应的概率，它就是正强化物；当某一刺激物从某一情境中被排除时，加强了某一操作性反应的概率，它就是负强化物。两者的作用效果总是增进一个反应的概率。惩罚不同于负强化，惩罚是通过呈现负强化物或排除正强化物去降低某个反应，它只能压制反应率，却不能减少消退过程中反应的总次数，不能使行为根绝。这一发现无疑为反对学校教育中的惩罚现象提供了基于实验的理论依据，是有积极意义的。

在人类实际生活中，斯金纳认为强化并不总是连续的，人类的行为往往是在间歇性强化中进行的。为此，斯金纳对强化做了分类：一是定时强化，即在固定的时距施行的强化。二是定比强化，即在预定的多少次反应之后出现的强化，定比强化中的反应一般比定时强化中的反应要快些。斯金纳进一步指出，强化是可以替代的，二级强化就是替代性强化，它是指一个原先不起强化作用的刺激,通过反复地和一个起强化作用的刺激相联系,变得能起强化作用。

斯金纳还用强化列联(Contimgecy of Reinforcement)来表示一个反应接一个强化刺激组成的序列,它由辨别刺激、行为或反应本身、强化刺激这三个变量或项目组成。在一个完整的动作序列中,有机体每一局部的反应都为下一局部的反应提供了辨别刺激,形成连锁。

(三)论言语行为

言语被斯金纳视为动物与人之间的唯一区别。不过,他认为,人类有机体的言语也是一种操作反应。如同动物的操作行为可以用食物加以强化一样,一个人的言语也可以通过别人的言语声音或手势得到强化。例如,前例中的婴儿学会喊"妈妈"就是如此。在斯金纳看来,婴儿得到强化的声音明显地依赖于他在其中所受的教育的文化环境,但言语行为的"机制"与文化无关。说者做出的反应就是发出声音,听者的行为由说者说了什么而决定强化行为、不强化行为或惩罚说者,因而能够影响说者以后的行为。言语行为中的言语操作是语言社会用来强化列联的工具,说者操纵他们自己的言语行为便可以控制或定出听者的反应性质,如父母对孩子说话,如果不恰当地使用"顽皮"这个词,就会影响儿童以后的说话和行为。因此,斯金纳认为建立一门言语自我管理技术学,对发现人们必须说什么和限制控制变量范围这两方面都是有用的。总之,斯金纳认为言语也是一种行为,因为它服从强化的规律,并且是可以预测和控制的。

三、主要教育观点

斯金纳将其有关操作性条件反射和强化原理做了广泛的推广应用,而"在应用操作心理学的各个领域中,斯金纳最热衷的是教育"[①]。他从操作主义心

---

① [美]J.A.舍伦伯格:《社会心理学的大师们》,孟小平译,105页,沈阳,辽宁人民出版社,1987。

理学的立场出发，对美国教育和教学提出了批评并阐述了自己的主张。

（一）对美国教育的批评

斯金纳对美国 20 世纪 50 年代的教育和教学提出了如下主要批评。

首先，斯金纳指出，长期以来，美国学校中儿童的学习只是为了防避或躲避惩罚。即使进步教育运动也没有使这一状况得到真正的改变，这一运动并没有以积极的控制去代替令人反感的控制，其结果无非是"从一种令人反感的刺激形式变为另一种令人反感的刺激形式"而已，教学的任何效果"都在令人反感的控制必然会引起的焦虑、无聊和攻击中变得无影无踪了"。①

其次，斯金纳批评道：在美国的典型课堂教学中，学习行为得不到及时的强化，表现为行为与强化的间隔太长，反应与强化之间，只要有几秒的延搁就会大大地破坏强化效果，而学校往往是在一天之后或一周之后才给学生以反馈。同时，强化次数太少。据斯金纳统计，在小学前四年中，强化出现总共只有几千次，而真正需要的强化次数是 25000 ~ 50000 次，因此课堂教学必须改革。

最后，学校缺少一个逐步接近所要求的最终复杂行为的一连串的强化列联，即缺少一个连续强化的方案。斯金纳指出，教师若不建立一个在每一步上都给予强化的列联，最终复杂行为就不能形成，教学也不可能达到其所期望的目标。

（二）学校中操作性条件反射学习的基本条件

斯金纳认为，"教育主要关心的是文化的传递"②，教育是改变和塑造人的行为的一种努力。教育学应被视为科学技术学的一门最重要的分支。应以行为科学的原则和方法改造教育和教育学。为此，必须考虑在学校中创造操

---

① ［美］普莱西、斯金纳、克劳德等：《程序教学和教学机器》，刘范等译，71 页，北京，人民教育出版社，1979。

② ［美］B.F.斯金纳：《程序教学再探》，吴庆麟译，载《华东师范大学学报（教育科学版）》，1987(4)。

作性条件反射的基本学习条件。首先,要明确学校期望建立什么样的行为,因为教师是学生行为的塑造者,教师必须对教什么、要学生形成的是什么行为等有清晰的认识,才有可能达到有效的教育。其次,要善于安排和利用有效的强化物,对儿童的单纯控制事物本身的"自动强化"(如儿童可以连续几小时玩玩具)要予以高度重视。其中,教师的亲切、友善,对学生的奖励,学生间的竞争等对学生的学习都具有强化作用,应善于加以利用。最后,必须使强化同所要求的行为联系起来,将教学过程尽可能地分成许多小步子,最大限度地提高强化频率,以逐步形成复杂的行为模式,并在每一阶段上保持这种行为的强度。

(三)程序教学和机器教学

符合上述操作性条件反射学习条件的教学,在斯金纳看来就是程序教学和机器教学。他认为,教学就是通过控制使学生形成正确的行为反应,"学生被教,其意就是诱导学生从事新形式的行为,而且是在特殊场合下的特殊形式的行为"①。在教学领域中,正是通过安排好强化列联并提供强化而塑造有机体的行为,并使行动在一定时间内保持一定的强度水平。程序教学就是应用特殊的强化技术,以取得特殊形式的强化结果,它具有以下七个特点。

①适合学生的既有水平。程序应由学者专家预先编定,使程序材料与学生的知识背景相联系,材料所用的语言要能被儿童所理解。

②有学习程序的目标或目的。程序设计者在设计整个程序时,要明确学生所应掌握的知识、技能范围,并且这些目标或目的是用可操作、可观察、可测量的术语加以说明的。

③学生的积极反应。程序学习要求学生和程序间相互影响,其程序教材呈现给学生的知识一般是以问题的形式出现的,使学生在学习过程中,通过

---

① [美]普莱西、斯金纳、克劳德等:《程序教学和教学机器》,刘范等译,71页,北京,人民教育出版社,1979。

填空、解题、书写答案做出反应，这就使学生的学习经常处于积极状态。

④小步子的逻辑序列。教学内容按内在联系分成若干小单元，编成程序，材料一步步呈现，每次只给一小步子，难度逐渐递增，使学生容易理解。

⑤及时的强化。学生学习过程中每做出一个反应，教师都应立即做出肯定或否定的答复，即对学生的反应给予反馈，做出正确答案本身就是一种强化，它能使学习者得到奖赏而增强信心。

⑥自定步调。以学习者为中心，鼓励每一个学生以自己最适宜的速度进行学习。

⑦最低的错误率。程序教材的编制是由浅入深、由已知到未知的，这可保证学生基本上每次都能做出正确的反应，使错误率降到最低的程度。斯金纳指出，不应让学生在发生错误后再去避免错误或纠正错误，无错误的学习更有活力和效率。斯金纳主张程序教学应通过机器教学来进行，他倡导使用"能评价构答式反应的机器"，这种教学机器可以通过对其提供的填充、运算和写出答案等活动方式，使学习者在构答问题时能经常处于积极的反应状态。其程序材料以直线式编排，学生学了第一步获得正确反应后再出示第二步，依次类推，学完为止。斯金纳不赞成学生从一组选择材料中选择答案，而是极力主张由学生自己去构答答案，因为多重选择难以避免学生只是凭幸运选对答案，而不是真正掌握知识，且似是而非的多重选择答案会造成"塑造行为的障碍"。

斯金纳最早发明了算术教学机器，以后又研制了其他形式的教学机器。他在哈佛大学讲授心理学时，就是使用改进过的教学机器进行教学的。20世纪60年代，斯金纳发明的教学机器曾被广泛使用。据统计，仅在1963年这一年中，就约有80%的教学机器的程序是以斯金纳的原理为依据设计的。随着计算机的问世和推广，斯金纳发明的简易直线式程序的教学机器目前已很少使用了，现在它们都被收藏在博物馆内。不过，随着计算机在学校教育中的广泛使用，程序教学在计算机辅助教学技术方面已被探出了新路子，这方面的研究正不断深入，显示出越来越广阔的前景，但斯金纳在这方面所做工作的作用和意义是不容低估的。

四、论行为科学

斯金纳后期研究的重点已从实验室中的动物转到人类行为，他在考察人类行为的条件时，将社会性认可作为关键性的"泛化强化物"，认为人类个体主要是通过两种方式的强化取得与其成员相一致的行为。一是模仿，个体由于发现自己的行为和他人行为协调一致而被强化；二是增强个体在群体中的效应，从而使行为得到强化。

斯金纳否认人有自由选择的意志或自主性。在他看来，人正是通过在群体中上述两种方式的强化而被塑造出社会性行为的。人从来没有摆脱环境的控制，人的行为是受社会环境控制的结果。所谓人的自由不过是对环境中令人厌恶的刺激的一种逃避而已，社会的经济、政治制度、文化风俗、宗教信仰都是控制，教育也是一种控制，是通过"强化"塑造受教育者的控制行为。控制并非都是可恶的，在好的控制下，人类可以更幸福。斯金纳坚信"控制环境，你就可以控制行为"①，通过控制环境来控制行为的途径就是建立行为科学或行为技术学，其关键是为所要塑造的行为提供一致的积极强化。强化可归结为三种价值类型或"有益之事物"。

①有助于生物生存而成为有益之事物。

②由于利他而成为有益之事物。

③有助于文化生存而成为有益之事物。

前两种与健康、安全和增加社会责任有关，后一种与"加速发展能实现遥远结果的实践"有关。斯金纳认为，正如生物进化过程中对行为结果较敏感的

---

① 转引自赵祥麟主编：《外国教育家评传》第3卷，190页，上海，上海教育出版社，1992。

生物种类最适于生存一样，在文化进化中使人们处于对自身行为后果的最充分控制下的形式，最有利于人类的生存。斯金纳坚信人类可以设计出完美行为的技术，达到行为控制目的，犹如用物理技术达到自然控制的目的一样，尽管目前实现起来困难重重，但仍是值得向往和努力的。

斯金纳的行为科学思想反映了他对人类美好理想社会的向往和达到这种途径的思考，我们不否认其理想的正当性，也不否认行为科学在塑造人类行为、造就社会中所能发挥的应有的作用，但仅凭行为技术的实施就能达到人类理想社会的实现，这一想法未免过于简单幼稚了，难怪斯金纳本人对此也显得信心不足。

第三节　加涅的累积学习理论

一、生平与著作

加涅是美国著名心理学家，1937 年毕业于耶鲁大学实验心理学专业，就读期间深受以赫尔为首的耶鲁学派的影响，接受了新行为主义的学习观，1940 年获布朗大学哲学博士学位。

第二次世界大战期间，加涅应征入伍，以心理学家身份在美国空军心理实验室工作，负责对空军飞行员的测量和挑选。自 1958 年到普林斯顿大学担任心理学教授后开始从事学术研究，重点研究问题解决和数学技能的学习。此时在美国，由苏联第一颗人造地球卫星上天而引发的全国性的课程改革运动正如火如荼地进行，很多心理学家都关注并参与了这一运动，加涅的兴趣也开始转向对学校科目学习的研究，并与马里兰大学合作研究各种教学设计。在参与全美科学促进会发起的《自然科学入门大纲》的编制工作中，他详细研究了智慧技能和学习智慧技能的前提条件，学习层级的观点就是在这一时期形成的。1965 年，加涅出版了《学习的条件》一书，该书是有关学习和教育的重要著作，在教育和心理学界引起了很大反响。

从 20 世纪 60 年代起，加涅对心理学的研究较多地吸取了认知心理学的学习观。这一立场的变化，在《学习的条件》一书从 1965 年至 1985 年的四次再版的修订前言中表露无遗。例如，他在该书第三版的前言中声称他是以信息加工模式解释学习活动的，而这种学习理论在加涅看来"代表着人类学习科学研究中的重要进展"①。1969 年，加涅到佛罗里达州立大学教育系从事教学和研究工作。此间，他和布里格斯(L. J. Briggs)合著了《教学设计的原则》一书。该书在学校教师中具有较大影响，工业系统的职业训练和计算机教学也纷纷采纳该设计。加涅还与其同事一起培养了不少教学设计方面的出色的博士研究生。除前述的两本代表作外，加涅的著作还有《知识的获得》(1962年)、《学习与个别差异》(1967 年，与他人共同主编)、《学习层级》(1968年)、《对学习与教学的一些新的看法》(1970 年)、《教学中学习的要旨》(1974 年)、《帮助学习者为新的学习做准备》(1980 年)、《教学技术学之基础》(1986 年)。

加涅把多种心理学派的观点结合进他对学习和教学的研究和论述中，特别是深入而创新地研究和揭示了学习的心理规律，并对教学如何应用学习的心理规律提出了许多独到的观点和建议。

加涅曾任美国心理学会军事心理学分会和教育心理学分会主席、美国教育研究会主席，并获得过多项荣誉，例如，美国教育研究会的"卡潘杰出教育研究奖"(1972 年)、"桑代克教育心理学奖"(1974 年)、美国心理学会颁发的"应用心理学杰出科学奖"(1982 年)。

----

① R.M.Gagné, *The Conditions of Learning and Theory of Instruction*, London, LBS College Publishing Inc., 1985, p.xiii.

二、论学习的性质和过程

加涅长期致力于人类学习的研究，他认为"学习是人的倾向或能力的一种变化，这种变化要持续一段时间，而且不能单纯归之于生长过程"①。这一定义包含了以下几层意思。

第一，学习必须导致主体发生变化，学习是否发生也正是借助主体的变化去推导的。例如，从不会骑车到学会骑车是一种动作技能的变化，这是学习；学会骑车后继续骑车，只是习得技能的运用，动作技能本身并未发生变化，这就不是学习。

第二，学习所导致的主体变化必须相对持久，保持一段时间，过于短暂、迅速消失的变化是没有什么意义的，诸如适应、疲劳等造成的主体暂时性变化，更应该与真正的学习所造成的变化区别开来。

第三，学习所导致的主体变化应该排除由生理成熟或先天反应倾向所带来的变化，由儿童的年龄增长、身体发育而产生的主体变化不是由学习引起的，应被排除在学习所引起的变化之外。学习所产生的变化是后天获得的，是学习主体在与环境的相互作用中产生的。

以上是加涅对发生在日常生活情境中广义学习性质的看法。至于学校情境中所发生的学习，加涅认为完全不同于前者，他指出，"学习不仅是自然发生的事件，也是在某种可以观察到的条件下发生的事件"②，学习条件的可控性和可变化性被加涅视为学校情境中学习的特点。正因为有这个特点，学校中的教学工作才能够根据学生不同的内部条件设计或安排适当的外部条件，使学生能够有效地学习，实现学校所预期的学习结果。

加涅为进一步说明学习的实质，对学习活动的构成要素进行了分析，他

---

① R.M.Gagné, *The Conditions of Learning and Theory of Instruction*, London, LBS College Publishing Inc., 1985, p.2.

② *Ibid.*.

将学习活动分解为四个基本要素：学习者、刺激情境、已有的学习成果和反应。

第一，学习者能够通过感觉器官接受外界刺激，通过大脑将来自感官的信号用许多复杂的方法加以转变，并通过肌肉来表达各种行为以显示他已学会的东西。在接受刺激的过程中，各种神经活动被激活，并被组织成各种活动图式，有些图式被以记忆的方式储存下来，以便在必要的时候重新恢复。记忆又可转变为行为，这些行为是通过被观察到的肌肉运动来进行各种反应的。

第二，刺激情境是对刺激学习者感官事件的统称，刺激通常表示某一刺激事件。

第三，已有的学习成果即以往学习活动的结果，它们是保持在记忆中的以前的学习内容。

第四，反应指刺激输入后所产生的动作，当用反应的效果而不用反应的表现来描述反应时，反应就是操作。

在加涅看来，学习是获得能力和倾向的过程，这个过程可分为八个阶段。

①动机阶段。动机表现为学习者力图控制、支配和掌握其所处环境来达到既定目标的自然倾向。与学习有关的动机包括诱因动机、操作动机和成就动机三类。动机和学习表现为相互促进的关系：动机可以促进积极的学习，而成功的学习也可以促进动机的发展。在这一阶段，教育工作者的任务就是要善于辨别学习者的各种动机，并把它们引到学习的目的活动中去。

②领会阶段。这阶段表现为学习者对全部刺激中与学习目的相关的部分加以注意。什么样的外部刺激被知觉是由学习者的注意力所向决定的，学习者总是有选择地接受外来刺激，学习者以往的学习经验、指导语、他人的暗示和学习目标都对学习者的选择性知觉产生影响。这一阶段，教育工作者应注意引导学习者的选择性知觉，使刺激的安排能凸显出各种区别性的特征，

如通过在课文中某些字和词语下面画线或用不同字体印刷的方式就能达到影响学习者知觉选择的目的。

③获得阶段。这一阶段学习者注意并感知到外部刺激后，对学习材料进行编码，新的知识进入短时记忆并随后转换成长期记忆的状态。编码的作用在于使学习材料更好地得以记忆储存，最好的编码程序是鼓励学习者以自己的选择方式去编码。这一阶段教育工作者重要的任务是为学习者的知识编码提供指导，表象、语词、命题及双重编码的运用都是可采用的方法。

④保持阶段。经过编码的学习材料在大脑中得以巩固增强，长久保持。练习是达到长久保持知识的有效方法，教学中可通过让学习者在各种情境中反复运用所学知识和能力的方法来达到这一目标。

⑤回忆阶段。这是对存储的信息加以恢复和提取的阶段，也是一个检索活动的过程，搜寻记忆库并使学习过的材料得到复现。这一过程深受提示线索的影响，教学中既应注意对学习者检索过程的外部激活，又要使学习者学会自己选择回忆策略。

⑥概括阶段。在新的情境中运用所学得的能力的阶段，也称学习的迁移，如学习者把学到的杠杆原理运用于移动重物。迁移不仅要求理解原理，而且还要理解"操作规则"或发挥检索的作用，教学中教育工作者应尽可能地创造多样化的新情境以使所学的原理得以应用。

⑦操作阶段。这一阶段表现为学习者对其所学的知识进行操作。操作是一种可观察的行为，既是对下一步反馈的重要准备，又使学习者从操作的变化确信学习已经发生，并从自己习得的知识中获得满足。教育工作者应善于指导学习者对其操作进行观察。

⑧反馈阶段。学习者从由学习而来的新操作而意识到自己已取得了预期的目标，这种信息反馈本身具有强化的作用，在人类学习中特别有意义，它使学习者在学习动机阶段确立的期望在反馈阶段得以实现。

从学习最初的动机阶段，到最后的反馈阶段，加涅认为正好形成了一个圆环。加涅从新行为主义的立场指出，"学习的环节"是由强化来联结的。凭借这种联结，学习从动机阶段所确立的期望到反馈阶段期望的证实构成了一个完整的学习过程。

三、论学习的分类和条件

加涅认为，人类行为发展是学习的结果，而人类学习是具有累积性质的，个体的学习在本质上是累积的。累积学习(Cumulative Learning)的提出是加涅在学习理论上的创新，强调学习的累积性质也是他学习理论的特色之一。早在20世纪60年代初，加涅就试图以层级(Hierarchies)的观点来组织和说明从简单到复杂的学习能力。他在1965年版和1970年版的《学习的条件》一书中，曾将学习分成由简单到复杂的八种类型，以后在该书的1977年版和1985年版中又将学习分为五种类型。加涅早期对学习的八种分类分别如下。

①信号学习。信号学习主要是指由刺激所引起的不自觉的学习，是对某种信号的一般性和弥散性的反应，相当于巴甫洛夫和华生所说的经典条件反射。

②刺激-反应学习。刺激-反应学习是指学习使一定的情境或刺激与一定的反应相结合，并得到强化，学会以某种反应获得某种结果。它比经典性条件反射更为复杂，相当于桑代克和斯金纳所提出的操作性条件反射的学习。

③连锁学习。连锁学习是指一系列刺激-反应动作的联合，即连在一起的反应系列。例如，用钥匙开锁包括选钥匙、对锁孔、拧动等一系列反应。连锁实际上包括动作和语言两种联结形式，加涅的连锁学习则专指非语言的刺激-反应联结。

④言语学习。这类学习与第三类学习类同，只不过是把小的语言单位连接起来，形成语言单位的联结。

⑤辨别学习。辨别学习是指对学习情境中一系列类似的刺激进行辨别，并对各种刺激做出适当的反应。例如，学习者对数字 0、1、2、3、4、5、6、7、8、9 加以辨别，做出分化。

⑥概念学习。概念学习是指对各种具体刺激的共同特征做出概括，并产生相应的反应。例如，将狗、猫、猪等用"动物"的概念加以抽象。这类学习与辨别学习的性质正好相反，形成对照。

⑦规则学习。规则学习是指学习概念的联结，即形成两个或两个以上的概念连锁。

⑧解决问题。解决问题是指运用所学原理和法则去解决新问题，在解决问题的过程中，学习者能获得一种把两个或更多的以前习得的规则组合成为一种具有高级规则的新能力。

加涅认为上述八种类型的学习存在着层次关系，每一后继学习类型都是前一学习类型更加复杂的表现。低级的学习是简单的、基本的，高级的学习是复杂的、抽象的，后者是对前者的发展，并以前者为先决条件，共同构成一个由低到高，由简单、基本到复杂、抽象的累积学习模式。加涅的学习累积或学习层次模式，将几乎所有心理学家所研究过的学习类型都纳入自己的模式，并确定了各种学习类型在整体中的位置，合理地整合了各学派对学习的研究成果，对教育学、心理学都做出了重要贡献。

在上述有关人类学习的研究的基础上，加涅进一步从学生个体的学习结果来分析学习活动，提出作为学习结果要取得的能力有五种，这五种学习能力也被视为五种学习类型。

①言语信息学习。言语信息学习指的是学习陈述观念的能力。这类能力包括获得名称、事实和对事物所做的概括，与知道"什么"有关。

②心智技能学习。心智技能学习指的是学习使用符号与环境相互作用的能力。它是逐渐积累的，与知道"怎样"有关。

③动作技能学习。动作技能学习指的是人类从幼年到成年、从简单到复杂的动作的学习。动作技能的特点表现为平稳流畅、准确适当的操作能力。

④态度学习。态度学习是指影响人对事物、事件或他人采取某种选择性倾向的学习。这类学习不决定具体的行为，而是影响人将要做出哪一类行为。

⑤认知策略学习。"认知策略是学习者自己选择、修正注意、学习、记忆和思维方式的一种内在过程"①，是一种内部组织的技能，与学生把握"如何学习"有关，需经长期的精心培养才能形成。

以上五种类型的学习，在加涅看来，不存在孰轻孰重的等级关系，其顺序是随意排列的。但对心智技能学习，加涅又做了进一步的划分，将其再分为五个亚类，它们由简单到复杂、由低级到高级依次是：辨别学习、具体概念学习、定义概念学习、规则学习和高级规则学习。加涅认为，心智技能学习的五个亚类存在着层次性，每一层次中较高类型层次的学习各自以其前一级学习为先决条件，但不能还原为低一级学习，它与低一级的学习有着本质的不同。不过，对其他学习结果，如动作技能、态度等，加涅并没有再做亚层次类型的划分。

可以认为，加涅以学习的结果为依据所做的五种类型划分是对八种类型划分的简缩和提升，更加突出了学校学习的特点和更高水平的学习。联结和连锁学习之所以未被纳入五种类型，是因为它们过于简单，不是学校学习的主要类型。加涅指出：任何学到的能力，不管人们是怎样描述它的(如数学、历史、经济学或其他科目)，都具有这五类范畴的特征。这五种不同类型的学习需要不同的学习条件，而这些学习内部过程的外部条件正是教学理论所关心的事情。

---

① R.M.Gagné and L.J. Briggs, *Principles of Instructional Design*, Holt, Rinehard and Winston Inc., 1979, p.71.

四、论教学

什么是教学？加涅认为，教学就是有目的、有计划地发动、激化、维持、促进学习者学习内部过程的一整套外部条件，是教师依据学生的内部学习条件，创设、安排适当的外部条件，促进学生有效学习，以实现预期的教学目标的过程。教学的目的最终不是指向知识而是指向能力，"从最普遍的意义上说，教学变成主要不是传递有待于贮存下来的信息，相反，它却是激发利用学习者早已具有的能力，并确保学习者具备有利于完成目前学习任务以及今后更多的学习任务所需的能力"①。

在加涅看来，教学理论是在学习条件理论基础上形成的，对学习条件的研究是教师规划、设计教学和开展教学活动的前提。为此，加涅对五种类型的学习所需的主要条件都做了详细分析。

①言语信息学习的重要条件是须以各种符号或语言来激活注意，并为学习者的有效编码提供学习材料的有意义的前后关系。

②心智技能学习的条件应注重四个方面：一是要促进先前学得的部分技能的恢复；二是要呈现符号或语言的线索使部分技能的组合有顺序；三是要适当安排间断复习的时机；四是要运用各种前后关系去促进迁移。

③动作技能学习的条件主要包括提供言语指导、安排反馈的练习和提供直接而精确的反馈。

④态度学习形成条件的三个方面：一是在选择某项行动后，对成功的经验进行回忆；二是对选择的行动进行操作，或观察榜样人物对这一行为的操作；三是对成功的操作给予反馈，或观察榜样人物的反馈。

⑤认知策略学习形成的条件主要是要善于对认知策略做出描述，并为各种认知策略的练习提供机会。

加涅从信息加工角度，以学习者内部心智加工的方式为依据将教学划分

① 瞿葆奎主编：《教育学文集·教学》上册，568 页，北京，人民教育出版社，1988。

为三个阶段。

①教学的准备阶段。这一阶段的任务是为学习者从事新的学习任务提供有利的条件，使新的学习能够顺利进行，它包括吸引学习者注意、把目标告诉学习者和激励对先前学习的回忆三个教学事项。

②教学的作业阶段。这一阶段是教学过程的核心和关键，它包括向学习者呈现刺激材料、提供学习指导、引出作业、提供反馈四个教学事项。其任务在于帮助学习者将新的能力转换成便于日后回忆的样式，并区分出学习的难易、有效无效的类型。

③复演和迁移阶段。这一阶段包括评价作业、增进保持和迁移两个教学事项。其任务在于将学习者已掌握的新能力推广到各种各样的情境中去。

在教学内容顺序的安排上，加涅主张直线式，即倡导以学习层级理论为依据的由简单技能到复杂技能的单一维度教学内容的安排。直线式的内容编排，不失为一种可供选择的教学内容编排方法，较为适合以心智技能为主要内容的学科，但也存在着过于简单化、忽视各技能之间相互交叉关系的弱点，在以言语信息为主的科目中就显得不太合适。

在加涅看来，教学活动是复杂且易受一些特殊情境限制的，因此，在教学之前应进行详细的规划、设计。规划、设计可以较大的单元或学程来制订，一个教学单元或学程所需的时间可从几天到几个月不等。一个学程可包含几个课题，它们依次可以有不同的教学目的，每个课题又可以进一步分成子课题，子课题又可以进一步分成一些课。在加涅看来，上述学程、课题乃至于子课题一般不是为单个学习结果设计的，而是包含两个或更多的学习目标，"教学设计的根本理由就在它能达成一系列的教育目标"①。例如，以"美国政府"为主题的学程，就包含了多重教学目标：获得关于政府的形式和工作程序

① R.M.Gagné and L.J. Briggs, *Principles of Instructional Design*, Holt, Rinehard and Winston Inc., 1979, p.45.

的信息，尊重民主过程的态度以及适合于解决社会问题的认知策略等。教学活动的另一个重要组成部分是教学的实施，它要求教育工作者为学生提供外部帮助的环境，激发学习动机，刺激学生回忆，用语言向学生传递、演示怎样做某些事。此外，备课亦是教学活动中的一项重要工作。

第四节　布鲁姆的掌握学习理论

一、生平与著作

布鲁姆是美国当代杰出的心理学家和教育学家。自 1943 年获芝加哥大学博士学位后，长期投身于对教育问题的研究。20 世纪四五十年代曾任芝加哥大学的主考人，提出了有关教育目标分类的系统学说以作为课程编制和评价的依据，《教育目标分类学》是他这方面研究成果的集中体现。该书的第一分册(1956 年)是有关知识领域的，之后又出版了有关情感领域的第二分册(1964 年)。《教育目标分类学》在美国的发行量超过 100 万册，被翻译成多国文字，深受广大教育理论工作者和实践工作者的欢迎。

从 20 世纪 60 年代起，布鲁姆的研究重点转向环境因素与人类特性之间的关系，探求各种学习能力差异的产生根源。1964 年，他撰写了《人类特性的稳定与变化》一书，阐述了儿童能力发展的过程、意义和影响发展的主要因素，为他后来提出改进教育实践的建议奠定了理论基础。1968 年，布鲁姆在卡罗尔(J. B. Carroll)"掌握学习"概念的启发下，撰写了《为掌握而学习》一文，发表于加利福尼亚大学《成绩评定评论》杂志，这标志着他"掌握学习"教学法思想的初步形成。

20 世纪 70 年代，布鲁姆的教学研究取得了丰硕的成果。他进一步发展和完善了"掌握学习"的思想，提出了"为掌握而教"和"为掌握而学"的系统理论，并使之产生了世界性的广泛影响；布鲁姆 1976 年所著的《人类特性和学校学习》一书被誉为美国 20 世纪 70 年代"最有意义的教育研究成果之一"；他在《学生学习的形成性评价和总结性评价手册》(1971 年)中所提出的教育评价新概念，被认为对现代教育改革做出了极为重要的贡献。

20 世纪 80 年代，布鲁姆在深入研究了英才的成长过程的基础上所著的《发展青少年的才能》(1985 年)一书，充分肯定了环境和教育因素在英才成长中的关键作用，为他"掌握学习"的理论再次进行了佐证。

布鲁姆不仅是"国际教育成就评价协会(IEA)"的创建人之一，而且曾是首任"美国教育研究协会(AERA)"的会长。晚年仍担任许多国家课程和教育评价的顾问工作。

除前述著作外，布鲁姆的其他重要教育著作还有：《掌握学习》(1971年)、《评价促进学习》(合著，1981 年)、《我们的儿童都能学习》(1981年)等。

二、基本教育观点

布鲁姆在深入考察了影响学生学习的各种因素的基础上，指出传统教育中那种把学习成就的差异归之于遗传、抚养、运气等因素的观念是错误的。他发现在人类的许多最显著的特征中，成长最快的阶段是儿童出生后的最初 5 年，这既包括诸如身高一类的生理特征，也包括诸如语言、感知觉等方面的智力特征。他指出，若 17 岁时测得的智力成熟度为 100%，那么从出生至 4 岁占 50%，5~8 岁占 30%，9~17 岁占 20%，显然，幼年期是人的身体和智力发展的最重要的时期，为此，布鲁姆十分重视儿童的早期教育。布鲁姆的儿童智能观和早期发展思想在世界范围内产生了广泛影响，激发了人们对儿童启蒙教育计划和学前教育的兴趣和关注。

在影响人身心发展的因素上，布鲁姆十分注重环境和教育因素所起的作用。他指出，个人赖以生存、发展的环境，对处于迅速发展时期的某些特性影响最大，而对处于缓慢发展时期的某些特性影响较小。由于幼儿阶段是儿童身心发展变化最快的时期，所以，环境对这种变化发展的影响起着举足轻重的作用。尤其是幼儿阶段大多数人都是在家庭中度过的，家庭环境对儿童的身心发展影响最大。布鲁姆和他的助手经过调查、实验证实：从处境不良转换到富裕环境里的儿童，其心理成长的速度一般是加快了的。例如，出生和成长在费城的黑人学生平均智商为 96～97，而美国南方偏僻农村地区的黑人学生的智商则远低于这个水平。要使这些学生的智商也达到费城黑人学生的平均水平，则必须给他们更多的刺激，或转到类似于费城的城市才有可能。

在个体充分发展的可能和教育的职能问题上，布鲁姆认为虽然人类在学习、思维以及达到某种规定成就水平的能力上存在着差异，但这些差异在他看来并不像人们想象中的那么大。他坚信，每个人只要给予他足够的时间，采用适当的方法，都是能够达到教学规定的标准的。这正是学校的职责所在。他说："教育必须日益关心所有儿童与青年的最充分的发展，而学校的责任是提供能够使每个学生达到自己可能达到的最高学习水平的条件。"①布鲁姆为此对美国教育实践中，特别是以布鲁纳(J. S. Bruner，1915—2016)为代表的结构主义课程改革所造成的牺牲大批学生、只注重少数尖子学生培养的状况提出了强烈的批评，认为这种做法具有"当今教育体制中最浪费、最有破坏性的一面，它压制了教师与学生的创造力，降低了学生的学习热情，也破坏了相当数量的学生的自我形象和自我理念"②。要彻底改变这种现状，首要的是彻底改变对学生及其能力的原有观念，改变对学校教育职能的错误看法，重新树立对学生学习潜力和教育职能的新观念。

---

① B.S.Bloom, *Evaluation to Improve Learning*, New York, Mccraw-Hill Inc., 1981, p.2.

② B.S.Bloom, *Human Characteristics and School Learning*, New York, Mccraw-Hill Inc., 1976, p.25.

对人才的成长，布鲁姆否认天生能力和特殊天才是先决条件，他通过对一批在各自领域取得杰出成就的人才的长期考察指出：除极少数的人才外，大多数的人才在其发展过程中，环境因素所发挥的作用是主要的，特别是幼年时的家庭环境对人的才能的发展更是起着首要的作用。在布鲁姆看来，人才的成长是与专业领域中完成事业的胜利感、创造性劳动的意义和乐趣相伴随的，而这有赖于全社会对人的才能高度发展的巨大激励和鼓舞，因而必须为人才的成长提供一个鼓励优秀的社会环境。

三、教育目标分类

教育目标分类学是以布鲁姆为代表的专家们，为使课程编制和测试评价有一个适当的基础而建立的一种对教育目标的分类体系。它试图通过对预期教学成果的分类陈述，反映出学生在认知、情感、思想、行为等方面的变化，使教育目标成为教学与评价的指南。由于布鲁姆对教育目标的阐述是对教育在某个阶段结束时要求学生达到的行为的表述，因此，它也是一种对学生行为的分类，具有明显的新行为主义倾向。布鲁姆将教育所应达到的目标划分为三大领域。

(一)认知领域

这是教育目标中占比最大的领域，包括从简单回忆学习材料、按理智任务的目标确定问题性质到综合新观念和新材料等活动方式。认知领域的目标又被分为六个类别。

①知识。包括具体的知识、处理具体事物的方式方法的知识、学科领域中普遍原理和抽象概念的知识。在这三个亚类别中，又可再分出更小的类别，如在具体知识之下，又可分出术语知识和具体事实知识等。对知识要进行回忆或再现。

②理解。理解是指对正在交流的材料或观念的领会或领悟，包括转化、

解释和推断三种行为水平。

③运用。运用是指在具体的情境中对概念和原理的使用，它以理解为基础。

④分析。分析是指将交流内容加以分解，弄清各种概念的层次和关系，包括要素分析、关系分析和组织原理分析。

⑤综合。综合是指对各组成部分和各要素加以整合，以产生新的模式或结构。它包括三个亚类：进行独特的交流、制订计划或操作步骤、推导出一套抽象关系。

⑥评价。评价是指根据内部证据或外部标准而做出的价值判断。

从认知领域的六个类别可以看出，除第一类是知识外，第二类到第六类均属能力范畴，其复杂程度也是由低到高的排列。布鲁姆的认知领域教育目标分类是一个知识、能力由简单到复杂的排列体系，每一层次或类别都是建立在前一层次的基础之上的。例如，评价就涉及对知识、理解、运用、分析和综合等所有行为的组合。在知识和能力两类目标中，布鲁姆更重视能力目标，因为能力比知识具有更为广泛的适用性和持续性，它对变化迅速、难测未来的现代社会来说，显得尤为重要。

(二)情感领域

对人类情感领域的教育目标进行分类是布鲁姆教育分类学的一个特色。布鲁姆认为，尽管对情感领域进行目标分类很困难，但"情感目标能够也应该成为美国教育目标的内在部分"①。在布鲁姆看来，人的兴趣、愿望、态度、鉴赏、价值观、义务感、意志力等特征可按等级层次排成一个由简单到复杂的连续系列，从一般情感活动出发，用可观察的行为或成果表述这种内在情感的构造。情感活动是一个内在的过程，在这一过程中，情感成分以单纯察觉开始，经过一系列中间阶段，最终达到对行为的控制。情感领域的目标可

---

① B.S.Bloom, *Evaluation to Improve Learning*, New York, Mccraw-Hill Inc., 1981, p.327.

分为接受、反应、价值评价、组织、由价值或价值复合体形成的性格化五个类别，它们分别描述以下五种情感活动形式。

①学习者感受到某些现象和刺激的存在。

②受到充分驱动的积极注意而对现象有所作为。

③对某种价值准则的态度或信念。

④将各种价值整理成一个确立了相互关系的价值体系。

⑤价值体系被个体内化并长期支配和控制个体的行为方式。

以上五个类别各自又可再分为一些亚层。例如，接受类别可分为察觉、愿意接受、有控制地或有选择地注意三个层次，价值性格化类别可再分为泛化心向和性格化两个层次。

(三)心理运动

心理运动是指运动技能、操作方面的目标，或某些要求神经肌肉协调运动的目标，常与说、写活动相伴随，或与体育、贸易、技术课程联系在一起。

布鲁姆强调将教育所应达到的目标分为三大领域，并不意味着以上三个领域是各自独立、互不相干的。相反，这三个领域，尤其是认知领域和情感领域相互包容，紧密交织在一起。例如，认知目标中有情感成分，情感目标以认知为手段，而情感目标也可作为认知目标的手段，同时实现认知与情感目的。布鲁姆的教育目标分类综合了教育学和心理学的研究结果，具有重大的实用价值，已被广泛运用于教学实践，对课程、评价和教学都产生了很大的影响。

四、掌握学习理论

掌握学习是布鲁姆教育思想极为重要的组成部分，是他在前人相关思想的基础上做出的创造性的发挥和总结。

布鲁姆掌握学习理论充分肯定学生的学习能力，认为学生学习的个别差异是"人为的和偶然的，而不是个体所固有的"①。差异的原因不在于他们掌握材料的能力，而在于学习的速度，而"只要有合适的学习条件，绝大多数学生在学习能力、学习速率和继续学习动机等方面将变得十分相近"②。也就是说，只要教师在选择适当教材的基础上，对学生的学业成绩真正有所期待，经常对学生的进步给予反馈和评价，那么，90%以上的学生都能掌握学校所规定的课程内容。布鲁姆的掌握学习的思想是针对传统教育将班级授课制中学生学业成绩与能力的正态分布混为一谈，并将学业成绩的正态分布视为理所当然的前提假设提出的。布鲁姆指出，在大多数教师的观念中，只有 1/3 的学生是胜任学习的，另有 1/3 将不及格或刚刚通过，余下的 1/3 则处于中间状态，这是一种非常错误的观念。他指出，如果学生对一门学科的能力倾向是呈正态分布的，只有当所有学生都接受相同内容和时间的教学时，他们的成绩才是呈正态分布的；如果每个学生都能得到他自己学习所需要的时间和质量的教学，那么，绝大多数的学生都能掌握所教的学科，甚至达到熟练掌握的程度。在这种情况下，能力倾向的差异与学业成绩没有必然的联系，两者的相关系数接近于零。可见，掌握学习理论所强调的是每个学生都有能力理解、掌握任何教学内容，并达到较高的学业成绩水平，它所关心的是使教学适应学生的需要和特征，照顾学生的个别差异。

　　布鲁姆在上述论点的基础上，进一步分析了影响学生学习结果的三个变量。

　　①初始认知特征。学习者在学校的学习是建立在一系列初始学习的基础上的，这种初始学习带有的认知特点是影响学生学习结果的一个重要变量。

　　②初始情感特征。初始情感特征是指学习者在学校学习过程中，对学习、

①　[美]本杰明·S.布卢姆等:《布卢姆掌握学习论文集》，王钢等译，43 页，福州，福建教育出版社，1986。
②　瞿葆奎主编:《教育学文集·教学》上册，672 页，北京，人民教育出版社，1988。

学校的态度和动机。它直接影响学生学习的努力程度，包括积极和消极两个方面。如果学生在学习第一项任务时完成得较好，那么，在学习第二项任务时就会表现出积极的心态；反之，如果学得不好，就会丧失热情和信心。

③教育的质量。教育的质量是指学习的提示、练习和强化适合学生需要的程度。由于不同的学生达到掌握所需要的教学类型和质量是十分不同的，因此，教学质量的判断应以教师在各个学生身上所花的努力而不是整体班级所花的努力为依据。在布鲁姆看来，影响教学质量的因素主要有三个方面：一是提示，指为学生呈现材料的清晰度；二是参与，指学生积极参与学习的程度；三是反馈-矫正，这是对教育质量影响最大的因素。

布鲁姆对影响学习结果的变量的分析，构成了他掌握学习、教学理论的基础，并为他提出完整的改进学校教学、掌握教学策略提供了依据。

布鲁姆所倡导的掌握学习的教学，以教师的班级授课制与小组辅导教学为组织形式，教学进度由教师掌握，学生在教学集体中相互合作进行学习，教学内容通常被分成两个星期为一个周期的单元，在每个单元完成之后进行"诊断测验"，以发现学习中存在的问题。其具体过程是：首先，根据学生的初始条件确定教学内容和目的要求。其次，实施所拟订的教学计划。再次，在一个单元的教学完成之后，对学生进行测验，以确定学生是否学会所教的内容。最后，根据学生在测验中暴露出来的问题，由教师有计划地再进行一次不同于第一次的个别讲解，"对没有命中的目标再射一箭"，即"给学生第二次机会"。而对已通过测验，已掌握了学习内容的学生，则可让他们自己做一些补充性的练习，等待全班同学一起进入另一个单元。布鲁姆认为，要使掌握学习的教学得以顺利展开，必须注意以下四个要点：第一，每一个学习单元都要有明确的、有待完成的一组学习目标；第二，对全体学生所要达到的最低限度标准，必须有明确的界定；第三，要明确在测验中，预定的目标是否达到；第四，对未达到的目标，要根据测验结果所表明的每个学生的实际情况和需要进行相应的教材辅导和矫正性辅导。

总之，掌握学习的教学模式注重目标分析、诊断测验、补充性辅导等，而矫正-反馈程序更是这一模式的核心。与传统教学相比，掌握学习的教学具有一些突出优点。例如，它有助于学校中学生学习成绩的大面积提高，有助于提高学生学习效率和能力，有助于激发学生学习的兴趣，增强学习的信心。对减轻学生为分数而竞争的紧张关系，建立良好的集体合作生活和气氛也颇有裨益。布鲁姆还根据现代社会迈向终身教育时代的特点，要求从终身教育的高度理解掌握学习，他指出："现代社会要求终身继续学习……掌握学习能够给予在校学习的热忱，并能够使他们（指学生——引者注）养成终身对学习感兴趣。正是这种继续学习，应该成为教育制度的主要目的。"①布鲁姆的这种理解颇具启示意义。

五、教育评价理论

布鲁姆对传统教育评价单纯对学校学生进行等级划分、只起选拔作用的性能极为不满，认为这种贴标签式的成绩评价对学生的学习及今后职业、人格方面的发展都是不利的。应当将传统的、以分等与筛选为主的评价改变为以改进教学为中心的评价，使评价发挥促进学习者学习的作用。为此，布鲁姆把教育评价分为三大类。

（一）诊断性评价

一般指在教学开始前进行的，对学习任务所需的先决认知条件和先决情感条件进行的评价，其目的不是给学生贴标签以决定要把学生分入好班或差班，而是使教学更加适合学生的背景和需要，以促进学生的学习。它包括对学生学习准备程度的诊断和对学生做出适当的分置，诊断性评价通常以过去的成绩报告单、技能或情感调查表和标准化诊断性测试为依据。

---

① 瞿葆奎主编：《教育学文集·教学》上册，701页，北京，人民教育出版社，1988。

(二)形成性评价

布鲁姆借用并扩大了斯克里文(M. Scriven)使用的形成性评价的概念,将形成性评价视为在教学过程中(通常在各个单元教学后)进行的对某一具体学习任务掌握的程度的评价。这种评价要求在课程编制、教与学的各个过程的形成中,收集各种有用的证据,使用系统性评价,以便对上述过程加以改进。故形成性评价包含两个重要的职能或步骤:一是提供反馈,"形成性测试旨在为教师和学生提供反馈"①。这种反馈信息在某种程度上也具有诊断性质。二是用反馈信息来改进教学。矫正依赖于反馈,反馈又服务于矫正。矫正与反馈是形成性评价在教学过程应用中的关键所在。形成性评价不是用来给学生评等级而是用来衡量掌握学习是否真正发生。正如布鲁姆所说:"由于形成性测试是诊断性的,我们相信它不应用于正式地划分等级,只是用它来判断是掌握了还是没掌握。"②

(三)总结性评价

总结性评价指的是在学期或学年中的几个大的教学阶段后或整个课程结束后,对整个课程或其中几个重要部分的全面评定。评价的重点侧重于认知能力与技能,其目的主要是针对总的教学效果评定学生的最终学习成绩,并根据学生达到最终目标的程度给学生评出等级。

在布鲁姆看来,以上三种评价既有区别,又相互联系。例如,诊断性评价常借助有关总结性评价的结果,总结性评价既为相关内容新的教学确定适当的起点,又可像形成性评价那样为学生提供反馈。在评定学生的最终成绩时,除主要依据总结性评价外,也需参照平时的形成性评价。只有明确三种评价的不同功能和有机联系,才能保证教育评价对教与学的真正促进。布鲁

---

① B.S.Bloom, *Evaluation to Improve Learning*, New York, Mccraw-Hill Inc., 1981, p.63.

② B.S.Bloom, *Mastery Learning, in Mastery Learning Theory and Practice*, Hott, Rinehard and Winston Inc., 1971, p.58.

姆的教育评价思想，特别是形成性评价的概念和方法，也是其掌握学习教学理论的重要组成部分，已在西方教育实践中得到广泛应用，并产生了积极效果。

第五节 新行为主义教育思想评述

本章所介绍的三个人物，除斯金纳的理论具有较为典型的新行为主义特征外，加涅和布鲁姆的教育思想均非典型意义上的行为主义。加涅的研究立场正如第三节所指出的，已经属于从行为主义到信息认知学派的转变和折中。对于布鲁姆，有论者分析道：布鲁姆的教学论不属于新行为主义的教育流派，但吸取了新行为主义教育中的科学化思想，采纳了斯金纳程序教学的合理部分；运用了皮亚杰（J. Piaget，1896—1980）、布鲁纳、奥苏伯尔（D. P. Ausubel，1918—2008）等人的认知结构理论，但和认知结构主义教育流派又有区别。[①] 从斯金纳典型的行为主义立场到加涅、布鲁姆的折中姿态及由此带来的对他们流派归属的争议，昭示着新行为主义教育研究在方法论上意味深远的变化。

斯金纳的学习理论是在心理学实验室的"纯"研究中建立的，他的实验对象是白鼠、鸽子一类的动物，从动物身上归纳总结出来的学习、行为规律，到底在多大程度上适合对人类自身的解释，这是值得深思、实际上也是富有争议的问题。从根本上说，这是一个研究的方法论问题。斯金纳的操作主义理论是对 19 世纪下半期以来，以自然科学方法论为框架研究人类心理和行为的实证主义传统的继承和发挥。这种以严格的实验为依据的理论，相对此前

---

① 转引自钟启泉、黄志成主编：《美国教学论流派》，112 页，西安，陕西人民教育出版社，1993。

以思辨为特征的心理学来说是一大进步,大大提高了教育、教学研究的科学性和客观性。但不可否认的是,行为主义存在着把人类行为简单化、机械化的倾向,是一种把人简化为一种"较大的白鼠或较慢的计算机"后而得出的有关学习和教学的理论,它至少是不足以揭示人类复杂学习的全部真谛的。

加涅所做的工作,在某种程度上是对斯金纳的强硬立场的"软化",是对其他学习理论流派的包容。尽管加涅受过行为主义的严格训练,但他在认知心理学的崛起之中,看到了心理学研究的新方向,转而从认知心理学的立场研究心理的内部过程。他不满足于行为主义者对学习和教学问题的简单解释,也不拘泥于一种类型、一种观点或一种理论,而是在纵览了各家各派的学习理论后,对其进行综合,既吸取了巴甫洛夫和华生的经典条件反射学习理论、桑代克和斯金纳的操作性条件反射学习理论,又包容了布鲁纳的认知策略学习理论和奥苏伯尔的有意义言语学习理论。加涅的学习和教学理论是一个涵盖了各派学习理论的综合体系,也是一个不断吸取新理论、新观点的开放性体系。

布鲁姆既不像斯金纳那样把实验室中归纳出来的学习理论直接推广到实践中,也不像加涅那样擅长于对各派别的学习类型加以整合。他的学习和教学理论是在参考了各种学习理论和影响学习的变量研究的基础上,针对教育现状所产生的实际问题,并为解决这些问题提出来的,更为贴近教育、教学实际,更为关注教学中"人"的因素,因而,也更易于指导教学实践,更易于为广大教师所理解、运用。斯金纳、加涅、布鲁姆几乎是同一时代的人,但他们的学习和教学理论的差异却反映出新行为主义教育思想体系的一个被"浓缩"了的嬗变历程:从拒绝学习的内部因素的研究转向有条件地、不同程度地接受这种研究;从强调学习性质的单一性转向承认学习类型的多样性和相互包容性;从注重实验室的"纯"实验转向研究直接面向教育实践问题的解决。这一变化也是西方教育研究方法论新进展的一个侧影,对教育理论和实践的发展是具有深远意义的。

斯金纳、加涅、布鲁姆在现代西方教育理论和实践中都占有重要地位。他们的理论都在不同层面上揭示了教育、教学的某些规律性的东西。

斯金纳从经典条件反射中区分出操作性条件反射并提出强化理论，是具有心理学研究重大理论突破意义的，在教育实践中也产生了一定范围内的积极的效果；斯金纳所设计的教学机器虽已退出历史舞台，但其倡导的程序教学中所包含的一些重要原则(例如，教材的循序渐进，个别化的安排组织，教学适合个人特点，让学生按自己的能力、速度学习，以有效的积极强化手段调动学生的学习积极性和主动性，等等)，对西方教育、教学仍在发挥作用。斯金纳的理论不仅推动了教育、教学理论的科学化，而且也推动了教学手段的科学化和现代化，它重新激起了西方对个别化教学的研究和兴趣，使个别化教学在中断多年后又重新凸显。[1] 站在这一冲突的焦点上，斯金纳在晚年仍坚持自己严格的新行为主义立场，重新活跃起来。面对认知心理学的崛起并日渐占据心理学的主流地位，斯金纳呼吁道："让我们把行为主义从因莫须有罪名而被放逐去的魔王岛上接回来，让心理学再一次变为行为科学。"[2]我们认为，斯金纳的理论有其合理之因素，但其行为技术论的简单化和机械化的倾向必须克服。

加涅的学习理论不仅探讨了人类一般的学习，而且对课堂中学生的学习做了集中的论述，他后来提出按学习结果对学习进行分类就是从学校教学的各科中概括出来的，突出高级认知学习也更为关注学生学习的特点的结果。加涅提出的各种学习类型不仅包容力强，而且他所提出的认知策略的学习，强调学生要学会如何学习，这是符合当代学习化社会的要求的。加涅的学习

---

① J. Bowen and P. Hobson, *Theories of Education: Studies of Significant Innovation in Western Educational Thought*, New Jersey, John Wiley & Sons Inc., 1987, p.270.

② 瞿葆奎主编:《教育学文集·教学》上册，513页，北京，人民教育出版社，1988。

分类、学习层级和累积模式及教学序列原则已广为教育界认同并采用，对教学理论、实践和研究的设计，都具有一定的参考价值。虽然加涅的学习和教学理论也存在着缺乏独创性、缺少实验证明、理论模式也较为机械的弱点，但他对教育心理学所做出的贡献是毋庸置疑的。

布鲁姆的教育思想直接立足于教育现实，对教育、教学的改革具有重大的实用价值。他的教育目标分类学吸取了当时有关教育学和心理学的最新研究成果，特别是心理学有关能力、价值观、技能的掌握和关于学习内化过程的研究成果，所做的分类是广泛、全面的。其对情感目标的系统划分更具有创新的意义，目标分类为广大教师在实践中精确地选择特定的行为目标、组织有效的教学提供了标准和依据，已在世界范围内被广泛加以验证、应用。布鲁姆的掌握学习理论力图在不打破传统班级授课制的基础上，消除学生学习中的个别差异，使每一个学生都得到最充分的发展。这既保持了传统班级授课制高效率的优点，又扭转了把学生学业成绩视为与能力一样呈正态分布的根深蒂固的传统偏见。这一理论的提出和完善，无疑是具有革命性的，它为全面提高教育质量开辟了新视野。布鲁姆的教育评价理论，尤其是形成性评价的思想，促使传统的以分等和筛选为主的评价理论发生了根本性的变化，被视为继20世纪30年代泰勒（R. W. Tyler）之后教育评价理论的又一次创新，为西方教育评价开辟了新阶段。

尽管像斯金纳那样的"纯"新行为主义从20世纪60年代起已开始走下坡路，但它所倡导的一些基本理念仍在对包括教育在内的社会科学领域发挥着重要影响。在实践层面上，如果说新行为主义者在20世纪40年代还只是零星、分散地将学习原则应用于实践的话，那么，自20世纪50年代起，新行为主义的学习理论已有了自己广泛的应用领域，如教育、成人临床治疗、保健、社区工作、罪犯审判、工商、军事等。以行为主义学习理论为基础的行为矫正（Behavior Modification）技术和行为分析（Behavior Analysis）技术已广为应用。例如，美国的幼儿早期教育方面的"开端计划"，恩格尔曼、贝雷特等的课程方案和早期训练计划，都是按行为主义理论设计的①，其最主要的特征是：课程按成人精密设计的程序和内容展开，教学以教师为中心，使用详细规定的教案进行直接教学，教学过程中大量使用强化手段鼓励儿童，这种方法在幼儿园和家庭对障碍儿童、社会处境不利家庭的儿童的教育和训练方面已取得了卓有成效的效果。初等教育方面亦如此，如20世纪70年代早期美国教育总署制订的"跟进计划"，将初等教育中社会处境不利家庭的儿童分成九组进行教学，九组中有两组的教学以行为主义的理论为指导。该计划的最终结果显示，这两组的教学效果是所有组当中最好的。在研究计划结束后若干年内，再次调查的结果证明上述两组学生的学业进步仍是令人满意的。②

在认知心理学获得空前发展的背景下，行为主义教育的发展在一定程度上受到了抑制。不过这一方向的研究工作还将继续，如继续研究学生学业成绩和平衡化行为的获得与保持问题，更加注重外在强化向内在强化的转化技术的研究，注重将教师所掌握的强化操作手段向与儿童生活联系密切的人（如家长）推广的工作。过去行为主义者很少考虑研究的适用性问题，认为课堂中获得的研究成果会自动适用于家庭和社会，现在则认为需要研究不同情境运用的条件，对教学程序做出修改以适用于校外各种情境。

---

① 钟启泉主编：《国外课程改革透视》，465页，西安，陕西人民教育出版社，1993。

② S. W. Bijou，"Behaviorism: History and Educational Application," in T. Husén, *The International Encyclopedia of Education*, Vol.1, Oxford, Pergamon Press, 1985, p.449.

第二章

结构主义教育思想

结构主义(Structuralism)是20世纪五六十年代以后西方广为盛行的一种哲学思潮，其历史可以追溯到20世纪上半叶瑞士语言学家索绪尔(F. De. Saussure)，但它作为一种方法论被广泛应用到多门学科领域并形成一种思潮是20世纪五六十年代的事情。结构主义并不是一个统一的哲学流派，而是一大批社会科学家和人文科学家用共同的方法进行研究而形成的一种较为系统的方法论。这一方法论广泛地影响了一系列的具体学科，如语言学、人类学、社会学、历史学、文学、心理学、教育学等，使这些学科都产生了相应的代言人，如人类学中的列维－施特劳斯(C. Levi-Strauss)、心理学中的皮亚杰、历史学中的福柯(M. Foncault)、文艺理论学中的巴尔特(R. Barthes)、教育学中的布鲁纳等。

第一节 结构主义教育思想概述

结构主义教育思想从其渊源和理论基础来看源于皮亚杰。皮亚杰早在20世纪二三十年代就开展了对儿童认知结构的研究并创立了发生认识论，为结构主义教育思想奠定了学说基础。结构主义教育思潮主要是透过西方 20 世纪五六十年代声势浩大的"结构主义课程改革运动"（也称"学科结构运动"）体现出来的。这场运动的直接发起人和理论代言者是美国的布鲁纳和施瓦布（J. Sehwab），他们在皮亚杰认知结构理论的基础上，对知识结构、学科结构进行了悉心的研究。他们认为知识乃是人们赋予经验中的规律性以意义和结构而构造起来的模式，任何一个知识领域内总存在着基本的知识结构，它通常是由一定的概念体系所组成，揭示着这门学科的主要内容，并制约着这门学科的探索活动。教育工作者必须把这门学科的结构和这门学科所特有的探究方法编制成教材，使学习者通过对教材的学习达到对知识结构的把握，从而对所学学科产生深刻理解。学习者的学习不是环境刺激的被动反应，而是主体自身将其纳入自己的认知结构的过程。学习在本质上是发现性质的，教育工作者应当注重发展学生的认知结构，培养学生对知识的自主探求精神，鼓励学生对学科结构的直觉理解，养成学习者独立解决问题的能力。

在结构主义思想的指导下，美国从 20 世纪 50 年代末至 60 年代掀起了全国性的规模浩大的教材、教法改革运动，不少学术组织[如"物理科学研究委员会（PSSC）""生物科学课程研究会（BSCS）""化学教材研究会（CHEMS）""学校数学研究会（SMSG）""小学科学规划会（ESS）"等]都参与了各自学科的课程改革和教材编撰工作。此间编制的小学、中学主要教材有 10 余套，包括数学、物理、化学、生物、地理、科学常识等学科。为使一线教师理解、掌握新教材，还对教师进行了专门的培训工作。在这场运动中，涌现出了一大批热心于结构主义课程改革的学者和教育工作者，出现了大量研究学科知识结构、学生认知结构、教学过程、教学方法的书籍和文章，较有影响力的有布鲁纳的《教育过程》《论认识》《教学论初探》，施瓦布的《学科结构的概念》《探究科学的教学》，菲利普·H. 费尼克斯（P. H. Phenix）的《意义领域》，福特（G. W. Ford）和帕格诺（L. Pugno）的《结构和课程》（论文集），希兹

（R. W. Heath）的《新课程》，埃拉姆（S. Elam）的《教育和知识结构》（论文集）等。

结构主义教育思想和运动的兴起是有其深刻的社会历史背景的。

首先，第二次世界大战结束后，科学技术的迅猛发展使人类知识出现了倍增的势头，各学科领域的新知识、新发现日益增多，知识更新周期加快，知识的迅速膨胀使学校的知识传授面临巨大的困难，迫使学校考虑知识的整合和学科的重新组织问题，这无疑为结构主义教育思想的盛行提供了空间。

其次，第二次世界大战结束后，美苏进入"冷战"状态，在意识形态对抗的同时，展开了经济实力的较量和科技水平的竞争。1957年，苏联人造地球卫星的成功发射，给美国和西方阵营带来了极大的震撼。美国将在科技竞争中的落后归咎于教育，为改变劣势，美国联邦政府颁布了《国防教育法》，决定由政府大量拨款改革各级教育，加强自然科学、数学、外语"新三艺"的教学，加强天才教育，培养科技人才，并动员了一大批科学家、教育家主持领导全国的教育改革运动。结构主义教育思潮及其课程改革运动一开始就受到美国联邦政府的倡导和支持，如时任美国联邦教育部部长的麦克姆林就主张学校应成为发展智力的机构；曾任卫生、教育和福利部部长的约翰·加德纳的教育口号是"学业优秀"而不是"教育均等"或"自我实现"。他们对推动结构主义教育运动发挥了重大影响。

最后，从教育内部看，在结构主义课程改革运动之前，美国和西方教育深受进步教育和新教育课程论的影响，强调课程和教法的组织以学生个人活动为中心，忽视了学科系统知识的学习，远远无法满足现代科学技术高速发展、知识爆炸对学科学习的新要求。课程、教法改革的滞后与时代的要求、呼唤极不相适应，这一矛盾构成了结构主义教育思潮兴起的内在动因。

值得注意的是，结构主义课程改革运动及其思想只是结构主义教育思潮的主体组成部分，而非全部。一般而言，凡以结构主义方法建构的教育理论体系都可归于结构主义教育思想之名下。英国学者雷克斯·吉布森（R. Gibson）在其所著的《结构主义与教育》一书中把教育中的结构主义分为三类：传统结构主义、过程结构主义和伯恩斯坦的结构主义。结构主义教育思想的组成颇为复杂，对教育实践产生了重大影响的结构主义教育思想一般具有三个特征：①都将有关儿童认知结构发生、发展的认知心理学理论作为教育学理论的基础，以儿童认知结构的发生、发展为依据探讨教育、教学问题；②都以课程、教材、教法的改革为核心，或将之作为教育改革的突破口，主张教育应鼓励学生掌握学科的基本结构，促进迁移发生；③都十分重视儿童学习的自主性和积极性。

由此，本章将皮亚杰、布鲁纳和奥苏伯尔等的理论纳入结构主义教育思想体系。如果说皮亚杰是结构主义教育思想的奠基人，布鲁纳是结构主义教育思想的主要代言人的话，那么奥苏伯尔则是一个坚持传统课程和教学理念的结构主义者，他对当代西方教学理论和实践同样产生了重要影响。

当然，不同的结构主义教育理论家在不同的问题上很可能存有不同的观点。例如，在儿童认知发展方面，皮亚杰强调不同发展阶段的质的区别，主张课程的组织要适应这种差别；布鲁纳则否认这种质的差异，主张任何学科都可以以适当的方式教给任何年龄的学生。在学习方法方面，皮亚杰、布鲁纳都强调发现法；而同样注重形成学生知识结构的奥苏伯尔则突出有意义的课堂接受学习的意义。这并不足为奇，因为结构主义本来就不是一个统一的哲学，结构主义教育也不是一个完全统一的教育思想流派。

第二节　皮亚杰的教育观

皮亚杰是当代世界著名的心理学家、教育学家，日内瓦学派（又称皮亚杰学派)的创始人。他在哲学、逻辑学、生物学等领域都有所建树,被西方许多人士视为与苏格拉底、爱因斯坦齐名的思想文化巨人。

一、生平与著作

皮亚杰出生于瑞士,早年学习生物学,1918年获自然科学博士学位。在担任西蒙的助手时,曾在巴黎"比纳实验室"从事儿童心理研究工作。在对儿童进行心理测量并将结果标准化的过程中,皮亚杰受到儿童各种答案的启发,感到如果透过儿童的答案,特别是错误的回答去研究儿童心理、分析儿童的思维过程,可能是探究人类认识起源的最佳途径。自此,皮亚杰以自然状态下的"临床法",即以观察、谈话、讲故事、做作业等方式对儿童进行跟踪研究的方法,深入探讨了儿童心理发展问题,倾注了毕生的心血。

皮亚杰曾三次连任瑞士心理学会主席,1954年被推选为国际心理学会主席,后来又任联合国教科文组织领导下的国际教育局局长。为组织和团结各国有关学者共同研究发生认识论,皮亚杰于1955年创建了"国际发生认识论中心",并亲任主任,出版了中心专刊《发生认识论研究》。该中心在儿童认知发展问题的研究上取得了丰硕成果,已出版专刊30余集,并形成了独特的儿童心理学派——日内瓦学派。

皮亚杰曾前往多国著名大学讲学,获得多个名誉博士、名誉教授或名誉院士等称号,美国心理学会1968年还授予他"心理学卓越贡献奖"。

皮亚杰一生著述颇丰,共发表300余篇论文和50多部著作,但相对而言,其中关于教育的论著较少,因为皮亚杰最初进行的大量儿童心理学研究,主要在于探讨心理学的一般原理和发生认识论问题。20世纪60年代以后,他才直接对教育问题予以较多的关注,并撰写了一些有关教育问题的专著。皮亚杰的主要著作有:《儿童的语言和思维》(1924年)、《儿童的判断和推理》(1924年)、《发生认识论导论》(1950年)、《儿童的道德判断》(1952年)、

《儿童期至青年期逻辑思维的成长》(1958 年)、《儿童心理学》(1969 年)、《结构主义》(1970 年)、《教育科学与儿童心理学》(1970 年)、《心理学与教育》(1976 年)等。

二、论认知的结构和机制

皮亚杰自称是一个结构主义者,但他指出:"结构主义真的是一种方法而不是一种学说。"①在《结构主义》一书中,他对盛行于各个学科领域的结构主义做了全面的回顾和考察,概括出了"结构"的三个特性。

①整体性(Wholeness),指结构内部的各成分不是孤立的或硬性相加混合的,而是相互联系,相互作用,并受制于结构本身内部的规律。

②转换性(Transformation),指决定整体性质的结构并不是静止不变的,而是在建构活动中运动发展的,这种转换既可以使结构得以保存,又可丰富其内容。

③自我调节性(Self-regulation),指结构无须借助外在因素而可自行进行自身的规律调节。②

实际上,皮亚杰早在 20 世纪二三十年代研究儿童时,就从儿童智慧发展的同步性(表现出相同的智慧水平)中,意识到儿童认知发展过程中存在着结构的特征。随着研究的深入,他逐渐探究到儿童的思维或认知整体、转换和自我调节的结构特性,《结构主义》一书是他试图从哲学的高度对结构特性所做的归纳。

由此,皮亚杰把结构视为"由具有整体性的若干规律组成的一个有自身调整性质的图式体系"③。所谓"图式",乃指"动作的结构或组织,这些动作在

---

① ［瑞士］皮亚杰:《结构主义》,倪连生、王琳译,102 页,北京,商务印书馆,1984。

② 同上书,1~10 页。

③ 同上书,译者前言 2 页。

同样或类似的环境中由于重复而引起迁移或概括"①。它既是指在认识过程中主体外物质动作的协调组织,又是指认识过程中主体内化到头脑中进行的精神动作的协调组织,个体对客观刺激做出反应就是因为个体的动作具有对之做出反应的某种图式。图式不是神经系统的物质生理结构,而是指一种主体活动的功能结构,即外部动作和内部思维的功能结构。在婴儿出生之际,图式是本能动作,是遗传性的,在适应环境的过程中,图式会得到不断的改变和发展。例如,儿童最早的吮吸反射就具体体现了一种反射图式。在刚出生时,婴儿通常不加分辨地吮吸塞到嘴里的东西(如乳头、手指头),只有单一、笼统的吮吸图式存在;以后,儿童逐渐学会区分刺激,如在饥饿的时候,只接纳有奶汁的刺激物,而拒绝其他刺激物。这种区分是婴儿通过他们既有的反射和运动器官实现的,虽是最低水平上的区分,但却是以后智力活动的开端。随着儿童的成长,图式会不断地分化,变得更多、更抽象,由图式构成的网络系统也会日益复杂。成人有大量相当复杂的图式,因而能够对周围环境做出许许多多的区分。引起图式发生变化的乃是同化与顺应机制。

皮亚杰借用生物学的"同化(Assimilation)"和"顺应(Accommodation)"概念来解释主体图式在能动适应环境中的变化发展。

所谓同化,是指人们把新的感知、运动的或概念的材料整合到已有的图式或行为模式之中的认知过程,可在三种水平上进行:在物质水平上,主体用实际动作同化客体本身并产生合乎人类需要的结果(如技术产品);在行动水平上,主体用运算图式同化自身的个别动作,使自己的行动成为转变客体的有效活动;在思维水平上,主体用精神的动作同化来自客体的经验材料,使物理经验被同化于由逻辑数理经验形成的认识图式之中而成为关于客体的物理知识。同化能从量上丰富和改变原有的图式,但不能从质上革新和改变

图式；而起革新作用并能使图式发生质的变化的是"顺应"机制。

所谓顺应，是指个体受外界刺激，原有图式发生变化或被重新建构，导致认知结构的变化发展。顺应一旦发生，主体就会尝试着再次同化刺激，由于结构已改变，刺激便可以迅即被同化。故同化总是最终的过程。

总之，在同化过程中，人们把自己可利用的图式强加于有待加工的刺激物，刺激物被"强制"地适应主体的结构；在顺应过程中，主体"被迫"改变自己的图式以适合新的刺激物。同化导致认知结构量的增长，顺应促使认知结构产生质的变化。同化和顺应是适应过程的两个互补的侧面，它们同时发生，不可分离。如果一个人总是同化而不顺应刺激物，其结果只能形成若干个大图式，因而不可能发现事物之间的差别，大多数事物会被混淆起来；如果总是顺应而不同化，就会使人仅拥有许多琐细而无概括性的图式，使人把大多数事物看成是完全不同的，而找不到事物的共性。这两种极端都会导致人的认知的畸形发展，故保持同化与顺应之间的某种平衡是必要的。皮亚杰认为，平衡就是一个以同化和顺应为手段的自我调节过程，平衡使外部经验最终纳入主体的内部经验(图式)，它只是一种非常短暂的状态；不平衡的发生，使主体产生寻求平衡而进一步去同化和顺应的动机，引起恢复平衡的努力。从不平衡到平衡，再到新的不平衡，循环往复，导致结构的不断发展，而这一发展始终是在自我调节下进行的。

皮亚杰以结构主义的方法考察认知发展过程，他强调认知结构在主客体相互作用的过程中，主体自主调节下的同化顺应机制的变化发展，这与许多强调结构的静态性、共时性甚至天赋性的早期结构主义者的观点大相径庭。后期结构主义者[如巴尔特、德里达(J. Derrida)等]都不承认有固定不变的结构，认为结构是变化发展的，具有历时性，皮亚杰的主张与他们不谋而合。皮亚杰的结构主义认识发生论的研究工作在时间上是属早期的，而其观点则是超前的，在某种意义上是属后期结构主义的，以至于西方学术界对皮亚杰到底是归属前期结构主义还是归属后期结构主义的问题产生了争议。正因皮亚杰反对将结构凝固化，注重结构的主体构造过程，他的教育学说亦是以此为基础，故将他的教育思想冠以"建构主义(Constructivism)"的称呼比之"结构主义"的称呼更为妥帖。

三、论认知的发展阶段和动力

儿童的认知发展，在皮亚杰看来，并不是数量的简单累加过程，而是认知结构的发展由量变到质变的过程，不同性质的认知结构构成了认知发展的不同水平。皮亚杰根据儿童从出生到青年时期"运算"的特点，将儿童认知发展划分为四个阶段。

①感知运动阶段(从出生至2岁左右)。这一阶段认知活动以感知和运动反射为主要形式，且依赖于眼前的事物，不能应用心理表象从事智力活动。虽然这一阶段的认知"是以知觉和运动为其唯一的工具，它既不能进行再现，也不能从事思维"，但是"它已构成了行为的图式，用以作为以后建立运算结构与概念结构的基础"。① 这个阶段的末期，儿童已开始具有应用心理表象的能力，尽管这种能力还不十分完备。

②前运算阶段(大约从2岁至7岁)。这一阶段尽管儿童的思维有了质的飞跃，他们不像前一阶段依靠实际动作对当前感知的事物进行思维，而是随着符号功能的建立，"能够通过符号或分化了的记号的媒介来引起当时感知不到的对象或事物，从而使它们再现出来"②。即凭借心理符号替代外界事物而进行表象性思维，进行各种象征性活动或游戏。不过，这些表象都具有自我中心性质，符号表征还未达到系统和逻辑的水平，还不能从事物的变化中把

---

① [瑞士]让·皮亚杰：《教育科学与儿童心理学》，傅统先译，31页，北京，文化教育出版社，1981。

② 同上书，32页。

握事物概念的守恒性和可逆性。故这一阶段的认知仍属前运算性质。

③具体运算阶段(大约从 7 岁至 12 岁)。这一阶段,儿童已经能够在头脑中从一个概念的具体变化中抓住实质性的东西,动作不仅是内在的,同时也是可逆的,达到了守恒的水平。儿童已可以进行初步的逻辑思维,即通过逆反性和互反性两种可逆性使运算图式达到守恒。由于运算守恒的出现,儿童已具备初步的逻辑思维能力,能正确地把握逻辑概念的内涵和外延,但还离不开具体事物的支持,否则就难以顺利解决问题。此外,这一阶段的运算一般比较零散,还不能较好地构成一个整体。

④形式运算阶段(大约从 12 岁至 15 岁)。"这个时期的特点,一般来讲,是掌握一种新的推理方式,这种推理的方式已经不再完全限制于处理具体对象或可以直接再现的现实"①,而是可以进行命题运算,并运用命题推论出逻辑结论,儿童已能在头脑中将形式和内容分开,凭借假设和推论进行逻辑推演的思维,思维水平与成人接近,即达到了形式思维水平。

在认知发展四阶段的关系方面,皮亚杰指出,首先,阶段出现的先后顺序是固定不变的,不能逾越,也不能颠倒。阶段具有普遍性,任何儿童都必须遵循这种不变的发展顺序。其次,每一阶段的儿童都有该阶段的独特的认知结构,这种相对稳定的结构决定着儿童行动的一般特点,一旦具备这种认知结构,就能从事该结构所允许的水平相当的各种活动。最后,认知结构的发展是一个连续建构的过程,每一阶段都是前一阶段的延伸,前一阶段的结构是后一阶段结构的先决条件,并为后者所代替。

认知发展阶段说揭示了不同年龄阶段的儿童认知结构发展的质的区别,皮亚杰反复强调各个阶段的顺序性和不可逾越性,但他的这一主张并未被 20 世纪 50 年代末美国的结构主义课程改革运动所重视。

———————————

① 　[瑞士]让·皮亚杰:《教育科学与儿童心理学》,傅统先译,34~35 页,北京,文化教育出版社,1981。

对于儿童认知结构发展的动力问题，皮亚杰既反对从外在环境寻找起因的经验论，也反对返回先天寻找根源的预成论。他认为，儿童认知发生、发展的源泉在于主体的动作或活动。皮亚杰指出，影响认知结构发展的因素有四个：①成熟，包括机体神经系统和内分泌系统的成熟。它们可在一定程度上促进或阻碍认知的发展，但它们只是必要条件，而不是充分条件。②物理经验和逻辑数学经验。物理经验是主体作用于客体的过程中，通过抽象而发现的客体的性质，如物体的颜色、重量、比例、速度等；逻辑数学经验则不同，它不是对客体本身性质的抽象，而是主体从自身的动作中抽取出的经验。③社会环境，包括社会生活、文化教育、语言信息等。它们与社会生活息息相关，其经验只能在社会互动中才能获得。但这仍是必要条件，只能促进或延缓而不能决定儿童的认知发展。④平衡因素。皮亚杰认为认知结构的发展是在图式从不平衡到平衡，再到新的不平衡的矛盾运动中实现的，而这一矛盾运动过程，在皮亚杰看来，是图式的自我调节过程。"自我调节是生命最普遍的特性之一，也是机体反应与认知性反应所共有的最一般的机制。"[1]自我调节被皮亚杰理解为认知结构转换和发展的内源因素和真正动因，正是它使不断成熟的主体内部组织与外部环境相互作用，推动认知结构在平衡与不平衡中不断动态发展。

四、论教育应当成为一门科学

皮亚杰竭力主张"教育应当成为一门科学"，而要成功地建构一门教育科学，不可缺少的就是要"建立一个为创造真正适应于心理发展法则的教育技术所必需的心理学体系。如果没有精心建立一个真正的儿童心理学或心理社会学，就不可能真正产生新的方法；新的方法的存在无疑必须从建立这样一门

---

① [瑞士]皮亚杰：《发生认识论原理》，王宪钿等译，68页，北京，商务印书馆，1981。

科学之日算起"。①

　　皮亚杰指出，无论是在历史上，还是在现实中，西方教育学的研究是非常薄弱的。与哲学、生物学以及其他自然科学相比，教育学缺乏学术价值和自身尊严，还远远没有发展成为一门科学。他注意到这样一种现象：有影响的教育著作很少出自职业教育家之手，教育领域中极大一部分的革新家也不是职业教育家，而是在其他学科领域颇有造诣的杰出人物。皮亚杰在回顾、分析了西方教育史和现实社会的各种教育理论后指出，无论是西方教育史上的夸美纽斯、卢梭(Jean-Jacques Rousseau)、福禄培尔、赫尔巴特，还是与他同时代的杜威(John Dewey)、蒙台梭利、德可乐利等，他们在教育学方面都未受过多少训练，而是在诸如神学、哲学、心理学或自然科学方面颇有成就。造成这种现象的原因，皮亚杰认为并不是因为教育学本身不具有成为一门科学的性质，而是因为教育学与其他科学相比，有着更多、更复杂的因素，要建构其特有的知识体系，难度更大。而更主要的原因在于教育学"从它的母科学中也只能获得有限的帮助，因为那些学科本身也还未曾达到足够的进展"②，也就是说，教育学还没有建立在真正的心理学的基础上。

　　皮亚杰对西方教育史上杰出教育家们建立教育思想的心理学基础做了分析与评估。他指出，卢梭尽管坚信心理发展的法则，强调儿童与成人心理的差异，但他对心理发展阶段和机能的论点过于简单、武断，更谈不上科学；裴斯泰洛齐虽然在办学上取得了惊人的成就，但他的教育思想具有一定程度的形式主义色彩，对于真正的心理发展很少考虑到具体细节；对赫尔巴特，皮亚杰肯定了他以一种极其明确而又易于理解的方式使教育方法适应于心理学的法则，认为这在教育思想史上具有创新的意义，但皮亚杰同时指出，赫

---

　　① [瑞士]让·皮亚杰：《教育科学与儿童心理学》，傅统先译，145 页，北京，文化教育出版社，1981。

　　② 同上书，13 页。

尔巴特的心理学本质上是一种被动接受的心灵论，他未能把两者——发展的生物观和对智力这个不断构造的过程的分析——调和起来，建立一个关于活动、发展的儿童心理学理论；至于福禄培尔，皮亚杰认为虽然他直觉地懂得游戏的重要性，已朝着注重活动这一正确的方向前进了一大步，但他用形式化了的手工劳动去代替与儿童生活真正需要相联系的具体探索，阻碍了儿童从事真正创造性的活动，以致歪曲了活动概念的本意。总之，在皮亚杰看来，在教育的历史和现实中，虽不乏建立在心理学基础上的教育理念，有些也有可取之处，但总的来说，对教育的研究是十分落后的，教育学还远没有成为一门科学，而要真正使教育学成为一门科学，就必须使教育学建立在科学的心理学的基础上，这种科学的心理学应是以发生认识论为根基的。

从严格意义上说，称皮亚杰为发生认识论者或心理学家，比称他为教育家更为合适。但皮亚杰关于人类知识形成和儿童知识获得的研究成果，显然在某种程度上为把教育学建立在更为科学的基础上提供了新的基础。

五、论智力和道德能力的发展

从发生认识论的立场出发，皮亚杰极为重视儿童智力和道德能力的发展。他指出："教育的主要目的就是要形成儿童智力的与道德的推理能力……在智力的方面能达到连贯性与客观性，而在道德方面则能相互作用。"[1]"智力"一词在皮亚杰那里与认知、思维、智慧等概念是通用的，"智力乃是一种最高形式的适应，乃是在把外物不断同化于活动本身和这种同化的图式顺应于事物本身之间的一种平衡状态"[2]，其基本功能是通过构成现实的结构来构成内心的结构，使有机体能有效地适应不断变化的环境，接近最佳的生存条件。这

---

[1] [瑞士]让·皮亚杰:《教育科学与儿童心理学》，傅统先译，162~163 页，北京，文化教育出版社，1981。

[2] 同上书，160~161 页。

种内部机能结构既具有理解的功能，又有发现或发明的功能，且这两方面的功能不可分割。因为要理解一种现象或一件事情，就要对产生这个现象或事件的转变过程加以改组，而要重新改组这些转变过程则要构成一种转变的结构，而这种转变的结构的建构，是要有发明或发现的因素的，故皮亚杰说"理解即发明"。教育的主要目标之一就是追求这种理解力的提高，它是与学生的探究性思维方法发展密切联系在一起的。

道德能力的发展是皮亚杰另一教育主要目标。在皮亚杰看来，道德目标旨在形成儿童的道德推理能力和良好的人际相互作用。由于道德与人际交往的规则有关，皮亚杰十分重视社会交往对儿童道德推理能力的重要作用。他指出，社会交往不仅是儿童智力与道德发展的一种手段，而且是推动儿童个性总的发展的一部分。它有助于养成儿童批判的态度、客观推理和思考的习惯，有助于儿童思维连贯完整发展。儿童如果不同他人进行思想交流和合作，就无法把他的运算组成一个连贯的整体。

皮亚杰分析说，在学校中儿童社会交往主要指儿童之间的交往，同时也指师生之间的交往。合作是交往的基础，学生间交往的重点应放在儿童之间的合作上，而不是竞争上。儿童在社会交往中会逐步"懂得别人有和自己不同的观点，也学会在合作的形式中协调不同的利益去行动"[1]。如果说角色以互逆的思维方式看问题标志着守恒这一较高级认知形式的出现的话，那么，通过社会交往，儿童会逐步克服以自我为中心，迈向道德价值内化和自律的更高目标。

六、论主动学习和活动教学法

皮亚杰认为，儿童真正的学习不是成人外加给他的，而是自己独立进行

---

[1]　转引自[美]威廉·C.格莱因：《儿童心理发展的理论》，计文莹等译，145页，长沙，湖南教育出版社，1983。

的，儿童是通过自己的活动来建构认知结构的，是主动的学习者，"除了主动地掌握一件东西以外，就不可能学会任何东西"①。

主动学习的动力主要不是来自奖励或惩罚之类的外在强化，而是来自认知结构同化、顺应过程中不平衡或冲突的状态的自我调节。由于儿童的主动行动或自我调节与儿童认知图式的适度冲突有关，教师的任务就是要提供给儿童既与其经验有一定的联系，又新颖的环境或学习材料，使儿童产生认知上的不协调和冲突，从而引发儿童启动思维，进行主动学习。

主动学习是在儿童的活动中展开的，活动被皮亚杰视为主体与客体相互作用的桥梁，是认识的来源。为此，"活动教学法"是儿童教育的重要原则，它使儿童在个人建构性的兴趣活动中提高智力运算的能力。活动的类型多种多样，如游戏活动、视听教学活动、每门学科中的探讨和重新发现活动等。鉴于"活动"一词容易导致歧义和误解，皮亚杰指出，进行活动学习要避免两种错误认识：一是不能夸大具体活动的作用。在儿童认知发展的初级阶段，具体活动诚然具有重要的意义，但在以后的高级阶段，具体的活动就应由抽象思维取代了，抽象的思考也同样是活动，"一个运算就是一个活动"，且对认知结构的建构起着决定性的作用。二是活动不应被理解为一种视听表象过程，因为这种认识完全抹去了基本的逻辑数学运算的应用，将问题简单化了。

从感知活动到形式运算活动，是认识结构的由低到高的发展过程，皮亚杰认为应注意不同发展阶段活动的性质及其过渡。例如，年龄较小的儿童应以游戏活动为主，视听教学应注意利用直观形象向抽象逻辑思维的过渡，各门学科的探讨和重新发现活动要与一定的知识体系相联系，等等。

活动教学法除有利于儿童的智力发展外，它本身还具有鲜明的道德价值。皮亚杰指出："活动的方法并不是要把学生引导到无政府状态的个人主义，特

① [瑞士]让·皮亚杰：《教育科学与儿童心理学》，傅统先译，141页，北京，文化教育出版社，1981。

别是当活动方法是把个人活动与集体工作相结合的时候，这种方法是要把学生训练得自动地服从纪律和自愿地努力工作。"①因为在皮亚杰看来，活动特别是集体协作的活动，既包括了个人内部的行动协调，也包括了个人之间的行动协调，智力运算在人与人之间交流、调整、协作的成果体现的是集体智慧的结晶。

皮亚杰指出，强调学生主动学习和"活动教学法"，并不意味着降低教师在教育中的地位，而是要求教师把儿童与教师间、儿童与儿童间的相互协作转化为一种高级形式的合作，这显然是对教师提出了更高的要求。

第三节 布鲁纳的结构主义教学思想

布鲁纳是美国著名的心理学家和教育家，结构主义教育思想流派的主要代表人物。他建立在结构主义方法论和认知心理学基础上的教学理论，对美国和欧洲 20 世纪六七十年代的课程和教学改革产生了深刻影响。

一、生平与著作

布鲁纳出生于纽约市的一个中上阶层的家庭，1937 年毕业于杜克大学。布鲁纳在早年的心理学研究工作中，就表现出了对教育改革的兴趣。早在1946 年，他就曾在美国《哈佛教育评论》(*Harvard Education Review*)上发表过《当代法国与教育改革》的论文。1959 年，布鲁纳担任美国科学院教育委员会主席。在苏联第一颗人造地球卫星上天而引发的改革美国教育、提高教育质量的强烈呼声中，美国科学院在伍兹霍尔召开了讨论中小学数理学科教育改

---

① [瑞士]让·皮亚杰：《教育科学与儿童心理学》，傅统先译，71 页，北京，文化教育出版社，1981。

革会议，布鲁纳被委任为会议主席。综合这次会议教育改革的思路和意见，布鲁纳 1960 年出版《教育过程》一书。该书也被视为 20 世纪 60 年代美国课程改革运动的纲领性著作。其后，布鲁纳在教育改革的实践之中继续发表了《教学论探讨》(1966 年)、《婴幼儿教育》(1968 年)、《教育的合适性》(1971 年)、《论教学的若干原则》(1972 年)等著作，共发表有关心理学、教育学方面的论著 200 余篇(部)。

20 世纪 60 年代，布鲁纳曾任美国的总统教育顾问小组成员(1960 年)、美国心理学会会长(1965—1966 年)等职。由于在教育改革和心理研究中的突出贡献，他曾获美国心理学会"杰出科学贡献奖"(1962 年)、美国教育研究会和教育出版机构联合奖(1969 年)等科研奖。

二、论认知结构与知识结构

布鲁纳的教学论思想是以结构主义认知心理学为基础的，他反对行为主义者解释人心理过程的"S-R"模式，注重对认知的内部过程和内部机制的研究。在研究方法上，布鲁纳深受皮亚杰、乔姆斯基(N. A. Chomsky)和列维-施特劳斯的结构主义思想方法的影响，坦称自己就是"按照结构主义表达知识观""按照直觉主义表达研究认识过程"的。①

从结构主义立场出发，布鲁纳从人类智力的进化、个体智力的成长和学科性知识几个角度考察了人类认知、知识的性质和过程。他指出，知识并不是对外在现实的认知，"知识是我们构造起来的一种模式，它使得经验里的规律性具有了意义和结构。任何组织知识体系的观念都是人类发明出来的，目的是使经验更经济、更连贯。例如，我们在物理学中发明了力的概念，在心理学中发明了动机的概念，在文学里发明了风格的概念，它们都是帮助我们

---

① [美]布鲁纳:《布鲁纳教育论著选》，邵瑞珍等译，4 页，北京，人民教育出版社，1989。

获得理解的一种手段"①。人类追求知识实际上是发现知识或材料所具有的结构，这种结构并不是一被发现就具有的客观存在，而是由人所塑造、形成、构造出来并"外加"到知识或材料上去的。

在布鲁纳看来，认知是人通过心理内部机制获得知识的过程，它包含了对知识的获得、转换和评价。在这一过程中，知识被转化为个体的经验和智慧，人的认知结构是在主客体的相互作用中，通过对所获知识进行同化和顺应而形成的。学习者以已有的内部认知结构对"从外而内"的输入信息进行编码加工，以易于掌握的形式加以存储；并采取外推、内插、转化等方法，"从内而外"地推出新的结论或知识，再对处理知识的方法进行评价，从而实现对原有的认知结构的扩大和改组。

根据皮亚杰对儿童从具体到抽象的认识发展图式的描述，布鲁纳以"再现表象"的不同水平为依据，将知识分为三种层次不同的类别。

①动作式。即动作表象，它是"以某种学会做出反应和形成习惯的动作为基础"的。

②映象式。即映象表象，它依靠视觉或其他感觉组织和各种概括化映象的使用，"主要受知觉构造的各种原则"的控制。

③符号式。即符号表象。它是"用一组符号命题或逻辑命题来表示并受形成和转换命题法则或规律所支配的"，是通过文字或语言形成的。

以上三种不同水平的知识再现方式，代表着儿童认知发展的三种不同水平，儿童的认知发展大致可划分为三个由低到高的阶段。"人类的智力发展始终会沿着这三种表象系统的顺序前进。"②在布鲁纳看来，良好的知识结构具有两个重要特点：一是简约性；二是迁移性或生成性。

---

① 转引自[美]罗伯特·梅逊：《西方当代教育理论》，陆有铨译，153 页，北京，文化教育出版社，1984。

② [美]布鲁纳：《布鲁纳教育论著选》，邵瑞珍等译，105 页，北京，人民教育出版社，1989。

布鲁纳认为教学论是"阐明有关最有效地获得知识与技能之方法的规则"①，相对于学习理论和发展理论的描述性质而言，教学论是一种规范性理论，主要回答教什么、何时教、怎样教、教的进行有何条件等基本问题。对上述问题的回答构成了布鲁纳教学论思想的主要内容。

三、论掌握"学科基本结构"

面对20世纪中叶以来人类科学文化知识的迅猛增长、学校传授的知识日益陈旧的现状，布鲁纳指出，许多知识领域早已在大踏步前进，可是这些进步都未反映在学校教学之中，这种状况必须扭转，学校必须反映人类新的知识成就。但新知识的引入并不意味着要增加更多的学习内容。布鲁纳反对学习内容单纯的量的增加或削减，他从结构主义的立场出发，指出学科知识在现代社会迅速增长，有其不断膨胀的"爆炸(Explosion)"的一面，但任何知识作为学科结构之中的一部分是相互联系的，知识发展的相互联系和结构化，使知识在"爆炸"的同时，又表现出"爆聚(Implosion)"的一面，"从外表看，它像是爆炸，从内幕看，它似乎更像爆聚"②。学校应当利用知识的爆聚性质来解决知识的爆炸所导致的学校教学内容日益增多、教不胜教的难题。布鲁纳因而从知识的质的整合上，而不是量的删减的意义上提出了有关现代学校教学内容的理论。

布鲁纳提出，现代学校的课程设计和教材编写都必须以"学科的基本结构"为中心，"不论我们选教什么学科，务必使学生理解该学科的基本结构"。③ 所谓"学科基本结构"，就是指某门学科的基本概念、定义、原理和原则，它包括学科的题材结构和学科结构。前者指学科小单元教材的结构，如

---

① [美]布鲁纳:《布鲁纳教育论著选》，邵瑞珍等译，441页，北京，人民教育出版社，1989。
② 同上书，389页。
③ 同上书，27页。

生物学中的支配低等动物运动倾向的"向性"，代数中的交换律、分配律和综合律，英语中的主、被动句转换的文句构造等；后者指整个学科的结构，如布鲁纳与其他研究者为美国小学五年级设计的人类学，其学科结构由五个基本概念构成：使用工具、语言、社会组织、长时期的儿童教育、心情的象征表达。

掌握"学科的基本结构"，在布鲁纳看来，具有多方面的"深远的意义"：①基本结构是学科的精髓和概要，掌握了学科的基本结构就可以理解和把握整个学科，且使这种理解易于进行，"懂得基本原理可以使学科更容易理解"①，自然科学和社会科学的学科概莫能外。②基本结构是一种简化的知识，有助于学生记忆。③基本结构具有"广泛而又强有力的适应性"，既能产生使学生适应特定工作的"训练的特殊迁移"，又能形成构成学生日后认识和处理事物基础的"原理和态度的迁移"，结构化的知识越是基本，它对新问题的适应度就越强。④基本结构"能够缩小'高级'知识和'初级'知识之间的差距"②，使各级学校中的知识保持连贯性。

在布鲁纳看来，课程的制定、教材的编写，应由各科领域卓越的学者、专家和有经验的教师共同参与完成，使课程和教材的建设"围绕着社会公认为值得它的成员不断关心的那些重大的问题和价值"进行。

四、论尽早教授学科的基础理论知识

学科的基础知识应尽可能早地教给学生，这是布鲁纳在"何时教"问题上的重要观点。他宣称："任何学科都能够用在智育上是诚实的方式，有效地教给任何发展阶段的任何儿童。"③这一著名的论断是布鲁纳从其知识表象的分

---

① ［美］布鲁纳：《布鲁纳教育论著选》，邵瑞珍等译，35 页，北京，人民教育出版社，1989。

② 同上书，37 页。

③ 同上书，42 页。

类理论推出的。在布鲁纳看来，知识具有动作式、映象式、符号式三种表象（前文已述），儿童的认知发展也大致经历这三个阶段。因此，只要将学科内容转换为符合学生认知阶段性特点的知识形式，使之与儿童的认知结构和学习兴趣相吻合，任何一门学科的基础知识都能用从一般到个别的认知捷径教给任何发展阶段的任何儿童。"任何观念都能够用学龄儿童的思想方式正确地和有效地阐述出来"①，"认为任何学科不可能按某种方式教给实际上任何年龄儿童，这种看法是毫无道理的"②。布鲁纳为证明其假设的可行性，曾在伍兹霍尔会议期间进行过教学示范，使小学五年级学生通过仿照高深数学规则玩数学游戏来掌握函数论。

为此，在教材的组织上，布鲁纳既反对传统的"学科中心课程"偏重知识本身逻辑顺序的"直线式"编排，也不赞成进步教育"儿童中心课程"注重儿童兴趣的"圆周式"排列，他强调逻辑顺序和心理顺序间的"转换"和沟通，提出以学科基础理论知识为中心的"螺旋式"的课程编排。这种编排呈倒三角形的螺旋状结构，使"一门课程在它的教学进展中，应反复地回到这些基本观念，以这些观念为基础，直至学生掌握了与这些观念相适应的完全形式的体系为止"③。应当说，螺旋式的课程编排，一方面体现了直线式编排的逐步提高、深化的顺序，另一方面又显示了圆周式编排方式的扩展、加宽的特点，不失为较为理想的教材组织方式。

布鲁纳认为，尽早让学生掌握学科的基本结构是有效、便捷进行教学的主要途径，可以大大提高教学效率。在这个问题上，他批评以往的学校过于注重儿童学习的成熟因素，消极地等待儿童伴随成熟而到来的学习准备状况的做法，提出了将"等待准备"改为"创造准备"的新观念。至于具体教学活动的程序，布鲁纳认为应该根据学习者的不同情况而异，它取决于多种因素（如学习者过去所学的知识、智力发展的阶段、材料本身的性质、个人智力差异等），需以经济有效的观点全面考虑，使教学工作既遵循儿童智力发展的进程，又有利于加快这一进程。

五、论激发儿童学习内在动机

布鲁纳认为，几乎所有的学生都具有内在的学习愿望，内部动机是维持学习的基本动力，它对学生的选择性探索活动具有重要影响，是教学成败的首要因素。儿童学习的内在动机在布鲁纳看来有三种基本类型。

①好奇心（Curiosity）。这是种族生存所必需的一种天生的生物内驱力，它促使儿童的探究不断地从一个事物转向另一个事物，从一种活动转向另一种活动，保持一种旺盛不息的求知欲。

②胜任的内驱力（Competence）。这种内驱力使儿童对自己能胜任的活动越来越感兴趣，在自动改造环境和顺利解决问题中获得满足，受到激励，增强活动力。

③互惠的内驱力（Reciprocity）。互惠的内驱力指的是儿童具有求得与其所生活的集体文化相一致的动机，它驱使作为群体成员的人们对他人做出反应，并与他人一起为一个目标而共同操作。

在布鲁纳看来，以上三种动机都具有自我奖励性质，其效应不是短暂而是持久的，而强化或外在奖赏仅对驱动一定的行为或保持重复性的行为起作用。因此，由这些内驱力引发的内在学习动机远比奖励、惩罚、竞争等引发的外在学习动机更为重要。

六、论适时强化学习

布鲁纳认为，反馈在教学过程中具有十分重要的作用。反馈可使学习者知道学习结果如何,它可使学生明确自己的学习活动是否正通向既定的目标,并不断地矫正或确定下一步的学习活动,从而使整个教学过程得以顺利进行,有效学习得到强化。首先,必须适时提供反馈信息,即强化时间的安排必须正确。在学习者对自己的学习成果与学习目标进行比较时,教师要及时为学习者提供有关信息,使学习者意识到自己的学习与学习目标之间的差距,从而对学习进行必要的强化或矫正。反馈信息提供过早,会干扰学习活动的进行;过晚易使学习者失去受帮助的机会,甚至有可能先接受了不正确的信息。反馈信息的提供,还要注意学习者学习时的内部状态,如学习者处于强烈冲动和焦虑不安的内在状态时,反馈信息难以发挥积极作用。在这种情况下,教师应首先采取妥善手段消除学习者不良的内在状态,然后再提供有关信息。其次,反馈信息本身必须能为学习者所理解,适合学习者的认知水准。例如,如果学习者处于动作式表象为主的水平,那么,给予图像水平或符号水平上的强化就难以奏效。因此,反馈信息既要为学习者所理解,适合于学习者所做的努力,又要使学习者的学习迈向更高的水平。最后,教师在帮助学生进行强化或矫正时,要培养学生逐步具有自我检查、自我强化、自我矫正的能力,并逐渐降低教师的指导和外部报偿作用,因为教学只是一种暂时状态,其目的是促进学生自我学习。

七、论发现法

在教学方法上,布鲁纳主张"发现法"。就学生学习而言,可以称之为发现学习;就教师的教法而言,又可以称之为发现教学。布鲁纳认为:"发现是教育儿童的主要手段。"[1]"我们教一门科目,并不是希望学生成为该科目的一个小型图书馆,而是要他们参与获得知识的过程。学习是一种过程,而不是

---

① [美]布鲁纳:《布鲁纳教育论著选》,邵瑞珍等译,339页,北京,人民教育出版社,1989。

结果。"①在布鲁纳看来，单纯地传递教材结构是不够的，重要的是要进一步培养学习者创造性解决问题的探究态度并掌握相应的方法。对学生而言，"发现不限于只是寻求人类尚未知晓的事物的行为，确切地说，它包括用自己的头脑亲自获得知识的一切方式"②。教师通过启发引导，使学生按照自己观察和思考事物的特殊方式去认知事物，理解学科的基本结构，或通过教材、教师所提供的有关材料去亲自探索、发现应得出的结论或规律性知识，并发展"发现学习"的能力。

发现法的实质在于把现象重新加以组织或转换，使人能超越现象进行再组合，从而获得新的领悟，包括寻找正确的结构和意义。发现法在课堂教学中就是要使学生在教师的帮助下，能够亲自发现事物的结构和规律，像数学家那样思考数学，像历史学家那样思考历史，为此，布鲁纳提出了有效进行发现教学的三个要点。

①鼓励学生积极探究。教师要树立学生能依靠自己努力，运用自己头脑解决问题的信心，鼓励学生用自己的头脑思考，设身处地尝试，并给予学生充分的自由思索的机会和时间。

②加强新旧知识的联系。布鲁纳认为，相邻的概念间具有"隐约的相似性"，从而使它们之间存在一致性或相融性，教师在教授新知识时，应善于利用知识的这种特点，启发学生寻找新知识与他们已有知识之间的联系，将新知识纳入已有的知识结构，改善自己的知识构成。

③培养学生运用假设、对照的技能。假设与对照是发现法的重要因素，在发现学习过程中，假设的建立主要靠直觉思维完成，直觉思维不同于渐进积累式的分析思维，"它倾向于从事看来是以对整个问题的内隐的感性知识为

---

① 转引自滕大春主编：《外国教育通史》第6卷，160页，济南，山东教育出版社，1994。
② 转引自高觉敷、叶浩生主编：《西方教育心理学发展史》，254页，福州，福建教育出版社，1996。

基础的那些活动",是一种"跃进、越级和采取捷径"的,对"问题或情境的意义、重要性和结构"的"直接了解或认识"。① 布鲁纳要求教师在教学过程中要大力"发展学生直觉天赋",鼓励学生对学习中的问题答案进行大胆猜测,并学会用分析思维对假设进行检验。对照是进行探究的另一有效方法,"通过引导儿童探索对照物,儿童就更加可能按照一种方式去组织他的知识,这种方式可以帮助他在需要发现的特定情境中有所发现"②。

布鲁纳的发现法有利于学生积极主动地掌握知识、发展智力,在20世纪五六十年代美国的课程改革运动中广为运用,在当今西方教育、教学改革中仍是一种颇受重视的学习和教学方法。

第四节 奥苏伯尔的教学与学习理论

奥苏伯尔是与布鲁纳同时代的美国著名教育心理学家,尽管他的教学论思想与美国20世纪50年代末始发的结构主义课程改革运动无甚联系,甚至在某些主要观点上还与布鲁纳等结构主义课程改革论者针锋相对,但奥苏伯尔在接受皮亚杰结构主义知识论或认识论影响方面与布鲁纳是同样深刻的。奥苏伯尔不仅以结构的观点考察知识和认知过程,而且把教学的主要目的归于形成学生的知识结构,因而同样是一个结构主义的教育心理学家。

一、生平与著作

奥苏伯尔生于1918年,早年获宾夕法尼亚大学学士、哥伦比亚大学心理学硕士学位,后在布兰迪斯大学攻读医学,1943年获医学博士学位,1950年

---

① 任钟印主编:《世界教育名著通览》,60页,武汉,湖北教育出版社,1994。
② [美]布鲁纳:《布鲁纳教育论著选》,邵瑞珍等译,350页,北京,人民教育出版社,1989。

又获哥伦比亚大学哲学博士学位，此后 24 年里在伊利诺伊大学教育研究院担任教授工作。他一生发表过大量学术论著，阐述认知教育心理学思想的系统教材有《教育心理学：一种认识论》（1968 年）、《学校学习：教育心理学概论》（1969 年），重要教育专著有《有意义言语学习心理学》（1963 年）。由于奥苏伯尔对教育心理学的贡献，1976 年美国教育心理学分会曾授予他"桑代克教育心理学奖"。

二、有意义言语学习理论

奥苏伯尔认为，学习理论应当"主要关心发生在课堂的学习"①。学校课堂中的学习，在奥苏伯尔看来，是以语言符号所代表的系统知识为内容的。学习理论应当研究以语言符号所代表的系统知识，在什么样的条件下才能有效进行，其心理机制如何，课程与教法怎样依据这种机制组织实施等。对上述问题的回答，奥苏伯尔认为，传统教育心理学是无能为力的，因为传统心理学往往将实验室中对动物学习的研究成果或对人类机械学习的研究成果应用于课堂教学，忽略了以语言符号所代表的系统知识学习的特点。

根据课堂学习中知识的来源和学习过程的性质，奥苏伯尔将学习划分为"接受-发现""机械-意义"两个维度。学生的学习可以分为机械的与有意义的两类。有意义的学习和机械学习又都可分为接受学习和发现学习。奥苏伯尔指出：发现学习不一定都是有意义的，接受学习在适当的条件下完全可以产生有意义的过程和结果。这一区分，奥苏伯尔认为很重要，因为学生获得的大多数知识主要是通过接受学习而来的，并非通过自动或独立的发现。有意义的言语学习过程是一个同化过程，即学习者以认知结构中原有知识吸收并固定新学习的知识的过程，同化的结果是新知识被理解和保持，原有的认知

---

① 转引自高觉敷、叶浩生主编：《西方教育心理学发展史》，260 页，福州，福建教育出版社，1996。

结构发生变化。教育的目标就是要有目的、有计划地发展学生的认知结构。有意义言语学习的实质就是在符号代表的新知识与学习者认知结构中已有的适当观念之间建立实质性的和非人为的联系。

奥苏伯尔把"认知结构"定义为"个体的观念的全部内容和组织，或者就教材而言，指个体的特殊知识领域的观念的内容和组织"，即它既指学习者的全部知识的内容和组织特征(广义而言)，又指学习者在某一特殊领域的观念的内容和组织特征(狭义而言)。所谓实质性的联系，即非字面性联系，指新知识与认知结构中已有的表象、符号、概念或命题的联系。例如，小学生学习"等边三角形是有三条等边的三角形"这一定义时，其认知结构须预先具备"三角形"和"等边"的概念，这样才能将原有的一般"三角形"概念或表象加以改造，产生新的"等边三角形"概念或表象，也就是说两者建立了实质性联系；所谓"非人为性联系"，即非任意联系，是指符号所代表的新知识与认知结构中的原有有关观念在合乎理解的逻辑关系上的联系。奥苏伯尔的认知结构观与皮亚杰不同的是：皮亚杰的认知结构含有个体先天的成分，如吸吮图式、抓握图式，新的图式是在先天遗传图式基础上，在与后天环境的作用中，借助同化与顺应功能形成的，而奥苏伯尔的认知结构不包含这种遗传成分，纯粹是后天习得的学科知识实质内容及其组织。

奥苏伯尔认为，有意义学习的进行须具备三个前提条件。

①学习材料必须具有逻辑意义，它指的是学习材料本身"与人类学习能力范围内的有关观念可以建立非人为性的和实质性的联系"[1]，机械学习的材料(如无意义音节或配对联想学习词表)是无法建立这种联系的。

②学习者必须具有有意义学习的心向。它指的是学习者在学习新材料时，须具有积极主动地将新材料与认知结构中原有观念联系起来的心理倾向性。

---

[1] 转引自高觉敷、叶浩生主编：《西方教育心理学发展史》，262页，福州，福建教育出版社，1996。

缺乏这种心理倾向性，对新材料按字面死记硬背，充其量是机械学习，而不是有意义学习。

③学习者的认知结构中必须具有同化新知识的原有适当观念。

以上三个条件在有意义学习中缺一不可，第一个条件是外部条件，第二个和第三个条件是内部条件，其中学习心向属于非认知因素，认知结构属于认知因素。奥苏伯尔认为，在学校教学条件下，学生学习的材料一般都符合学习的第一个条件，值得更多关注的是学生的心理准备和原有认识基础，讲解式教学只有在满足了上述三个条件后才是有意义的教学，才是学校传授文化科学知识的基本形式。

三、认知发展的阶段和学习类型

奥苏伯尔赞同皮亚杰儿童认知发展的阶段划分理论，根据皮亚杰的认知发展四阶段理论，奥苏伯尔稍加发挥，指出："决定各个阶段划分的依据与其说是它们所涉及的逻辑过程的类别，不如说是这种过程所依据的资料的抽象程度。"[①]据此，他将儿童认知发展划分为前运算阶段、具体运算阶段和抽象逻辑阶段。

①前运算阶段(大约相当于学前期)。在奥苏伯尔看来，这一时期的儿童只能从具体感性经验中进行抽象，即所谓一级抽象或初级抽象。通过这种抽象，儿童获得一般事物的表象。例如，儿童获得"树"的表象是因为儿童亲眼见过各种树且又听过成人说"树"，通过概括而形成，这一过程就是一级抽象。一级抽象使儿童获得大量的一级概念或初级概念，以此为基础，借助儿童在日常交往中的直觉形式掌握的句语规则，儿童便形成了包含一级概念的命题，如"猫爬上树"等。一级抽象的概念是通过大量正、反例形成的，抽象过程是

---

① 转引自钟启泉、黄志成主编：《美国教学论流派》，134 页，西安，陕西人民教育出版社，2005。

假设、检验和概括的过程，从学习方面看，属发现学习。

②具体运算阶段。大约相当于儿童初等教育时期，这一阶段儿童已能够借助概念的个别例证进行二级抽象，即通过直接掌握定义，把握概念间的关系，理解事物的共同本质特征，而不必通过大量的具体实例来发现事物的共同特征。例如，儿童学习物理课上的"功＝力×距离"的定义，借助这个意义，儿童就把握了功与力及距离这三个概念之间的关系，从而理解"功"这个概念。这就是二级抽象过程。具体运算阶段的儿童虽然能获得二级概念，但尚需实例支持，因为这一阶段儿童的思维功能尚不成熟，缺乏实例的学习会发生很大困难。二级抽象虽也需直观，但与一级抽象的直观有本质的不同，由于概念的本质特征已由定义揭示出来，学习者在二级抽象中所需借助的例子只是用来同化已被抽象出来的定义特征而已，从学习观点看属接受学习。

③抽象逻辑阶段。相当于儿童11岁或12岁至成年时期，这一阶段儿童的思维特点与前运算阶段儿童大致相同，都能掌握二级概念及其所构成的命题，但其抽象程度远远超过后者，不必借助具体实例支持，仅凭定义便可把握概念及命题，例子的作用无非增加教学的生动性而已。不过，奥苏伯尔认为一个人在不同领域中其认知发展水平是有差别的，不同的儿童在认知发展水平上也会参差不齐。所以，即使中学或大学阶段的教学，仍要适当地运用实例来说明抽象概念和命题。

根据有意义学习任务的复杂程度，奥苏伯尔又把有意义学习分为三种基本类型。

①代表性学习。代表性学习指学习单词代表什么，其心理机制是符号和它们所代表的具体事物或观念在学习者认知结构中建立相应的等值关系，也称概念名称学习。例如，当"狗"这个符号和实际的狗所引起的认知内容相同时，"狗"这个符号就获得了意义。由于符号本身具有人为性，代表性学习带有某些机械学习的特点，是最低级的有意义学习。

②概念学习。概念学习指掌握同类事物或现象的共同关键特征或本质特征的学习，包括概念同化和概念形成两种形式。前者以定义的形式直接向学习者揭示新概念的本质特征，学习者利用认知结构中原有的适当概念理解新概念，从而获得新概念的意义，相当于二级抽象。这是学习概念的主要形式，适合于年纪较大的学生。后者是从概念的大量具体例证中，通过辨别和概括发现事物共同本质从而获得概念的，相当于一级抽象，适合于学龄前儿童和小学低年级学生。

③命题学习。命题学习指"学习以命题形式所表达的观念的新意义"，它以代表性学习和概念学习为基础，通过定义直接掌握命题，是最高层次的学习类型。

此外，奥苏伯尔还从其他的标准对学习做过分类。例如，他根据认知结构中学习者原有观念与新观念在概括程度上包摄水平的高低，将有意义学习又划分为上位学习（前者低于后者）、下位学习（前者高于后者）、并列结合学习（前者与后者呈并列关系）。

四、渐进分化和综合贯通的教学原则

在奥苏伯尔看来，认知结构与知识结构具有同构关系，良好的知识结构或认知结构的形成，既是教学追求的目标，又是影响学生下一步学习的变量。教学应传授"特定学科中那些有宽广解释力和最有包摄性、概括性以及能够同该门学科的具体内容建立联系的实质性概念原理"①，并以一定的程序和方法将知识内容编排组织起来。为此，奥苏伯尔提出了渐进分化原则和综合贯通原则，作为组织课程、呈现教材和组织教学活动的基本原则，他强调说，不论在哪一学科，要使教材的内容编排成序，有两个原则是适用的，这就是渐

---

① 转引自吴文侃主编：《当代国外教学论流派》，218 页，福州，福建教育出版社，1990。

进分化原则和综合贯通原则。① 渐进分化原则要求教学应首先呈现包摄水平高、最有概括性的学习内容，然后逐步从上述一般内容中分化出较为特殊的细节，建立上位概念与下位概念间的逻辑意义联系，使知识由上位到下位，由一般到个别，渐进分化。这一原则的假设前提是：从整体到部分的学习和记忆比从部分到整体的学习和记忆更符合人类的认识序列。前者的学习比后者的学习更容易。同时，个体对某一学科领域的知识在头脑中的组织是一个层次结构，最具包摄性的观念处于这个结构的顶点，并逐渐容纳范围较小和高度分化的命题、概念和事实材料。综合贯通原则是有意义学习中新旧知识同化过程的另一面，即知识在不断分化的同时，知识的意义之间也在相互融会贯通。在上位学习和并列学习中，认知结构中原有知识通过与新知识的重新组织，克服新旧知识间的混淆和矛盾冲突，形成新的知识结构。学习者只有清晰地分辨出新旧知识的上下关系或发现它们的不同点，有意义的学习和教学才能得以顺利进行。

此外，奥苏伯尔还提出过其他一些教学原则，如巩固性原则、系统性原则等，而渐进分化原则和综合贯通原则无疑是最重要、最基本，也是最有特色的。

五、论接受学习与讲授法

奥苏伯尔认为接受学习本身并不必然是被动的、机械的学习。造成人们误解的重要原因来自学习理论的缺陷：一是因为教育心理学习惯于用单一的学习原理来解释不同性质和类型的课堂教学，不明白解决问题的学习与有意义理解言语材料的学习有不同的方法和目的；二是许多机械学习或遗忘的原理，如反应竞争、刺激类化和倒摄干扰等被不加批判地从实验室推导到课堂

---

① [美]奥苏伯尔：《认知结构与促进有意义言语材料学习》，见邵瑞珍、皮连生、吴庆麟编：《教育心理学参考资料选辑》，130页，上海，上海教育出版社，1990。

学习中去。没有对课堂有意义接受学习和保持大量学科知识的适当心理学理论的研究。实际上，接受学习只要具备学习材料有逻辑意义、学习者有适当的同化新材料的原有观念和意义学习的心向这三个条件，就是积极、主动的意义学习，也是一种适合课堂有意义语言学习的最适当、最便捷的方法。

接受学习的特征，在奥苏伯尔看来，是把要学习的全部内容或多或少地以定论的形式呈现给学习者，不需要学习者任何形式的独立发现，只需学习者将学习材料加以内化，把新旧材料的内容有机地结合起来，也就是使新的学习内容与认知结构中有关内容融为一体，并存储下来。与发现法相比，接受学习主要用于学科知识的学习中，发现法主要用于问题的发现解决中。由于接受学习比发现学习少了一个发现即解决问题的阶段，因而可以节省学习者学习的时间。从产生的时间上看，儿童接受学习比发现学习出现稍晚，是儿童学习达到较高认知成熟的标志，学校中随着儿童年龄的不断增长，接受学习的能力会逐渐增强，系统基础知识的传授应主要地以接受学习的方法而不是发现的方法进行。故有意义的讲解式教学是课堂教学的基本方式，发现法只应作为讲解法的有效辅助手段。讲解法更适合于高年级的学生，适于弄清概念之间关系的教学。

六、论先行组织者

先行组织者(Advanced Organizer)是指为促进学生学习而使用的一种引导性材料。先行组织者的使用，是奥苏伯尔为帮助学生更好地利用原有知识来同化新知识的一种教学策略。其方法是在安排学习任务之前，呈现给学生引导性材料(先行组织者)，"这些引导材料包括的内容在抽象、概括和包摄水平上高于学习任务本身。这样的组织者的作用是为学生稳定地纳入和保持新材料中更具体和更分化的内容提供观念上的构架，同时也用来增强新材料内容同认知结构中有联系的干扰性概念的可辨别性"①。即，先行组织者一方面通过选择性地提取学习者认知结构中适当的原有知识作为整合新材料的"类属观念"，从而增加新材料对学习者的熟悉性和意义性；另一方面为新材料的学习提供观念上的固着点。

"总之，组织者的主要功能，是在学习者能够成功地学习手头的任务之前，在他已知的知识与需要去了解的知识之间架设一座桥梁。"②先行组织者可分为"陈述性组织者"和"比较性组织者"两类：前者主要用于学习者不熟悉的材料中，为新的学习提供最适当的类属者；后者主要用于相对熟悉的材料，目的在于比较新材料与认知结构中相类似的材料，从而增强似是而非的新旧知识之间的可辨别性。

奥苏伯尔的先行组织者教学策略，是根据学生课堂有意义言语学习的教学提出的，对中小学的教学实践具有一定的参考价值，较能被一线教师所接受。

第五节 结构主义教育思想的影响

结构主义教育思想对当代西方教育理论和实践的影响是多方面的。就其思想主流看，以布鲁纳为代表的结构主义教育思想及其课程改革运动，是第二次世界大战后西方科技迅猛发展和国际政治力量激烈斗争的产物。注重学生知识结构的形成和认知能力的发展，强调培养学生独立思考、直觉思维和创造能力，倡导学生主动学习、发现学习，无疑适应了社会对教育人才的需求，这使其理论具有鲜明的现代意识和时代感。

———————————

① 转引自吴文侃主编：《当代国外教学论流派》，226 页，福州，福建教育出版社，1990。
② 瞿葆奎主编：《教育学文集·教学》上册，617 页，北京，人民教育出版社，1988。

不过，以布鲁纳结构主义教育思想为指导的课程改革运动却是以失败的结果告终的。许多课程设计由于不切实际而难以实施，究其原因，可以说这是由布鲁纳结构主义教育理论自身的先天不足和美国国内社会政治、经济环境变化双重因素所致。

从其理论自身看，结构主义课程改革的理论家们在按他们的理论设计课程、教材时，过分强调学科的知识结构，使教学内容过于理论化、抽象化，既忽视了所教内容与社会现实生活的联系，又脱离了学生与教师的实际。新编课程的学术性太强，内容过于深奥，缺少趣味性，导致了不少学生学业失败。布鲁纳的"任何学科的基本原理都可以某种形式教给任何年龄的任何人"的论点，在理论上还是有待进一步探讨的。在实践层面上，结构主义课程改革者们本身也没有很好解决这一问题，过早地传授了超出学生接受能力的高难度的知识，造成学生对新课程、新教材的恐惧心理。同时，过难的教材使得一般教师哪怕是在接受过专门的培训后仍难以胜任教学。

从社会政治、经济环境看，20世纪60年代末70年代初美国国内政治运动的兴起，干扰了课程改革的正常进行。结构主义课程改革理论是在苏、美争霸的国际斗争中酝酿的，苏联第一颗人造地球卫星上天将其推上了历史舞台，20世纪60年代末70年代初，美国联邦政府为缓和和解决种族和贫困问题，虽再度进行包括课程改革在内的教育改革，但使课程改革的重点落在了消除种族偏见和注重不同阶层儿童的不同经验上，结构主义课程改革运动最终湮没于美国国内激烈的政治经济矛盾之中。20世纪70年代兴盛一时的"恢复基础"教育运动，强调加强读、写、算基本技能的培养，正是对结构主义课程改革所造成后果的一个纠正。

就皮亚杰的教育思想而言，它透过布鲁纳间接地影响了这场改革运动。皮亚杰的理论为以布鲁纳为代表的结构主义教育思想和运动提供了充实、丰富的心理学依据和结构主义的方向。当然，皮亚杰对教育的影响远不限于此，皮亚杰的发生认识论开辟了人类认知研究的新视角，他的理论被誉为是所有认知发展理论中最有见解和解释力的，已成为欧美等国进行学校教育和教学改革工作的重要理论依据，尤其是 20 世纪 60 年代迪克沃兹(E. Duckworth)等人出版《皮亚杰再发现》一书后，皮亚杰的认知发展理论更加风靡全球。他的理论和实验不断地被世界各国教育工作者推广、重复，有人估计，单就皮亚杰的"守恒"概念就有 3000 次以上的验证。教育史学家康内尔惊叹："在教育研究中绝没有一个课题在这么短的时期内被这么多人用来研究。"①

皮亚杰的理论对世界各国从婴幼儿、中小学直至大学的教育改革都产生了广泛的影响。从 20 世纪 70 年代开始，皮亚杰的理论和实验在世界范围内推广和检验之后，一方面，其已被验证的合理部分被继续加以保持和扩大；另一方面，其有争议的部分，如儿童出现"守恒"的年龄问题、遵循儿童心理发展的四个阶段与适度超前发展关系问题，则被加以修改、补充。20 世纪 80 年代中后期的"新皮亚杰学派"的形成，标志着皮亚杰的理论被发展到了一个新的阶段。新皮亚杰学派在承认皮亚杰关于认知发展的结构思想、认知发展阶段性思想和认识发展的主、客体相互作用思想的前提下，从信息加工认知发展模式出发，更多地关注认知发展的微观机制，皮亚杰的理论必将通过新皮亚杰学派的发展达到新的高度，并将继续对西方乃至世界各国的教育发挥影响。

奥苏伯尔的理论，虽然没有像布鲁纳理论那样一度成为风行全美的教育改革运动的指导思想，但奥苏伯尔有意义学习理论广受人们注目，特别是受到广大教师的重视。他的理论为世界许多国家的教育心理学研究和教学实践开辟了一条新思路。没有哪个心理学家像他那样对传统的学习和教学方法做出如此鞭辟入里的分析，把现代认知心理学与传统学习和教学方法的精华结

---

① [澳]W.F.康内尔:《二十世纪世界教育史》，张法琨等译，824 页，北京，人民教育出版社，1990。

合起来，使课堂学习和教学有了一种既传统又全新的理论。

最后需要指出的是，本章在结构主义教育思想标题下介绍的几个代表人物，除了在研究方法上坚持结构主义的立场外，都试图把现代科学方法论应用于心理和教育研究。皮亚杰早年就以控制论的模式研究认识机能；布鲁纳运用系统科学方法论的一些观点解释人的学习心理活动，他以信息加工模式解说认知学习，还根据控制论的反馈原理阐述教学原理和评价准则。皮亚杰、布鲁纳和奥苏伯尔都反对行为主义和传统的认知理论把动物实验中得来的学习原理简单地推广到课堂学习中去的做法，都主张研究在自然的教学或课堂情境下的儿童学习，反映了西方教育研究方法论发展中的新趋向，具有重要的方法论意义。

第三章

建构主义教育思想

　　建构主义教育思想是基于建构主义立场来阐释教育问题和进行教育教学改革的一种教育思潮，是建构主义在教育领域的实践和应用。可以说，建构主义是推动 20 世纪下半期世界各国教育教学改革的重要力量，它带来了教育领域中知识观、学习观、教学观、师生观等一系列的观念变革，在教育理论和实践上都产生了世界性的影响，是引领世界当代教育教学改革的重要思潮之一。尤其是从 20 世纪 80 年代末以来，随着现代信息技术的广泛应用，建构主义日益成为教育信息化发展的重要理论基础。同时，现代信息技术的发展也为建构主义思想的践行提供了环境和条件，建构主义教育因而也渗透到了当代教育的各个方面。

第一节　建构主义教育思想发展概述

　　建构主义是 20 世纪 80 年代末在西方广为盛行的一种哲学思潮。建构主义的思想源头可以追溯到 18 世纪意大利哲学家詹巴蒂斯塔·维柯（Giambattis-ta Vico）。在其代表作《新科学》一书中，维柯把人类的创造性活动理解为人类认识活动和理解活动的基础，在人类历史上第一个明确提出我们的理性知识是由我们自己建构的。早在1710年他就说过："正如上帝的真理是由上帝自己创造和组合才能了解的那样，人的真理也是由人的行为的建构和塑造才得以认识的。"①可以说，维柯开启了建构主义思想的先河。正因如此，激进建构主义的杰出代表恩斯特·冯·格拉塞斯费尔德（Ernst von Glasersfeld，1917—2010）认为"维柯是第一位清楚明确地描述了建构主义的人"②。

英国哲学家大卫·休谟（David Hume）对感觉之外的任何存在持怀疑态度。他认为感性知觉是人类认识的唯一对象，对"一切开始存在的东西必然有一个存在的原因"③持强烈的怀疑态度，认为人不可能超出知觉范围去解决知觉的来源问题，因果联系也只是由于印象出现先后而形成的一种观念。休谟从主体认知层寻找知识来源的立场对康德产生了重要影响。

在休谟的启发下，德国古典哲学家伊曼努尔·康德（Immanuel Kant）洞察了近代经验论和唯理论的片面性。他在人类历史上首次将科学知识到底是起源于经验还是理性的问题，转向和深入思维和存在的同一性问题，提出"先天综合判断"的基本命题，认为只有"先天综合判断"才能构成科学知识。因为"先天综合判断"具有普遍性和必然性，能将经验质料融入主体的先天认识形式中去。正是因为"先天综合判断"能对经验质料的加工、提炼、上升，才使得科学知识成为可能。也就是说，"先天综合判断"强调主体利用先天的认识形式对各种经验质料进行综合和建构。④ 康德"先天综合判断"命题的提出，不仅使得主体能动性思想与本体论的关系在哲学层面上得到了深入的探讨，

① 李芒：《建构主义到底给了我们什么？——论建构主义知识论对教学设计的影响》，载《中国电化教育》，2002(6)。

② ［美］恩斯特·冯·格拉塞斯费尔德：《激进建构主义》，李其龙译，62页，北京，北京师范大学出版社，2017。

③ ［英］休谟：《人性论》上册，关文运译，95页，北京，商务印书馆，1980。

④ 吕海林：《解读康德建构主义思想的缘起、内涵及当代教育启示》，载《现代远程教育研究》，2012(5)。

而且这种对主体认识能力的充分肯定，具有很强的建构意味。因此，康德在建构主义思想发展史上也有着自己特殊的地位。

不过，无论维柯还是康德，都还只是建构主义思想的早期先行者。建构主义的盛行尤其是它对教育的深刻影响的源头，主要是来自一批心理学家，如皮亚杰、维果茨基(Lev Vygotsky，1896—1934)等。建构主义，按照"建构"的字面含义来理解就是"结构"的建设，是一种动宾结构，这种结构在维柯的诗性智慧中是模糊的，在康德以主体能动性为中心的批判哲学中是一种静态结构，只是到了皮亚杰，人的认知结构及发生机制才真正地成为独立的研究领域。①

皮亚杰在结构主义研究的基础上，又对建构主义进行了系统的界说，是真正推动建构主义从萌芽走向成熟的重要心理学家。皮亚杰在康德的先天认知范畴的基础上，结合其早期生物学领域研究的基础，创设了一门学科——发生认识论，从心理机制层面系统地探讨了人的认知形成问题。正是在皮亚杰发生认识论的基础上，建构主义作为一种认知或学习理论才得以真正确立。

与此同时，苏联心理学家维果茨基也从高级心理机能发展活动的视角出发，解释了人的认知发生过程与机制。他认为人的认知发展是在社会历史情境中以协商对话意义建构的形式完成的；并强调学习是在一定的情境即在社会文化背景下，通过人际协商对话达到社会经验向个人经验传递并完成意义建构的过程。维果茨基注重从社会文化的角度揭示人的认知发展机制，不仅是建构主义思想的重要组成部分，而且同样也构成了建构主义思想的来源之一。如果说皮亚杰注重从个体发展角度揭示人的认知规律的话，维果茨基则更为注重人的认知形成的社会文化内涵。

自皮亚杰和维果茨基之后，建构主义思想在其后续发展中得到了进一步

---

① 张奎明:《建构主义视野下的教师素质及其培养研究》，博士学位论文，华东师范大学，2005。

的深化、细化和泛化，不少学者在皮亚杰和维果茨基理论的基础上提出了新的方向和新的主张，各种不同取向和有着各自侧重点的建构主义思想纷至沓来，科尔伯格(Lawrence Kohlberg)深入研究了认知结构的性质与认知结构的发展条件；斯腾伯格(Robert J. Sternberg)和卡茨(Elihu Katz)等人则强调了个体的主动性在建构认知结构过程中的关键作用，并探讨了认知过程个体主动性的发挥问题；维特洛克(Merlin C. Wittrock)提出了学习生成过程模式，要求把学习的表现形式从信息储存转化为关系生成，以扩大学习的内涵；乔纳生(D. H. Jonassen)等提出非结构性的经验背景，要求让学生主动构建自己的认知结构，培养学生的自主学习能力，其理论在美国尤其是在信息教育领域中产生了广泛的影响。

20世纪是信息技术产生并获得快速发展的时代，信息技术(尤其是互联网和网络多媒体的出现)加速了知识时代的到来。随着信息技术的不断发展，其对教育教学改革的影响也日益广泛而深入，建构主义者们不失时机地将建构主义理论引入基于信息技术的教育实践中来，丰富了信息技术教育的理论，也极大地推进了基于信息技术的教育改革进程。

20世纪80和90年代，建构主义思想的发展在西方形成高潮，各种有关建构主义的阐释和应用层出不穷。这一方面使得建构主义思想的研究和探讨不断走向深入，另一方面也在一定程度上造成了思想紊乱，以致人们在讨论建构主义时，必须区分各种不同取向或类别的建构主义。

美国佐治亚大学教育学院从1990年开始组织过有关"教育中的新认识论"的系列研讨会，邀请许多建构主义学习理论领域的著名学者参加，在轮番讨论中，主要出现了六种不同倾向的建构主义：激进建构主义(Radical Constructivism)、社会性建构主义(Social Constructivism)、社会文化认知的观点(Socialcultural Cognition)、信息加工的建构主义(Information-processing Constructivism)、社会建构论(Social Constructionism)和控制论系统(Cybernetic System)。

实际上，建构主义远不止于上述流派，如认知建构主义（Cognitive Constructivism）、公共建构主义（Communal Constructivism）、关系建构主义（Relational Constructivism）、个人建构主义（Personal Constructivism）等这些没有在佐治亚大学研讨会中出现的建构主义派别，也依然活跃在理论研究和实践探索的舞台。甚至有人认为"有多少理论家就有多少种建构主义"。正因如此，从某种意义上讲，建构主义发展到今天，已经不再是一个纯粹的学术派别，而是对很多种观点不尽相同的建构主义理论的统称。

第二节　建构主义教育思想流派

皮亚杰的教育思想既被认为是结构主义教育思想，也被认为是建构主义教育思想。皮亚杰的教育思想已在本书第二章第二节中有详细论述，所以在此从略。

一、维果茨基及其社会建构主义教育思想

维果茨基是苏联建国时期的卓越心理学家，主要研究儿童发展与教育心理，着重探讨思维和语言、儿童学习与发展的关系问题。维果茨基通过活动（Activity）理论、中介（Mediation）理论和内化（Internalization）理论三大理论基石，建构起了自己的理论核心。维果茨基有关"心理发展的文化历史学说"正是建立在心理发展的三大基石之上的。维果茨基认为，个体的认知结构最初必须在人的外部活动中形成，在社会文化背景下，个体的认知结构将外部的、存在于主体间的东西转化或内化为个人的内部心理结构的过程。社会建构主义知识论所秉持的基本立场，就是旨在消解个体与社会文化的二元对立。

(一)社会建构主义关于认识论与知识观的主要观点

1. 个体与社会是相互联系、密不可分的

人的自然学习是在情境中实现的，学习是人类的一项基本的、习得性的功能，人和动物的最大区别就是学习，人在学习过程中获取知识，知识不仅仅是个人自己构成的，还是以社会为媒介的。维果茨基认为人和动物的区别在于是否具有意识，这是一种高级心理反映形式。在这种高级心理反映形式中存在着心理发展的两条彼此联系的一般规律：①人所特有的被中介的心理机能不是从内部自发产生的，它们只能产生于人们的协调活动和人与人的交往之中；②由此，维果茨基提出了与第一条规律直接联系的人的心理发展的第二条规律，即人所特有的新的心理过程结构最初必须在人的外部活动中形成，随后才可能转移至内部，"内化"为人的内部心理过程的结构。[①]

2. 知识来源于社会的建构

建构主义的认识论坚持的是相对主义的观点，知识不是永恒不变的，人类无法真正地认识客观知识，只能无限接近于客观知识，社会建构主义也坚持知识是个体主动建构的认识论，社会建构主义强调知识是在一定的社会情境中完成意义建构的，社会文化情境在将外部世界的客观知识内化为内部心理主观认识过程中，发挥着中介作用。社会建构主义将知识视作社会的建构，其主要依据是：

①知识的基础是语言、约定和规则，而语言则是一种社会的建构。

②人类知识、约定和规则对某一领域知识真理的确定和判定起着关键作用。

③个人的主观知识经发表而转化为使他人有可能接受的客观知识，这一转化需要人际交往的社会过程，因此，客观性本身应被理解为社会性。

④发表的知识须经他人的审视和评判，才有可能重新形成并成为人们接

---

① 高文、徐斌艳、吴刚主编：《建构主义教育研究》，10 页，北京，教育科学出版社，2008。

受的客观知识,即主观知识只有经社会性接受方能成为客观知识。

⑤个人所具有的主观知识就其本质而言是内化了的、再建构的客观知识,即使客观知识获得了主观的内在表现。

⑥无论是在主观知识的建构和创造过程中,还是在参与对他人发表的知识进行评判并使之再形成的过程中,个人均能发挥自己的积极作用。①

3. 语言是促进认知发展的工具

思维和语言是维果茨基认知发展理论的核心。个人的认知结构是将外部的、存在于主体间的东西转变为或内化为内在的、为个人的内部心理结构的社会协商过程,即"思维发展的真正方向不是从个人思维向社会思维发展,而是从社会思维向个人思维发展"②。维果茨基十分重视语言在思维发展中的作用,认为语言与思维互为因果,在二者的关系上,前者是因,后者为果,语言是促进认知发展的功能。个体知识的学习正是借助语言的中介桥梁作用真正实现社会经验向个体经验转化的。语言是思考与认知的工具。语言形成于社会,丰富的语言词汇包含着对世界的不同理解。儿童通过语言建构自己有关世界的知识,并随后对这一知识进行反思与验证。根据心理学的观点,语言能够帮助人们更好地、更深刻地认识事物的本质,人们对语言作用的关注越多,就越能体会到学习与教学是直接以语言为中介而实现的。语言是社会交互的重要桥梁,儿童可以凭借语言与自身以外的世界进行信息传递、表达思想。将语言作为中介的社会情境也同样体现在皮亚杰和布鲁纳所强调的操作学习上,而且这种语言中介是与社会性协商和理解紧密相连的。随着对社会建构主义研究的不断深入,社会建构主义初期研究中所提倡的"对话中的人"逐步被"社会协商"所代替,"社会协商"成为个体学习与发展的相应隐喻。

---

① 高文、徐斌艳、吴刚主编:《建构主义教育研究》,40~41 页,北京,教育科学出版社,2008。

② [俄]列夫·谢苗诺维奇·维果茨基:《思维与语言》,李维译,21 页,杭州,浙江教育出版社,1997。

4. 历史文化和社会情境在儿童的认知发展中起着巨大的作用

维果茨基认为，人心理过程受言语等特殊的"精神生产工具"中介的作用，"思维发展是由思维的语言工具和儿童的社会文化经历所决定的"，"言语思维并不是天生的、自然的行为形式，而是由历史文化的过程所决定的"。① 社会建构主义将人的心理定位于个体与社会的交互作用，个人的认知发展是社会思维向个人思维发展的过程。置身于文化和社会情境中，儿童能够将社会的、合作的、集体的外部物理世界活动内化为个体的、独特的内部心理活动，这种内外部的社会交互作用就是社会协商的意义建构过程，它是认知发展的重要形式。文化和社会情境中，外部物理世界的工具类型与性质决定了儿童发展的方式和速度。儿童通过语言中介形成对这些工具类型和性质的认识，才会转化为使用工具的能力。

(二)社会建构主义关于教学与智力发展的主要观点

在维果茨基生活的年代，心理学界对儿童发展与教学的关系问题的解答大致可以分为三类：第一类解答是儿童发展的过程不依赖于教学过程；第二类解答是教学即发展；第三类解答是对前两类解答的折中，该理论力图用简单地将两个观点相结合的办法克服它们的极端，由此形成了发展的双重性理论。② 维果茨基扬弃了心理学界对教学与发展关系问题的解答，把极为重要的新概念引入儿童发展与教学的关系问题中。儿童在集体活动中在成人的引导和帮助下解决问题的水平与他在独立活动中的现实发展水平之间存在差距，这个差距就是儿童的"最近发展区"。今天儿童靠成人帮助完成的事情，明天他便能自己独立完成。这样，最近发展区将帮助我们确定儿童的明天，确定他发展的动态，不但可以查明发展中已达到的状态，而且能发现他正在成熟

---

① [俄]列夫·谢苗诺维奇·维果茨基：《思维与语言》，李维译，57 页，杭州，浙江教育出版社，1997。

② [苏]维果茨基：《维果茨基教育论著选》，余震球选译，392~398 页，北京，人民教育出版社，1994。

中的状态。最近发展区的思想体现出主体的建构，是建构主义的延续。

二、冯·格拉塞斯费尔德及其激进建构主义教育思想

激进建构主义是建构主义理论的一个分支流派，它是由恩斯特·冯·格拉塞斯费尔德于1974年提出的。冯·格拉塞斯费尔德是美国哲学家、心理学家和控制论专家，原籍奥地利，出生于德国慕尼黑，学术上深受皮亚杰学说的影响。他在皮亚杰发生认识论的基础上，构建了更具有主观色彩的哲学认识论，是激进建构主义的重要代表人物之一。

冯·格拉塞斯费尔德吸取了皮亚杰"同化""顺应"概念，并将皮亚杰的发生认识论往主观主义的方向做了进一步的演绎。他认为建构知识的目的就是更好地适应环境，适应环境是人的智慧的本质所在。因此，知识真假好坏的判断标准是所谓"生存力(Viability)"。"生存力"原本是一个生物学概念，冯·格拉塞斯费尔德对这一概念进行了自己的诠释，使之成为激进建构主义的一个核心概念。冯·格拉塞斯费尔德认为，"生存力"是指所有的行动、运作、观念结构，甚或一个理论。"生存力"具有两层含义：其一，生存力指的是与认知主体的经验世界的适应性。在这里，哲学上的"真理"被冯·格拉塞斯费尔德的"生存力"替代了。一般认为，真理代表的是一般和普遍的知识，具有客观性和唯一性；而冯·格拉塞斯费尔德的"生存力"仅要求适应，只要某种知识能帮助我们解决具体问题，或能产生让认识者感到满意的效果，那它就是适应的，就是有"生存力"的，而不必追求经验与客体的一致性。其二，"生存力"代表着一种"有用"的知识。在其所著的《激进建构主义》一书中，冯·格拉塞斯费尔德写道："从建构主义观点来看，经验事实是根据规律在主体经验中建立的建构。它们只要证明是有用的并有助于目的的实现，那么就是有生存力的。"①也就是说，在冯·格拉塞斯费尔德那里，"有用"与否成了判断知

---

① ［美］恩斯特·冯·格拉塞斯费尔德：《激进建构主义》，李其龙译，210页，北京，北京师范大学出版社，2017。

识真假的依据，这在很大程度上与美国实用主义哲学的真理观不谋而合。

冯·格拉塞斯费尔德进一步指出，人的认识也是要发展的，为了适应不断扩展的经验，个体的图式也会不断进化。所有的知识都是在这种个体与经验世界的对话中建构起来的，是以个体的认知过程为基础的。冯·格拉塞斯费尔德的激进建构主义，具有两个明显的特征。

①它注重个人的认识建构，关注个体与其周边环境的相互作用，对学习的社会性不够重视。从这一角度看，它更接近皮亚杰而不是维果茨基的理论。实际上，正如前文所述，冯·格拉塞斯费尔德的激进建构主义正是在皮亚杰的发生认识论的基础上建立起来的。

②它具有浓厚的主观性和不可知论色彩。在许多问题的认识上，冯·格拉塞斯费尔德与皮亚杰分道扬镳了，凸显了建构主义的"激进"特色。例如，皮亚杰主张的建构，指的是主体与外部环境的相互作用，并不否定外部环境在主体认识建构中的作用，也并不否定客观知识存在的可能性。而冯·格拉塞斯费尔德则认为，知识，无论如何定义，都是在人的头脑中，而思考主体除了根据自己的经验来建构他所知道的东西之外，别无选择。他指出，学习不是刺激-反应现象，而是一个需要自我调节和通过反思和抽象发展概念结构的过程。冯·格拉塞斯费尔德把学习者的建构理解为主体自身的过程，是适应自己的经验世界的行为，这无疑是具有极端的个人主义和主观主义倾向的。

此外，皮亚杰注重的是知识结构，不涉及具体的知识，他关注的是人类认识的共性，相信知识的普遍性质；而冯·格拉塞斯费尔德的认识论则关涉所有类别的知识，且更多的是具体的经验知识，他注重的是人类认识的差异，其认识论实质上是一种个体认识论，相对主义色彩十分浓厚。从这个意义上说，冯·格拉塞斯费尔德激进建构主义知识观具有明显的后现代主义特征。

冯·格拉塞斯费尔德对自己哲学的"激进"特征自视甚高，认为以往的哲学流派，不论是可知论还是不可知论，事实上都承认客观真理的存在，其分歧只在我们能否认识它；而他认为客观真理是根本不存在的，知识只是主体依据自己的经验所建构的，这是他给哲学带来的"革命"之处。

在建构主义的众多流派中，激进建构主义可以说是独特的一员。建构主义对当代教育产生了巨大影响，激进建构主义作为其中的一员也是"功不可没"的。激进建构主义从自己的哲学信念出发，对教育和教学有着自己的一套解说。

基于其知识的本质是"适应"的论点，激进建构主义认为，不同的经验主体所处的经验世界是不同的，需要解决的问题和需要适应的环境也各不相同。因此强调课程的统一性是错误和没有必要的，因为用同一个目标来统一不同学生的学习需要违反了学生的适应原则。甚至同一主体，在同一情境中，也不应有固定的、刚性的目标，弹性、开放的课程才是现代学校的应有选择。

激进建构主义并不关心学生获得了多少知识，认为教学最重要的任务是促进学生的"建构能力"，即比较和认识已有的认知模式和新的问题情境之间的相同和相异之处，提高解决新问题的能力。这样，激进建构主义就把"理解"放到了远比知识"传授"更为重要的地位上。

激进建构主义把教学理解为在教师的促进下，学生积极主动地建构自己的理解的过程。这是学生从其自身内部探索和建构的过程。因而，教学必须从学生已有的知识、态度和兴趣出发，设计出能够让学生易于"适应"从而获得发展的教学情境。

此外，激进建构主义也以"适应观"来解释学习动机，认为主体对环境不适应的认识和感受是推动自己学习的动力。为此，激进建构主义对学生所犯"错误"的处理十分独特。当学生学习发生错误时，它反对采用批评学生并立即告知其正确答案的做法，而是要求引导学生关注自己知识建构的心理过程，让学生自己去发现错误并予以纠正，以达到让学生自我管理和积极学习的目的。

　　总之，激进建构主义的教育思想有其一定的合理性，它强调学生要主动建构和理解知识，突出学生原有知识结构在新的学习中的重要意义，要求学生自主学习和发挥"主动精神"，这些主张不仅有其合理性，而且还特别适合社会创新、变革对教育提出的新需要，在发展学生个性和培养创新精神方面有其独特的价值。不过，现代教育所承担的任务是多元的，激进建构主义教育显然只是适应了部分任务的需要，例如，教育不仅要培养具有创新能力的社会个体，而且也要造就能维系社会共同愿景的公民；学校不仅要培育学习者自我建构的个体化知识，而且也需要能够交流与共享的公共知识。激进建构主义在处理上述矛盾统一体时，对问题的前一部分论述精彩绝伦，富有特色——这也是它颇受欢迎的原因之一，但其对问题的后一部分所言甚少，甚至是完全忽略了，这是我们必须看到的。

第三节　建构主义学习理论和教学思想

　　由于建构主义流派众多，归纳建构主义的学习理论和教学思想，从某种意义上说，是一项较为困难的工作。本节拟从知识观、学习观、教学观、师生观四个方面来概括建构主义的学习理论和教学思想，同时把注重主要流派的观点和其他流派的特点结合起来，尽可能全面地体现建构主义在学习理论和教学思想方面的主张及特征。从整体上看，建构主义尊重学生的主体地位，重视教学的情境建构，深刻揭示了学习的心理机制，逐步形成了自己独具特色的学习理论和教学理论体系，是 20 世纪下半期在全球范围内广为流行的学习理论和教学思想。

一、建构主义知识观

知识观是有关知识的形成、性质的界定和如何获取等一系列问题的基本观点。建构主义虽然有不同的思想源头，但在知识观上亦有共同之主张。

建构主义都在一定程度上对知识的客观性和确定性表示怀疑，其中，激进的建构主义者在这方面表现得最为激烈。他们反对把知识看成独立于个体的实体或实体形式，认为知识并不是对现实的纯粹客观的反映，也不是对现实的准确表征，而是人们对客观世界的一种解释、假设或假说。这种由人建立起来的对外部世界的解释、假设或假说，是暂时的和权宜的，它会随着人们认识程度的深入而不断地变革、升华和改写，从而出现新的解释、假设或假说，这是一个不断生成和发展的过程。

这意味着，知识不仅是处于动态发展过程之中的，而且也都是具有人的主观性的，因此，我们这个世界并不存在永恒的知识或法则。同样，知识的获得也不是把外部真理直接给予学习者的过程，而是需要学习者在具体的情境中，依据已有的经验对新的知识进行主动建构的过程。学习者对知识的理解是基于自己的经验背景而建构起来，其理解的性质和程度取决于特定情境下的学习历程，即知识的学习是需要再创造的。

建构主义的上述知识观，对现代学校课程改革产生了深远的影响，它直接否定了把知识或课程奉为真理的做法，课程不再被视为"知识权威"，课本也不是解释现实的模板。这在很大程度为学习者的主动学习和建构创造了空间。

二、建构主义学习观

建构主义的学习观主要来源于皮亚杰的"发生认识论"和维果茨基的"文化历史发展理论"，这些理论本质上就是有关人的认识机制是如何形成和运作的。因而建构主义的核心内容是与其学习理论联系在一起的。建构主义的学习观主要涉及两方面的内容：一是学习是如何发生的，二是应该如何有效地组织学习。作为对学习规律的认识，建构主义提出若干要点，其典型的学习观如下。

（一）学习是学习者建构知识的过程

建构主义认为，学习者在建构知识的过程中，一方面，借助已有的知识和经验，对当前的新知识或信息进行意义建构。学习者以原有图式结构为新认知的起点，从外界感受刺激，再通过认知结构将刺激物纳入原有的知识经验体系中，以实现新知识或信息在已有知识经验基础上的生长变化，即完成同化的过程。另一方面，学习者对原有知识经验不能容纳的外界刺激，通过调节自己的内部结构以对新的刺激做出适应，即所谓完成顺应过程。同化和顺应是个体学习过程中相互联系的两个方面。在这一过程中，学习是新旧经验的交互作用，新经验被原有经验同化或是旧经验经过重组来顺应新经验，这是一种双向互动的过程，学习者在这一过程中能够最大限度地发挥自己的主动性和创造性，在活动情境中进行探索实践，分析问题，寻求解决问题的策略。

（二）学习是在一定社会情境中进行的

建构主义认为，学习是在一定的社会情境中进行的，它总是与一定的社会文化情境相联系，学习者的学习是外部物理世界与内部心理结构产生交互作用的结果。皮亚杰的认知发展活动是新旧经验之间的交互作用，这种交互是自身以外的新事物内化于自身原有的认知结构中。皮亚杰认为新旧经验的交互作用是以活动情境为基础的，学习者置身于真实的活动情境中，个体能够直接观察到事物的真实状态，个体的各种感官通道得以打开，人的大脑能够将各种感官信号集中起来，形成对事物的主观感受。课堂教学使用逼真、生动的多媒体技术，展示形象、直观的教学用具能够唤醒储藏在长时记忆中的经验和表象。多媒体作为理想的教学环境，能够提供直观的教学影像资料、展示实物照片、重现人物对话, 丰富的活动情境是学习者获取直接经验的基础。维果茨基认为, 学习者的认知发展是将外部具体的、真实的、情境的物理世界转化为内部抽象的、经验的心理结构, 社会情境中语言是中介, 学习者通过小组合作取得问题的解决方案, 组建学习共同体进行协商会话。

(三)合作和协商有助于知识的建构

建构主义作为一种学习哲学, 改变着人们思考世界的方式, 人的这种建构性的学习方式是与真实的本质、知识的本质以及人的交互作用的本质相关的。真实的本质是指个体的心智成熟程度; 知识的本质是指人的大脑所建构出来的真实状态; 人的交互作用则是指个人在知识的建构中依靠意义的协商、对话、合作, 进行外部世界与内部世界之间的社会交互作用, 人的交互作用主要通过合作与协商来实现。社会性建构主义认为, 不同学习者的认知结构和经验世界会有较大差异, 不同的学习者对待同一知识、信息或者问题会有不同的观点立场; 因此, 群体间的合作与协商就能帮助学习者形成更加丰富、更加灵活的理解, 更深入地了解事物的本质属性。合作学习是学习者围绕着同一情境问题, 通过协商对话, 进行任务分解, 实现问题解决、意义建构的一种学习方式。合作学习的关键在于小组成员在完成小组任务的过程中相互沟通, 相互合作, 共同负责, 从而达到共同的目标。

三、建构主义教学观

建构主义教学观以建构主义知识观和学习观为基础, 超越了传统教学论的认识。根据建构主义的知识观和学习观, 学习是学习者主动建构知识的过程, 学习是社会协商的结果, 那么, 教学就不是简单地传递知识, 而是具有重视教学情境创设, 促进学习者主动建构知识的意义。建构主义教学观从"新认识论"视角, 不仅仅为教学实践提供一系列教学方法, 更为重要的是它提供了一种新的教学思想。

（一）关于教学过程

1. 教学是一个社会交往过程

传统教学活动是一种单向的教学，即教学活动十分重视教师在教学中所发挥的作用，忽略了学生的认知发展特点和个性需求，最终导致学生是被动的知识接受者，学生学习的主动性和创造性遭到扼杀。建构主义倡导师生平等交往，教师尊重学生学习的主体地位，学生的发展需求才是教师所应关注的焦点。教师在教学交往中应重视学生与学生、学生与教师之间的协商对话，鼓励学生积极主动探索、充分表达思想。教师要能够精心组织教学活动，营造平等和合作的交流环境，使学生能够在轻松愉悦的环境中完成意义和知识结构的建构。不过，教学的社会交往是特殊意义的社会交往，有其特殊的交往目的——促进学习者的身心发展，特殊的交往方式——以课程为交往的中介，特殊的交往空间——学校或课堂。

2. 教学是一个知识传授和能力发展相结合的过程

建构主义教育观与传统教育观最大的不同在于，改变了学习者与知识学习之间的被动关系，学习者学习知识是一个主动建构的过程，教学过程就是帮助、支持、引导学习者在掌握知识技能的同时，实现认知能力发展的过程。建构主义教学观主张教学是在适宜的教学情境中完成的，是对某一主题或问题进行探究的过程，因此，教学过程中教师应重视创设问题情境，引导学习者进入问题情境，鼓励学习者积极探索，为需要帮助的学习者提供必要的支持与帮助。教师在安排教学内容时一方面应重视传递知识，另一方面也不能忽视真实状态下的课堂的复杂性，即教师应重视生成性课堂建设，精心设置活动情境，帮助学习者在解决问题的过程中塑造能力，磨炼品格，寻求真理。教学内容的安排应充分考虑到学习者的认知发展阶段，特别应该关注到学习者不同认知发展阶段中的关键期，为学习者设定合理的发展空间。

教学过程中的知识传授与能力发展是一对辩证关系。传统的教学观强调知识的传授，其最大的弊端是忽视儿童思维能力的培养。建构主义将教学过程看成一种交往过程，注重师生关系的双向互动，教学过程中要培养的学生独立的认识能力、批判精神、创新精神，必须与具体内容结合才能发展起来。建构主义重视教学的问题情境建构，教学过程也是问题解决过程，而在解决问题或探究主题的过程中需要以相关的学科知识或经验为基础。在学生执行任务的过程中，教师需要为学生提供支持与反馈，搭建脚手架，让学生在真实的或者是特定设置的情境之下能够综合地应用知识、能力去发现和分析问题，并最终解决问题。

3. 教学是一个师生协商与合作的过程

从行为主义到认知主义再到建构主义，教学过程中的师生关系具有很大差异。行为主义认为学习是一种"刺激-反应"的被动接受过程，教师是知识传授者，学生是知识的被动接受者。认知主义的教学观注重学习者内部心理结构的形成，教学活动尤其关注学生的智力发展。建构主义教学观主张教学是一个师生协商会话的过程，教师与学生共同组成学习的伙伴关系，教师要鼓励学生探索实践，支持学生小组争论与协商，关注学生的最近发展区，能够满足学生发展的个性需要。建构主义教学观的教学组织是多种多样的，教学组织形式始终是围绕着学生的发展需求来设计的。建构主义教学观十分重视合作关系，社会协商是在小组的争论与合作会话中形成的，离开了合作，社会协商的关系就不复存在。学生与学生、学生与教师之间的组织形式包括小组学习、组建学习共同体，这些合作的方式能够帮助学习者发散思维，能够帮助学习者更深刻、更全面地了解事物的本质。

4. 教学是一个不断生成的过程

建构主义教学观实现了由预成性教学到生成性教学的转向。传统的教学观是在客观认识论的指导下形成的，"预成性"成为这种教学观的重要特征。在这种教学观下，教学目标、内容、方法、课堂环境都被认为是可事先预设的。教学过程就是根据所做的预设开展的教学实施的过程。建构主义则否定了预成性的传统教学观,提出了生成性的教学理念。这种教学理念认为教学是一个不断生成的过程,强调教学的情境性和理解性,认为教学总是发生在一定的社会情境中,教师面对的学生也总是具有各自先前的知识经验和现有的发展水平,教学不能仅仅根据预设的目标或固定的模式来进行。教学应充分考虑具体的学习情境和学生的发展水平不断做出调整。具体来说,就是要充分利用学生原有的知识经验,将之作为新知识的生长点,促进学生新旧知识的连接,推动学生经验的不断重组和改造。为此,教学的主要任务就在于为学生的学习创设理想的环境,激发学生在这种环境下的学习动机,为学生的发展提供广泛的学习资源,并给学生以适当的帮助和支持,包括利用情境、协作、会话等学习环境要素,推动学生主动、积极和富有创造性地学习,最终达到使学生有效地实现对当前所学知识的意义建构的目的。

(二)关于教学模式

在建构主义的理论关照下,一批基于建构主义教学观的教学模式应运而生,并在 20 世纪最后 20 年的西方乃至世界范围内的教育实践中广为流行。比较典型的教学模式有:认知学徒制教学模式、抛锚式教学模式、随机通达教学模式及支架教学模式。

1. 认知学徒制教学模式

认知学徒制教学(Cognitive Apprenticeship Instructiou)模式是在建构主义学习理论的影响下形成和发展的①,由美国心理学家柯林斯(Allan Collins)、布朗(John Seely Brown)及纽曼(Susan Newman)等人在 20 世纪 80 年代率先提出。认知学徒制教学模式是为解决复杂而又具有内隐性的知识和技能的学习而创设的,正如柯林斯自己所言,认知学徒制的"……设计,乃在于使内隐的知识

---

① J. S. Brown, A. Collins and P. Duguid, "Situated Cognition and the Culture of Learning," in *Educational Researcher*, 1989 (18), pp.32-42.

和技能够转化为开放过程，并使学生能在老师的帮助下，通过观察、实施和实践而获得学习"①。作为一种教学模式，认知学徒制教学模式具有四个基本要素：内容、方法、序列和社会性。

内容是指学校规定学生所要掌握的某门学科的概念、事实和程序。学生还要掌握专家从经验中精选出的问题解决策略、认知管理策略及学习策略。

方法是指学生在观察、参与、发明创造各个环节的操作程序，具体来说，学生进入真实的情境中观察专家和有经验的教师的工作，学生动手实践，教师在一旁指导，学生独立执行任务，教师"淡出"，学生获得学习的主动权，最终能够从事发明与创造。

序列是指学习者需要对专家在实际操作过程中的多项技能进行分阶段、分步骤掌握，学习者的学习是从简单动作技能到复杂动作技能不断熟练的过程。

社会性是指学习环境应该再现运用所学知识的真实世界的特征，是学习者从新手逐渐变成专家的角色转换过程。

在认知学徒制教学模式中，学习是在真实的工作场所中进行的，在这个工作场所中，学习者可以观察或直接参与专家所从事的专业活动。教师为学生提供问题线索，及时反馈信息，搭建脚手架，当学生掌握了知识要领，教师"淡出"。认知学徒制教学模式旨在为学习者提供解决真实问题的情境，帮助学习者迅速获得进步，成为独立的、熟练的活动者。

2. 抛锚式教学模式

美国范德比尔特大学认知与技术小组(The Cognition and Technology Group at Vanderbilt)是以培养学生运用知识解决问题的能力为己任的专门研究小组，

---

① A. Collins, J.S.Brown and S.E.Newman, "Cognitive Apprenticeship: Teaching the Craft of Reading, Writing, and Mathematics. Technical Report No. 403," in *Knowing Learning & Instruction*, 1987 (1), pp.453-494.

后更名为学习技术中心(LTC)。该小组最早从事惰性知识研究,抛锚式教学(Anchored Instruction)模式是在研究惰性知识的基础上总结而成,指在多样化的现实生活背景中(或在利用技术虚拟的情境中)运用情境化教学技术以促进学生反思,提高迁移能力和解决复杂问题能力的一种教学模式。[①] 这是一种以技术为中心的学习方法,属于社会建构主义范式,也是一种情境学习的形式。它强调学习是情境化的,注重为学生提供现实的角色,让学生在综合学习环境中解决问题。在教学过程中,活动被设计或绑在一个"锚"上,例如一个有问题的冒险或故事,内容和上下文之间的真实联系被称为"锚定"。这些模型通常嵌入待解决问题所需的所有信息,如数据和提示。抛锚式教学类似于基于问题的学习(P. B. L.),但其开放性除外。

抛锚式教学模式的关键在于对"锚"的理解与把握。"锚"是在真实问题情境中设置的故事情节,它包含两方面的含义:一是技术性,抛锚式教学模式是以技术学为基础的一种重要的教学范式,是社会建构主义课堂教学的重要范式之一;二是宏环境(Macro-context),抛锚式教学模式强调运用技术手段,创设逼真的教学情境、教学片段,并从宏观环境中引出"锚定"的问题,使学生置身于完整、真实的问题情境中,产生学习的兴趣。抛锚式教学作为一种教学框架,在这种技术整合的学习环境中,学生的学习内容和学习过程是真实的。

3. 随机通达教学模式

随机通达教学(Random Access Instruction)模式是美国伊利诺伊大学的斯皮罗(Rand J. Sprio)等人于 20 世纪 90 年代在"认知弹性理论(Cognitive Flexibility Theory)"基础上提出的一种教学模式,主要用于高级和复杂知识领域的学习。"认知弹性理论"是建构主义学习理论的一个新分支,其提出者也是斯

---

① T. C. Vanderbilt, "Anchored Instruction and Its Relationship to Situated Cognititon," in *American Educational Research Association*, 1990(19), pp. 2-10.

皮罗，提出的时间也是90年代。斯皮罗指出："要解决与领域复杂性和不规则性相关的学习缺陷，就需要引入具有更大认知弹性的学习过程：这包括从不同的概念和案例角度表示知识的能力，以及为满足理解或解决手头问题而从这些不同概念和案例表达中构建知识集合的能力。"①

而"所谓认知弹性，是指以多种方式同时重建自己的知识，以便对发生根本变化的情境领域做出适宜的反应。这既是知识表征方式(超越单一概念维度的多维度表征)的功能，又是作用于心理表征的各种加工过程(不仅是对完形的修复，而且是对一整套图式的加工过程)的功能"②。

基于此，随机通达教学模式作为一种针对结构不良知识领域，以获得高级知识为目的的教学思想和方法，要求学习者可以随意通过不同途径、不同方法进入同样的教学内容学习，从而获得对同一事物或者同一问题的更为全面的认识与理解。也就是说，学习者对同一内容的学习，可在不同时间、在重新安排的情境下、带着不同目的以及从不同的角度多次进行，以此达到获得高级知识的目标。具体来说，对同一内容的学习要在不同时间多次进行，每次的情境都是经过改组的，而且目的不同，分别着眼于问题的不同侧面。在这种教学模式中，学习者可以形成对概念的多角度理解，并与具体情境联系起来，形成背景性经验。这些多次进行的学习绝非传统教学中经常表现出来的简单重复，而是每次进入都有不同的学习目的，都有着不同的侧重点，最终使学习者获得对事物全貌的理解与认识上的飞跃，并达到提高学习者的理解能力和知识迁移能力(即灵活运用所学知识的能力)的目的。

随机通达教学模式不仅注重将高级知识的概念与具体情境联系起来，而

① Rand J. Spiro, Paul Feltovich, Michael J. Jacobson and Richard L.Coulson, "Random Access Instruction for Advanced Knowledge Acquisition in Ill-Structured Domains," in *Educational Technology*, 1991(5), p.23.

② P.Burrage, L.F.Pelton, "The Beam Analysis Tool (BAT)," in *Encyclopedia of Distance Learning*, Second Edition, Deerfield, Idea Group Publishing, 2009, p.7.

且还要求以实例的形式展示出来。在这种教学模式中，学习者可以形成对概念的多角度理解，学习者在具体情境中建构知识，形成背景性经验。①

4. 支架教学模式

支架教学(Scaffolding Instruction)模式由美国著名教育学家和心理学家布鲁纳创设。"支架"是来源于建筑学中的一个术语，也可称作"脚手架"，指的是修建房屋时所搭建的脚手架，其作用在于为建筑工人提供一种操作平台。布鲁纳及其同事通过对母亲如何影响幼儿语言发展的研究发现，母亲帮助幼儿获得语言发展能力的过程就如同建筑房屋时需要搭建脚手架一样，由此提出了"支架教学"这一概念。② 简言之，支架教学是指通过支架(教师的帮助)把管理调控学习的任务逐渐由教师转移给学生自己，让学生获取独立学习和生存的能力。在支架教学中，教师要把自己定位为学生学习的支持者、帮助者、服务者，教师应充分考虑学生的认知发展水平和认知发展需求，设置合理的问题情境，主导教学的进行，在学生实现每一个阶段的小目标后，要适当引导学生从事更高认知活动。在整个教学过程中，支架教学模式由预热、探索和独立探索三个环节组成。在预热环节，教师创设一定的教学情境，让学生置身在一定的问题情境中，并为他们提供一些必要帮助；在探索环节，由教师明确教学目标，引导学生进行积极探索尝试；在独立探索环节，教师就要放手让学生自己选择适合自己的方向和问题，学生独立地进行操作实验，教师只在学生遇到问题障碍无法解决时，才会给予必要的支持与帮助。

四、建构主义师生观

传统的师生观认为，教师是传授知识的"工程师"，教师主宰着教学活动

---

① 张建伟、陈琦：《从认知主义到建构主义》，载《北京师范大学学报(社会科学版)》，1996(4)。

② Roy D. Pea, "The Social and Technological Dimensions of Scaffolding and Related Theoretical Concepts for Learning, Education, and Human Activity," in *The Journal of the Learning Sciences*, 2004(13), pp.423-451.

中的一切事物，而学生则处于从属地位，被动地接受教师所呈现的抽象知识。建构主义师生观，不是原有师生关系的位置互换，而是一种以学生为主体、以教师为主导的新型师生关系，是更高层次上的师生交往关系。建构主义师生观对教师素养和能力提出了较高要求，教师需要具备扎实的学科专业知识、信息技术素养、教育研究素养，以及宽厚的文化基础。建构主义师生观更适应儿童发展需求和社会发展需求的客观要求。从儿童发展需求来看，需要得到尊重和满足，主体地位得到确立，人格得到尊重，兴趣需求得到满足，儿童才会积极主动地参与活动实践，创造性才会被激发。从社会发展需求来看，原有的师生关系束缚了儿童的自由发展，忽视了儿童的需求，扼制了儿童的创造力，最终培养出来的儿童不能满足社会发展的需要。建构主义师生关系是建立在平等与民主、合作与对话的基础上的师生关系，教学是师生进行协商与合作，共同参与知识建构的过程。教师应重视学生的个体差异性，把学生看成一个有情感、有生命、有思想的独特个体，尊重和满足学生的主体地位。因为，只有在平等信任的环境中，教师才能真正走入学生内心，学生才能感受到被尊重的力量，从而提高参与活动的积极性，并乐于表达自己的真实情感。只有这样，教师才能实现用自己生命去影响学生的生命的教育信念，帮助学生塑造健全的人格。

建构主义理论认为，学习者以自己的方式建构对事物的理解，对相同的事物每个人的理解会有所不同。维果茨基就指出，社会交互作用是学习者进行有意义学习的重要方式，在这种交互作用中，合作与对话是一种有效的学习形式，在合作与对话中，不同的学习者在面对同一问题情境时，可根据自身的经验提出不同的观点和解决策略，从而帮助学习者从这些观点中全面地理解事物的本质。

第四节 建构主义教育思想评述

建构主义教育思想冲破了传统知识观的束缚，重新建构了人们的知识观，重视发挥学生的主体性，强调教学的情境建构，对当代教育教学改革产生了重要影响。

一、建构主义学习理论对教育教学的贡献

建构主义作为一种学习的哲学，是 20 世纪教育改革的重要指导理论。建构主义学习理论确立了新的知识观、学习观，塑造了新型的教学观、师生观，其对教育、教学的贡献主要表现在以下四个方面。

①深化了关于知识及学习的本质性认识。建构主义者强调学习是一个主动建构的过程，是学习者积极地将新信息与先前经验进行联系和积极建构的过程，同时也是一个交往的过程，是在具体的情境中展开的。这一系列的观点在哲学上实现了由客体到主体、由外向内的认识论转向，在教育上则为 20 世纪后半期的世界教育带来了全新的理念。将学生视为学习的主体，注重以学生为中心，强调学生的主动学习和合作学习，重视学习过程，这些都与建构主义的教育理念不无关系。美国联邦教育大学心理系学者巴达博士就指出："关注以学生为中心的学习可能是建构主义最重要的贡献。"①尽管以学生为中心的理念并不新鲜，但建构主义是从人类认识发生机制的角度去诠释这一问题的，作为一个整体，它融主动学习、合作学习和注重过程等理念为一体，这种深化了的有关知识及学习本质的认识对教育的影响具有其理论独特性。

---

① Bada, Steve Olusegun, "Constructivism Learning Theory: A Paradigm for Teaching and Learning," in *Journal of Research & Method in Education*, 2015(5), pp.66-70.

②开创了深度理解学习过程的先例。有关这一点，国外有学者认为，建构主义对教育的最大贡献可能是将重点从知识作为产品转移到将知识作为过程，这种建构主义的遗产很可能被证明是学校结构中一个持久而有意义的转变。应当说，这一看法是有道理的。建构主义将学习看作客体向主体转化的交互作用过程。在主客体交互作用过程中，个体的认知结构感受到刺激物会做出反应，如果原有的图式结构能够纳入刺激物就会发生同化；反之，原有的认知结构会进行结构重组来适应新事物的认知结构。经过这一过程，认知结构达到新的平衡状态，学习正是在复杂的主客体交互作用中，实现信息深度加工，完成深度理解的学习过程。

③推动了教学实践的改革与创新。建构主义在推动20世纪80年代以来的教育教学改革中的影响和地位，远远超过了其他教育思想流派。从学前教育到高等教育，从职业教育到社区教育，尤其是在信息技术教育领域，建构主义教育取向的教育教学改革层出不穷，有的是区域性改革，有的是学科领域改革，还有的是项目驱动的改革，形式多种多样。以社会建构主义教育理论在美国的影响为例，在社会建构主义的影响下，合作和协作教学策略在学校中广为盛行，美国学校的许多教室都为小组工作以及安排全班讨论预留了空间：小学教室通常包括小组阅读区、数学中心和科学站；中学和高中已经从不可移动的课桌转移到灵活的座位安排，小组学习成为常见的教学组织方式。

建构主义也影响到了包括美国国家数学教师委员会(the National Council of Teachers of Mathematics)、美国国家研究委员会(the National Research Council)等在内的各专业教育团体，导致了学科教育标准发生了建构主义方向的转向。例如，美国国家科学教育标准(the National Science Education Standards)规定：研究和学生科学学习的一个重要阶段是口头和书面的论述，它将学生的注意力集中在他们如何知道自己所知道的，以及如何将知识与更宏大的思想相联

系方面。教师也采用协作小组的方式教学，并帮助学生在小组中合作。① 甚至
国外有学者指出，过去 20 年来（指 1995 年之前的 20 年——引者注），建构主
义哲学对教育实践产生了强烈的影响，其影响是如此强烈，以至于可以将其
比作"世俗宗教"②。

④深刻改变了课堂教学的格局。建构主义给 20 世纪后半期的世界教育带
来深刻的变化，它深深地影响了现代学校和现代课堂，使得建构主义推动下
的课堂教学与传统课堂教学出现了明晰的分野。

建构主义给 20 世纪后半期课堂教学带来的变化③

传统课堂	建构主义课堂
注重分科课程，强调基本技能	注重课程整合，强调整体大于部分
严格恪守预定课程	重视学生问题和兴趣的追求
材料主要是教科书和工作手册	教材形式多样化，包括各种可操纵性材料
学习是以重复为基础的	学习建立在学生前置知识的基础上，注重互动
教师传授知识，学生接受知识	教师与学生对话，帮助学生建构知识
教师是指导者，具有权威性	教师是互动者和协商者
通过测试进行评估，注重答案正确	评估多样化，过程和结果同样重要
知识被认为是客观、静态的	知识是随经验而不断变化的
学生以独自学习为主	学生以分组学习为主

二、建构主义教育思想的局限性

建构主义教育在知识观、学习观、意义建构等方面深刻影响着教学变革，

---

① National Research Council, *National Science Education Standards*, Washington D.C., National Academy Press, 1996, p.36.

② D.C.Phillips, "The Good, the Bad, and the Ugly: The Many Faces of Constructivism," in *Educational Researcher*, 1995(24), pp.5-12.

③ Bada, Steve Olusegun, "Constructivism Learning Theory: A Paradigm for Teaching and Learning," in *Journal of Research & Method in Education*, 2015(5), pp.66-70.

但也存在着局限性：

第一，过于强调知识的相对性，否认知识的客观性，带有一定的主观主义色彩。根据建构主义的观点，人们对世界的理解只能基于自己的经验去建构，知识是个人对现存世界经验的反映，是暂时的解释和假设，具有不确定性。主体只能认识自己所建构的经验世界。个体由于经验的不同，对现实的理解也会有差异。这种知识观虽然较好地描述了知识形成的心理机制，触及了知识形成的部分机理，但它显然将主体与客体的关系主观经验化了，忽视了知识的普遍和客观性质，忽视了间接经验和客观知识间的辩证关系，具有狭隘的、唯我论的主观经验主义倾向。

第二，实践中建构主义影响下的教育教学改革出现了忽视系统知识传授的倾向。由于建构主义特别是社会建构主义注重学习的情境性、过程性和交互性，在教学过程中，一味注重协商对话，忽视实际知识内容的教学的情况并不少见，这使得学校对那些常识性的、系统性的知识传授职能明显受到削弱，学习者通过自身意义建构学到的知识也许能使得个体产生"适应"的快感，但也难以避免那些片面性、不连贯性，甚至是错误的知识裹挟其间。在推行建构主义取向的教育教学改革过程中，学生难以学到系统知识的现象是值得我们关注的。这意味着我们不能将建构主义作为唯一的标准，不同类别的知识学习可能需要不同的方法。

第三，对教师能力的要求过高。建构主义注重主体知识的建构，但这种建构不仅需要依据学习者的经验，而且也需要有科学、合理的建构方式。一味地强调建构，往往容易陷入放任自流的误区。这意味着有意识地引导学生建构是一项十分重要的工作。在现实中，教师指导学生进行积极而有效的知识和能力建构是一项难度极高的工作，涉及教学的方方面面，教师是否具备足够的指导能力，甚至教师是否有足够的精力和时间去设计与组织教学，都是建构主义要发挥其对教育教学改革积极而不是破坏性影响所必须认真考虑的。

第四章

精神分析学派教育思想

精神分析学派产生于 19 世纪末，是在精神病的治疗实践中发展起来，以潜意识的活动为研究对象，对 20 世纪的教育产生了重大影响的现代西方心理学主要流派之一。

精神分析学派亦称弗洛伊德主义，是由西格蒙德·弗洛伊德（Sigmund Freud，1856—1939）创立的。弗洛伊德主义代表着这个学派的正统，被称为古典精神分析。荣格（Carl Gustay Jung，1875—1961）的分析心理学和阿德勒（Altred Adler，1870—1937）的个体心理学是古典精神分析向新精神分析的过渡和中介。20 世纪 30 年代末和 40 年代初在美国兴起的，强调精神分析的社会文化因素作用的社会文化学派，或者对古典精神分析加以变通、修正和扩充的自我心理学，通常被称为新精神分析学派。其主要代表人物是霍妮（Karen Horney，1885—1952）、沙利文（Harry Stack Sullivan，1892—1949）、弗洛姆（Erich Fromm，1900—1980）、埃里克森（Erik Homburger Erikson，1902—1994）、哈特曼（Heinz Hartmann，1894—1970）、安娜·弗洛伊德（Anna Freud，1895—1982）。精神分析学派虽然没有系统的教育观点，然而这个学派在潜意识、人格、潜能、道德、创造力、自我、情感、性心理、心理健康与心理治疗等一系列问题上独到的看法，却对 20 世纪的教育思想与实践产生了深远的影响，以至有人断言，"弗洛伊德对 20 世纪的教育思想所产生的影响亦是具有决定性意义的"①；"也许在历史上再也没有什么能比弗洛伊德心理学对教育的影响更大了"②。因此，当我们回顾 20 世纪教育思想的发展时，绝不能忽视精神分析学派的重要贡献。

第一节　精神分析学派的基本理论

一、弗洛伊德的精神分析理论

西格蒙德·弗洛伊德是奥地利著名的精神病学家和精神分析学派的创始人。他生于摩拉维亚的弗赖堡(现为捷克的普莱波)小城镇里一个犹太籍的商人家庭。1873 年进入维也纳大学医学系学习，在学期间曾在著名的生理学家布吕克的生理研究室工作。1881 年获医学博士学位。1882 年至 1885 年在维也纳综合医院担任医师，并从事脑解剖学和病理学的研究。1886 年至 1938 年私人开业治疗精神疾病，并与维也纳的内科医生布洛伊尔共同研究癔病，1895 年他们合著的《癔病研究》一书出版，标志着精神分析学派的开始。1896 年弗洛伊德明确提出精神分析的概念，1900 年出版的《梦的解析》被人们视为精神分析学派正式建立的标志。在 1910 年召开的第二次国际精神分析大会上，成立了国际精神分析协会，这标志着精神分析学派的最终形成。1930 年弗洛伊德被授予歌德奖金。1936 年他 80 岁时，荣任英国皇家学会会员。1939 年病逝于英国。除《梦的解析》外，他的主要著作还有《日常生活的心理病理学》(1904 年)、《性学三论》(1905 年)、《精神分析引论》(1910 年)、《群众心

---

① [摩洛哥]扎古尔·摩西主编：《世界著名教育思想家》第 2 卷，梅祖培等译，27 页，北京，中国对外翻译出版公司，1995。

② [美]约翰·S. 布鲁柏克：《教育问题史》，吴元训主译，163 页，合肥，安徽教育出版社，1991。

理学和自我的分析》(1921 年)、《自我和本我》(1923 年)、《文明及其不满》(1929 年)等。

弗洛伊德作为精神分析学派的奠基人，尽管他没有留下任何论述教育的专著，但"这并没有阻碍他在整个学术生涯中对教师和家长所起到的成人对孩子的权威作用作深入的探讨、分析并在必要时提出批评"①。作为对人格进行系统研究的第一人，他的人格理论有着极强的教育含义。

(一)人格结构理论

人格结构理论是弗洛伊德学说的核心。早期，弗洛伊德提出心理地形学，认为人格由不同意识水平的三个部分组成，即潜意识(深层)、前意识(中层)、意识(表层)。

①潜意识。潜意识是指被压抑的欲望、本能冲动以及其替代物(如梦、癔病等)。弗洛伊德认为，潜意识的主要特点是非理性、冲动性、无道德性、反社会性、非逻辑性、非时间性、不可知性、非语言性。这些为人类社会、伦理道德和宗教法律所不容许的东西，有强烈心理能量的负荷，因为人总要按着快乐原则去追求满足。潜意识是心理深层的基础和人类活动的内驱力，它决定着人的全部有意识的生活，甚至包括个人和整个民族的命运。潜意识概念作为弗洛伊德的理论基础，是精神分析的核心部分，即使在后来对他的理论进行修正的所有人中，也都没有抛弃这一基本的概念，否则他就不是精神分析学家了。

②前意识。前意识是指潜意识中可召回的部分，即人们能够回忆起来的经验。它是潜意识和意识之间的中介环节。潜意识很难或根本不能进入意识，前意识则可能进入意识，所以前意识和意识之间尽管有界限，但没有不可逾越的鸿沟。前意识的主要作用就是检查作用，即不准潜意识的欲望和本能随

---

① ［摩洛哥］扎古尔·摩西主编：《世界著名教育思想家》第 2 卷，梅祖培等译，27 页，北京，中国对外翻译出版公司，1995。

便侵入意识中。但是，当前意识丧失警惕时，被压抑的欲望或本能也会通过伪装而迂回地渗入意识。

③意识。意识是指人格的表层部分，由人能随意想到、清楚觉察到的主观经验组成。在弗洛伊德的理论中，意识是人的心理活动中比较小且非主要的部分，服从于现实原则，调节进入意识的各种印象，压抑着心理中那些原始的本能冲动和欲望。但是，意识同外部的联系，与其同机体内部环境的联系相比，既要受较多条件的限制，又距离比较远些，所以，不管是潜意识系统，还是意识系统，归根结底，也都是由先天的本能以及抑而未发的欲望所决定的。

晚年，弗洛伊德对意识构造论进行了修正，提出了一个新的人格结构学说。他将本我、自我、超我与他的意识-潜意识维度相联系而形成一个完整的结构。

①本我。本我是指最原始的与生俱来的潜意识的结构部分，它处于结构的深层，是人格结构最重要的决定部分。其中储存着人性中最接近兽性的一些本能性冲动。它是储存心理能量的地方，混沌弥漫，仿佛像一口本能和欲望沸腾的大锅。它按照快乐原则，急切寻找出路，一味追求欲望的满足。弗洛伊德认为，本我唯一的出路就是通过自我来释放能量。

②自我。自我是指意识的结构部分，是来自本我经外部世界影响而形成的知觉系统。自我是人格中理智的、符合现实的部分，处于本我与超我之间，按照现实原则，充当仲裁者，监督本我，予以适当满足。自我的心理能量大部分消耗在对本我的控制和压抑上。弗洛伊德打了这样一个比喻：本我是匹马，自我是骑手；动力是马，骑手给马指出方向。自我驾驭本我，但本我并不完全听话，这说明本我的潜力是很大的。他有一句名言："本我过去在哪里，自我即应在哪里!"自我具有防卫职能和中介职能。自我常常是"三个暴君"——外部世界、超我和本我的仆人。

③超我。超我是指人格中最道德的部分。它代表良心、自我理想，处于人格的最高层，按着至善原则监视着自我，对本我的各种冲动加以检查，履行着"看守人"和"检察官"的职责，以便达到自我典范或理想自我的实现。在弗洛伊德看来，本我、自我、超我三者是相互作用的，冲突是经常发生的，三者保持平衡，就会实现人格的正常发展，如果三者失调乃至破坏，就会导致神经症。

（二）人格理论的动力学基础

本能论是弗洛伊德人格理论的动力学基础。他认为，本能是人的生命和生活中的基本要求、原始冲动和内驱力。早期，弗洛伊德把基本的本能分为自我本能和性本能两种。所有的生物都是按照自我保存和种族生存的要求而活动的。性本能也被称为力比多，是人的行为的内在潜力，这种本能促使人通过各种方式获得满足。与自我本能相比，性本能可以被抑制，乃至使其进入潜意识，亦可以升华，通过转换或替代的方式求得表现。正因如此，弗洛伊德的这个观点通常被人们称为"泛性论"。晚期，弗洛伊德对早期的观点进行了修正，将本能分为生的本能和死的本能。生的本能包括自我本能和性本能，它表现为生存的、发展的和爱欲的一种本能力量，代表着人类潜伏在生命自身中的一种进取性、建设性和创造性的活力。死的本能表现为生命发展的另一种对立力量，它代表着人类潜伏在生命中的一种破坏性、攻击性、自毁性的驱动力，它试图毁灭自我所建立的一切，恢复原始的早期状态。

（三）保持人格完整和矫正人格障碍的理论

弗洛伊德有关矫正人格障碍和保持人格完整的一个基本理论是焦虑论。早期，他认为焦虑是由被压抑的力比多转变而来的，即本我是焦虑的根源。后期，他把自我看成焦虑的根源，认为焦虑是自我发出的一种信号。当自我觉知到真实的或潜在的危险时，这种知觉就引起焦虑，焦虑又反过来调动包括压抑在内的心理防卫机制，从而帮助有机体脱离危险，为自我保存服务。

为了使个体能够很好地处理焦虑，自我又产生了另一种机能，即防卫。自我防卫机制是自我应付本我的驱动、超我的压力和外在现实的要求三个对手的心理举措和防卫手段，以减轻和解除心理紧张，保持人格结构的平衡。实质上，自我防卫机制是一种自我保护法。

二、精神分析学派的发展

弗洛伊德的两个得意门生阿德勒和荣格，由于反对泛性论而同其老师发生分歧，他们于1911年和1914年先后离开了弗洛伊德，另立门户，导致了精神分析学派的分裂。

(一)阿德勒的个体心理学

阿德勒是奥地利的精神病学家和个体心理学的创始人。1895年在维也纳大学获医学博士学位。先在眼科和内科学习，后转学精神病学，追随弗洛伊德探讨神经症问题，是弗洛伊德学派的核心人物之一。1911年因反对弗洛伊德的泛性论而突出强调社会因素，离开弗洛伊德而创立了个体心理学。1926年阿德勒任美国哥伦比亚大学的客座教授，1932年到长岛医学院主持美国医学心理学的第一个讲座，1937年病逝于苏格兰。他的主要著作有：《神经症的性格》(1912年)、《个体心理学的实践与理论》(1919年)、《生活对你应有的意义》(1931年)。

阿德勒个体心理学的核心是所谓追求优越。在他看来，人的活动背后的基本动力是对优越的追求。他认为，统一的人格以及他的整个生命和精神都具有一定的目标性和方向性，即都指向一定的目标。这个目标就是"优越"，形成有最好可能性的自我。羡慕别人、胜过别人、征服别人等都是这种追求优越的人格体现。人追求优越的愿望来自人的自卑，由于自卑而促使人进行补偿以取得优越。因此，自卑与补偿是个人追求优越的基本动力。每个儿童在克服自卑的过程中都形成了一套定型化的行为模式，这种行为模式就是一个人的生活风格，通过这种行为模式，个体实现追求优越的目标。阿德勒认为，自我不是本我的奴仆，而是一种创造性的智慧力量，这种力量独立地活动着，它使人们有效地适应生活环境。这种创造性自我的概念是他的理论的高峰。在阿德勒看来，创造性自我是按照自己的创造性构建起来的独特的生活风格，是人的一种主观结构。它在塑造人格中是一种有意识的主动力量，反映了人的本质的、积极的、创造的、有目的的方面。阿德勒由于早年强调自卑与补偿，强调追求优越对人类行为的影响而遭到严厉的批评，人们指责他过度强调自私、自我的驱力。为此，他又提出了社会兴趣理论，认为人从本性上来讲是社会动物，人天生具有社会兴趣的潜能，但现实的社会兴趣只有在教育与训练影响下才能形成。社会兴趣的含义非常广泛，包括合作、互助、人际关系和社会关系、热爱、同情等，发展社会兴趣是对个体自然缺陷的真正补偿。

（二）荣格的分析心理学

荣格是瑞士精神病学家，分析心理学的创始人。1900 年他获巴塞尔大学医学博士学位。1906 年他与弗洛伊德通信，积极参加弗洛伊德的精神分析活动，深受弗洛伊德的器重。1911 年他们共同创立了国际精神分析学会，荣格当选为第一任主席，但不久遂与弗洛伊德在理论上发生分歧。1914 年他离开弗洛伊德，创立分析心理学派。20 世纪 20 年代后，为研究集体潜意识的性质与现象，荣格赴非洲、墨西哥等地考察原始人的心理。哈佛大学、牛津大学等都曾授予他荣誉博士学位。其主要著作有：《心理类型》（1926 年）、《分析心理学的理论与实践》（1968 年）、《记忆、梦、反省》（1961 年）等。

荣格认为，人格结构由意识、个体潜意识和集体潜意识三个层面构成。意识是人格结构的最顶层，是心灵中能够被人觉知的部分，其核心是自我，由有意识的知觉、记忆、思维、感情组成。个人潜意识是人格结构的第二层，即和意识自我最相近的、比其作用更大的潜意识的表层部分；个人潜意识的主要内容是情结。情结是指一组一组被压抑的心理内容聚集在一起的情绪性观念群，它决定着我们的人格取向和发展动力。集体潜意识是人格结构最底层的潜意识部分，是人类在种族进化中所遗留下来的心理残余。集体潜意识是人通过遗传获得的，由原始的意念和思想组成，是个体始终意识不到的东西。原型是集体潜意识的内容，是遗传的先天倾向，不需要经验的帮助，就可以使个人的行动在类似情况下与他的祖先行动相似。荣格把人格类型分为两种：外倾型和内倾型。这是两种不同的人格反应特有情境的态度或方式。外倾型的特点是心理能量往往指向外部世界，内倾型的特点是心理能量经常指向内心世界，这两种对立的心理态度通常都不同程度地同时集中于一个人身上，只不过每个人身上都会程度不同地表现出某一种态度占优势。荣格在两种态度类型划分基础上，又进一步描述了四种心理的机能类型，即感觉型、直觉型、思维型和情感型；并由此提出了八种性格类型，即外倾感觉型、外倾直觉型、外倾思维型、外倾情感型、内倾感觉型、内倾直觉型、内倾思维型、内倾情感型。他认为，人们往往是几种类型的综合，在意识和潜意识状态变化时，这些类型特征的人也会有所改变。

三、新精神分析学派

新精神分析学派一般指的是20世纪30年代以后在美国兴起的精神分析学派，主要代表多数为从欧洲特别是德国为逃避纳粹迫害而移居美国的一批精神病学家和精神分析学家，少数为美国本土精神病学家和人类学家。

(一)精神分析的社会文化学派

精神分析的社会文化学派修改和抛弃了弗洛伊德的本能论和泛性论，把文化、社会条件和人际关系等因素提到了精神分析的人格理论和治疗原则的首位。虽然这个学派的代表人物的观点具有很大差异，但他们都强调社会文化因素对人的心理的制约和决定作用，强调家庭环境和幼年时期的经验对人格发展的影响，把遗传的重要性减少到最低程度，认为可以通过改变环境条件来改变病态的心理和行为。

1. 弗洛姆的人本主义精神分析

埃里希·弗洛姆生于德国的法兰克福，1922 年在海德堡大学获得博士学位，1925 年加入国际精神分析协会，1933 年应芝加哥精神分析学院的邀请赴美讲学，1934 年定居美国，在美国多所大学任教。其主要著作有：《逃避自由》(1941 年)、《自我的追寻》(1947 年)、《爱的艺术》(1956 年)等。

弗洛姆认为，人是社会文化的产物，人在社会中不断地为社会所同化，从而满足社会的需要，形成与社会相应的人格。人的任何行为都是特定的历史文化的结果，整个社会经济制度和文化对人的精神具有决定性作用。他认为，人格形成和发展的最根本动力是逃避日益增加的自由和企图恢复到较安全的存在。生活在现代社会的人们虽然获得更多自由，但在冷酷竞争的现实中更容易产生孤独和恐惧感，得到的安全更少。因此，人们要形成健康的人格，就必须逃避现代社会的自由，追求安全。逃避自由的方式有两种：一是积极的方式，发展积极的自由，用爱和工作与这个社会联系起来，来克服自己的孤独和疏离，用自己真正的情感、知识和智慧与这个社会相联系，使自己成为独立的与自己相统一的个体；二是消极的方式，即完全逃避任何形式的自由。权威主义和人本主义是人们获得安全的两种制度，人本主义的社会是弗洛姆设想的理想的社会制度，在这样的社会中，人们就不会有孤独感和恐惧感，从而使人们达到安全的境界。弗洛姆认为，儿童的人格特征都是适合当时特定的社会需要的，因此，父母的教育目的就在于使他们的孩子形成与社会系统相应的人格，这样儿童才可以避免形成消极的防卫机制，发展健康的人格特征。

2. 霍妮的社会文化精神分析

凯伦·霍妮生于德国汉堡，1913 年获医学硕士学位，1932 年移居美国，先在芝加哥担任精神分析学院的副院长，后到纽约精神分析研究会工作，是美国精神分析促进会的创办人之一。其主要著作有：《现代人的神经症人格》(1937年)、《精神分析的新道路》(1939年)、《精神病与人类生长》(1950年)等。

霍妮认为，人生来就处于一个不安全的环境中，在这个危险的环境中，人们都力求获得安全感，逃避危险，这正是人们所追求的目标，也是人格发展的根本动力。霍妮说的基本焦虑的含义是：一种自我渺小、无足轻重、无依无助、无能为力的体验，以及生存于一个充满荒谬、欺诈、妒忌、敌意、怨恨和暴力的世界的感受。她认为，在儿童时期，父母的冷落、敌对和放弃，会使儿童形成一种"基本不幸"，这是孩子形成基本的焦虑的根源，也是人的神经症发生的根源。这种不幸的第一个结果便是儿童的基本敌意的形成。但由于儿童又必须依赖父母，为了生存不得不把这种敌意压抑到潜意识之中。这种压抑的直接结果是儿童把敌意投向整个世界和整个社会，使儿童认为世间的一切事物和一切人都对他充满危险。这就导致不安全感的产生并进而转变成基本焦虑。儿童对自己周围的世界越感到焦虑，就越敌视这个世界，两者交织在一起，就变成了培育精神病的温床。

3. 沙利文的人际关系说

哈里·斯塔克·沙利文生长于美国，是精神分析人际理论的创始人。他早年从事精神病学的研究和治疗，后来又成为精神分析的理论家。沙利文生前只出版了一本《现代精神病学》(1947年)，其主要的著作《精神病学的人际关系理论》(1953年)，是他死后由他的学生整理出版的。

沙利文理论的核心是所谓人际关系论，即把人际关系看成是人格形成和发展的基础。他认为，人格并不是单独形成的东西，而是人与人之间相互作用的结果，是个体在人际关系中产生的一种日益完善而稳定的行为模式。他认为，人格是其他心理现象的动力中心，其结构主要由自我系统、动能、经验模式三个方面构成。自我系统是儿童与环境的交互作用中形成的一种自我觉知系统，具有调节心理状态、减少焦虑的作用。动能是人在交往中表现自身能量的持久形态，它是人类所特有的，能体现人际关系的特色，可以在危及个人生存的重要时刻，究察人际关系的重要意义。经验模式是指儿童随着年龄的增长，逐渐具备了在文化环境中应付各种符号化的能力，这种经验模式的发展经过了三个阶段，即经验分离模式、经验并列模式和经验综合模式。沙利文认为，焦虑是人际关系的产物，它的产生又影响着人的人格特征，不利于人的自尊的形成。他认为焦虑是指那种能引起有机体的需要和唤起有机体不安全感的紧张状态，但他强调的是由社会不安全感引起的焦虑。儿童必须使自己的行为与社会要求保持一致，才会获得安全感和舒适感。

（二）精神分析的自我心理学

精神分析的自我心理学是古典精神分析在弗洛伊德逝世以后的新发展。精神分析的自我心理学把研究的重点由"本我"转向"自我"，强调后天自我的价值。他们认为，自我具有自己能量的来源和自己的动机与目的，把自我看成是一个理智指导的系统和人格中更富于独立性的部分，是人格结构的中心。

1. 安娜·弗洛伊德的自我防卫理论

安娜·弗洛伊德是弗洛伊德最小的女儿，自我心理学的奠基者。其主要著作有：《自我和防卫机制》（1942 年）等。

安娜的主要贡献是对自我的研究，特别是对自我防卫的研究。她认为，自我发展总是离不开防卫机制的发展，通过防卫机制的活动可以看到自我的影子。安娜认为防卫是本能变化、固着等的标志，因为本能动力是不能直接观察的，但通过防卫则可以看出它们的作用。防卫是人格成功的保卫者，通过防卫防止无意识的材料进入意识，这样可以使人减少麻烦。她把她父亲的著作中提到的自我防卫机制归纳为：压抑、投射、内向投射、反向形成、升华、认同、合理化、解脱、固着、退行。安娜在她的理论中突出了自我，并且强调环境影响和人际关系对自我发展的重要性,从而促进了后人对自我的研究。安娜重视环境教育的作用,她认为儿童的自我和超我的潜意识冲突还非常弱而且很不成熟,因此,给儿童创造一个好的环境是非常重要的。此外,应教给孩子们以正确的方法和态度去对待潜意识的东西进入意识时可能出现的可怕冲动。

2. 哈特曼的自我心理学

哈特曼被誉为自我心理学之父。他是第二次世界大战以后在精神分析方面最负盛名的理论家,曾在维也纳精神病和神经病研究所和精神分析研究所工作。其主要著作有:《自我心理学和适应问题》(1939年)等。

哈特曼的主要贡献在于澄清了弗洛伊德体系中关于自我心理学概念和体系的一些模糊思想。他认为,自我在人格结构中起着非常重要的作用。自我与本我有不同的生理根源,不受本我的控制,具有很大的独立性。他把自我看成是自主的,它的机能是适应性。哈特曼提出了两种自我自主。一种叫一级自我自主,指的是诸如知觉、记忆、思维、运动技能等方面的生理根源。这种机能的目的是使人们适应环境,主要是满足本我的需要。另一种是二级自我自主,是生理成熟和学习之间冲突的产物,这种机能自主的产生是为了对产生于与本我的冲突机能进行限制,并达到适应生活的目的。适应是一级自我自主和二级自我自主相互作用的结果,是机体与环境交相作用的过程,是为维持人和他所处的环境的心理平衡服务的。他分析了四种自我调节机能,首先是保持个体与环境的平衡,其次是保持本我的多方面冲动的平衡,再次是保持本我、自我、超我三个方面的平衡,最后是保持自我不同目标之间的平衡。在环境方面,哈特曼提出了"日常期待着的环境"的概念,这指的是对儿童发生作用的母亲以及其他所有的人,这是儿童自我的最合适的社会环境。他们在精神上和生理上合理地抚养婴儿以使其能最大限度地利用这一环境来适应。他肯定了母亲对婴儿心理发展的关键作用,推动了后来亲子关系的研究。

3. 埃里克森的心理社会发展理论

埃里克·埃里克森是当代精神分析的自我心理学的最著名代表，也是当代精神分析学派的主要代表。埃里克森生于德国，1933 年加入弗洛伊德组织的精神分析学会，在安娜·弗洛伊德的指导下接受精神分析训练。1939 年入美国籍，从 1960 年起任哈佛大学心理学教授，直到 1970 年退休。其主要著作有：《儿童与社会》（1950 年）、《同一性与生命周期》（1959 年）等。

埃里克森认为，人格发展中起重要作用的是自我。自我是一个独立的力量，它帮助个体建设性地适应环境，使个体勇敢地面对危机，解决冲突，顺利进入下一个发展阶段。埃里克森在承认本能冲突的同时，又认为社会文化和生理因素、心理因素之间的作用是人格发展的重要动力，强调社会环境影响在解决心理危机中的关键作用，从而提出了他的著名的心理社会发展阶段理论。他认为人的一生是一个生命周期，可以分为八个阶段。在发展过程中，以个人的自我为主导，按自我的成熟时间表，将内心生活与社会任务结合起来，形成一个既分阶段又有连续性的心理社会发展过程。在每一个发展阶段里都有普遍性的心理社会任务有待解决，个体不断地渡过危机，从一个阶段发展到另一个阶段，依次通过人生的八个阶段。这八个阶段依次是：①基本信任对不信任；②自主对羞怯和怀疑；③主动对内疚感；④勤奋对自卑；⑤自我同一性对同一性混乱；⑥亲密对孤独；⑦繁殖对停滞；⑧完整对绝望。前四个阶段发生在婴儿期和童年期，第五个阶段发生在青年期，最后三个阶段发生在成人期以后。他特别强调了青年期，因为这是童年向成年的过渡期，在此期间所发生的一切都对成人的人格有极大的影响。

四、对精神分析学派的简要评价

(一)精神分析学派的主要贡献

第一，扩大了心理学的研究领域，开辟了潜意识心理学研究的新纪元。

弗洛伊德的理论揭开了长期被人们忽视的精神世界的新课题——潜意识问题，为潜意识心理学体系的建立开创了新纪元。经过荣格和弗洛姆的努力，新精神分析学派把潜意识的研究又推向了新的高度，提出了研究的新视角，开辟了研究的新领域，加深了研究的新层面。

第二，加深了心理学研究的深度，开创了人格动力学与变态心理学新领域。精神分析学派从内向外、从深层向表层的研究，对任何精神现象，不分巨细，都追本求源、寻根问底，使由弗洛伊德建构的动力心理学成为当代西方人格心理学的主要理论支柱之一，并为人格心理学的发展奠定了基础。由于其重视精神病人的内心冲动和动机，为变态心理学的发展开拓了新道路。

第三，促进了自我心理学与文化心理学的发展。精神分析的自我心理学强调后天自我的价值，把自我看作人格结构的核心，形成了系统的自我心理学理论。而精神分析的社会文化学派，则强调社会文化因素对人的心理的制约和决定作用，着重探索人与外部世界的关系和冲突，为文化心理学的发展奠定了基础。

第四，奠定了身心健康的医学新模式。精神分析学派强调社会、心理因素在疾病中的作用，加深了人们对健康的认识，使心理健康问题被提到前所未有的高度。他们主张用精神分析方法来发掘病人被压抑到潜意识内的心理矛盾以治好病人，打开了重视心理治疗的当代医学模式的新途径。

(二)精神分析学派的主要问题

第一，反理性主义的倾向。弗洛伊德过分夸大潜意识的意义，过分强调性的生命本质与身心活动地位的泛性论，贬低了人的理智的价值，表露出明显的反理性主义的倾向，以致"触犯了全世界、招惹了人们的厌恶"①。

第二，神秘主义的倾向。精神分析学派把潜意识的作用神秘化，把一些复杂的精神现象归因于神奇的、缺乏科学根据的心理机制作用，使其理论蒙

---

① [奥]弗洛伊德：《精神分析引论》，高觉敷译，8页，北京，商务印书馆，1984。

上了一层神秘荒诞的面纱。

第二节　精神分析理论的教育内涵

　　教育心理学家特里宁(L. Trilling)说："精神分析影响西方人的生活，实无以胜计，起先它的理论是由针对某些心理疾病构想出来，最后却发展成一门关于思想本身的划时代学术。凡是有关人类命运或本质之类的教谕或学说，没有不受其影响的。"①的确，精神分析学说以其对人的本性的独特见解和对当代西方教育现状的深刻批评，为对人的教育活动提供了许多发人深省的见解。诚然，精神分析学说本身不是一门教育科学，也不是一门教育哲学，而且由于 20 世纪理性主义一直占据着教育理论的主流，精神分析学派的理论对教育的价值一直没有得到应有的重视。然而，随着 20 世纪 80 年代人文主义精神的弘扬，以及在理性主义指导下的教育实践中的许多失误，教育界开始真正重视精神分析对教育的深远意义。

一、以潜意识理论为基础的教育观

　　潜意识理论是精神分析学说的核心，弗洛伊德的个体潜意识学说，第一次揭示了被意识封锁和压抑在人心灵深处的各种本能欲望和非理性的隐秘王国，打破了意识独尊的一统天下，改变了对人类精神结构的看法。后来的精神分析理论，如荣格的"集体潜意识"、弗洛姆的"社会潜意识"等理论又进一步加深了我们对人性的认识，动摇了理性主义对人的传统看法，为符合人性的教育提供了崭新的启迪。

---

　　① 转引自连榕：《论精神分析学派的教育观》，载《福建论坛(文史哲版)》，2000(4)。

(一)教育的根本目的在于对潜意识能量的积极引导

精神分析学说认为,潜意识这种非理性的原始力量是人类心灵的主要成分,主宰着人类的行为,影响着人的能力和判断,甚至影响着个人的命运。如果任其自由发展或误导了它,势必造成不幸和疾病,使潜能不但不能得到释放,反而会造成各种心理疾病而需要治疗。因此,对潜意识的能量,人类如果不能主动去引导它,它将以巨大的力量奴役人类,导致人对生命的厌恶和绝望。精神病人正是如此,他们所拥有的就是不幸、残缺的人生。如果我们以积极的态度对待它,它就是个人所拥有的巨大的发展潜能,成为幸福、完整的人生的基础。因此,"弄清楚潜意识的冲动与有意识的冲动之间的关系有很大的意义,弗洛伊德在这方面的研究是很值得注意的……从教育的观点来看,关于使人的潜意识的冲动迁移到有意识冲动上去的问题是很重要的问题"①。

本我作为人类兽性部分位于潜意识中,对于这种生命本能的力量,阿德勒称之为追求优越,荣格将之看成是一般的生命力,霍妮将之解释为基本焦虑,而沙利文则认为是对安全与满足的需要和对个人行为有影响力的人的影响这两种因素作用的产物,弗洛姆则解释为人本需要。这种生命的非理性力量会由于挫败、防卫、压抑,使能量被压抑进入潜意识,导致不幸的人生。但如果这种能量在环境因素的作用下能得以升华,就能衍生为人的创造力、志趣、道德、习惯和态度等。因此,作为最重要的环境因素的教育,关键就在于引导学生的非理性的心理能量走向积极的成长,去追求幸福的、完整的人生。

(二)积极引导潜意识能量的关键是形成强有力的自我

本我遵从快乐原则,如果对儿童的教育只是顺从其一切本能冲动或所谓兴趣而不加以限制,就会产生严重的后果,使儿童成为一个为社会所不容的

① 转引自朱佩荣:《苏联20—30年代儿童学问题的再认识》(上),载《外国教育资料》,1993(2)。

放纵的人，这将危及家庭、社会乃至儿童本人。超我遵从至善原则，是社会道德的代言人，严厉地限制着本我。如果超我过于强大，成为绝对的权威力量，则将使人的行为只是出于对权威的屈服和顺从，或是对权威的恐惧，而不是出自个体对现实的理性认识。过强的超我不但会使人失去丰富的精神生活空间，而且会造成对本能的过分压抑。这种压抑，尤其是幼年时期的压抑，将会导致心理疾病，产生精神变态。由压抑造成的焦虑不但不能使人的潜意识的力量得到积极开发，而且会阻碍人的创造力的发挥。

对本我的自由放纵和超我的严厉禁止都不利于健康人格的形成，都有导致精神病的危险。这样形成的人将是不幸的、残缺的。因此，健康人格形成的关键在于培养强有力的自我。教育的首要任务就是，"教育须于自由和禁止之间选得一中庸之道"①。只有使自我得以健康发展，淡化冲突，才能使本我、自我、超我三者之间协调一致，这样我们才能培养出有理性、精神健康的人来。

自我遵循现实原则，是本我与超我的仲裁者，能够协调本我与超我的冲突，并控制二者的运动。它对不能马上满足的本我起缓冲作用，使超我的压力缓和下来。因此，强有力的自我是人格结构各部分平衡的基石，是形成健全人格的关键。布拉梅尔德(T. Breameld)利用精神分析的语言说道，聚集在"自我"中的智力任务就是学会怎样对一个聚集在"本我"中的强烈的欲望进行指示，以便遵从或修改聚集在"超我"中的意识的社会强制性，即"本我过去在哪里，自我即应在哪里!"。如果说弗洛伊德由于把自我看成产生于本我，而对教育在强有力自我形成过程中的作用估计不足，那么新精神分析的学者们则由于强调自我的后天价值，强调社会文化因素的重要性，而充分地重视了教育对自我形成的意义。阿德勒就认为人的本性必须在教育和训练的影响下

---

① 转引自赵修义、邵瑞欣：《教育与现代西方思潮》，89～90页，北京，中国科学技术出版社，1990。

才能形成，他因而极为重视儿童的临床指导，帮助人们采用正确的方法教育儿童。哈特曼认为一级自我自主并不依赖于本我的发展，它们有自己的学习和成熟过程，其功能包括知觉、记忆、思维、技能等。在埃里克森的人格发展理论中，每一个阶段都有其要完成的独特的教育主题，学龄早期的主题是创造，学龄中期的主题是勤勉，青年前期的主题是自我同一性等，只有在每一阶段完成了相应的教育任务，儿童才能养成强有力的自我，形成健康的人格。弗洛姆极为重视家庭环境对儿童人格形成的影响，他认为只有在正确的养育方式培养下，儿童才能发展健康的人格特征。因此，新精神分析的崛起，意味着精神分析已由早期的只关注病态人格的心理治疗，转移到更为关心增强自我的功能以形成健康人格的教育问题上，其人格学说为人格教育实践提供了一定的理论依据。

①健康的人格是智育的基础。在教育思想史上，精神分析学派明确、深入地研究了人格与知识的关系，认为智育只有建立在人格教育基础上，才能产生最大的效用，即知识只有获得了个人意义才能得以有效的掌握和应用。个人对知识的掌握、运用是以人格为中介而产生效应的，只有人格健全者，才能深刻领会知识的实质并将之服务于社会，而人格上的障碍与缺陷则会妨碍知识的学习，或者使知识的运用走上反社会的道路。健康人格与知识学习之间存在着密切的关系，健康人格既是进行有效学习和启发创造力的前提，又是有效学习的必然结果。

②道德教育即人格教育。精神分析学说认为人类的行为几乎决定于心理原因，主张心理决定论。从这一观点出发，他们认为，道德教育即是人格教育。弗洛姆曾断言，人格是经验产物，又成为个人伦理的基础。一个人有了健康的人格，就能清楚地判断、能负责、能爱人，也才会有真正的道德行为。而人格有缺陷和不健全的人，就不可能有真正的道德行为，如懦弱的人很难担负起社会的道义。在精神分析学者看来，由于道德教育等于人格教育，人

格发展的条件就成为道德教育的基础。爱、成功的体验、自我实现是道德教育的主要过程。自我实现基于成功的体验，成功的体验有赖于因材施教，两者均源于爱，因此爱成为道德教育的动力。

(三)健康人格的形成主要决定于儿童的早期经验

精神分析学说认为，成年人的人格异常往往在某些方面可追溯到儿童时代的事情或经历，因此，他们极其强调早期经验对健康人格形成的重要性。弗洛伊德在其《精神分析引论》中指出："我们往往由于注意祖先的经验和成人生活的经验，却完全忽视了儿童期经验的重要。其实，儿童期经验更有重视的必要。因为它们发生于尚未完全发展的时候，更容易产生重大的结果，正因为这个理由，也就更容易致病。""一切倒错的倾向都起源于儿童期。"[①]他认为一个人的人格发展在5岁左右就基本定型了，其后的人格发展都是前生殖阶段发展的持续、补充而已。因此，儿童将来的人格发展是正常或变态，5岁前的经历具有决定性的意义。阿德勒亦强调早期经验的重要性，认为儿童4~5岁时，生活风格就已经形成，这与弗洛伊德的观点是相同的。霍妮认为，人格发展主要根源于儿童与父母的相互关系。如果儿童真正地感受到了父母的爱与温暖，就会感到安全，人格从而得到正常的发展。如果从小就没有享受父母的关怀与爱护，就会产生不安全感，对父母抱有敌意，最后又将这种敌意投射到所有人或事物上面，进而转变成基本的焦虑。一个具有基本焦虑的儿童的人格是不正常的，很容易在成年时出现神经病。沙利文把自我系统的发展归结为儿童与母亲的交往中所产生的防卫作用。哈特曼强调早期经验对健康人格形成的重要性，有助于对早期教育的重视。而这种早期经验，重要的既不是知识的学习，也不是严格的道德训练，而是父母、教师和社会所给予儿童的爱，高品质的爱是个人心理健康及幸福的素材。

弗洛伊德强调的是性爱，认为教育的爱应尊重儿童的天性，表现为关心

---

① [奥]弗洛伊德:《精神分析引论》，高觉敷译，245页，北京，商务印书馆，1984。

而不是强迫屈从，应给予儿童充分的自由，让儿童自由探索，在自由中成长，从探索中发现自我，并建立起良好的生活态度和品德，教师和父母充其量只是引导者而已。弗洛姆在《爱的艺术》一书中，认为爱有四个基本要素，即关怀、负责、尊重和了解。教师和父母对儿童的爱是给予而非接受和占有，只有具有爱的能力的教师和父母才能使儿童真正享受到爱，教育的爱要能引发儿童爱人的能力。总之，精神分析学说认为唯有爱的教育才能培养儿童健全的自我，爱不仅给儿童提供了积极的正确的认同对象，也使教师能以更大的胸怀来接受儿童的移情，从而引导儿童形成强有力的自我。

二、以人格理论为基础的教学观

精神分析的人格理论对教学提出了新的要求，使教学的作用扩大至人的整个精神世界而不只是局限于意识部分。同时，还为教学提供了新的动力来源，也为教学的进行提供了新的操作依据，也可以说，引发了一种人格化的教学观。

（一）知识的教学

精神分析学说把知识的获得与人格相联系，认为健全的人格是获得真知的基础，为此，应注重两种心理对学生获得知识的作用。

1. 抗拒学习

这是学生期望学习新的知识技能，但又眷恋着旧适应方式的防卫或矛盾倾向。抗拒心理既可能是一种人格的固着，也可能是对新事物的一种退缩反应。弗洛姆认为，个人一旦发觉自己无能，便失掉肯定自己的能力，他必须放弃自由，排除新事物的威胁，并倾向于固着和退缩。这种人格障碍源于失败、挫折和打击，深藏于潜意识，阻碍了人们对客观事物认知的能力，抗拒的程度越重，越易固执己见，有时甚至无法学习新知识。为此，教师应给予学生成功的机会，注意使学生体验成功，帮助他们克服抗拒心理，以获得新的知识。而在弗洛伊德看来，认同是克服抗拒学习的有效方法，因为认同可以提高学习的主动性。

2. 焦虑

精神分析学说认为，焦虑是污染心理生活的毒素，学生要获得真正的知识就必须从焦虑中解放出来。霍妮把儿童的基本焦虑视为导致成人神经症的早期原因。沙利文认为焦虑阻碍人们对问题的有效解决，限制了人们对发生的一切的观察，不能使自己认识到自我能力和价值，不能形成好的自尊。一个具有焦虑性格的人，其思考能力和创造力都会受到焦虑的严重影响，使之无法成功地学习，因此，教学之前必先解除学生的焦虑。

(二) 发展想象力，启发创造力

精神分析学说认为人的想象力本身没有好坏之分，它是潜意识和意识互动的产物，其性质主要受潜意识的影响。想象力一经配合潜意识的内容，便决定其运作方向。趋向事实的想象力，便形成创造性解决问题的能力，如果被引向惧怕或退缩的想象，就成为扼杀正常人格的凶器，成为个人不幸的根源，其创造力必然受阻。

1. 充分利用"升华"的作用

精神分析所谓"升华"，指的是个人将被压抑的欲望或心理能量移用到对社会有益的、高尚的创造性活动上去。升华作用能使原来的动机冲突得到宣泄，消除焦虑情绪，保持心理上的安宁与平衡，使人的创造潜能得以发挥。为此，教师应给予学生充分的学习自由，鼓励学生发现自己的能力，正确地发挥自己的能力，使学生获得成功体验，消除无能感。

2. 消除恐惧

恐惧是不安全感、失败和不能自我接受的情绪反应，它使个人无法冷静思考，不敢放弃旧的适应方式以寻找新的适应方式。它不但不能引发学习兴趣，反而因害怕挫败、防卫压抑而使能量抑入潜意识。因此，恐惧只会使学生的创造力萎缩。课堂学习应避免产生由教师权威所造成的惧怕气氛。师生良好的情感沟通、对学生人格的尊重、活泼的教学，有利于开发学生的创造潜能，有利于把他们的能量引导到创造性的、有意义的活动中，使他们在活动中充分发挥自己的才能，体会到自身的价值和对集体的归属。

(三)非理性能力的陶冶和诱导

传统的教学偏重于知识传授的理智过程，学习的内容主要在启发智能，忽略了对非理性能力的培养。被弗洛姆视为被遗忘的语言的课程，如音乐、美术、诗篇、神话、舞蹈、英雄传奇等这些有利于陶冶和诱导非理性能力的课程常常被忽视。精神分析学派认为，这种情感与理智相脱节的教学，使学生缺乏相应的情感体验，难以保证学生知行统一。为此应注意以下四点。

1. 重视游戏的作用

精神分析学说认为，游戏是情感教育的基础。儿童通过游戏可以摆脱害怕、焦虑以及其他可能导致成年期精神疾病的消极情绪，使人格得以正常发展。教师通过游戏可能会把学生教得更有人性。

2. 注重良好的学习情境的建立

精神分析学说认为，呆板严格的学习情境易导致学生对学习的厌恶，而活泼、生动和自由的学习情境则有利于培养学生对生活的希望和爱等积极的情感，使学生发展高度丰富的情感世界和富有情趣的个人生活。

3. 重视内在需要

精神分析学说认为，人类行为决定于心理因素，不注重学生的内在动力，就不可能有主动的学习。学生知与行之所以脱节，就是因为教育只针对学生的理智，而不考虑学生的内心需求。这种教育的效果必然不好。例如，品德的培养，只有让学生感到遵守行为规范的需要，并在活动中获得丰富的内心体验，才能真正陶冶出良好的品行。

4. 解放自我

如果教学只是针对理智的知识的学习，易导致学生建立强大的超我，而抑制其他方面的兴趣，并阻碍自我的发展。这样，学生的思维和情感难以统一，意识与潜意识将互相对立。因此，必须给予学生支持、信任、自由，以便提高学生的自信心，发展强有力的自我，使自我成为调节学习的核心。

(四)快乐与现实原则相结合

将"快乐"与"现实"原则相结合应用于教学，就应为学生提供一种中庸、自由与活泼的教学，在这种教学中，儿童的本能受到尊重，同时，社会公认的道德规范亦能得到内化。

1. 实施正确的性教育

弗洛伊德认为，把性视为禁忌，使性欲遭到压抑是产生心理病态的根源。有鉴于此，他提倡对儿童进行性启蒙和性教育。精神分析学说认为，性教育应坚持正视而不是压制，开导而不是羞辱的原则。对儿童所提出的有关性的问题，一方面应进行科学性和知识性的回答，不能与道德混为一谈；另一方面又不能拔苗助长，不能对其解释太多或说得太严重，以免引起儿童的恐惧和心理负担。

2. 个性化与社会化的统一

教学应有助于儿童的本我、自我、超我三者协调关系的建立，教学在尊重人性需要时，还有责任培养学生的社会化，使学生形成健全的社会性格。弗洛伊德认为："教育必须在自由放任的锡拉巨岩和禁律的卡律布狄斯旋涡之间沿着正确的航道前进……目的是要求得到一种最佳的平衡，即找到使这种教育取得最大效益而又变得最无危险的方法。"[1]

(五)自我、家庭、学校和社会相统一原则

除弗洛伊德外，大多数精神分析学家都认为，人格的形成发生于遗传、

---

[1]　[摩洛哥]扎古尔·摩西主编：《世界著名教育思想家》第 2 卷，梅祖培等译，32 页，北京，中国对外翻译出版公司，1995。

环境、教育和自我等多因素相互作用的过程中。许多精神分析学家特别强调自我在人格发展中起着重要作用。阿德勒提出了创造性自我概念,认为人类不是环境或遗传影响的简单的消极的接受者,而是每个人都自由地作用于这些影响,按照个体认为合适的方式组合起来,遗传和环境只是提供了创造性自我塑造人格的原材料,人类都有决定自己生活的自由。霍妮没有像弗洛伊德那样规定人的性质,也没有为人的发展构造出一个不可更改的图景。她指出,人在后天的社会文化环境的影响下,既有可能受自己内在建设性力量的推动,实现自己的天赋潜能,也有可能把建设性力量转向于发展神经症,阻碍实现天赋潜能。很显然,霍妮强调了自我的力量。她甚至认为个体自己可以尝试进行建设性的自我分析,给个体自我实现以机会。埃里克森赋予了自我以特性和它自身的需要,强调自我对健康发育和顺应的影响。他的整个理论就是一种自我如何获得或丧失作为发展经验功能力量的描述。在其人格发展渐成说中,他更强调人在发展中自我与其社会环境的相互作用,人格的发展受生物的、心理的和社会的因素的影响。

(六)早期教育原则

精神分析学说强调童年经验的重要性,认为个人生活的不幸可以在其过去的经验尤其是童年时期的经验中寻找根源,即大多数心理疾病患者,究其病因,往往都可追溯到童年时的环境和教育因素。

弗洛伊德对早期经验重要性的论述主要集中在儿童生物需要的满足与挫折上,这些需要的适当满足会促成人格顺利发展,而过分放任和挫折都会使儿童固定在某一阶段并影响正常人格的形成。阿德勒认为,社会兴趣的培养、社会需要的满足是最重要的。霍妮认为,儿童安全需要如得不到满足,就会形成一种成人精神病患者必然具备的基本焦虑。埃里克森认为,如果儿童没有体验到生物和情感的满足,他就会形成基本不信任感,这种不信任感大大增加了今后产生顺应不良的可能性。此外,他们都断定,以上需要能否得到适当满足，主要在于能否建立良好的亲子关系，尤其是与母亲的关系。

现代发展心理学研究表明：早期教育不仅可以有力地促进儿童智力的发展，而且对人格的形成和发展会产生重大的影响。因此，我们要重视在学前时期对儿童进行人格教育，这主要通过父母来对儿童的人格发展产生潜移默化作用。这样做可以收到事半功倍的教育效果。

(七)给予成功的机会与给予高品质的爱相统一原则

精神分析人格教育目标是培养强壮健全的自我，而精神分析学家对发展自我的共同看法是，消除惧怕，给予成功的机会和爱。

1. 给予成功的机会

精神分析学家告诫人们，当一个人经常受到贬抑或否定时，便会产生消极的情绪情感，这是一切品德和精神败坏的根源。对于学生来说，过分的焦虑和惧怕，不仅会影响对知识的掌握和智力的发展，而且对人格的损害是无法估计的。这在现代成功教育观点看来就是，教育者应对每一个儿童持有热情和期望，坚信他们能够成才，同时积极地为儿童创造成功的机会和条件，禁止让他们反复体验失败，要提高儿童的自我概念，形成成功心理，使之最终形成健康的人格。

2. 给予高品质的爱

精神分析学家们都确信弗洛伊德的一个概念：一个接受充分爱的人，将来必是人格健全，能爱人，有独立感，肯负责的自我实现型人物。那么，如何正确地实施爱的教育，以使儿童形成健康人格呢？弗洛伊德和弗洛姆有精辟的论述。弗洛伊德认为，爱应尊重儿童的本性，表现为关心而不是强迫屈从，应给予儿童充分的自由，让儿童在自由中成长，教师或父母只是从旁边予以必要的指导。如果说弗洛伊德有关爱的观点只不过是给卢梭、裴斯泰洛齐、杜威等教育家所倡导的儿童中心观提供了一些心理学上的新证据的话，那么弗洛姆则真正揭示了爱的心理本质，使人们对爱的认识达到极致。弗洛姆强调，爱是一种创造性行为，只有具有关心、责任、尊重、了解四要素的爱才是高品质的爱，从而他得出爱的本质不是受纳和获取，而在于奉献和给予的结论。其爱的观点体现在教育中就是：本身具有爱的能力的教师、父母通过给予高品质的爱来培养儿童爱人的能力。

第三节　精神分析理论对 20 世纪教育发展的影响

精神分析理论给 20 世纪许多教育思想家以极大的启发，一些教育工作者也纷纷将其应用于教育实践，使精神分析的理论对 20 世纪的教育产生了广泛而深远的影响。

一、精神分析理论对 20 世纪教育思想的影响

精神分析学派以潜意识思想为基础的人格理论，为 20 世纪的教育理论提供了新的视野，使 20 世纪的教育实践更加丰富多彩。

(一)对教育思想家的影响

传统的教育注重的是人类心灵的意识部分，过度强调智力因素的作用，教学只注重训练学生的感官和理性，常常是意识单兵作战，甚至不自觉地把意识与潜意识相对立，未能使两者协调起来，这既不利于心灵中意识部分的发展，也使得全面和谐发展学生的目标难以实现。精神分析学派的以潜意识思想为基础的人格理论加深了人们对人性的认识，它有助于揭示思维对存在、理性与情感的关系，有助于全面认识人的本质，动摇了理性主义对人的片面看法，深刻地影响了许多教育家对教育本质、目的等的理解。20 世纪一些著名的教育家，如欧美的布拉梅尔德、杜威、罗素、格塞尔、皮亚杰、艾萨克斯、蒙台梭利、怀特海等，苏联的克鲁普斯卡娅、维果茨基、鲁宾斯坦、列

昂节夫等，都对精神分析理论产生过浓厚的兴趣，有的甚至以其作为自己教育理论的立论基础之一。有的学者认为："20 世纪的一条新的思想线索与曼海姆（Mannheim）和奥托·兰克（Otto Rank）等论著家称之为'自发'一词有关。要像注重智育那样去注重情感和情操教育……"①"精神分析的成果从一个新的方面促进了这种思想，这是一件新鲜事物。20 世纪的这一产物揭示了无意识心理的极其重大的意义以及它对于儿童发展的影响，并且说明教育必须考虑存在于每个儿童人格中的内在力量。现在，教学变得远不是单纯传授知识，也不仅仅是评价智力的成长。教师不仅要了解所教授的专业，而且要广泛深刻地了解他所教授的儿童。"②布拉梅尔德将"非理性"作为其学习理论的基础，宣称："如果我们要把教育的力量有效地导向民主世界文明这样伟大目的的实践，就必须认识到并利用这些强大的非理性力量。"③罗素认为，在教育中给儿童尽可能大的自由这一论断的根据是非常有力的，他指出："因任何方式受到压抑的儿童都容易用仇恨来回答，如果像通常那样，他找不到报复的自由通路，它便在内心郁积恶化，并可能在余生之中带着各种奇怪的后果陷入无意识状态之中。"④他对精神分析的性启蒙和性教育观点更是极为推崇，从 20 世纪 20 年代起相继发表了《婚姻与道德》《我们的性教育》等与弗洛伊德相似的甚至更激进的主张。他指出，迄今为止，"有关性的问题被迷信和禁忌团团包围"，指责官方教育造成儿童的性无知。他认为，人在成年期出现精神错乱是由于童年期受到错误的性教导，"至关重要的是，孩子这方面的知识来源应当首先是父母或教师，而不是那些因教育不良而变得下流的孩子"。⑤ 格塞尔根

---

①　[英]伊丽莎白·劳伦斯：《现代教育的起源和发展》，纪晓林译，序言 7 页，北京，北京语言学院出版社，1992。

②　同上。

③　T. Brameld, *Education as Power*, New York, John Wileg, 1965, p.39.

④　[英]伊丽莎白·劳伦斯：《现代教育的起源和发展》，纪晓林译，298~299 页，北京，北京语言学院出版社，1992。

⑤　转引自杨汉麟：《弗洛伊德的精神分析学说对现代教育的影响》，载《教育研究》，1998(4)。

据精神分析的本能论认为，教育必须考虑把本能作为一切学习的推动力量，"儿童及人类中的所有发展都是以本能为基础……教育不能用规定学习课程的办法强行发挥其智育功能。支配思想成长的规律在其发生作用时与支配身体成长的规律一样，都是直接和不可抵制的。如果我们强制任何一个规律，人格就会被摧毁"①。

(二)对教育流派的影响

精神分析理论对20世纪许多重要的教育流派都产生了影响，其中主要是两个方面。

1. 影响了进步主义的教育观

有的学者认为："弗洛伊德强调了人的许多动机的物质基础，成熟阶段上性欲的重要性，还强调了许多社会风俗在生物学方面的基本意义，他的这些见解都增强了自然主义的观点。热衷于儿童中心教育的人和幼儿教育的专家都深受弗洛伊德的影响。"②"与儿童中心论的进步主义者相关的，是那些受弗洛伊德的心理分析理论强烈影响的教育家。"③精神分析理论对进步主义教育的影响主要表现在：①受精神分析动力心理学观点的影响，强调在教育过程中要重视儿童的动机，并对此进行了深入分析；②受精神分析心理决定论的影响，强调情感生活在学习中的重要性；③受精神分析人格理论的影响，重视个体自由发展的问题；④受精神分析心理治疗术的影响，主张个体咨询与个性发展程序的研究方法。

2. 影响了人本主义的教育观

广义的人本主义心理学包括了具有人本主义精神的新精神分析学，如弗

① [英]伊丽莎白·劳伦斯：《现代教育的起源和发展》，纪晓林译，297页，北京，北京语言学院出版社，1992。

② [美]罗伯特·梅逊：《西方当代教育理论》，陆有铨译，69~70页，北京，文化教育出版社，1984。

③ [美]A.C.奥恩斯坦：《美国教育学基础》，刘付忱等译，109页，北京，人民教育出版社，1984。

洛姆的理论。因此，精神分析学派对人本主义教育理论的影响是明显的，"当前的咨询和指导的理论极其强调自我、自知、选择和自主……这个事业的理智工具是从'自我心理学'（Ego-psychology），在某种程度上讲，是从精神分析学那儿吸取来的"①。这主要表现在：①人本主义教育理论强调教育的目的在于个人的成长和自我实现，显然受到新精神分析自我心理学的影响，如"功能自主性"对其"自我选择"的影响；②人本主义教育理论强调为学生提供一个能使自我健康发展的学习环境，与精神分析动力心理学思想是一致的；③人本主义的心理疗法是在精神分析心理疗法基础上的发展，如罗杰斯（Carl R. Rogers，1902—1987）的患者中心疗法就来源于新精神分析的关系治疗法。

二、精神分析理论对 20 世纪教育实践的影响

精神分析学派的人格理论使人们越来越意识到，教育的宗旨应是整个人的发展，除了知识和能力外，健康人格将是人类追求幸福与成功的人生的心理基础。教育的目的不只是要发展学生的某一种机能，某一种能力，而是要造就有良好的适应能力、创造精神、身心全面发展的人，而要达到这个目的，教育必须走人格教育的取向。

弗洛伊德的人格结构理论的提出标志着西方人格心理学的开始，他不仅注意到了人格的多层次性，而且首先提出了人格中动机、欲望等非理性的潜意识因素的存在和巨大作用，深层次地发掘了人格的内在结构。他的人格理论使人格教育不停留于知识的灌输和道德说教的任何行为现象的"表面价值"，而是通过对潜意识的探讨使人格教育深化。新精神分析学者对健康人格的进一步研究，使健康人格的培养教育成了 20 世纪教育界普遍关注的重大实践课题。这种教学实践观对 20 世纪的教学内容和方法的改革所产生的影响是随处可见的，开发创造潜能、个性化与社会化的统一、内在动机、自主学习、学

①　[美]罗伯特·梅逊：《西方当代教育理论》，陆有铨译，226 页，北京，文化教育出版社，1984。

习焦虑、非智力因素、消除恐惧、给予成功的体验、性教育、心理健康教育等思想已成为教育教学理论中的基本观点。这些都是精神分析理论的人格化的教育教学思想,以其精辟的见解和特有的方式给我们启迪的结果,由此推动了20世纪教育实践的深入发展。

20世纪许多深受精神分析学派的教育观影响的教育家,纷纷将其理论运用于教育实践,进行有目的的教育实验,其中影响较大的有南姆伯格创办的"沃尔登学校"、尼尔创办的"萨默希尔学校"和艾萨克斯创建的"麦芽屋"等。

1. 极大地推动了现代儿童心理学的研究

当代著名教育史学家康内尔强调,精神分析学家的工作揭示了内心推动力量和内心斗争对人格的影响。对潜意识影响的重大意义的新理解,极大地推动了儿童心理学的发展。20世纪许多著名儿童心理学家(如格塞尔、艾萨克斯、皮亚杰等)都曾深受启发,从而导致"对童年的研究迅速地成为一种公认的科学"①。

2. 为早期教育实践奠定了坚实的基础

精神分析理论阐述的幼年生活经验和教育对于儿童心理发展和人格健康发展的重大意义,"帮助了众多从事幼儿教育工作的进步主义者加深对其承担任务的理解,或者说对这一任务的重要性有了更为透彻的认识"②,使早期教育、亲子关系的重要性深入人心。

3. 使对学生的性教育得到重视和正视

20世纪世界各国对学生性教育的重视和正视,是与精神分析的贡献密不可分的。精神分析学者强调,错误的性观念会产生压抑和焦虑,从而成为精神病的原因之一,因此,教给儿童正确的性知识是很重要的,它关系到儿童

---

① [英]伊丽莎白·劳伦斯:《现代教育的起源和发展》,纪晓林译,296页,北京,北京语言学院出版社,1992。

② W.F.Connel, *A History of Education in the 20th Century World*, Canberra, Curriculum Development Center Canberra, 1980, pp.276-277.

的未来幸福。教师应正确地看待、解释和开导儿童对性的好奇，切忌羞辱。这些观点加深了人们对性的认识，加强了人们对青少年性教育的重视。

4. 使心理健康教育成为现代教育的有机组成部分

20 世纪以来，尤其是第二次世界大战后，在精神分析理论的影响下，欧美各国的各级教育机构纷纷关注儿童的心理卫生。心理卫生课的开设，心理健康的咨询、诊断以及不正常儿童的心理治疗遂成为现代学校的职能。许多精神医学界人士高声疾呼，对现代生活中严重的社会问题提出警告，强调幼儿期母爱的照顾与心理健康的关联性，促使保育事业的改进与振兴成为各国儿童福利政策的重点。

5. 影响了新的教学模式的产生和发展

精神分析理论向教学提出了新的任务，也为教学模式的发展提供了新的理论根据。20 世纪一些新的教学模式都深受其影响。例如，洛扎诺夫（Georgi Lozanov，1926—2012）创立的暗示教学法，主要通过暗示、联想、练习和音乐等综合方式，充分地利用了潜意识心理活动，诱发了学生的学习需要和兴趣，并与有意识的心理活动相配合，从而增进了学生学习外语的兴趣和信心，获得了惊人的效果。

三、精神分析学派教育观的缺陷

首先，片面扩大了潜意识作用，否定了意识在人的教育中的重要作用。精神分析学派认为潜意识支配了人的全部活动，把教育只看成是对这种非理性的心理能量的开发，这样就否定了人的理性和意志在学习中的作用，使教育行为成为一种非理性的活动，表现出了生物学化的倾向。

其次，过分强调人格教育中本能的动力作用。弗洛伊德的人格理论，把本能当作人格中至高无上的天然作用力量的观点，是反社会、反科学的。虽然新精神分析学者强调了文化、社会因素的重要作用，但其心理决定论的观点与弗洛伊德是一致的，因而实质上仍未能深入说明人格教育的社会性。

最后，其理论缺乏实证，对教育实践的影响难以进一步深入。精神分析理论缺乏严格的科学实证，许多观点总脱不尽思辨和猜测的味道，带有浓厚的神秘主义色彩。其理论虽然蕴含着丰富的教育思想或对教育实践有重要启迪的思想，但由于猜测多于实证，不能被人们所普遍接受，以致无法对20世纪教育实践产生更为深入的影响。

人类已经进入21世纪，在新的世纪里，精神分析理论将以其新的研究对教育的发展产生新的动力。只注重技术、知识传授的教育已远远不能满足新的世纪对人的素质要求。20世纪末人文精神在教育领域的重新崛起，引起了人们对精神素质价值的严肃思考，人们将更为广泛地承认儿童身上创造潜力的重要性及其在教育中的意义，这种对教育宗旨的新的理解，必将对21世纪人的全面发展的教育产生深刻的影响。而教育观念上的这种变化与心理学的发展同节拍的、越来越多的心理学家已认识到科学主义的心理学观的弊端而转向倡导社会文化的心理学观，使当代西方心理学中的科学主义文化和人文主义文化，在20世纪末由对峙逐渐走向整合。人文主义传统的精神分析理论将在这种整合趋势中焕发出新的生机。这些年来，人们已真正开始用实验手段验证潜意识的存在，如内隐记忆的研究，这预示着对人性的理解将成为科学精神和人文精神统一的研究。精神分析理论对意识特别是潜意识活动规律的进一步揭示，将有助于为符合人性的教育奠定坚实的心理学基础。开发人的心理潜能，倡导创造性学习，提高人的精神生活的质量，把人培养得更有人性，将是未来教育的重要特征。随着精神分析理论对意识与潜意识、理性与本能的联系，对人格结构的更为深入的实证研究，并注意纠正和克服其理论中的根本缺陷，将为教育如何培养创造性人才开辟一个全新的视野，使学校教育更有效地促进个人的成长和自我实现。总之，精神分析学派是一个远未完成的、有待深入发展的心理学体系，或许它对20世纪教育的影响仅仅是开始，21世纪才是它发出更绚丽的光彩的理想舞台。

第五章

人本主义教育思想

    大约从 20 世纪 50 年代开始，西方心理学界崛起了一股新的被称为"第三思潮"的流派——人本主义心理学①。这一流派强调以人的价值及人性之研究为使命，在教育上宣称要彻底地推进实施人性的充分发展，彰显培养"完整的人（Whole Man）"的价值取向，反对任何形式的灌输传授或人为训练，并形成一种人文主义教育思潮。这对当代世界教育理论与实践产生了广泛而深刻的影响。

    人本主义教育思潮的主要代表人物，绝大多数同时也活跃在人本主义心理学领域，是这一学派的领军人物。1961 年《人本主义心理学杂志》的创刊以及 1962 年美国心理学会人本主义心理学分会（AAHP）的成立，标志着人本主义心理学的正式确立。1964 年，在美国加利福尼亚州老塞布鲁克（Old Saybrook）召开了一次人本主义心理学盛会，参与者多半是心理学、教育学、哲学、文学等领域的知名学者。此次大会，宣告了这一思潮正式崛起并备受全球关注。进入 20 世纪 80 年代后，人本主义心理学越来越多地受到来自各个方面的批评，影响力开始减弱，进入了"低迷期"。2000 年，美国西佐治亚州立大学召开了第二届"老塞布鲁克大会"，意味深长地提出一个副标题"新千年

---

    ① 有些论著使用"人文主义心理学"这一译法。

回家",意指人本主义将在新的世纪重整旗鼓,同时也对19世纪中叶以来人本主义心理学进行全面的反思。与会专家包含了人本主义、存在主义、现象学、超个人心理学等领域的知名学者,会议提交的论文于次年结集成《人本主义心理学手册》出版。①

第一节 当代人本主义教育思想兴起的时代背景

就历史渊源而言,人本主义教育思想在西方文艺复兴运动中第一次得到了集中的体现,并形成了最初的思想体系。这一体系具有以下三个方面的特点。

在观念上,更加重视教育对人的发展的巨大作用,尤其是强调尊重学生、热爱学生,强调使学生能够充分地享受现世的幸福。

在内容上,把古典作品作为教育的主要内容,打破经院哲学对教育的垄断,树立起尊重知识、弘扬理性的新原则,在不同程度上恢复了教育的世俗性,拓宽了学生的知识面。

在方法上,较为关注教育在发展人的情感、兴趣、个性、创造性等方面的作用,提倡采用灵活多样的教学形式与方法使学生自由地发展,反对当时习以为常的对学生的体罚。

文艺复兴时期形成的人文主义教育思想,历经演变,到了卢梭那里则几近登峰造极。卢梭以"归于自然""顺应自然"为基本出发点,第一次明确地提出教育要"以天性为师,而不以人为师"。他认为:"我们要真正研究的是人的地位。在我们中间,谁最能容忍生活中的幸福和忧患,我认为就是受了最好

---

① K. J. Schneider et al., *The Handbook of Humanistic Psychology*, Thousand Oaks, Sage Publications, 2001.

教育的人。由此可以得出结论：真正的教育不在于口训而在于实行。"①在卢梭看来，学生的学习过程，是其本人通过自己在活动中形成经验的过程，是在形成经验的同时"发现"知识的过程，因此，是学生自主的活动过程。教学方法必须根据学习方法来确定，必须以学生的需求、兴趣为中心，并且要给予学生充分的自由。到了19世纪末，美国教育家杜威进一步将卢梭的教育理念付诸教育实践。杜威举起了他的"实用主义教育"旗帜，提出教育要实现哥白尼式的革命，即改原先的"教师为中心"为"学生为中心"，格外强调学生在学习过程中的主动性、能动性，格外强调学生的学习兴趣在整个教学活动中的绝对作用。这一新的认识取向对美国乃至全世界的教育观念、理论以及实践产生了深远的影响。此后的"进步主义教育"又进一步在美国的学校教育中强化了类似的主张。

然而，20世纪二三十年代后，实用主义教育和进步主义教育受到许多美国人的抨击和抛弃，代之而起的是复归于"教师为中心"的"要素主义教育"等新传统教育。要素主义教育反其道而行之，把社会的需要作为教育目的的基本内涵，要求教育必须首先满足社会对人才的要求，必须首先服从捍卫国家利益的需要。因此，要素主义教育的倡导者们在学校教育中反对"学生为中心"，主张在教学计划制订和课程设置时必须体现学术性、逻辑性、系统性，主张在教学过程中突出严格的认知能力的训练。于是，学生的发展，学生个性的多样化发展，学生极为丰富的情感世界的发展，诸如此类的问题，在要素主义教育中却得不到应有的重视，甚至被忽视了。这种教育价值取向，到了20世纪50年代后半叶又因为"结构主义教育"的勃兴而从另外一个方面得到了发展与弘扬。

但是，美国这种"钟摆式"的教育改革模式并没有使美国的教育摆脱困境。结构主义教育运动经历了轰轰烈烈的将近10年的课程改革之后，终于偃旗息

---

① ［法］卢梭：《爱弥儿：论教育》上卷，李平沤译，13页，北京，商务印书馆，1978。

鼓。面对新的幻灭，美国许多人在万般无奈之中产生了深深的怀旧情愫。早在 1962 年，印第安纳大学的万·梯尔(W. Van Til)在《进步教育果真过时了吗?》一书中预言：教育技术学和结构心理学的大师，谁也逃避不掉进步教育论者的课题，都必须借助于如杜威、波特、康茨和克伯屈等人的远见卓识来解决教育中的问题。他最后嘲讽道："过于性急的掘墓人，随着二十世纪的前进，必将发现他们误认的死尸恰恰是有极为强大的生命力的。"其后，在 1970 年，美国卡内基教育基金会也委托社会学家西尔伯曼进行一项调查研究工作，这项工作最后形成《教室里的危机》一书，在美国社会引起强烈反响。西尔伯曼认为，结构主义课程改革运动的改革派忽视了以往的经验，特别是 20 世纪 20 年代和 30 年代的教育改革运动的经验。他们不理解他们所阐述的问题，几乎都曾被杜威、怀特海、波特、拉格等人早已阐述过；也不知道他们所想搞的工作，几乎都曾被贝克、沃什巴恩、帕克赫斯特等人早已搞过，更不消说这些都被杜威本人和富来兹纳等早就阐述和搞过了。① 即使是美国结构主义教育运动的重要领导人布鲁纳最后也感到改革实际上已走进了一种误区，难以为继。他在 1971 年出版的《教育的适当性》一书中开始考虑改弦易辙，主张教学内容应从"科学立场"转向"人的立场"，学校开设的课程不仅要考虑到科学认识问题，而且要考虑到如何有助于解决学生自己的一些实际问题，如人际交往、感情、关心社会等。正是在这种日趋浓重的困惑和无奈中，并且在人们的怀旧情结的驱动下，一度被人们所不齿的人本主义教育思想旋即得到广泛的青睐，并引导着新一轮教育改革的思路。

诚然，20 世纪 60 年代以来兴起的人本主义教育思潮与文艺复兴时期的人文主义教育相比，有许多不同的特点，其中一个重要之处是这一思潮几乎从一开始就与风靡西方的人本主义心理学有着唇齿相依的联系，不仅当代人本主义教育理论家中有许多人本身就是著名的人本主义心理学者，而且人本主

① 滕大春：《今日美国教育》，61~62 页，北京，人民教育出版社，1980。

义教育理论在很大程度上也是人本主义心理学理论在教育活动中的实际应用。因此，当我们审视当代人本主义教育理论时，首先应该注意人本主义心理学。

人本主义心理学是一个自我标榜以人的价值及人性之探索为使命的重要心理学流派，它与行为主义学派和精神分析学派一起共同构成了当代西方心理学的"三足鼎立"之势，因此又被称为"第三股力量"。人本主义心理学在 20 世纪六七十年代于美国形成发展后，不仅意味着人本主义心理学进入美国心理学界的主流，而且，其影响迅速扩展到欧洲、亚洲等地区。

人本主义心理学的主要观点为：

①心理学的主要研究对象是人，是"健康人"，是具有个人丰富体验的人，研究的使命在于揭示人类的真正本性。

②人本主义心理学者主要研究人的创造性、主动性以及人的自我实现，并将个体之自我的充分发展和实现看成是人最基本的需求。

③人的尊严和价值的提高，应成为心理学主要的研究内容，应格外重视人类潜在能力的挖掘和培养，应强调个体的意愿、情感和价值观。

人本主义心理学最明显的价值取向是要努力建立一门真正的"人的科学"，其中一个重要观点是重新提出研究对象问题。"从研究对象来看，人本主义更关注人性中的建设性，这种建设性存在于任何一个人心灵中。潜能、尊严、价值等特质成为人本主义心理学研究中的关键词，不仅扩大了心理学的研究领域，而且把心理学研究与社会实际问题结合起来，尝试去解决现代社会人类价值丧失而引发的社会和心理问题。"①

在此背景下，人本主义心理学形成了自己的主要理论体系，如动机机能自主论、需求层次论、自我实现论等。这些理论在很大程度上满足了当时美国社会对教育变革的理论需要。美国学者索里和特尔福德在《教育心理学》中指出："人们期望教育尽可能既有助于自我实现和个人安宁、和谐和精神健

---

① 张福全主编：《简明西方心理学史》，296 页，北京，北京师范大学出版社，2012。

康，也有助于社会化。重点在于更多地帮助人们有目的地、热情地生活，自我满意和愉快，自我实现和内心和谐，而不是只强调灌输一种欲望，使得人愿意接受作为最高价值的某种文化的社会要求。过去几代中很少有人曾要求这种经验上难得的东西，几乎没有哪种文化曾期望教育制度对此目标作出重要贡献。"①这样一来，就意味着学校教育在模式上发生重大变化，也即从传统的强调教师作用和外部灌输转向强调学生的自主探索和自主发展。"在实践上，人本主义的教育方式是强调发现学习和学习者的自主权(Right to Self-determination)。它不太强调甚或根本就不强调外部强加的一些标准、目标和测试，可以真真切切地被视为与僵硬的、强制的标准化的课程反其道而行之。"②

人本主义心理学的一些最基本的主张，很快便在教育界得到广泛的共鸣与响应，与此同时，一些对教育怀着浓重忧患意识的人本主义心理学者也积极涉足教育问题，从人本主义心理学的角度抨击传统教育，提出学校教育一些新的准则，呼吁进行大刀阔斧的教育改革，从而形成了一股新的以人本主义为核心的教育思潮。如同美国心理学家 A.R. 吉尔根在《当代美国心理学》一书中所描述的那样："在五六十年代由罗杰斯等少数人倡导的人本主义、存在主义和现象学倾向到 70 年代初期已发展成为一场声势浩大的运动，这场运动的领袖是那些以人为中心的哲学领袖。"③

---

① [美]J.M. 索里、C.W. 特尔福德:《教育心理学》，高觉敷等译，19~20 页，北京，人民教育出版社，1982。

② Susan Wallace , *A Dictionary of Education* (second ed.), Oxford , Oxford University Press , 2015 , p.139.

③ [美] A.R. 吉尔根:《当代美国心理学》，刘力等译，260 页，北京，社会科学文献出版社，1992。

第二节 马斯洛的"自我实现"教育思想

马斯洛(Abraham Harald Maslow，1908—1970)1908 年 4 月 1 日出生于美国纽约一个从俄国移居而来的犹太人家庭。幼时，马斯洛孤独自闭，埋头读书。他的大学生涯是遵从父命从学法律开始的，但只学了两个星期就因索然无趣而中断了学业。后来，他根据自己的爱好在威斯康星大学攻读心理学专业，师从著名心理学家哈罗(Harry Harlow)，并于 1934 年获得了哲学博士学位。此后，他先后在哥伦比亚大学和布鲁克林学院执教，其中有两年时间在一家制桶厂担任管理人员。从 1951 年至 1969 年，马斯洛转到布兰迪斯大学工作，在那里潜心研究心理健康问题，同时开始致力于阐述人本主义心理学对政治学、经济学、伦理学等的价值和意义。正是在布兰迪斯大学工作期间，马斯洛成为美国人本主义心理学的领导人和代言人。1970 年 7 月 8 日，马斯洛溘然去世。其主要代表作有：《动机与人格》(1943 年)、《宗教、价值观和高峰体验》(1964 年)、《存在心理学探索》(1962 年)、《人性能达到的境界》(1970 年)等。

马斯洛对心理学做出的主要贡献，体现在他领导并创立了人本主义心理学这一被世人称为心理学"第三思潮"的重要流派。众所周知，行为主义心理学是 20 世纪初兴起的一个心理学派别，它寻求一种完全客观的以自然科学为样板的心理学，主张只研究如人类外显的、可观察的行为，用如刺激与反应这样的逻辑来描述人的行为，并对人的行为进行预测和控制。而精神分析理论是在治疗心理疾病的临床实践中形成的一个在心理学发展史上同样具有重要影响的学术派别。它认为，人的心理不仅是一种意识现象，也是一种无意识现象，所谓意识只是人的心理生活中的一小部分。精神分析学派的创始人弗洛伊德把人的心理分成三个部分：本我、自我、超我。这一学派的两个主要观点是无意识冲突理论和泛性论。从上述两个学派的基本主张来看，行为主义完全否认人的本能的存在，一味强调环境对人的塑造作用；而精神分析则把健康心理绝对地归因于本能的满足，把人的本能看成是个体释放心理能量的原动力。因此，在西方，有分析家认为："马斯洛的目的是通过注重对长期来一直被忽视的主体的研究从而使心理学完善化，更确切地说，是注重对健康的、完善功能的人的研究。正是这种努力才从而形成了人本主义这一心理学的第三势力，而精神分析和行为科学构成了另外的两股势力。"①马斯洛是作为一名精神分析家在弗洛伊德传统中开始他的生涯的。但他很快就不满意弗洛伊德对人的行为的解释，因为这种解释的依据是对精神病人而不是对正常人的观察。他研究健康的、成长中的儿童的行为，并把注意力集中于儿童的动机作用。他认为正常儿童幸福地成长，具有获得新技能、新概念和一般能量的自然倾向。马斯洛否认行为主义理论家关于环境决定行为的信念，他坚持人要做出选择，而选择的主要决定因素是人：他现在是怎样的人，他希望成为怎样的人。不同的人及其不同的诉求，决定着不同的选择。

人本主义心理学的基本特点是强调学习过程中人的因素，因此，对情感、志向、态度、价值观、创造力、人际关系等特别感兴趣。1962年，在马斯洛等人的努力之下，美国人本主义心理学会宣告成立，同时发表了一篇包括四个部分的主题声明：①心理学的主要研究对象是经验着的个体；②心理学家的研究重点是选择性、创造性和自我实现；③人本主义心理学者的格言是只研究对个体和社会具有意义的问题，即根据意义来选择研究的问题和研究的步骤；④心理学要关心和重视人的价值与尊严，开发人的潜能。这个主题声明，可以看成是人本主义心理学的一份宣言，是人本主义心理学的研究纲领。

马斯洛对人本主义心理学的最大贡献，在于他在通过对"健康人"进行系

---

① ［美］赫根汉：《人格心理学导论》，何瑾、冯增俊译，443~444页，海口，海南人民出版社，1986。

统研究的基础上提出了著名的需要层次理论。在《动机与人格》一书中，他对人类"需要"的一些本质特点进行了概括。他认为，人类的需要有高级需要和低级需要之分，同时具有一些比较明确的规律，主要体现在下述五个方面。

①在人类的进化过程中，层次越高的需要，出现得越晚。

②在个体的发展过程中，层次越高的需要，出现得越晚。

③需要越是高级，同人的本能的联系就越少。

④高级需要虽然与人的本能联系较少，但其满足的愿望比低级需要更为强烈。

⑤高级需要的形成与满足的条件，要比低级需要更多、更高。

根据这一基本认识，马斯洛进一步提出了需要的五个层次，它们依次由低级到高级组成一个相互联系、依次递进的完整系列：生理需要、安全需要、归属与爱的需要、尊重需要、自我实现的需要。根据马斯洛的意见，理解这五个层次有两项原则："（1）愈基层的需要愈接近一般动物的普遍性质，愈高层的愈为人类所特有。（2）各层需要有其秩序及因果关系。高层需要的产生，以低层需要的满足为基础；而低层需要的满足，亦就带来高层需要的出现。"①关键在于，只有前一个需要被满足之后，才有可能形成后一个更高级的需要。

马斯洛需要层次理论的贡献在于首次提出了人类存在"自我实现的需要"，并加以系统的阐述。马斯洛认为，人类有机体是自我导向的（Self-directing），不仅具有健康成长和自我实现的潜能，而且具有相应的内驱力（Drive）。他曾系统地研究过他认为是"自我实现者（Self-actualizer）"典范的一些著名历史人物，如林肯、爱因斯坦、亚当·斯密（A. Smith）、罗斯福、弗洛伊德等，通过对这些人生平的研究，他最后归纳出"自我实现者"的下述特征：对信仰坚定，能坦诚地承认自己和接受他人，思想行动毫不做作，以问题为中心而不是以

---

① 张凯元：《人本主义的教育理念与实践》，56页，台北，心理出版社，2003。

自我为中心，喜欢独处和安静，能独立自主，既不追求时尚也不墨守成规，对人类的生存条件表示同情并致力于人类的繁荣，仅与少数人形成了深厚的友情，具有民主的价值观，创造性强，超越环境而不是与环境对抗，常有表现为强烈兴奋感、洞察力和幸福感的"高峰体验(Peak Experiences)"，等等。他进而将上述这些特征应用到学校教育的人才培养目标上，要求学校教育根据这些"自我实现者"的特征重新研究教学过程，设计教学方法，改革教学内容。

马斯洛对美国当时的教育状况极为不满，指责"我们的传统教育似乎已病入膏肓"，指责作为传统教育之重要理论基础的教育心理学只关注年级、学历、成绩和文凭等这样一些手段，而对智慧、理解力和判断力这样一些涉及教育目的的重大课题却漠不关心。他认为，教育必须进行彻底的变革。在《存在心理学探索》一书中，马斯洛罗列了林林总总达 43 个之多的"基本观点"，其中有许多就是直接针对传统学校教育的弊端而提出的。例如，每个人具有先天的内在潜能；个体具有主观能动性，因此，应允许儿童对自己的发展进行选择；家长和教师要满足儿童生理、安全、归属与爱、尊重、自我实现等需要，并帮助他们做出明智的选择；等等。这些观点对美国学校教育的变革产生了各种各样或直接或间接的影响。

马斯洛生前写的最后一篇论文也是关于教育的，题目是《人本主义教育》，发表在《人本主义心理学杂志》1970 年夏季号上。在这篇文章中，马斯洛也开始对人本主义的一些基本教育主张进行反省，对人本主义者中认为能力与训练无关的这种流行观点表示担忧，并探讨这样一个问题：是否可以既能传授一些知识，又能有效地促进一个人的成长？他总的看法是这两者要完全结合起来是很困难的，但并不是绝对不可能的。这时，他已经意识到学科知识对个体成长的重要性，认识到学科知识可以使人了解世界，可以启迪人，因而有助于成长。只是这篇论文写完后不久，马斯洛就去世了，所以这个观点没有得到进一步的阐发，也没有引起其他人本主义教育家应有的重视。

第三节 罗杰斯的"非指导教学"思想

罗杰斯 1902 年 1 月 8 日出生于美国一个基督教原教旨主义家庭。少时因家庭管束极严及频繁转学等，性格内向。中学毕业后，最初选择的专业是农学，后转到文理学院改学历史，研究生阶段则专攻治疗心理学，并于 1928 年获得了哥伦比亚大学硕士学位，1931 年获得该校博士学位。1940 年受聘为俄亥俄大学心理学教授，后又在芝加哥大学、威斯康星大学等著名高等学府任教授。1955 年被选为美国心理学会主席，1956 年被选为美国应用心理学会主席。其主要代表作有：《咨询和心理治疗》(1942 年)、《当事人中心治疗：实践、运用和理论》(1957 年)、《论人的成长》(1980 年)等。这些著作都不同程度地涉及了教育问题，尤其是《论人的成长》一书，是人本主义教育学的一本具有代表性的著作。

罗杰斯是美国人本主义心理学者中对教育发表意见较多的一位，也是对美国乃至西方国家的教育理论与实践产生影响最大的一位人本主义心理学者。他的理论萌始于 20 世纪 40 年代，完善于 50 年代，60 年代开始产生广泛的影响。在教育理论方面，他的主要贡献在于他提出了"非指导性教学"这一新的教学观念、理论与方法。

罗杰斯对传统教育进行了激烈的抨击。他认为，传统教学最大的问题是导致学生认识与情感世界的分离。美国的学校全力进行的是"脖子上的教育"，学生所接受的知识是"没有感情的知识"，这种知识使美国年青一代变得麻木不仁，所以会毫无愧疚地犯下令人难以置信的暴虐，如越南战争中的狂轰滥炸、杀戮无辜，显得极为残忍。这是因为美国的军人头脑简单，只知道"理智事实"，不会用情感去体验。这种只强调认识、忽视感情的教学，实际上否定了我们自身最重要的部分。在这种教学训练之下，人被可怜地分成两个部分：

假如你集中在某个理智工作上，情感就被漠视；假如你集中在情感交往上，就不得不放弃理智活动。非此即彼的无奈选择，将原来是整体的人性分离瓦解了。

基于此，罗杰斯力主教育要培养"完整的人"，这也是人本主义教育学者的最基本主张。依据罗杰斯的说法，所谓"完整的人"，是指"躯体、心智、情感、精神、心灵力量融会一体"的人，"他们既用情感的方式也用认知的方式行事"。在此基础上，他提出了学校教育的培养目标，即要培养"能从事自发的活动，并对这些活动负责的人；能理智地选择和自定方向的人；是批判性的学习者，能评价他人所作贡献的人；获得有关解决问题知识的人；更重要地，能灵活地和理智地适应新的问题情景的人；在自由地和创造性地运用所有有关经验时，融会贯通某种灵活处理问题的方式的人；能在各种活动中有效地与他人合作的人；不是为他人的赞许，而是按照他们自己的社会化目标工作的人"①。罗杰斯认为，教学理论必须着眼于未来，要立足于社会变化的趋势来理解现时的教学。这是因为，现在所教的科学文化知识，过了几十年甚至只需要几年时间就会过时，各门学科知识无时不在变化之中，而现时学校教学所起的作用，无非"复制某些知识材料""复制教师的思想"而已。这种教学培养的学生，不能适应不断变化之社会对人才的需要，所以这种学校教育不能满足社会的要求，必须进行变革。变革的核心是：学校必须能真正按照人本主义的精神，为社会培养真正能适应变化需要的有用人才，从而"在现时所学到的东西和将来动态的、变化的、变幻莫测的问题及事实之间，他们能生存于一种美妙的但又是不断变化的平衡之中"。他强调："在我看来，我们已面临一种全新的教育情境，如若我们要生存，这种教育的目的是：促进变化和学习。唯一受过教育的人是已学会怎样学习的人，已学会怎样适应和变化的人，已认识到任何知识都不是完全可靠，唯有探索知识的过程才是安

---

① 方展画：《罗杰斯"学生为中心"教学理论述评》，79~80页，北京，教育科学出版社，1990。

全的基础的人。"①

罗杰斯认为传统教学最主要的问题是，教师总是居高临下，告予学生如何如何去做，指导学生如何如何去学，学生全然没有任何主动性，没有任何安全感，因此，学生那些与生俱来的非常优异的潜能也就不可能得到充分的释放或实现。为此，他大声疾呼要取消教师在教学过程中的任何"指导（Direction）"，借助于"非指导（Non-direction）"的原则，还学生一个能充分实现潜能的安全、和谐、自由的学习环境。罗杰斯的"非指导教学（Non-directive teaching）"，直接来自他本人在心理治疗实践中创造的"非指导性疗法"或"病人为中心的治疗"。1982 年出版的《美国教师百科全书》对"非指导性技术"进行了这样的界定："时常用于咨询、小组治疗（Group Therapy）和心理治疗的一种方法，它借助于他或她的自我反省活动以及（或者）反应，使个体重组、改组或者改变态度和行为。非指导性技术在性质上是情感的：以个体受他或她的情感约束这个假设为基础的；此外，它建立在这样一个假设上：形成自由表达情绪和情感所凭借的表现手段和替代物，发展接受的行为，以减少内心冲突，通过这种活动，个体会更好地理解他或她自己。他或她也将会理解什么东西会导致问题的发生。最终，他或她将在情感适应上有所裨益。"②

根据罗杰斯自己的解释，"非指导教学"不仅仅是一种方法的选择，更重要的是，它是一种哲学信仰和价值观的选择，即学生有权利选择他们自己的生活和学习目标，即使是在与教师的看法相左的情况下也是如此。在这种认识前提下，非指导教学的方法具有四个方面的特征。

①极大地有赖于个体成长、健康和适应的内驱力，所以它要帮助学生正常地成长与发展，帮助学生扫除有碍于成长与发展的各种障碍。

②更多地强调情感因素的作用，而不是强调理智方面的作用，它要创造

---

① 方展画：《罗杰斯"学生为中心"教学理论述评》，80 页，北京，教育科学出版社，1990。

② 同上书，103~104 页。

种种条件尽可能直接地进入情感世界，并且要避免利用理性的方法有目的地去重新组织情感。

③更多地强调此时此刻的情境或体验，而不是个体过去的经验。

④更加强调学习过程本身是一种促进生长的"治疗关系"，即学习过程就是一种生长过程，是不断地扫除心理困惑或心理障碍的过程。

在这种哲学信念和价值观的指引下，结合教学的实际，罗杰斯提出了"非指导教学"的9条教学原则。

①第一条原则也是"非指导教学"的基本原则，要求教师或其他被认为是"权威人物"的人自己首先要充满安全感，具有良好的处理人际关系的能力，使学生在独立思考或独自学习的时候能体验到一种真正相互信赖的关系。

②由教师、学生(有可能的话还可包括家长、社会人士等)共同承担起对学习过程的责任。这意味着是由他们共同来确定上课内容、课程计划、教学方式(以及管理方式)以及其他策略。

③教师提供学习资源，包括来自教师自身经验的资源、来自书本或其他材料的资源或来自社会活动的资源等。在教学中鼓励学生补充他们自己已掌握的知识资源或他们曾接触过的知识资源。

④由学生(或者单独或者与其他人共同商讨)制订自己的学习计划，选择自己的学习方向，并对此种选择的后果承担责任。

⑤在教学中创造一种"促进的"学习气氛，即真实的、关心的和理解性倾听的学习氛围。这种学习气氛的形成，最初需要教师进行一定的诱导或安排，但应尽快让学生彼此共同去努力酝酿，包括学生之间的相互学习。

⑥"非指导教学"的重点是形成不断持续的学习过程，学习的内容虽然也重要，但只是第二位的东西。衡量一个学习阶段是否结束的标志，不是学生学会了他们需要知道的东西，而是他们在学会怎样学到他们想要知道的东西方面取得显著的进步。

⑦实现学生自己制定的学习目标，所必需的训练是一种自我训练，它应该作为学生自己的责任而被认识与接受。

⑧由学生自己来评价他们学习所达到的水平、程度、意义等。当然，同学和教师充满关爱的意见会对学生的自我评价产生影响。

⑨形成一种促进成长的教学氛围，这不仅使学生更有效率地学习，而且也对学生的生活习惯和行为习惯产生积极的影响，使学生能作为一个"完整的人"而得到发展。

在教学实际中，罗杰斯十分重视健康的心理氛围对学生的影响与作用，强调积极的情感体验对学生学习的价值与意义。为此，罗杰斯提出了三个最为基本的课堂教学要素。

①真诚，即教师对学生坦诚相待，如实地表达自己的观点、想法、感情等，并做到不将自己的意志强加给学生。

②无条件接受学生，即要充分相信学生，充分认识到学生所具有的十分优良的发展潜能，以便促成学生开展有效的自我学习。

③对学生进行移情性理解，即要求教师能从学生的角度看待教学中的各种现象与问题，设身处地地为学生着想，敏于理解学生的心灵世界。

第四节 西方其他人本主义教育家的思想

当代西方人本主义心理学或教育学，本身就是一个非常松散的、缺乏明确和统一纲领的学术派别，尤其是到了 20 世纪 80 年代，该派别内部又形成了各种不同观点，并进一步发展成不同的学术阵营。限于篇幅，这里择要介绍三位主要的人本主义教育家的思想。

一、奥尔波特

奥尔波特(Gordon W. Allport, 1897—1967), 1897 年 11 月出生于美国印第安纳州, 1915 年考入哈佛大学, 1922 年毕业于哈佛大学并获哲学博士学位。此后他获得一笔出国奖学金, 先后在德国的柏林大学、汉堡大学以及英国的剑桥大学进修。两年之后重返哈佛大学, 并开设了美国最早以"人格"命名的课程(课程名称是"人格: 它的心理和社会的领域")。奥尔波特 1939 年任美国心理学会主席, 1963 年获得美国心理学会基金会授予的金质奖章。他主要以研究健康人的人格而著称。其主要著作有:《人格: 心理学的解释》(1937年)、《形成: 人格心理学的基本点》(1955 年)、《人格的模式和成长》(1961 年)等。

奥尔波特是第一代人本主义心理学者, 也是最早对人格的特质进行科学研究的心理学家。早在 1936 年, 他和另外一位心理学家翻遍了《韦氏新国际词典》, 把所看到的有关特质的名称列成表, 共有 17953 项。在此基础上, 他又将各种特质进行了实用的区分, 得出大多数人有 5~10 种"中心特质"这个基本结论。这些中心特质便可为某个人真正喜欢什么提供一种综合性的解释。他认为, 人格是心理学的本质论题, 因为人格是决定个体特有的行为与思想的动态结构, 即一种不断发展、不断变化的结构。在他看来, 人格结构的核心是"自我统一体(Proprium)"。"Proprium"是奥尔波特自己创造的一个术语, 系指有助于个体特有的统一性和独特性的机能的总称, 包括自我、兴趣、态度、生活方式等高级心理机能。他曾经对"自我统一体"这个词进行了说明: "自我统一体追求赋予人格以统一性, 但它绝对不是已实现的统一性, 静态的统一性, 或者是紧张缓和的统一性……实际上, 如同一位哲学家所说的那样, 我们智力成熟的标志, 就是我们对于解决越来越难解的问题的答案感到越来越不满意的能力。"[1]

---

[1] Gordon W. Allport, *Becoming*, *Basic Consideration for a Psychology of Personality*, New Haven, Yale University Press, 1955, p.67.

奥尔波特还认为，人格的本质可以体现为一个人的"生活方式"，健康人"生活方式"的基本特点就是不断地"形成"。在这里，"自我"又是一个核心概念。根据他的观点，人格发展的基础部分是由动机的功能自主来决定的，功能自主是新的动机系统，是后天形成的。因此，自我能够做出选择，并在不同程度上影响着人的发展。因此，研究人类的学习活动或规律，如果不考虑学生这个最关键的因素，是无法进行科学的研究的。他本人也设计过一些测量人格特质、态度和价值的量表，不过后来他又认为对人格进行因素研究意义不是太大。

奥尔波特提出了健康人格的六个特点，这些特点与其他人本主义者（如马斯洛）关于自我实现者的描述相互映照。这六个特点是：①具有自我扩展的能力；②具有社交能力；③情绪稳定、自信、自我肯定；④能客观地分析与认识事物；⑤对自己有一个非常正确的客观认识；⑥生活目标明确并能持之以恒。

二、弗洛姆

弗洛姆 1900 年 3 月 23 日出生于德国法兰克福的一个犹太人家庭。1922年毕业于海德堡大学，获哲学博士学位。1923 年受聘于慕尼黑大学从事精神分析研究。1933 年应芝加哥精神分析学院的邀请赴美讲学，次年正式移居美国并在纽约开办私人诊所。1940 年到哥伦比亚大学任教，此后，先后在耶鲁大学、墨西哥国立自治大学、美国密歇根州立大学、纽约大学等多所高校任教授。1980 年 3 月 18 日在瑞士提契诺州病逝。弗洛姆是一位多产的作者，其代表作有：《逃避自由》（1941 年）、《自我的追寻》（1947 年）、《精神分析与宗教》（1950 年）、《健全的社会》（1955 年）、《爱的艺术》（1956 年）、《弗洛伊德的使命》（1959 年）等。

弗洛姆所创理论的特色在于重视了社会与人的关系的研究。他分析了现代资本主义社会钩心斗角、残酷竞争的无情事实，认为由此而来的孤独感、恐惧感、无助感等消极情绪使人产生"逃出自由"这种强烈的动机。但事实上，人又不可能"逃避"现实，因此形成了强迫性观念与行为，致使心理不健康甚或变成精神病人。他分析了现代人对付这种现代社会的五种心理机制：接纳倾向性(或者说"依赖性")、剥削倾向性、储藏倾向性(通过占有而获得安全感)、市场倾向性(把自己当作商品并迎合他人的要求)以及创造倾向性。这五种心理机制分别构成了人格的不同动力性。弗洛姆认为，前四种倾向性是消极的、病态的、不利于人的发展的；只有创造倾向性才是积极的、健康的、人类社会真正需要的，因此也是个体发展所需要的。为了有助于个体产生这种倾向性，应该建立一个充满友爱、互助的社会，即他本人所说的"人本主义共有制的社会主义社会"。

弗洛姆认为，"自我"在后天的真正实现，取决于人的情感和理智能力的充分表现与发挥。所以，他非常强调人的"自发活动"，因为这种活动能充分体现人在情感和理智方面的潜能，能充分体现人的创造性能力。关于这一点，弗洛姆有一些引人注目的观点：首先，自发活动的最主要的因素是"爱心"，因为人的爱心具有很大的能动性，能够保证人与人之间的合作，同时，又有助于人的个性的发展。其次，"自我"的基础是创造性，凭借创造性，人们可以真正地表达自己的想法或内心的感受，从而建立起与世界真正的、安全的联系。最后，要允许个体自发地去活动，这意味着允许个体发展或滋育自己独特的完整的自我，允许个体充分实现作为本能地想努力成长、扩展、表现的内在倾向，让其按照自己的方式获得最佳的发展。

三、凯利

乔治·凯利(George A. Kelly，1905—1967)，1905年4月28日出生于美国堪萨斯州一个小农场主家庭，是家里的独生子。他的父亲年轻时曾是一位长老会的牧师，浓厚的家庭宗教氛围对他的人生观和世界观产生了很大的影响。他在大学里最初学的是物理学和数学，本科毕业后由于感到所学的专业不能使他很好地参与社会问题的研究，便考入堪萨斯大学攻读教育社会学，并于 1928 年获得硕士学位。1930 年他又考入艾奥瓦大学心理系，次年获得哲学博士学位。他的学术生涯大致可以分为两个阶段：一是在堪萨斯福特赫斯州立学院长达 13 年之久的教学与研究，在此期间他致力于临床心理学的研究与实践，这对他后来创立的理论发挥了重要的影响；二是 1946 年至 1965 年他在俄亥俄州立大学的这段经历，在那里，凯利与罗特尔（J. B. Rotter）一起创立了被学术界认为是全美国最好的临床心理学课程，并提出对西方心理学的发展产生重要影响的人格理论。凯利于 1967 年 3 月 6 日去世。他的主要著作是 1955 年出版的两卷本专著《个人建构心理学》。

凯利人格理论的核心概念是"个人建构"，它是个体试图解释自己经验时所使用的某种观点或思想，是个体用来预期事件的主要工具。他认为，每个人的行动是与他对自己行为后果的一系列独特的期望相一致的，因此，每个人的"个人建构"或关于生活的预测构成了他的个性和他的现实，并引导着他的各种行为。由于人具有社会性，所以，个体还必须了解其他人的"建构系统"。凯利将个体对另一个体的观点与经验的理解称为"角色建构"，将个体如何按照这种理解去行事称为"角色"。以此为理论依据，凯利设计了一种"建构角色的行为项目"测验：先是让被试者陈述一系列对他来说是重要的人和事，然后按每三个项目一组列成表格，请被试者再次陈述每一组中的两项彼此怎么相似，又是怎样与第三项不同。最后由训练有素的主试者对被试者的上述反应加以仔细分析，通过这种方式可了解被试者理解世界的方式之基础，即他的概念体系或"建构系统"。

凯利认为，任何人都是科学家，说得更确切一些，任何人都能像科学家那样终生追求确定性或者说减少不确定性。每一个人都对未来感兴趣，都愿意利用"现在"来检验自己预测未来事件的能力。他有一句名言："个体的心理进程是由他预期事件的各种方式开辟出来的。"在凯利看来，所谓"学习"，其实质就是个体在日趋强烈的增加个人建构系统之预期效率的意愿驱动下，不断地改变其原有个人建构系统的过程，因此，个人建构系统中的任何变化都是"学习"。在凯利的学说中，"经验"本身并不重要，重要的是个体借助于"建构系统"对各种各样的"经验"所做出的解释与理解。个体的学习过程，就是不断地检验各种"个人建构系统"，就是不断地保持被经验证明是可靠的、有效的"个人建构"，修正或抛弃无用的"个人建构"的过程，就是不断地形成个体更加准确地预测各种事件之能力的过程。

第五节　人本主义教育学的影响

从20世纪50年代开始，经由60年代的成熟期和70年代的鼎盛期，进而发展到了今天，人本主义教育理论不仅作为一种学术派别引起学界的广泛关注，它也凭借着自己强大的影响力以及对教育截然不同的理解和某些新颖的教育观点，而对西方整个教育学理论以及对西方当代的学校教育产生了广泛而深刻的影响。

一、对西方教育理论发展的影响

早在1972年，美国出版的一本很有影响的专著——《当代教育理论》（中译本易名为《当代西方教育理论》）曾系统介绍了1900年至1970年对美国教育产生过"重大影响"的五大教育学说：文科教育、进步教育、学科结构运动、新行为主义心理学、人本主义心理学。该书作者认为："在第二次世界大战以前，主要是前两种学说，即传统的文科教育和进步教育比较重要。自第二次世界大战以来，后三种学说，即学科结构运动、新行为主义和人本主义心理学，比较重要。"①加拿大多伦多大学华裔教授江绍伦也在其 1982 年出版的《教与学的心理学》（中译本易名为《课堂教育心理学》）一书中将人本主义心理学作为一种新形成的重要学习理论而加以肯定。他写道："学习理论一般分为两大范畴：刺激–反应理论和认知理论。最近几年出现了第三种理论，它强调人类学习的自我实现这一方面，通常称之为人本主义心理学……当你面对一群缺乏学习动机和兴趣的学生时，你可能集中注意于建立可能加强交往、提高学习和个人努力的人际关系。在这种条件下，你可能发现人本主义心理学的某些方面最为适当。"②而法国学者贝斯特（F. Best）在 1988 年发表的一篇专门分析"教育学"一词演变情况的论文中，甚至忧心忡忡并且不惜笔墨地直抒了自己对人本主义心理学这种影响的不满。他在文中写道："'教育学'这一术语和概念不知不觉地遭到排斥。与此同时，20 世纪 70 年代出现了'教育学'成为'社会心理学'，甚至是小组的'动力学'的同义语的趋势。这些趋势导致了'教育学'一词的又一次重要的演变：受美国社会心理学思潮（罗杰斯）影响而产生的非指导性教学，被理解成'教育学'的全部。而实际它仅仅是教育学的一种理论，也就是说，非指导性教学被提高到一种学说的地位。"③由此，我们也不难看出在 20 世纪 70 年代和 80 年代人本主义教育思想对西方教育理论界产生的冲击和影响。当然，将"教育学"与"非指导性教学"相混淆，或者将后者取代前者，都是不恰当的。

二、对西方学校教育实践的影响

20 世纪六七十年代以来，人本主义心理学作为极为重要的学术思潮崛起

---

① ［美］罗伯特·梅逊：《当代西方教育理论》，陆有铨译，24 页，北京，文化教育出版社，1984。
② ［加］江绍伦：《课堂教育心理学》，邵瑞珍等译，212 页，南昌，江西教育出版社，1985。
③ 瞿葆奎主编：《教育学文集·教育与教育学》，338~339 页，北京，人民教育出版社，1993。

之后，在学校教育中便出现了许多新的认识取向，诸如"情感教育""情意教育""整合教育"等，并且出现了一大批以人本主义教育思想为背景的学校教育教学观念和教学改革，使人本主义教育思想在西方学校教育中的影响更为广泛而深刻。这特别表现在课程改革方面。

人本主义心理学者认为，课程应该为每个人提供自己感到满意的经验。他们把课程看作可以满足生长和个性整合需要的自由解放过程。国外曾出版过一本题为《70年代的课程》的专著，对人本主义的课程结构进行了系统的设计。从这本书中，我们可以大致了解这种课程的基本特点。该书的作者福谢伊将人的全部能力分成六个领域，即理智领域、情绪领域、社会领域、身体领域、审美领域和灵性领域。为了能全面发展个体这六大领域的能力，该书作者又把课程分成三种"并行"的课程：课程1、课程2、课程3。其中，课程1是正规的学术性课程和有计划的课外活动，其目的是让学生能够掌握学科的基本概念；课程2是社会实践课，主要是期望通过这类课程的学习与探索来激发学生对现实问题的浓厚兴趣；课程3为"自我觉醒和自我发展课程"，这类课程基本上只涉及个人方面的问题，从而为学生提供一系列经验，帮助学生人格的发展以及自律习惯的养成。课程3在人本主义课程结构中处于核心地位，并在时间上给予充分的保证。

有西方学者认为，约翰·D.麦克尼尔写的《课程导论》"在北美是比较流行的、供研究生使用的课程论教科书"，这本书的第一编系统考察了四种"流行的课程理论流派"，其中列于首位的就是"人本主义课程"。[①] 麦克尼尔写道："当前盛行的各种课程理论流派，可以被有效地划分为四个主要类别：人本主义的、社会改造主义的、技术学的和学术性的。"[②]麦克尼尔还指出：

---

① ［美］弗兰克·戈布尔：《第三思潮：马斯洛心理学》，吕明、陈红雯译，166页，上海，上海译文出版社，1987。

② ［美］约翰·D.麦克尼尔：《课程导论》，施良方等译，17~18页，沈阳，辽宁教育出版社，1990。

"70年代末，一股强劲的改革之风，吹向了激进批评家所提倡的以兴趣、自然的生长方式和行为冲动为基础的儿童中心课程。强大的压力来自注重传授读、写、算基本技能的以能力为基础的课程。人本主义者对此的反应是，基础应该包括自我指导学习者的各种特征：胜任感、价值澄清、积极的自我概念、发明能力和开放性。除了事实或技能，还有更多的东西要学。感到学习是一种欢乐的事情，具有不断学习新的和刺激性任务的动机，这是极其重要的。"①

　　这种课程理论，对美国的影响很大。事实上，当布鲁纳的结构主义课程理论因其课程改革运动的失败而被人们抛弃之后，人本主义课程就迅速地取而代之。美国20世纪70年代学校课程改革的口号就是"人本主义"。

　　这种人本主义课程改革，不仅在美国，而且在世界其他国家都产生过不同程度的影响，并逐渐成为20世纪70年代西方课程改革的基本取向。例如，20世纪70年代末，日本、韩国等国家都把"培养丰富的人性"和"培养全人"作为其课程改革的主要目标之一，并且高扬"尊重人性教育"的旗帜，致力于学生课程的人性化，强调根据学生的个性与能力进行教育和教学。日本在1976年开始对中小学《学习指导要领》和教科书进行再次修改，强调了三条原则：培养具有丰富人性的学生；安排既有余地而又充实的学校生活；重视作为国民所必备的基本知识，根据学生的个性与能力进行教育。韩国1981年开始了被称为"人本主义导向的课程改革"，这次改革突出强调"全人教育"，即确保学生在智、德、体、技诸方面得到全面发展。除此之外，这次改革还提出了"五个中心"这样一种新的指导思想：以兴趣为中心、以活动为中心、以探索为中心、以经验为中心、以技能为中心。② 这显然反映了人本主义教育课

──────────

　　① ［美］约翰·D.麦克尼尔：《课程导论》，施良方等译，17～18页，沈阳，辽宁教育出版社，1990。
　　② 参见白月桥：《课程变革概论》，218～219、244、252页，石家庄，河北教育出版社，1996。

程的基本精神。

人本主义的课程理论和教学观念对世界许多国家当时的教育教学改革都产生了有力的影响。美国学者利珀(S. H. Leeper)在 1970 年曾撰文指出,人本主义对学校教育产生的影响,不仅仅只限于美国,它对世界上许多国家,尤其是欧美一些发达国家的教育也形成了有力的冲击。从 20 世纪 60 年代中叶开始,法国教育理论界出现了一个以"人际关系"为其理论核心的"关系"派,并在学术界成为十分引人注目的新思想,该学派的形成就与罗杰斯应邀赴巴黎讲学、介绍其理论有直接的关系。从 1966 年至 1976 年,在西欧、北美以及日本等地,谈论教育改革时总是会出现"家家讲'关系',人人说'非指导'",这样一种盛况。

第六节　人本主义教育思想评述

人本主义教育学的基本观点、理论与方法是标新立异的。这种标新立异,为人们认识教育现象,尤其是认识教育现象中的"人"以及在此基础上认识教育的规律,带来了别开生面的视角,并形成一股来势凶猛的认识思潮,从而对传统的学校教育实践以及教育理论研究产生了巨大的冲击和影响。

人本主义倡导者所主张的教育,是一种有别于传统认识的教育思想,它将人的发展彻底地置于人性的充分养成之上,置于个体内在的(更确切地说是先天的)潜能在后天的充分实现之上,因此,这种教育是以"完整的人"的发展为最基本的价值取向,以培养所谓"充满活力、和谐发展"的人为教育最基本的目的。

布根塔(J. Bugental)是美国人本主义心理学会第一任会长。他在 1964 年把当时方兴未艾的人本主义心理学运动的特征概括为四个方面:①人是心理学的中心题材；②人不仅是其各部分的总和，而是必须被当作一个统一的有机体来研究；③人本主义心理学高度评价个人自由；④人本主义心理学在确定研究成果的价值标准方面强调人的目标而不是非人的目标的重要性。一般认为，人本主义心理学的主要观点是：心理学的研究对象应该是"健康人"；成长与发展是人与生俱来的自然倾向，其中，自我的充分发挥和实现是人的基本需求之一；人并不是被动地受到环境的制约，人具有创造性、主动性以及能够对自己的未来做出能动的选择；人的本性由经验、无意识和情感所滋育，但不为这些因素所决定。人本主义心理学的这些认识重心，可以从美国《人本主义心理学杂志》创刊号上所宣称的目的中一目了然。在创刊号上，人本主义心理学者公开宣称杂志的使命是："参与出版理论与应用研究，发表具有独创性贡献的论文、文章，并且发表涉及价值观、自主性、存在、自我、爱、创造性、同一性、成长、心理健康、有机体、自我实现、基本需要之满足以及有关概念的研究成果。"

　　人本主义教育思想是脱胎于人本主义心理学思想的一种认识体系。这种认识体系，经过众多追随者的不懈努力，形成了相对来说自成一体的思想内涵。人本主义教育理论首先把"完整的人"作为核心概念，针对传统教育漠视学生的情感世界这一特征，针对当代社会人际关系日趋淡薄这一现状，强调每个人与他自身内部和独特性之间的整体性；进而竭力主张教学应该介入学习者的身心、情感认识等各方面的成长。① 应该看到，这种认识是对西方社会在物质文明高度发达的同时，精神文明被极大地荒芜这一现状的强烈不满，切中了西方社会及其教育的弊端。人本主义教育以此作为学校教育改革的突破口，从人的本性出发，要求教育给学生更多的关爱，更重视学生的情感生活，这对于我们更加全面、更加深刻地认识教育的内在规律和教育的真正使命是有启发价值的。

———————————

　　① 　方展画：《罗杰斯"学生为中心"教学理论述评》，19 页，北京，教育科学出版社，1990。

在人本主义心理学者有关教育目的的论述中，"自我"以及"自我实现"是人本主义教育理论中的核心概念。罗杰斯对"自我"这个概念曾有过刻意的探讨，他认为："自我包括个体整个儿地知觉他的机体，他经验到的所有知觉，以及那些知觉同这个环境中其他知觉和整个外部世界发生关系的方式。"①因此，在人本主义心理学者看来，所谓"自我"，实际上是指个体对自己以及自己与外部世界之关系的一种主观认识。"自我实现"主要指的是要尽可能发展个体的潜能。马斯洛曾将"自我实现"描述为"对天赋、能力、潜力等的充分开拓和利用。这样的人能够实现自己的愿望，对他们力所能及的事总是尽力地完成"②。在人本主义心理学者看来，"自我实现"就是指个体对自己内在的潜能(创造性)、对自己的需要、对自己的理想有一种正确而清晰的认识，努力地把这些潜能、需要、理想充分地彻底地表现出来，并加以实现。

人本主义心理学者认为，人的发展的本质是内在潜能在后天环境中的充分实现。罗杰斯认为，"自我"或"自我实现"，是人类的一种先天性的动力，并且是在个体成长过程中通过不断地与其所处的环境相互作用而逐渐形成的。美国学者罗伯特·梅逊在对美国的人本主义心理学进行评述时写道："当代社会生活许多方面的集体制度化的倾向是有害的。学校必须抵制这种二十世纪文化的特色。必须用关心并尊重个人需要以及他们之间具有个别差异的权力来抵消这种机械化和非人格化的现象。"③强调对"自我"的正确认识并充分实现每个人的潜能，这是人本主义对当代教育理论的重要贡献之一，它体现为教育思想对"人性"的"复归"，体现为教育实践对人类情感的"复归"，体现为教育理论对"个体"的"复归"。非常重视个体的潜能及其实现，是人本主义教育思想的基本特色之一。这大大改变或刷新了人们对这些问题的认识，推动

① 方展画：《罗杰斯"学生为中心"教学理论述评》，46 页，北京，教育科学出版社，1990。
② 同上。
③ [美]罗伯特·梅逊：《西方当代教育理论》，陆有铨译，262 页，北京，文化教育出版社，1984。

了相关的研究与思考。在很大程度上基于人本主义心理学运动的推动，对人类潜能开发这个问题在最近几十年受到众多学者的关注，有关的研究也蓬勃开展起来了。据统计，到1969年年底，仅在美国就成立了90多个潜能开发中心。

人本主义教育学派，作为一个在美国乃至全世界都产生较大影响的学术思潮，对人类潜能的重视、对人类创造性与好奇心的强调、对自我实现者的研究、对健康人格的科学探索等，对整个世界所产生的影响无疑是巨大的，并且在某种程度上来看也是深刻的。应该说，它带来的是一股"旋风"。尤其是在认识上，它使人们认识和理解教育的视角产生了180度的大转弯。但是，也有许多人对人本主义教育学提出疑问和批评。

在肯定人本主义教育理论在当代的出现有其内在的规定性，并因此含有不同程度的积极意义的同时，我们也应该看到，人本主义教育理论存在不少缺陷，主要反映在以下三个方面。

第一，人本主义心理学和人本主义教育理论都以存在主义和现象学为主要理论基础，即是说，将神秘的、以精神形态出现的"存在（Being）"视为其理论的演绎出发点，并把这种属于精神范畴的"存在"作为其认识问题与分析问题的核心。这就使其认识与研究过程带有极为显著的主观随意性，因此难于得出一些能有普遍适用价值的客观原理，甚至使心理学走向虚无主义。

有国内学者指出："人本主义心理学所研究的很多心理现象都是目前实证科学难以进行验证的，而且这些现象中有很多往往是一些宗教团体或神秘活动涉足的领域……很多人本主义心理学家在语言描述中仍然大量地使用让人难以理解的宗教和神秘主义语言。"①有许多人批评人本主义心理学者使用了"非科学的方法"，并且认为人本主义教育理论缺乏一套规范的、严格的科学概念与体系。例如，许多人认为，马斯洛等人所谓"自我实现者"的特征是以

---

① 杨韶刚：《人性的彰显——人本主义心理学》，291页，济南，山东教育出版社，2009。

少数人为样本，而且是按照他自己事先确定的直观的标准来选择样本的，不具有普遍的意义；人本主义心理学者与其说是客观的"研究者"，毋宁说是热心的"社会改良者"；等等。

人本主义教育理论在研究方法上的种种缺陷，在学校教育中也出现了一些负面效应。江绍伦教授认为："由于人文主义方法的运用过分依赖人的品质、教师的忠实保证和他的能力，所以某种实际教学的成功主要是由于教师的人格，他个人的行为，完全不能被别的教师重复。这样，人文主义教学的结果是不容易得到证实的。"①基于这些批评，人本主义教育理论的追随者们在认识上也出现了一个新的动向，即开始重视起理论体系的建设(理论体系的完整性与严密性)，开始重视起科学的论证方法。

第二，在认识倾向上，过分地强调"个体"的重要性，把个人的"自我"以及"自我实现"凌驾于团体法则之上，凌驾于人类社会之上，人本主义教育理论强调个人主义的价值观，只关注"个人"，将个体的需要、个体的表现、个体的自由看成教育的全部，从而对个人的价值进行了过分的强调。从这一认识出发，个体的"自我"实际上就成为整个教育的核心，成为教育的出发点与归宿。这样一来，人本主义教育要求学校让学生拥有绝对的"个人自由"，反对对学生的任何约束，甚至批评以强调儿童自由而著称的"进步主义"教育也没有将儿童真正地解放出来。在人本主义教育理论看来，学校应该是学生个体为所欲为的所在，只有这样，人的优异的"先天潜能"才能够充分地得到实现。

其实，这是一种十分错误的看法。个体的自由、个体价值的实现，必定是一个社会生活过程，不存在绝对的个人自由。马克思主义认为，"每个人的自由发展是一切人的自由发展的条件"②，但与此同时，"只有在共同体中，

① [加]江绍伦：《课堂教育心理学》，邵瑞珍等译，234页，南昌，江西教育出版社，1985。
② 《马克思恩格斯选集》第1卷，422页，北京，人民出版社，2012。

个人才能获得全面发展其才能的手段，也就是说，只有在共同体中才可能有个人自由"①，因此，"一个人的发展取决于和他直接或间接进行交往的其他一切人的发展"②。应该说，这才是对人的潜能在后天发展条件的科学理解。

关于这一点，苏联的心理学家在分析了西方人本主义思潮的内在缺陷之后指出："'人格学'学派（人本主义学派——引者注）在着重指出社会对于人格的重要影响的同时，却在'人'类的生物特性中发现了人格的原初决定因素。对于人的社会本质、人的行为动机持人本主义态度，忽视人的本性是社会历史进程的结果，导致他们作出社会是人格的派生现象的结论。人的动机的人本主义化，导致了否定有目的地形成人的需要的必要性，导致了否定需要的历史的可变性。在'人格学'学派的著作中，人本主义和抽象的社会学观点相结合，他们的研究中出现了非历史主义的'泛社会'的说法，在'泛社会'中往往把纷繁的社会关系，归结为人与人间的个人关系，而把社会的作用则归结为文化的影响。"③

第三，人本主义过分强调"自我"和"自我实现"，必然极大地忽视社会环境对个体的重要作用，忽视系统的学校教育对个体在后天发展过程中的决定性影响。

人本主义教育理论的一个认识前提是，当代社会制度与文化残酷地压抑着人性，因此，其对人类社会与文化采取了敌视的态度，希望能有一个"与世隔绝"的空间让个体得到"自由"的发展。马斯洛自造"Eupsychian"一词反映了人本主义的这一渴望。出于这一原因，人本主义教育理论对历史上积累下来的科学知识体系也表现出极不应该的轻视，甚至是仇视。他们反对对学生进行任何有组织、有计划的知识传授，反对按照社会已形成的价值观对学生的

---

① 《马克思恩格斯选集》第 1 卷，199 页，北京，人民出版社，2012。
② 《马克思恩格斯全集》第 3 卷，515 页，北京，人民出版社，1960。
③ ［苏］姆·格·雅罗舍夫斯基、勒·伊·安齐费罗娃：《国外心理学的发展与现状》，王玉琴等译，556~557 页，北京，人民教育出版社，1981。

成长进行任何有意识的干预,反对教师对学生进行任何与其兴趣或愿望相左的教育与管理。在教育中,人本主义教育理论实际上奉行着一种"放任自流"的方针。

人的发展不可能在"真空"中进行,如此来要求教育,事实上是行不通的。人本主义教育理论对人的发展的理想化构想已在西方招致广泛的批评。人本主义教育理论在学校教育背景中碰到的最大问题,就是如何处理学校教育与个人发展这一对关系,包括教育管理与学生自由的关系、知识传授与潜能(创造性)开发的关系、认知发展与情感发展的关系等。依据现有人本主义教育理论,是无法正确地解决这些关系的。把人的潜能看成唯一的东西加以顶礼膜拜,把人的个性看成完全是潜能在后天的实现,这使得人本主义教育理论在实践中困难重重。例如,西方学者对人本主义教育中所形成的课程理论提出尖锐的批评:第一,人本主义教育理论只注重方法、技术和经验,而不是根据对学习者产生的结果来评定它们。第二,人本主义教育理论对个体的经验没有予以应有的关注。尽管人本主义教育理论认为课程是个别化的,但实际上给一个班上大多数学生呈现的是同一个刺激。第三,人本主义教育理论过分注重个体。批评家们希望其对社会需要做出更多的反应。第四,人本主义教育理论是有缺陷的。这种理论不是增进不同心理学流派的心理学原理的统一性和联系性,而是增加了科学知识的分离性。[1] 在很大程度上,这些批评意见是切中要害的。事实上,在2000年召开的"第二届老塞布鲁克大会"上,人本主义心理学者自己也认识到在"新千年"要改变原来的"非此即彼"选择,转而走向与传统教育"联姻"的新道路:鼓励学术建树的愿景和进一步清晰表述人本主义科学观点(尤其是它与社会政策的关联性)的愿景。[2]

---

[1] [美]约翰·D. 麦克尼尔:《课程导论》,施良方等译,20页,沈阳,辽宁教育出版社,1990。

[2] K. J. Schneider et al., *The Handbook of Humanistic Psychology*, Thousand Oaks , Sage Publications, 2001. p.673.

第六章

存在主义教育思想

存在主义教育思想是一些哲学家和教育学家将存在主义哲学引申于教育领域所形成的一种以存在主义为取向的教育思潮。它以人的现实存在、个体的自我实现、个性的自由发展为基调。存在主义者尖锐地指责甚至否定现代社会的学校教育，并提出了一系列独特的教育观。存在主义教育思想在第二次世界大战后曾一度流行于一些西方国家，但 20 世纪 70 年代后逐渐走向衰微。

第一节　存在主义教育思想概述

作为存在主义教育思想之理论基础的存在主义，最早发端于 19 世纪的欧洲大陆。它明确表白自己是探讨人的存在的哲学。一般认为，存在主义的早期先驱是丹麦基督教哲学家克尔恺郭尔（S. A. Kierkegaard）。但存在主义哲学体系的形成，是在第一次世界大战后的德国，其主要开创者有德国哲学家胡塞尔（E. Husserl）、海德格尔（M. Heidegger）和雅斯贝尔斯（K. Jaspers）等。第二次世界大战期间，存在主义思潮的中心从德国转移到法国，其主要代表人物有法国哲学家萨特(J. P. Sartre)、梅洛-庞蒂(Maurice Merleau-Ponty)等。在20世纪60年代，存在主义也在美国风靡一时。

在存在主义的阵营内部，各种观点林立，对"存在主义"并没有明确的、统一的定义。但存在主义作为一种哲学思想，在许多重要问题上有其独特的基本观点。

①认为世界是偶然的、荒诞的，人与世界的关系也是偶然的、荒诞的。其所谓偶然，是指世界的存在具有不确定性，不是绝对的；其所谓荒诞，是指世界的存在并不像理性主义和决定论所描述的那样确定和那样对人有意义，而是处处与人产生脱节和对抗。在存在主义者看来，只有人的存在是唯一的、可靠的实在，因而他们强调应专注关于人的存在的研究，为人的存在找到坚实的根基。

②认为"存在先于本质"，每一个人都必须先存在，然后在自己的存在中创造自己的本质，体现自己的本质，认识自己的本质，从而强调自我设计，自我创造，自我实现，强调"人，不外是由自己造成的东西，这就是存在主义的第一原理"①。

③强调人的主体性，认为每一个人都是自在的，而"人的意识的存在是一切可能性的源泉和条件"，因此，"必须以人的主体性为出发点"。②

④认为人的自由与人的现实存在并存。它体现在人的思想上、精神上、个性上，一个人可以选择他自己要干的事情，因而人的自由是绝对的，但人的自由不能损害别人和社会，它应与人的责任感并进。

⑤存在主义虽然不完全否认理性，但更强调人的感情和主观意志以及个体存在的独特性；认为真理不外是"存在的真理"，知识和理性只是人的存在

---

① 中国科学院哲学研究所西方哲学史组编：《存在主义哲学》，337页，北京，商务印书馆，1963。

② 转引自李明德：《西方教育思想史：人文主义教育之演进》，439页，北京，人民教育出版社，2008。

的工具。

⑥否认任何道德规范，认为任何道德体系的目的都应当是扩大所有人的选择的自由，应由每个人自己去创造他自己的价值和道德规范。

存在主义是一种生活哲学，关于"人"的哲学，也是一种危机哲学。它的产生和发展，在不同程度上反映了随着资本主义社会的矛盾和危机的不断迭起，人们受到战争、竞争、动荡、恐惧、孤独、绝望等无穷的威胁和磨难，人们遭到的损害日益加剧，人的问题日甚一日地突出出来，人们对现实社会日益彷徨、悲观、不满而发出各种抗争。正是在这个意义上，由于存在主义强调重视研究和解决"人""主体""生存"的问题，因而也可以将它视为一种"人道主义"。然而，在存在主义看来，人像随风飘落的一粒种子偶尔落入世界之中，人完全是自己设计自己的未来，造就他自己。所以，存在主义关于人的本质、人的基本存在方式、个体的主体性等理论实质上都是建立在阉割一切客观世界(自然、社会)的联系以及其规律性的形而上的"个人经验"基础之上的。

随着存在主义哲学的产生和发展，这种哲学便被引申到教育领域。19世纪末，德国哲学家尼采(F. Nietzsche)基于他的"权力意志"论和"超人"学说，把个人的意志强调为一种使人不再受任何在人之外的、凌驾于人之上的、非人的力量支配，而能成为自由的实体、自己的主人、世界的主人的力量；而且认为，我们必须对自己的生存负责，因此我们要做自身的真正舵手，绝不容许我们的存在类似于一个盲目的偶然。① 尼采的这些观点与存在主义的"人"论有很大的共同性。正是在这些观点的基础上，尼采在他所写的《论德国教育制度的未来》中，融入了存在主义思想。他尖锐地指责当时德国的教育制度，并从强调培养"超人"的角度，提出改革德国教育的建议，从而最早地表达了存在主义的一些教育思想。

① 徐崇温主编：《存在主义哲学》，100页，北京，中国社会科学出版社，1988。

20世纪初第一次世界大战爆发，二三十年代资本主义周期性经济危机愈演愈烈，法西斯主义在一些国家推行专制统治，使人们的生存和生活受到空前严重的威胁。接着，第二次世界大战更是给全世界人民造成了极其深重的灾难，带来了不可言状的沮丧、彷徨和绝望。每一个人和人类社会究竟应该怎样生存下去，人的存在和价值究竟是什么，自然便特别成为存在主义者密切关注的问题。而一些存在主义哲学家在致力探讨、研究和论述这类问题时，都不同程度地涉及教育领域，甚至发表有关教育问题的专著，从而将存在主义教育思想变成一种思潮。

奥地利宗教哲学家布贝尔(M. Buber，又中译为马丁·布伯，1878—1965)早在1923年所写的《我与你》这一著作中，就从有神论的存在主义观点出发，系统地阐明了其所谓"关系哲学"，并基于他的"关系哲学"，论述了有关教育目的、教育方式等问题，开创了存在主义的教育对话理论。1939年后，布贝尔相继发表《品格教育》(1939年)、《人与人之间》(1947年)等著作，进一步阐发了他的存在主义教育思想。

在20世纪30年代，倾向于基督教存在主义的德国哲学家弗利特纳(W. Flitner)也用存在主义思想研究教育问题。他认为，教育实质上是学习者以知识传递过程为媒介所进行的"自我陶冶"，教育过程是教育者通过人格与人格的"教育碰撞"，引导受教育者复归于自己的过程。

作为德国存在主义创始人之一的著名哲学家雅斯贝尔斯，从20世纪30年代起，发表大量著作以建立他的"生存哲学"。他认为，"人是什么以及人能成为什么"，既是哲学思考的根本问题之一，也是教育学的根本问题之一。因此，他不仅在其哲学著作中做过有关教育的论述，而且还发表过《大学的观念》《什么是教育》等教育专著。他反对专制，反对战争，反对一切对自由的漠视和悲观态度，以及反对现代科学技术的发展对人的自由的绞杀。他反对压抑人的自我发展的教育制度，强调"教育即生成"，认为应该"通过教育使具有天资的人，自己选择决定成为什么样的人以及自己把握安身立命之根"，强调要使人达到自我超越，教育内容是关键因素，应把精神科学置于教育内容的重要地位；强调"教育过程是让受教育者在实践中自我练习、自我学习和成长"；强调"真正的教育绝不容许死记硬背"，认为"对话是探索真理和自我认识的途径"，"人的回归才是教育改革的真正条件"；等等。① 雅斯贝尔斯大力宣扬所谓"新人道主义"。他显然推进了存在主义哲学和存在主义教育思想的新发展。但是他的"新人道主义"理论具有神秘主义和信仰主义的色彩，他的教育思想本质上也是立足于资产阶级人性论的基点。

第二次世界大战后的 20 世纪五六十年代，基于人们对战争的反思，以及面对新的"冷战"和西方社会的种种危机，包括"教室里的危机"，助长了存在主义在欧美一些国家的进一步发展。

作为当代存在主义教育思想的主要代表人物之一的德国学者波尔诺夫（O. F. Bollnow，1903—1991），在新的情况下，不仅从存在主义，而且从生命哲学、人类学乃至精神科学出发，对教育进行了开拓性的研究。在此基础上，他还进一步阐发了存在哲学与教育学的关系，并提出了"教育学中的人类学考察方法"、"非连续性"教育、"纯朴道德"教育等富有新颖性的教育理论，从而丰富了存在主义教育思想。

由于 20 世纪 50 年代以后美国各种社会问题和危机迭起，社会矛盾激化，存在主义的中心遂从欧洲转移到美国。一些美国学者纷纷提出一些存在主义的教育思想。例如，莫里斯（V. C. Morris）著有《教育中的存在主义》《存在主义与二十世纪人的教育》等。莫里斯联系美国学校教育中的问题，论述了存在主义对教育理论和教育实际的意义。格林（M. Greene）则在其编著的《教师的存在主义遭遇》《作为陌生人的教师》中，从存在主义的角度探讨了有关教师的问

---

① ［德］雅斯贝尔斯：《什么是教育》，邹进译，3~4、14 页，北京，生活·读书·新知三联书店，1991。

题。克·穆斯塔克斯也在其《异化教育和存在主义的生活》中,阐述了所谓学校是现代社会中加强异化的一个因素,并认为教师本身就是异化了的人。而丹顿(D. E. Denton)、特劳特纳(L. Toroutner)和范登堡(D. Vandenberg)等人则分别通过他们的《教育中的存在主义与现象学》《存在主义、现象学与教育哲学》《现象学与教育研究》等论著,力图将存在主义和现象学都导入教育学。而在美国的存在主义教育思想代表人物中,最著名的当推奈勒(G. F. Kneller, 1908—1999)。他在《存在主义与教育》等著作中,对存在主义教育思想进行了全面的研究和阐发。他虽然也承认存在主义教育思想的某些缺陷,但总的来说是对存在主义教育思想大加赞赏,并对其予以高度评价。奈勒的一系列著作和思想在美国产生了较大的影响。总之,可以说,在20世纪六七十年代的美国,存在主义教育思想曾盛极一时,甚至可谓达到了它的顶峰。

存在主义教育思想并未形成十分系统和严密的教育思想体系,其富有特点的重要教育思想,主要是体现在有较大影响的存在主义教育思想代表人物的教育理论之中。

第二节 布贝尔基于"关系"哲学的教育思想

布贝尔是奥地利宗教哲学家,有神论存在主义的著名代表人物。他出生于维也纳一个犹太人家庭。他先后在维也纳大学、柏林大学、莱比锡大学和苏黎世大学攻读哲学、历史和艺术,深受德国哲学家狄尔泰和尼采的思想影响。布贝尔曾积极参加犹太复国运动。1924年至1933年,布贝尔到德国法兰克福大学担任宗教哲学和伦理学教授。自德国纳粹党和希特勒上台之后,布贝尔主要致力于教育活动。1933年,他建立了犹太成人教育中心,并亲任该中心主任。该机构在当时对发展犹太成人教育,加强犹太人的自我意识和团结，并对纳粹暴行进行精神反抗，起了很大的促进作用，布贝尔也因此成了当时犹太人的精神领袖，而纳粹的秘密警察则禁止他参加一切社会和教育活动。1938 年布贝尔被迫移居巴勒斯坦。以色列建国后，大量移民从伊斯兰教国家来到巴勒斯坦，布贝尔又在耶路撒冷创办成人教育师资培训学院，并于1949 年出任院长，为中东和非洲移民培训了一批优秀教师。布贝尔晚年主要转向反对战争，谋求阿拉伯人和犹太人之间的和平等活动。布贝尔的主要著作有：《我与你》（1923 年）、《品格教育》（1939 年）、《人与人之间》（1947年）、《正确和错误》（1950 年）、《善恶观念》（1952 年）、《生存的对话：哲学和教育学全集》（1952 年）等。布贝尔力图从人所处的各种"关系"以及他的对话理论探讨和阐述人的存在的意义，人应如何处理各种关系和人的教育使人成其为人。

一、论教育的目的

布贝尔认为，人生来就具有创造性本能和交往本能。人的这种"原始本性"对人的成长具有重要意义，它为人的教育提供了潜在的前提，但对人的本能的释放具有决定性意义的是外在的教育力量。他说，人的天性的显露，即使在良好的社会影响下，如果没有教育的力量，也是难以完整地实现的。必须依靠教育的力量、教育的纯正和热情、教育的爱力和审慎，人才能得到完整的成长。①

所谓教育力量，在布贝尔看来，广义地说，就是人的关系世界，包括人与自然界、人与人以及人与精神实体——上帝的关系。其中，人与人之间的关系最为重要。布贝尔认为，人类从其本性来说就是人的对话，人的现实生活完全是人际交往。一个人不能孤立地以一种自己对自己的单一关系来存在和发展，人的成长只有在与他人对话式的交互关系中才能实现。他说："自我

① 参见 M.Buber, *Between Man and Man*, New York, Macrmillan, 1965, pp.86-87。

的内在生长并不像今日人们所喜欢设想的那样，是在人同他自己的关系中完成的，而是……在造成另外一个自我的过程中完成的，并且必须认识到造成另外一个自我的人就是我自己。"①这即是说，在合理的人与人的关系中，每个人既保持着各自的独立性，又相互信任地共享各种体验，使自己成为另一个自我，从而实现自我生长。

布贝尔还指出，在作为教育力量的人与人之间的关系中，教师与学生的关系是至为重要的。因为合理的师生关系中的教师能够向学生提供知识，帮助学生知道如何从现实生活中做出选择，把自己最佳的潜能充分释放出来，形成人的品格。从这一意义说，教育力量主要是指教育者引导学生对世界做出选择的明确有效的力量。教育中的师生关系高于由一切事物所决定的无目的的、自流的影响，它是有目的的，因此它的教育影响更为有力。

至于教育的目的，布贝尔在《我与你》中写道："教育的目的非是告知后人存在什么或必会存在什么，而是晓谕他们如何让精神充盈人生，如何与'你'相遇。"②在布贝尔看来，人生可分为公共人生和私人人生。前者与社会制度相关，例如，人在一定社会制度下追逐种种目标，经营实业，出仕从政，传教布道等；后者主要出自人的情感，人的生活中充满爱与恨、欢乐与痛苦等。在现代社会，一方面，社会制度不能营造合理的公共人生，因为公共人生的精神受到经济方面的功利意愿和国家方面权力的影响和控制；另一方面，人的情感也无力造就完美的私人人生，因为千变万化、放荡不羁的个人情感往往使人沉溺于自我之中，"两者都不能接近真实人生"，而是"荡涤"着真实人生。因此，布贝尔认为，"国家制度自由与否，经济体制完善与否，这固然重要，但它与我们所追问的本真人生无所关联"，对人来说，至关重要的是，

① 转引自陈友松主编：《当代西方教育哲学》，杨之岭、林冰等译，112页，北京，教育科学出版社，1982。

② [奥]马丁·布伯：《我与你》，陈维纲译，60~61页，北京，生活·读书·新知三联书店，1986。

"步入公共人生的精神是屈从国家和经济还是宰制它们，步入私人人生的精神能否再度与公共人生融为一体"。① 这里，体现了布贝尔对所谓真实人生和人的主体性的强调。

布贝尔强调，随着人之经验世界的能力和利用世界的能力的持续增长，人们越来越"以'学习知识'这一间接手段来取代直接经验，把对'它'之世界的直接'利用'简化为专业性'利用'"，并把这种能力一代又一代传递下去，且视为"精神生活之发展"。其实，"这种意义的精神生活实为阻碍，它使人无力于长驻在精神之中"。② 所以，布贝尔指出，教育的目的不在于传授知识，而在于引导人们去充实人生的精神，使人们出于自由的情怀而建立相互之间生机盎然的相遇关系，将真实的公共人生与私人人生和谐、协调地结合起来。这表明布贝尔试图通过教育引导人们建立一种精神活力：既致力于谋求良好的社会人生，又寻得个人的完美人生，以实现美好的真实人生。

针对传统教育忽视儿童个性发展的弊病，布贝尔认为教育必须重视儿童创造能力的发展，应该给学生表现其创造能力的机会。但是，他同时又指出，不能完全只用"发展创造力"来说明教育，还必须看到教育是以全人为对象的，因而应当将发展创造性本能和发展共享本能与交往能力放在同样重要的地位。因为人的创造性能力，只有当其置于人与人之间共同相处的关系中，才能成为积极的因素。只以训练人的创造能力为唯一目标的教育，将使人处于一种痛苦的孤立状态之中。只有当人不仅被视为一个创造者，而且被视为同志、朋友或爱人时，他才有一种相互关系的意识和感情共鸣。③ "关系并非太虚幻境，它是真实人生惟一的摇篮。"④因此，布贝尔认为，真正的教育不仅仅是

---

① ［奥］马丁·布伯：《我与你》，陈维纲译，69 页，北京，生活·读书·新知三联书店，1986。

② 同上书，56~57 页。

③ M. Buber, *Between Man and Man*, New York, Macrmillan, 1965, p.88.

④ ［奥］马丁·布伯：《我与你》，陈维纲译，24 页，北京，生活·读书·新知三联书店，1986。

传授给学生某些知识和技能，还应关心学生整个人的形成，并引导学生建立人与人之间的相互交往和信任，促进构建真正的共同和谐社会。

二、论品格教育

在布贝尔看来，对于作为整体的人，品格是构成人之为人的重要标志。他强调提出，"教育者的最重大任务则在帮助塑造人的品格"，教育"必须以品格为目标"。他认为，从这一意义上说，"名副其实的教育，本质上就是品格教育"。①

如何进行品格教育呢？布贝尔认为，首先必须确立正确的品格概念。在他看来，不宜把个性与品格混同。个性是指一个现实的人所潜在的各种力量的独特的精神-物质结构，是一个成品，因而它的发展实质上是不受教育者影响的；而品格是指稳定地支配着人的行为和态度的内在精神品质或德行，是"介于一个人的本质与他的外表之间的"特殊纽带，是"介于他为人的统一性与他的一连串行动与态度之间的"特殊联系。② 而且，布贝尔从存在主义的观点出发，认为现代社会中真正的绝对价值和统一的道德标准已不存在，而抽象的绝对价值和道德准则只会把人变成奴役的工具，因此他又说："品格崇高的人既不能被视为具有一系列准则，也不能被视为具有一系列习惯。他的特点在于他的行动是出于他的整个品质。那就是说，他的特点就在于他是按照向他这个积极主动的人进行挑战的每一情境的独特性而作出反应的。"③可见，布贝尔对品格的理解特别强调："统一性"，即品格是整个人统一的表现；"自主性"，即品格是基于自我的主动的反应；"可塑性"，即品格是教育加工的产物；"动态性"，即品格需不断发展和提高。

---

① 王承绪、赵祥麟编译：《西方现代教育论著选》，325页，北京，人民教育出版社，2001。

② 华东师范大学教育系、杭州大学教育系编译：《现代西方资产阶级教育思想流派论著选》，301页，北京，人民教育出版社，1980。

③ 王承绪、赵祥麟编译：《西方现代教育论著选》，334页，北京，人民教育出版社，2001。

布贝尔虽然指出了现代社会矛盾重重，危机起伏，人们的公共生活和私人生活都受到严重扭曲和异化的现象，但是，他既未揭示出这些矛盾和危机的深刻根源，更无法提出一种实现他所谓相互信任与友好相处的社会理想的真正途径，因而他只能寄希望于个人品格的培养。

布贝尔认为，人的品格是在人与人的关系中形成的。但他也强调指出，教育对品格的形成具有重要作用，并认为，有效的品格教育，必须注意以下基本原则。

①教师不宜带有明显或诡秘的动机。品格教育不同于智育。在课堂教学中，教师完全可以公开说明他所要传授并要求学生掌握的知识技能；而在品格教育中，如果教师透彻公开地表明他们的意图，那么，一些最易表示出独立性品质的学生，则将由于不愿听任自己被人教育，不喜欢别人想要教育他们，而产生逆反心理和对抗情绪。在品格教育中，也不容许玩弄手段，否则将使教师失去他所具有的那种坦然直率的力量，会对教师本身的行动起着消极影响。布贝尔认为，在品格教育中，教师只能以他自己的整个人去对学生的整个人施以真实的影响。

②不要进行伦理说教。教师如果进行伦理说教，学生便会把教师的话当作老生常谈，而不能将它成为培养品格的重要因素。布贝尔举例说：

> 我试图向学生们解释妒忌是可鄙的，我立即就会感到那些比他们的同伴较穷的人内心的反感。我试图解释恃强凌弱是邪恶的，我立即会看到强者嘴角上挂着的抑制的微笑。我试图解释说谎会破坏社会生活，却发生了一种令人惊奇的情况：班上的一个最恶劣的撒谎老手竟能对说谎的破坏力写出一篇绝妙的短文。①

---

① 王承绪、赵祥麟编译：《西方现代教育论著选》，326 页，北京，人民教育出版社，2001。

在布贝尔看来，这就是因为他犯了以伦理学进行说教的严重错误。

③要因材施教。布贝尔指出，由于学生的个别特征不同，学生对教师在进行品格教育时所提出的是非观和善恶观，完全可能做出不同的反应。对同样的品格要求，有些学生可能表示反感，另一些学生则报以发自内心的欣然接受。

④师生之间应该相互信任。取得学生的信任，是教师接近学生、了解学生、对学生进行品格教育乃至整个教育的重要条件。布贝尔认为："信任，世界上的信任，由于它，人类才存在；它是教育关系中最具有内在意义的成就。"①"对于面临着一个不可信赖的世界因而恐惧、失望的青少年来说，信任就意味着使人豁然开朗地领悟到人生的真理、人的存在的真理。当教育者赢得了学生的信任时，学生对接受教育的反感就会被克服……把教育者看作一个可以亲近的人。"②

怎样才能建立信任关系呢？布贝尔强调指出，首先，师生之间必须相互真诚地交往、对话，如果教师在教育中对学生采取诡秘和圆滑的手段，那只会适得其反。其次，信任并不意味着无条件地协调一致。师生之间也可能产生冲突，重要的是当发生冲突时，教师应该从关心、爱护学生出发，在一种健康的气氛中加以解决。这样，冲突也会具有教育价值。"真正的品格教育就是真正的共同相处的教育。"③

⑤明确纪律和自由的关系。布贝尔认为，在品格教育中，一方面，必须提倡纪律和秩序，但又不是把纪律和秩序强加给学生，而应使纪律和秩序变成学生内心接受的行为准则，最后铭记在学生的心里。另一方面，也要尊重自由。如果只有强制性的纪律和教师的权威，而没有自由，便可能否定学生

① M. Buber, *Between Man and Man*, New York, Macrmillan, 1965, p.116.
② 王承绪、赵祥麟编译：《西方现代教育论著选》，327页，北京，人民教育出版社，2001。
③ 同上书，338页。

的独立性和个性；但又不能让学生只凭自己的兴趣去学习。强调绝对自由，把自由视为一种主义、一种纲领，也不可能引导学生形成良好的品格。

三、论教学

布贝尔虽然认为在教育过程中向学生传授知识、发展学生的能力都是必要的，但更强调教育的着力点应是塑造人的整个品格，使人与人真正共同相处，和谐协调地充实人生，甚至认为教育本质上就是品格教育。因此，在他看来，教学的任务也不能只是传授知识技能，而应该更关注学生整个人的品格的形成。应该通过教学帮助学生更深刻地理解人生，理解人与人的关系（在布贝尔那里，上帝虽是一切价值的泉源，但人与上帝的关系具体体现在人与人的关系中），从而对人生做出自己的最佳选择。

基于以上观点，在教学内容上，布贝尔特别重视人文学科，强调历史、文学、哲学、艺术、宗教等科目的教学，认为学生在学习这些科目的过程中，可以了解到许多伟大作家和思想家对人的本质以及人生阅历的真知灼见，从而激发自己的思想感情，形成自己的高尚品格，充实自己的人生。

对于教学方法，布贝尔强调应该把"对话"理论应用于教学，把教学看作师生之间的"对话"。这是布贝尔教育思想中的一个重要特点。布贝尔认为，应将师生关系看作"我与你"的关系，而不是"我与他"的关系。教师要把学生当成一个独立自主、自由发展的人。传统课堂教学的严重弊病之一，就是教师把着眼点放在单向的传授知识上，忽视了教学中的人——教学关系中的主体，从而造成知识专制。把教学理解为"对话"，则师生双方"其中的每一个人对于另一个人来说始终是一个主体"[1]。教师通过"对话"把知识"提供"给学生。"提供"的意思，从教师方面说，意味着教师不是把外在于他的知识"照本

---

① 转引自陈友松主编：《当代西方教育哲学》，杨之岭、林冰等译，115 页，北京，教育科学出版社，1982。

宣科式"地传给学生,而是将自己内化了的东西提供给学生,教师不会被贬值为仅是传授知识的手段;从学生方面说,意味着他是在接受别人提供给他的东西,而不只是在承受别人传授给他的东西,未被降为知识的奴隶。

在布贝尔看来,师生之间的讨论或谈话是"对话"教学的最好形式。在进行教学对话时,教师应该鼓励学生积极参与、独立思考、敞开思想,引导学生畅谈。学习好比一场演出,学生是演员,而不是观众。只有这样的"对话",才能使学生获得深刻的知识,激发学生对真理的探索。对话意味着"共享",教学也应该成为师生之间在课堂上对知识、情感与期望的一种"共享"。

"对话"教学要求教师必须同时站在教育工作的两极:他自己的一极和学生的一极。但对话的先决条件又是双方确定最起码的距离。教学艺术就表现在教育的灵活性上,即既保持师生双方最低限度的距离,又通过努力实现最亲密的关系,来促进对真正的学习至关重要的对话。① 布贝尔认为,教师和学生各自以自己的独特的人格和平等身份与对方发生关系,谁也不强加谁,谁也不同化谁,双方在信任的基础上,通过对话建立师生互动关系,并将这种关系推广到整个社会,也就达到了教育和教学的目的。

布贝尔的教育思想,主要是基于有神论的存在主义的哲学观,但他也吸取了 19 世纪末以来西方新教育思潮对传统教育的某些批判观点。不过,布贝尔认为,新教育学派的某些信条也无力解决现代人所面临的众多教育问题,因此必须探索新的教育观念和新的教育方式。

布贝尔强调一个受过教育的人应该形成自己的品格和价值系统,能够在其存在的情境中即时决定自己的选择,而只将原则和传统作为参考;这种人应该既有积极的主体精神,又对公共人生和私人人生具有责任感,热爱和向往"真实"的人生。在教育教学上,布贝尔强调师生的平等"对话",既反对任

---

① [摩洛哥]扎古尔·摩西主编:《世界著名教育思想家》第 1 卷,梅祖培、龙治芳等译,112~113 页,北京,中国对外翻译出版公司,1994。

何压制儿童主体性的教育方法，也要求避免绝对自由的倾向。布贝尔的教育思想中，显然蕴含着一些合理的和有一定现实意义的观点。

但是，布贝尔所提出的一些教育见解，其中大部分是格言式的，不仅具有宗教色彩，而且存在明显的矛盾和模糊性、片面性。正如美国教育哲学家奈勒说的，布贝尔既是一位乐观主义者，又是一位个人主义者。① 他既主张通过人们相互间的"交往""对话""包容""友爱""尊重""共享"达到和谐共处，但实际上又过分强调个人的自由、个人的选择、个人的实现。布贝尔当然未曾真正认识现代西方社会的种种困境的根源及其解脱的根本途径。他希望通过教育来形成他理想中的人，进而达到全人类的认同和合作，这显然只会使他走向新的困境。

第三节 波尔诺夫的教育观

波尔诺夫是当代德国著名哲学家和教育理论家。他 1921 年到柏林大学攻读物理和数学，毕业后在一所新教育学校任教，随后进入图宾根大学研习哲学和教育学。1938 年，波尔诺夫出任吉森大学心理学与教育学教授。第二次世界大战后，他被聘为梅因兹大学教授。从 1953 年起，又转到图宾根大学接任斯普朗格的哲学和教育学教授职位，直至 1970 年退休。

波尔诺夫曾在米施（G. Misch）、诺尔（H. Nohl）和斯普朗格（F. E. E. Spranger）等德国哲学家的影响下，接受了"生命哲学"和"人类学"以及"文化教育学"的思想。后来，他又受到海德格尔的"存在哲学"的影响，对存在主义的思维方式惊叹不已，并以新的精神觉悟投入存在主义哲学的研究。

---

① G. F. Kneller, *Movements of Thought in Modern Education*, New Jersey, John Wiley & Sons Inc., 1984. p.51.

在第二次世界大战后的一段时期里，在各种强调以"人"的研究为主旨的思潮中，波尔诺夫主张将存在主义哲学和教育学联系起来，力图把存在哲学的基本观点引入教育学；同时，又基于对生命哲学的理解，主张把哲学人类学应用于教育学，力图从现代哲学人类学的视角来重新论述整个教育学。为此，他先后发表了《存在哲学》(1942年)、《纯朴的道德》(1947年)、《生命哲学》(1958年)、《存在哲学与教育学》(1959年)、《教育学中的人类学考察方法》(1965年)、《教育人类学论文集：危机与新的开始》(1966年)、《新的教育哲学》(1966年)、《对话教育》(1972年)等重要教育论著。

一、论教育的基本立足点

波尔诺夫认为，一切理论研究的基础是人的生命关系。而从生命哲学和存在哲学来考察教育，就需要明确教育与对人的理解的关系。人是什么，这是人类永恒的问题，也是教育学的理论前提。他在《告诫》一文中写道："应当如何从整体上理解人的本质，以便能够把对人作出的告诫理解为一种合情合理的教育手段？又应当如何反过来再从这里出发去理解告诫，以使它能够发挥教育作用？"[1]在波尔诺夫看来，如果不理解人的概念，就不可能教育人。所谓从事教育活动，也就是认识人本身，而教育学则是考察教育现象中的人。

波尔诺夫认为，人生来就是一种"有缺陷的生物"，只能在某种文化中才能生存、生活和成长为人。人的主要生命现实关系是什么呢？首先，波尔诺夫同意康德的观点，人都在时间之内存在，人不可能生活在时间之外。但波尔诺夫强调指出，人不仅是关涉当前瞬间的存在，甚至为趋于死亡而不安；人还是抱有未来希望的存在，希望比起不安更为根本。因此，人应对未来负有责任感，并为未来希望的实现而争取积极的富有价值的生活。

其次，波尔诺夫对康德关于人与空间的关系的论述也做了阐发。他认为，

---

① 转引自钟启泉、李其龙主编：《教育科学新进展》，5页，西安，陕西教育出版社，1993。

空间与人的生命现实的确密切相关，但与人的生命直接相关的空间不是抽象的空间，而是人在其中生活、发展的具体的空间，而"居所""家"则是这种空间的核心。"居所""家"是人们现实所属的东西，给人们以回归自我的可能性，是把握人的存在的根本条件。"居所""家"作为人的具体生活空间，既是人类的文化形式，也是人的一般关系的标志、生活秩序的标志、人类各种制度的标志，对个体的生成具有重要影响。

最后，在波尔诺夫看来，语言是人区别于动物的主要标志。一方面，正是通过语言，通过人与人之间的相互对话和相互交往，人类才形成人类社会，创造出一个独特的世界，所以语言以及人们借助语言进行的对话和交往是人类历史文化的核心；另一方面，从教育的角度看，没有语言，既无法理解人，更无法理解人的生成。人正是借助语言进行人与人之间的对话和交往，才接受社会文化，融入社会文化，使人成为"文化人"。

波尔诺夫认为，从生命哲学、人类学和存在主义的观点看，所谓教育，不过是人与人之间的精神交往、人类文化的传递以及个人的潜力和心灵充分生成的活动。而人的存在、人的生命以及人的内心世界都是复杂的，因此，只有在人的生命的现实关系的基础上去考察人以及人的教育和人的生成问题，才能找到正确的教育原则和教育途径。

二、论教育的连续性和非连续性

波尔诺夫把传统的教育学归结为两种基本的教育理论。

①"工艺教育学"。这种教育理论将儿童视为同一种可以制作的物质、需要加工的材料；认为教育活动就是教育者按照确定的培养目标，并根据儿童的一般特征，像手工艺者一样地将他们塑造成人。这样，就将教育视为一种技术。

②"有机体成长论教育学"。这种教育理论认为，儿童不是可以任意制作

的材料,而是像植物有自己的种子,根据其内在的法则发芽、成长、开花、结果一样,儿童的成长也有其自身发展的内在规律。因此,教育也不能随意塑造儿童,只能以儿童与生俱来的素质为起点,为其成长提供有利的条件,帮助儿童排除成长过程中的障碍,促使儿童按其本性和发展的内在规律成长。

波尔诺夫对上述两种教育理论都提出了评述。他认为,前者往往强调按照社会所确定的目标从外部去塑造人,因而使教育受到社会主流价值观和教育观的束缚,并容易导致教育的封闭性和划一性。后者则由于过分强调儿童成长的内在法则,忽视人不仅仅是有生命的存在,而且是具有自由意志的存在,是在一定现实情境中的存在,从而容易模糊教育目标,软化教育的作用。

同时,波尔诺夫又指出,尽管上述两种教育理论有很大分歧,并各自存在积极的和消极的因素,但是它们都共同地设定人的生成和发展是连续的、渐进的,人是通过连续的、渐进的教育加工而被培养和塑造的,或者是通过连续的、渐进的教育帮助而逐步成长和完善的。在波尔诺夫看来,传统的教育学理论都是以肯定人的发展的连续性为前提的,以生活过程和教育过程中的任何障碍原则上是可以避免的,从而把连续性教育视为教育的根本形式。这种理论可被称为"连续性教育学"。

然而,人的生成和教育过程的连续性真的是一切教育的前提吗?波尔诺夫对此做了否定的回答。他认为,在人的存在和生成的过程中,并不都是确定性的和连续性的,往往由于可能遇到这样或那样的事件而变得不确定,使连续性突然被"中断",使个体的存在和生成产生"转折",出现"非连续性"。人的存在和生成中的这种非连续性形式,既表现在人的身体成长过程中,也表现在人的智能和意识的发展过程之中。

在波尔诺夫看来,在人生中存在大量的非连续性现象,如对人构成威胁的各种危机、对全新的更高级的生活向往的突然觉醒、使人摆脱无所事事的告诫、对今后生活举足轻重的遭遇等,都具有不可忽视的教育意义,为人的非连续性教育提供了可能性，是一种教育的非连续性形式。他说，我们"用从存在哲学中学到的观点来观察教育上的诸现象，这时，迄今为止在教育学上几乎没有注意到的现象便展现在面前。这些现象，我叫作教育的非连续性形式"①。例如"危机"，包括各种各样的危机，往往是人生不可避免的一部分，只要人生存在世上，他就随时可能面对危机。而过去人们一般都认为危机是不好的东西，必须尽量避免，但波尔诺夫认为危机也有积极的教育作用。因为危机固然可能给人带来威胁、损失、灾难等，但如果人们能对其有正确的认识和态度，则可以在对危机的抗争中得到深刻的教育和启迪。波尔诺夫甚至说，人只有通过危机的最大威胁才能获得真正的自我，才能变得更加成熟起来。所以，当危机向学生袭来的时候，教师只应给予帮助，而不要包办代替。

又如"遭遇"，或叫"碰撞"。一个人在生活和成长中经常会碰到各种各样的"遭遇"，这些"遭遇"往往带有偶然性和强制性，而其中有些"遭遇"可能使人受到强烈的"冲击"和"振荡"，或造成人生的连续性突然"中断"，或导致人生的重大"转折"。而这种"冲击"和"振荡"，或"中断""转折"，既可能使一个人变坏，也可能使一个人更加完善。所以，在波尔诺夫看来，应该把这种"遭遇"看成教育中的一种契机。重要的是要从儿童开始就教育和引导人们为应对可能的"遭遇"做好准备，对"遭遇"做出正确的判断和选择，以便从"遭遇"中得到教益。

总之，波尔诺夫认为，许多造成人生非连续性的因素都具有二重性，教育者的任务就是要使这些因素发挥其积极的非连续性教育的作用。

波尔诺夫是西方教育思想史上第一个明确提出人的存在和生成中的非连续性和"非连续性教育"概念的教育学者。在他看来，人生过程既不是单纯连

---

① ［德］波尔诺夫：《存在哲学与教育学》，转引自崔相录：《二十世纪西方教育哲学》，188页，哈尔滨，黑龙江教育出版社，1989。

续性的，也不是单纯非连续性的，它同时具有连续性和非连续性，因此，连续性教育和非连续性教育都是可能的，可以将连续性教育和非连续性教育并列为两种基本的教育形式。诚然，波尔诺夫也认为，其中连续性教育更为普遍，无疑更应受到重视，但忽视非连续性教育则是不对的。

三、论纯朴道德教育

面对德国法西斯的黑暗统治和第二次世界大战给人类带来的灾难，以及战后德国甚至整个西方社会精神和道德生活上出现的混乱状况，波尔诺夫先后发表《纯朴的道德》和《道德的本质与变迁》等论述有关道德和道德教育的重要著作，对这方面的问题提出了许多独到的见解。

波尔诺夫认为，现代西方社会的所谓"高尚道德"，实际上是基于一定时代和一定的政治理念和政治制度而提出的道德，它既强调绝对化和标准化，又有不稳定性。随着时代的发展和有关的政治理念和政治体制上的动荡、危机或者崩溃，这种所谓"高尚道德"也就变得混乱，并引起人们的厌恶甚至对一切道德价值的疑惑。

为了纠正当代西方社会道德生活上的混乱状况，波尔诺夫主张提倡"纯朴道德"。其所谓"纯朴道德"的主要范畴和内容是：诚实、正直、彼此信任、富有同情心、乐于助人、相互尊重、共同协作、举止端正有礼、有责任心、泰然等。在他看来，道德可分为两个层次：一是"高尚的"，具有深层意识性的道德；二是"纯朴的"，日常生活中的道德。纯朴道德植根于人们的正常生活的需要，是道德生活中基本的、稳定的道德因素。也可以说，纯朴道德是高尚道德的基础，高尚道德是纯朴道德的升华。在现代社会，纯朴道德及其教育显得尤为重要。

例如，作为纯朴道德的信任感，它源自对人的生命的信任和存在的信任，因为只有在这种包容性的信任中，人才能真正感受到自身行为的安全感，才有可能展示完满而富有意义的人的存在。又如"严守时间"，作为纯朴道德，也是与人的生命密切相关的。恰当地分配时间和合理地使用时间，无疑是人实现自我的重要条件。总之，波尔诺夫认为，纯朴道德不但较易为人们所理解和掌握，而且更有助于人们在混乱的精神和道德生活中保持自我的同一和健康发展，它应该作为建构新的道德生活的基础。

波尔诺夫还指出，道德教育的目的应是形成有道德的人格。什么是有道德的人格呢？他认为，道德总是群体性的，并以行为规范调节个人和群体的关系。当个人的行为既不以一时的冲动为动机，而是自觉地受到社会责任感的约束，又不是盲从外部的道德规范，而是根据自己的道德良心去做出行为抉择时，他便具有自由行动的品质，而道德就成为他人格的表征，这样的人也就可算作有道德人格的人。波尔诺夫并不完全理解道德的社会制约性，但他已注意到外在的社会道德要求与个人内化了的道德意识和行为之间的关系，并强调这种内化的重要性。

如何进行"有道德的人格教育"呢？波尔诺夫认为，主要不是依靠外部的道德灌输，不是通过各种强制的手段，而是要让年轻人在自由的活动中，培养自己的道德判断能力和行为抉择能力，教育者的主要任务是向年轻人提供榜样，提供参与道德行为活动的机会，让他们自然地成长。

四、论教育教学方法

波尔诺夫主张运用解释学教育法。这是由于他晚年致力于解释学认识论的研究，并主张将这种认识理论应用于教学上。

波尔诺夫考察了历史上的唯理论认识论和经验论认识论。他认为，前者片面强调"理性"，后者片面强调"经验"，二者都有局限；而解释学的认识论特别是其中关于"前理解与新东西的体验"和"真理的两面性"等理论具有重要意义。所谓"前理解与新东西的体验"，主要是说，人出生之后就通过语言被带入世界，并通过语言理解世界和表现世界。人的认识不是从零开始的，而常常是从人被带入的那个语言世界所创造的"前理解"开始的。人的认识是在"前理解"的基础上，通过汲取新东西而不断自我更新、发展和变化的。人的认识，是对"已有理解"的进一步意识化、明确化。① 基于上述观点，波尔诺夫认为，教学工作必须从学生已有的知识和理解开始，即把学生的"前理解"作为一切教育教学的起点。

由于所谓"理解"首先是从人的生命的日常现实开始的，进而"理解"我们所处的这个世界，"理解"我们自身，从事生活也就是从事认识活动。因此，教学也必须从学习日常生活中的知识开始，并与人的生命的日常现实和人的生命经验保持密切联系。

波尔诺夫指出，基于人的认识不能囿于"前理解"，总是要接受、体验新东西，教学也应是引导学生从"已有知识"出发，不断汲取新知识的过程。

在波尔诺夫看来，基于语言对人与世界的关系的重大作用，儿童首先是从语言开始学习的，通过语言所学的知识远远多于来自直观教学的知识。因此，他不赞成"从直观到概念"的教学法，而主张"从语言到直观"的教学方法。

此外，波尔诺夫还强调对话教学法。他认为，真理不能获自个人的孤独思维，而只能获自人的相互对话。对话是获取真理的必由之路。而且，对话是教师和学生双方处于同等地位、具有同等权利、互相信赖的人与人之间的交流。教育教学过程中的对话体现着教育者和学习者之间的平等、自主关系，它最适合于人的自由选择、自我创造和发展的要求。

为使师生之间的对话获得成功，波尔诺夫认为需要师生在教育教学过程中形成良好的"教育气氛"。而这种"气氛"的建立，一是要求师生相互信任，因为只有在具有包容性的信赖关系中，人才能真正感受到自身行为的安定感，

---

① 崔相录：《二十世纪西方教育哲学》，225页，哈尔滨，黑龙江教育出版社，1989。

才可能圆满地展示自己；二是要求教师具有"希望""忍耐""明朗""亲切""快乐"等情感和美德，这些情感和美德是师生开展良好对话的条件。

波尔诺夫是欧洲大陆较自觉地、全面地将存在主义引入教育学的学者。他从生命哲学、人类学、解释学和存在主义思想等多视角对现代西方社会的教育状况进行了开拓性的考察和探讨，从而提出了一系列富有新意的教育观点和教育理论。他强调教育要立足于人和人的生成，要关注人的生成之自我因素，谴责漠视和压抑人性的教育。他在教育史上第一个明确地提出和论述了非连续性教育及其与连续性教育的关系。他针对西方社会出现的精神危机和道德生活上的混乱，强调向年轻人进行"纯朴道德"教育，主张对话式教育教学等。这些都有一定的合理性和现实意义。他也觉察到存在主义的一些不足，例如，存在主义过分强调自我设计的自由，过分注重个人的存在和孤独的个人体验，过分具有非理性主义倾向等。他强调在教育中要注意从人的生命的现实关系去探索人及其教育，注意社会对人的影响，重视理性的力量，从而对存在主义教育思想做了一些新的阐发，并期望以他的教育理论为当代西方社会重新调整年青一代的教育提供良策。

但是，从总体上看，波尔诺夫的教育思想主要是建立在现代唯心主义的精神科学的基础上，并有明显的折中主义色彩。因受到解释学的影响，波尔诺夫也在一定程度上过分强调语言在人与世界、人与人的关系中的意义，甚至把借助语言对世界的"理解"和"解释"视为人的主要存在方式。波尔诺夫也未能正确地看到社会经济结构、社会阶级关系对人的生命关系、人的道德、人的形成的真正制约和影响，因而也未能真正全面揭示人之形成的基础以及人的形成和教育的基本规律。

第四节 奈勒对存在主义教育思想的阐发

奈勒是美国教育哲学家。他曾任美国公立学校教师和私立学校校长、耶鲁大学教育学助理教授、美国教育总署拉丁美洲问题高级专家、加利福尼亚大学洛杉矶分校教育学教授，还兼任过美国教育哲学学会远西地区分会主席。他的主要著作有：《教育哲学导论》(1964年)、《存在主义与教育》(1964年)、《教育人类学》(1965年)、《教育的逻辑与语言》(1966年)、《教育与经济思想》(1968年)、《教育与科学头脑》(1971年)、《现代教育思想运动》(1984年)等。

奈勒强调哲学对教育的重要意义。他认为，教育的一切主要问题，在实质上都是富于哲理性的。例如，什么是作为教育对象的人的本质，什么是教育在其中进行的社会的本质，什么是教育所应该取向的道德生活，什么是一切知识所力求透彻理解的实在等，都与哲学有密切关系。不同的哲学往往提供不同的教育概念和教育定义。

奈勒评析了各种传统的教育哲学和现代教育理论。他强调说，存在主义和分析哲学"对现代教育思想和实践的批判是如此犀利，以致我们不能忽视它们。而且，随着时间的推移，这两种学说无疑会变得越来越重要"[1]。他对存在主义怀有特别的兴趣和倾向性，并对存在主义的教育观点做了全面的阐发。他不仅是较早将存在主义引入美国教育领域，从而成为促成存在主义教育思想在美国流传的先驱，而且也是美国存在主义教育思想的重要代表人物之一。

---

[1] 转引自陈友松主编：《当代西方教育哲学》，杨之岭、林冰等译，101页，北京，教育科学出版社，1982。

一、论教育的本质和目的

奈勒强调指出，在存在主义者看来，人的存在先于他的本质，人是在存在的过程中创造他自己的。"人的存在的基本特点是他的绝对自由，这种自由绝不可以受宗教、政权、学说或另外一个人的压制而被否定。简言之，人决定他自己，并且生来是自由的主体。""一个人成为什么样的人，要由他自己负责……一个人是借助于选择所制造出来的。"①

对于存在主义这种强调"绝对自由""自我选择""自我创造"的观点，奈勒认为，它重新唤起了人对自己的关注，它为教育带来了新的人道主义精神，它要求必须以有思想、有感情的个人为起点来研究教育。

奈勒认为，现代社会以大规模的科学技术为基础的大工业生产和经济运作严重地压制人性，使人更为异化，使人的生活成为生长与衰退、欢乐与悲剧、生与死的混合物。面对人生的这种种困扰，应怎样理解和确定教育目的的取向呢？

奈勒指出，在存在主义者看来，"以幸福为目的的教育"是一种危险的教育。因为在人的现实生活中，没有痛苦就不可能有幸福。教育应该是让学生认识真实的生活，鼓励学生勇敢地去接受生活的磨炼甚至是痛苦的体验，帮助学生树立用自己的努力去争取幸福的信念和决心。而"以幸福为目的的教育"却以幻想去教育人，只向学生描绘生活的美好，引导学生脱离现实地去追求幸福，而不教育学生去面对现实生活的痛苦，因此它是不可取的。

奈勒认为，存在主义也反对以适应为目的的教育。按他的话说，"'教育即适应'是一个有害的口号。适应就是接受事先捏造或预先注定的事物"②。在奈勒看来，"存在主义排除了三种传统观念，即教育首先是为了使文化遗产

---

① 转引自陈友松主编：《当代西方教育哲学》，杨之岭、林冰等译，102、108 页，北京，教育科学出版社，1982。

② 同上书，103 页。

永存而建立的社会机构；教育是传递永恒真理的途径；教育是使青年适应于
民主社会生活的工具"①。这三种传统观念的实质，就是强调教育的社会功
能，忽视了教育对个人自由发展的功能。根据这些教育观念培养出来的人绝
不是个性自由发展和具有创造性的人。奈勒诘问道："人类历史上的伟大创造
是很好地适应于环境的人所创造的呢？还是那些孜孜不倦的思想家——渴望
充分实现(人类才能和性格特点)的有叛逆精神的人所创造的呢?"②事实证明
是后者。因此，奈勒认为必须取代这些教育观念，应该"让教育为个人而存
在，让教育教给个人自发地和真实地生活，正如他自己的本性所要求他那
样"③；教育应当"帮助每一个人去做一个对自己负责的人，并且帮助他不顾
公众的压力去过自己的生活，并且做出自己的决定"④。奈勒还说："真正的
自由和个人的独特性的坚决的肯定是存在主义为今日的教育哲学提出的动人
的使命。"⑤为此，学校教育必须鼓励学生个性成长的自由性与创造性。

奈勒的上述教育观点，显然是对那种片面强调教育社会化功能，强求学
生同一化、标准化，忽视学生个人独特性的教育的强烈批评和否定，有其积
极意义。但他把个人自由发展和有目的的教育与个体社会化对立起来，便又
陷入了个人"自我生成"论。

二、论知识教学

奈勒基于教育应促进个体自我生成的观点，认为知识主要是使人从无知
和偏见中解脱出来，更好地认识外在事物和他自己，给人带来自由。学校必

---

① 转引自陈友松主编：《当代西方教育哲学》，杨之岭、林冰等译，235 页，北京，教育科学出
版社，1982。

② 同上书，103 页。

③ 同上书，235 页。

④ 同上书，103 页。

⑤ [美]奈勒：《存在主义与教育》，见[美]白恩斯、白劳纳编：《当代资产阶级教育哲学》，瞿
菊农译，105~106 页，北京，人民教育出版社，1964。

须完全修改它对知识的传统看法，"既不应当把各科教材，也就是编纂成帙的知识本身看成是目的，也不应当把这些教材看作为学生谋求职业出路做好准备的手段。反之，应当把这些教材用来作为自我发展和自我实现的手段"①。在奈勒看来，教学不应只是为了掌握教材或知识，也不要成为某种职业训练，更重要的是通过教学促进学生的发展。

为了使教学成为有助于学生自我发展的手段，奈勒认为教师在教学过程中不可使学生受教材的支配，而应让学生成为教材的主宰，应当让一个正在成长的人自己去思考，去领悟真理。例如，学习牛顿的运动三大定律，必须让学生自己去发现这些定律的正确性，并将所获的认识融入自己的世界观。

为了使教学有助于学生人格的发展，奈勒强调："课程的全部重点必须从事物世界转移到人格世界。"②为使教学不但有益于学生的心智训练，还有助于学生整个人的形成，知识教学必须与学生的情感相联系。因为人不仅是理智动物，也是感情动物。只接触"纯粹客观的"知识而不接触知者的感情，这对于他是没有决定意义的。所以教师应当鼓励学生无论学习研究什么，在理智上和感情上都要结合着整个自我，使知识更完全地与他自己的本性合拍。

关于教学内容，奈勒认为："重要的科目是个人能从中得到自我实现，并且能从中认识世界的那种科目。"③但对不同的学生也应体现差异。对有些学生来说，重要的科目是自然科学，而对许多学生来说，历史、文学、哲学或艺术是更为重要的科目。

为了防止知识教学阻碍学生整个内心生活的成长，奈勒认为，学习的专业不宜分得太细，狭窄的专门化会降低人的重要性。他强调"学自然科学的学

---

① 转引自陈友松主编：《当代西方教育哲学》，杨之岭、林冰等译，113 页，北京，教育科学出版社，1982。

② ［美］奈勒：《存在主义与教育》，见［美］白恩斯、白劳纳编：《当代资产阶级教育哲学》，瞿菊农译，112 页，北京，人民教育出版社，1964。

③ 转引自陈友松主编：《当代西方教育哲学》，杨之岭、林冰等译，117 页，北京，教育科学出版社，1982。

生必须继续地学习人文学科以防止他的心灵和同情变得狭窄"①。他还提出专门化应尽可能多地人性化，使人成为他的专业的主人。

三、论道德教育

奈勒认为，一切价值的第一原则和道德的基础是人的选择，不是自由选择的价值是没有价值的，任何道德体系的目的都应当是扩大所有人的选择的自由。一种道德行为可能是为行善而行善，也可能是自觉的、有目的的。道德教育的任务就在于帮助学生将他自己所确定的目的或者从团体或社会吸取的目的变成他的目的，使其在任何情况下都作为自己行动所要追求的目标。因此，道德教育不应该使学生接受被认为是永恒的道德原则，"教师不应当把他的价值强加于学生，而应当提出他所信奉的一些原则以及这些原则的理由，告诉学生自己选择是接受还是不接受"②。在奈勒看来，道德教育的焦点是引导学生学会自由选择。

然而，奈勒在强调自由选择的同时，又指出，每一个人都必须对自由的行动负全部责任，人们不应当只寻求自己的自由而不顾自己的行为对他人的影响。现实社会中的任何一种自由选择都是在某种特定情境、人际关系中的行为，都不可避免地对他人产生某种后果，都必须对这种后果负责。自由与责任是相互依存的。因此他主张教师应同时重视自由与责任的教育，应当明确地告诉学生，各人的生活是他自己的，任何旁人都不能替代，他要对于自己将要成为什么样的人负责；应当教育学生形成自主、自尊和自责的品质。

为此，奈勒认为应重视自由与纪律的关系的教育。他反对教师简单地把纪律强加于学生，主张教师应只要求每个学生接受在他看来对其本身有价值

---

① ［美］奈勒：《存在主义与教育》，见［美］白恩斯、白劳纳编：《当代资产阶级教育哲学》，瞿菊农译，117 页，北京，人民教育出版社，1964。

② 同上书，112 页。

或者对于达到某种目的有价值的那种纪律。在自由与纪律的问题上，他认为正确的答案应当是：既不是压制，也不是无政府状态。

教育学生正确地对待生与死，也是道德教育的一个重要课题。奈勒认为，初看起来似乎死亡与教育没有关系，其实，只有死亡的思想才使我们真正理解生活的价值，从而珍惜生命，不让自己堕入不健康的幻想之中。因此，学校教育要帮助学生领会到死亡之不可避免甚至为了某种目的而值得死亡，要引导学生检查自己的生活品质，这关系到是作为一个自由人而充实地生活，还是只满足于作为一个生存者。死亡教育也就是生命意义的教育，是最深刻的道德哲学的教育。

自由、选择、责任、纪律和死亡的教育，构成了奈勒道德教育思想的基本内容。这是与他重视个人人生问题的存在主义思想相一致的。

四、论师生关系

奈勒反对传统的师生观，认为实在论者将教师视为知识的灌输者，实用主义者视教师为指导学生解决疑难的顾问，唯心论者则将教师作为学生仿效的人格表率等，都是不恰当的。他主张，应根据教师的主要任务在于引导每一个学生走向自我实现这一观点来建立新的师生观。

奈勒甚为赞赏布贝尔在《我与你》一书中对人与人的关系特别是有关师生关系的论述，甚至认为应将布贝尔的这一著作作为一切真诚献身于教育事业的工作者的必读书。他说，正如布贝尔所指出的，一切教育教学工作都应当是一种"对话"关系，师生互为主体，他们之间应是平等的"相遇"，相互信任，又互不迁就。只有在这样的师生关系之下，教师才不仅向学生传道授业，而且能对学生的自我实现给予深刻的影响。

基于上述师生关系，奈勒强调在教育方法上，教师应注意以下要点。

第一，一切教育和教学都必须立足于对学生自我发展、自我实现的引导。

儿童本性上就是"先驱者""开创者""发明者",真正有才能的教师就是要机智地选择实现教育教学目标最合适的方式方法。

第二,必须反对只注重一般与典型,或只强调同一化和标准化,用团体精神去压制个人,而应当容许在教育方法和教育组织形式上有更多的差别,以适应无限多样的儿童个性。奈勒甚至认为,如果学校教育做不到这一点,那么学校就应当被撤销。

第三,不应完全排斥集体教育。依靠集体进行教育的方法也是可以采用的,但必须明确集体教育的目的是教育个人,应促使个体通过集体、利用集体以获得他自身的生成。

第四,父母不得放弃教育后代的责任而把孩子的教育完全推给学校。而且,在家庭里孩子总是被作为一个个的人来看待,这是在学校课堂里的集体氛围中难以做到的,所以家庭应当成为比它现在更大的教育力量。

第五,苏格拉底的启发式教育是理想的教育方式,因为教师运用这种方式向学生提出问题可推动学生自己思考,使学生获得对他来说是真实的真理。奈勒认为,师生应当不断地相互提问。

第六,对于不守规则的学生,教师可以采用各种方式加以责罚,并指出其行为的错误之处,但不要看不起他,更不应该使他丢脸或受到同班学生的讥笑,使他失去自尊心和自信心。

第七,一个好教师对于他的学生们的影响将是直接的又是持久的。他应充分估计到教育工作的艰巨性,并依照自己的原则来思考、行动。他既要对自己的自由负责,也要为他的学生的自由负责。①

奈勒尽管也曾批评存在主义对科学、对社会不够重视,但总的来说,他对存在主义是十分赞赏的。他曾颇为感慨地说:

---

① [美]奈勒:《存在主义与教育》,见[美]白恩斯、白劳纳编:《当代资产阶级教育哲学》,瞿菊农译,110~116页,北京,人民教育出版社,1964。

　　我越是考虑到今日公共教育的混乱情况，我就越发深信存在主
义者指示了改革教育的道路。我们的儿童像羊群一样被赶进教育工
厂，在那里无视他们独特的个性，而把他们按同一个模样加工和塑
造。我们的教师们被迫，或自认为是被迫去按照别人给他们规定好
的路线去教学。这种教育制度既使学生异化，也使教师异化了。现
在已经到了要改善的时候了。①

　　因此，奈勒力图全面阐发存在主义教育思想，推广存在主义教育思想，
并希冀教师能够培养一批有个性的学生，有朝一日他们就能开始再造文明。
然而，奈勒也像其他存在主义者一样，虽对当代西方学校教育的许多弊病提
出了尖锐的抨击，并强烈要求改革教育，在美国有一定影响力，但他的教育
思想也是以极端个人主义为基础的，不可能真正成为解决西方学校教育中诸
种困境的良策。

第五节　存在主义教育思想评述

　　存在主义教育思想，作为一种现代西方教育思潮，它的产生和流传都有
其社会历史背景和教育实践的基础。存在主义哲学家和教育家针对时弊所提
出的各种教育观点和教育理论中，显然具有许多富有积极意义的因素。其中
最为重要的有以下几点。

一、尖锐批评西方现行学校教育的弊端，要求进行教育改革

　　在存在主义者看来，学校被作为一种社会制度，它在现代生活里的重要

---

　　① 转引自陈友松主编：《当代西方教育哲学》，杨之岭、林冰等译，120 页，北京，教育科学出
版社，1982。

职能，是把它所服务的社会的信仰、希望、行动、善恶，在每一个人身上再创造出来。这样的学校，其实并不只是一种社会制度，也是一种"个人的"制度，即一种为个人而设立的制度。在这样的学校里，基本上是通过统一化、标准化、机械化的教育和学习过程，向学生传授文化知识、灌输道德规范或予以职业训练，使他们"埋葬"于"社会化"之中，以适应社会生活，但却剥夺了学生自我活动的空间和时间，漠视了他们的个人独特性，压抑了他们个性的自由发展。这是学校教育的最大缺点和错误。因此，他们对这种学校教育给予尖锐抨击，并强烈地要求进行改革。正如奈勒所指出的，存在主义排除了传统观念，而"取代这些观念的，是让教育为个人而存在，让教育教给个人自发地和真实地生活，正如他自己的本性所要求他那样"①。

二、强调教育的主要目的应是为每一个具体的个人服务

存在主义者强调，教育必须以"人的存在"和"人的生成"为立足点，帮助人意识到他的环境条件，促进他顺利地投入具有重要意义的生存中去，养成他对待生活的正确态度。首先，教育的重要目标是发展人的自我意识，包括生存意识、自我独特意识、自我创造意识。奈勒曾说："对真正的自由和个人的独特性的坚决肯定是存在主义为今日的教育哲学提出的动人的使命。"②在存在主义者看来，人的自我意识对一个人的自我本质的实现具有决定性意义。其次，培养人具有自由地、合乎道理地做出自我选择的能力。存在主义者认为，对任何人来说，存在是基本的价值；而对每一个人来说，与他个人的环境密切相关的事物最为重要。如果一个人允许社会或社会的任何机构把各种价值强加于他，那么这个人就失去了真实性和人性。因此，学校教育要告诫

---

① 转引自陈友松主编：《当代西方教育哲学》，杨之岭、林冰等译，235 页，北京，教育科学出版社，1982。

② [美]奈勒：《存在主义与教育》，见[美]白恩斯、白劳纳编：《当代资产阶级教育哲学》，瞿菊农译，105 页，北京，人民教育出版社，1964。

学生，一切幸福都来自自己的选择和创造。学校要为学生提供自由、合乎道理的选择机会，要鼓励和帮助每一个人自由地决定自己的选择，鼓励和帮助每一个人自由地成为他自己。最后，发展自我责任感。存在主义者强调自由，甚至认为"人就是自由"，尤其是强调每个人都有自我选择的自由，这是他们基于对无视人的尊严和自由甚至任意绞杀人的自由的抗争。但有些存在主义者也认为，人的"存在"和"生成"离不开世界和社会，"教育正是借助于个人的存在将个人带入全体之中……如果人与一个更明朗、更充实的世界合为一体的话，人就能够真正成为他自己"①。因此，每一个人在充分地行使自由时，都必须考虑自己与世界的关系，必须对自己的行动负责，应是自由与责任携手并存，具有高度的自我责任感，只有这样，个人才能与世界"合为一体"，并真正地实现他自己。

三、注重品德教育和人文学科的学习

存在主义者重视品格教育，而他们所谓品格，是指一个人的行动是出于他的整个品质。他的特点就在于，他是按照向他这个积极主动的人进行挑战的每一情境的独特性而做出反应的，是介于一个人的本质与他外表之间的特殊纽带。品格教育实际上也就是品德教育。在某种意义上说，存在主义几乎把品德教育视为教育的唯一内容，因此它也要求学校修改其对知识的看法。

存在主义教育家一般不赞成以学科为中心的教学。他们认为，各种教材本身没有价值，学生不论学习什么东西，都应将其作为个人借以自我发展和自我实现的手段。但这并不意味着存在主义教育思想完全否定知识教育。有些存在主义者甚至主张应学习较广的知识，如雅斯贝尔斯在《现代人》中说："在一切情况下或一切行业中的活动都需要精通关于事物和人类自己的专门知

---

① ［德］雅斯贝尔斯：《什么是教育》，邹进译，54 页，北京，生活·读书·新知三联书店，1991。

识。但是只精通一门知识还不够,因为这种知识是否有意义要取决于据有这种知识的人。"①而为培养这样的人,他们认为,课程的全部重点必须从事物世界转移到人格世界。在他们看来,人文学科更有助于人们认识人的生活、人的世界和人的本质。因此,他们主张其他专门化课程也必须实现尽可能多的人性化。

四、主张个别的、民主的、"对话"式的教育和教学

存在主义教育思想认为,以教师为中心的团体教学形式实际上抑制和阻碍个人的发展,应该代之以个别的、民主的、"对话"式的教育教学方法。而这些方法的有效运用,必须确认教师和学生都是独立的自由人,应以师生之间的相互信任和自由、平等为前提,以充分发挥学生的主体性为条件,注意学生的个性差异。正如莫里斯所说的,对存在主义来说,现在所要求于我们的,就是要把学生"从他在学校里所接受的社会控制的重压下解放出来,并使他感到学校固然是社会全体的学校,但同时它也是个人自我的学校"②。

存在主义教育思潮对现代西方学校教育之弊端的揭示和批判,对改革教育的强烈要求和建议,对于提高人们对改革教育的认知和迫切感,激发人们积极支持和参与教育改革,都具有不可否定的意义和启迪。

但是,存在主义教育思想也显然存在严重的局限和片面性。

其一,存在主义教育思想家在考察和评析人的存在、人的本质、人的成长、人的教育教学等问题时,都由于受到存在主义哲学的影响,而显露出其主观唯心主义、非理性主义、极端个人主义的色彩。从总体上看,存在主义教育思想家主要是从"人性论"、极端个人主义来看待人及其生成,因而他们

---

① 转引自陈友松主编:《当代西方教育哲学》,杨之岭、林冰等译,115 页,北京,教育科学出版社,1982。

② 瞿葆奎主编:《教育学文集·教育目的》,514 页,北京,人民教育出版社,1989。

并未对人的本质以及人的成长和发展的实际和规律做出真正全面的揭示和科学的论述，这也就使他们在具体阐述重要的教育问题时，不免陷于主观化、片面化、绝对化的缺失。

其二，过分强调人的本质就是自由和个人的自我实现。存在主义教育思想对西方传统教育的制度化、标准化、划一化提出尖锐的抨击，也指出美国进步主义教育的工具性缺陷，强调学校教育要重视人的生成、人的个性发展、人的自我实现，这有其积极的意义。但是，有些存在主义教育思想家却把个人的发展与教育和人的社会化对立起来。忽视个体的自由、个人的发展，不可避免地要受制于一定的社会条件和社会生活过程；忽视人是社会性的，不存在绝对的个人自由和所谓"自我实现"。存在主义教育理论过分强调"个体"的价值和"自我实现"，这不仅是不现实的，而且将把人的教育引向另一错误的极端。

其三，存在主义教育思想过分低估甚至否定学校教育。一些存在主义者认为现有的学校教育完全根据社会的需要，把培养学生适应社会作为其首要目的，而且采取教育的制度化、标准化、组织化等手段，强制性地将学生社会化，因此，他们对这种忽视学生个体自由发展的教育提出激烈的抨击，并要求进行教育改革。应该说，这是可以理解的。但是，他们却由此一般地否定制度化的学校教育，甚至完全否定学校必须依据一定社会的要求施行相应的教育，发挥学校教育对社会的积极作用，则显然是一种绝对化的偏激。

其四，存在主义教育思想认为，教师在教育中只需帮助和督促学生对所读、所听到的每一种知识进行独立思考、提出问题，只应该是促进学生获得自我实现的人。存在主义者虽不完全否定教师的作用，但他们实际上是贬低了教师在教育教学过程中应有的主导作用。

此外，存在主义教育思想还表现出过分漠视自然科学的教育和学习，过分漠视人的智能的培养等观点。

正是由于存在主义教育思想的极端个人主义色彩以及它的偏激性和片面性特点，它的实际意义和影响是有限的。正如有的评论者所指出的："显然，以存在主义为基础的学校和教育制度，实际上是不可能有的。实际上可能有的是存在主义流派的教师或学生个人，这种人强烈地反对那种否认他个人自由的势力。"还有人甚至说："从六十年代到现在，存在主义的影响在人们心目中只是各种革新计划及各种停留在文字上的资料。"①这意味着存在主义教育思想在实践上的影响微乎其微。因此，它到 20 世纪 70 年代后便逐渐衰落了。

---

① 转引自陈友松主编：《当代西方教育哲学》，杨之岭、林冰等译，231、234 页，北京，教育科学出版社，1982。

第七章

分析教育哲学

分析教育哲学是将分析哲学的原则和方法应用于教育领域而形成的一种学术性教育哲学思潮。它将严格的概念和命题分析作为教育哲学的根本任务，力图通过"清思"活动澄清教育领域混乱不堪的思想和观念，消弭教育理论和实践中漫无休止的学术和概念之争，提高教育理论科学化的水平和教育实践的效率。

第一节　分析教育哲学的产生

一、分析哲学的兴起与基本信念

分析教育哲学是在分析哲学的直接影响下形成的。虽然哲学中概念分析方法的使用最早可追溯到古希腊时期的哲学，但真正意义上的分析哲学则产生于 19 世纪末 20 世纪初。在 20 世纪上半叶，分析哲学是西方最主要的哲学思潮之一。

分析哲学经过长期的发展，历经了种种变化，产生了许多派别。实际上，它是一个流传甚广、极为庞杂的哲学思潮，包括逻辑原子主义、逻辑实证主义(后发展为逻辑经验主义)、逻辑语义学、实用主义分析哲学(新实用主义)、批判理性主义、普通语义学、日常语言学派等分支派别。其中,逻辑实证主义和日常语言学派对教育的影响最大。

逻辑实证主义产生于20世纪20年代,以罗素、(前期)维特根斯坦(L. J. J. Wittgenstein)和维也纳小组成员为代表。其基本主张可概括为以下三点。

第一,实证是基本原则。实证原则声称:一个论断或陈述只有在它能从经验上被证实时才有意义,不能直接证实的命题须由已被证实的命题的演绎进行间接证实。传统哲学中有关世界本质、人类本性等一类陈述是无法被证实的,因而是无意义的陈述,应予以抛弃。

第二,哲学的任务是逻辑分析。哲学不是一个知识体系,而是一种"分析"活动,哲学的任务是通过对概念的意义和逻辑关系的检验,达到"清思"的作用。

第三,建立符号语言。应抛弃模糊、不确切的自然语言,建立类似于数理逻辑那样精确、理想的"符号语言",消除日常语言的含混、歧义,使语言的表述既清楚又有条理。

日常语言学派产生于20世纪30年代后期,五六十年代进入顶峰阶段。其主要代表人物是赖尔(G. Ryle)、摩尔(G. E. Moore)、(后期)维特根斯坦及"剑桥-牛津学派"。日常语言学派认为:

①哲学问题的产生在于语言的误用,哲学的根本任务是深入调查和详尽阐述日常语言的各种用法,使人们避免概念混淆。一旦澄清了语言,各种哲学争论都将烟消云散。

②哲学不是一种理论或体系,而是"诊断"或"治疗"语言的活动。

③语言具有多种功能,必须从人们的社会交际中研究语言的不同作用。

④语言与人们的生活方式密切相关,生活方式的多样性决定了语言用法

的多样性，不能脱离语言活动和语境来谈语言的意义。

⑤意义问题是语言的中心问题，词所代表的对象不是意义，词的意义在于其用法，语言的意义是相对的。

值得一提的是，对分析教育哲学"伦敦学派"影响较大的维特根斯坦后期提出的"语言游戏说"和"生活形式论"的基本内容大致体现在第4点和第5点中。

逻辑实证主义和日常语言学派在对哲学的根本态度上是一致的，都要求将哲学作为分析检验概念和命题陈述的工具，只是在判断分析充分与否的标准上，逻辑实证主义强调实证原则和逻辑分析，日常语言学派则注重概念和命题陈述与日常语言使用的符合性。

分析哲学对传统哲学的根本否定和彻底改造被称为哲学领域的"革命"，这场"革命"也深刻地影响了教育。分析哲学的两大派别都对教育理论和实践产生了重要影响。逻辑实证主义主要通过其对社会学、心理学、行为科学、程序教学和教育测量的影响，支持了教育的经验科学研究，并对西方教育理论自身的建设工作做出了贡献，其影响主要体现在方法论方面。日常语言学派通过分析教育实践中广泛使用的概念、术语，对教育产生了直接影响。相对于逻辑实证主义，日常语言分析派关注的教育问题更为广泛，持这一立场的教育哲学家也相对较多，因此，对教育的影响也更大些。

二、分析教育哲学的兴起和基本主张

分析教育哲学萌发于20世纪40年代，英国教育家哈迪(C. D. Hardie)率先用分析哲学的方法讨论教育问题。他在1942年出版的《教育理论中的真理与谬误》中说："由于存在着许多相互冲突的学说，教育理论的现状很难令人满意。本书的目的在于清除某些不同意见。"[1]他主张用严格的分析方法分辨

---

① C.D.Hardie, *Truth and Fallacy in Educational Theory*, London, Cambridge University Press, 1942, p.xix.

出教育中的争论究竟是事实材料的不一致，还是词的用法的不一致，抑或是情感爱好的不一致所引起的。

面对哲学中已经发生的"革命"，哈迪指出："我认为在教育理论领域内普遍采用同样的态度，现在是时候了……必须尽可能用最清楚的方式阐述每种教育理论，这样，就不允许用模棱两可的话来文饰那些隐藏的东西。"①哈迪在将分析哲学的方法应用于教育概念和理论的澄清方面取得了一定的成功，但在整个 20 世纪 40 年代，分析教育哲学还未形成气候，在强大的传统哲学面前显得势单力薄，哈迪先驱性的工作并未引起多大反响。

哈迪的教育思想直到 1953 年 12 月，谢夫勒(I. Scheffler, 1923—2014)向美国促进科学进步协会提交了一篇题为"建立一种分析的教育哲学"的论文后，才受到教育哲学界的广泛注意。从 20 世纪 50 年代开始，分析教育哲学进入了一个新的发展阶段。由布劳迪(H. S. Broudy)和普赖斯(K. Price)主编的论文集《教育哲学有多少哲学性》拉开了对教育哲学本质问题进行大讨论的序幕。《哈佛教育评论》1956 年秋季版专辑讨论了"教育哲学的内容和目的"问题，论者普遍主张教育哲学的任务不是提出实质性的教育准则，而是将分析哲学的方法应用于教育研究，对教育的概念、语言进行分析。由此，分析教育哲学迅速发展，于 20 世纪 60 年代至 70 年代初进入鼎盛时期，成为这一时期英美等国教育哲学流派中的主流思潮。从 20 世纪 50 年代至 70 年代，涌现出了一批颇有造诣的分析教育哲学家，如奥康纳(Daniel John O'Connor, 1914—2012)、谢夫勒、彼得斯(R. S. Peters, 1919—2011)、赫斯特(P. H. Hirst)、索尔蒂斯(J. F. Soltis)等。尽管分析教育哲学家的观点不尽相同，但他们的基本信念是一致的(代表后分析教育哲学的索尔蒂斯除外)。分析教育哲学的典型主张如下。

---

① C. D. Hardie, *Truth and Fallacy in Educational Theory*, London, Cambridge University Press, 1942, p. xix.

（一）教育哲学要抛弃形而上学和伦理学的命题陈述

分析教育哲学认为，传统教育哲学中大量的命题都属于价值判断，具有先验性假设的特点，是无法用确定的经验或科学实验证实的。教育哲学不应对诸如人性是什么、教育的本质是什么等一类形而上的玄学问题做出任何内容上的判断，也不应对以有关价值判断为基础的教育工作规定行动纲领，发出工作指令。教育哲学应善于将复杂的命题陈述还原为经验和逻辑上可以证实的原子命题，而不能仅对单个具体的教育概念进行语言形式上的分析。坚持逻辑实证主义立场的分析教育哲学家及"美国派"的分析教育哲学家大多持上述观点。不过，以彼得斯为代表的"伦敦派"的分析教育哲学家对形而上学和伦理学命题的态度和立场较为不同，他们一方面声称要坚持分析方法，另一方面又预设了先验的前定假设，有意无意地将自己的价值判断渗透到分析方法中。

（二）教育哲学的任务是对教育中基本概念和命题进行逻辑的和语言的分析

分析教育哲学认为，教育问题的纷争和混乱是语言的误解、误用和表达的不确切造成的，教育哲学家不应像传统哲学家那样致力于教育理论体系的建构，而是应用分析的方法对教育理论中的概念和命题进行检验。分析充分与否的验证标准有二：一是逻辑的标准，二是日常语言的标准。前者要求区分命题陈述的不同逻辑类型，考察逻辑陈述的连贯性，后者要求概念的意义要与日常语言的用法保持一致，这两个标准正是逻辑实证主义和日常语言学派的区别所在。

（三）教育哲学的作用在于澄清教育观念，解决教育分歧

分析教育哲学认为：拒绝形而上学和伦理学命题，对教育语言进行逻辑和语言的分析的目的，乃在于对教育似是而非、含糊不清的语言予以"澄清"，使人们对教育思想的表述建立在科学的、清晰准确的语言基础上，避免理解上的含混和无谓的争论。为此,除对教育理论陈述进行逻辑上的考察外,分析教育哲学对大量来自教育实践的术语、概念、口号和隐喻进行了严格的分析。诸如"教育""教学""知识""学习""课程""训练""灌输""发展""需要""兴趣""以儿童为中心""教儿童而不是教教材""人文学科""学术自由""教育阶梯""多轨课程""学习的控制"等,均在分析教育哲学家的分析视野之内。

三、分析教育哲学产生的动因

分析教育哲学在 20 世纪 60 年代至 70 年代成为英、美等西方主要国家教育哲学的主流思潮是有其特定的社会历史背景的。

首先,分析教育哲学的兴起是分析哲学直接推动的结果。分析哲学是西方科学主义思潮的产物。近代以来,西方自然科学的迅猛发展以及它在运用经验方法发现新知识方面的连续突破,促使人们开始在哲学上概括其成就,对其方法论予以总结推广。19 世纪中期,第一代实证主义哲学的产生就是以自然科学方法论改造哲学和社会科学的结果。而分析哲学正是实证主义发展到 20 世纪出现的一种新形式。从历史上看,由于教育自身的特性,几乎每一种新的哲学思潮的产生和发展都会触发教育新理论、新观念的诞生。

实际上,分析教育哲学的历史发展进程最初就是由非教育领域的分析哲学家们[如赖尔、黑尔(R. M. Hare)、史密斯(H. N. Smith)、布莱克(M. Black)、霍斯帕斯(J. Hospers)和佩里(R. B. Perry)等]开启的。他们所做的语言分析为分析教育哲学以后的工作提供了示范。尤其是赖尔在《心的概念》(The Concept of Mind)一书中所做的精辟论述,更是日常语言学派的分析教育哲学的典范。

其次,教育理论的自身矛盾和内在需要是分析教育哲学产生的内在动因。传统教育哲学的许多命题陈述往往立足于传统哲学的基本信念,各种教育理论无不以各自对有关"宇宙本质""人类本性"等形而上学命题陈述的理解,演绎出自己的一套理论体系，使用的概念、术语、命题都未经过严格的检验证实。应当承认，各派教育理论间的冲突、对抗的确有一部分是由教育语言概念模糊、逻辑不清造成的。尤其是在 20 世纪 30 年代至 60 年代，各种教育理论间的纷争已到了白热化的程度。

这一阶段，建立在传统规范哲学基础上的各种教育思潮异彩纷呈，进步教育、要素主义、永恒主义、新托马斯主义、改造主义、存在主义、结构主义、新行为主义等，都在教育理论的舞台上扮演着重要的角色。各个流派(行为主义除外)都在自己规范哲学的基本信念下，使用大量未经科学鉴定的术语、概念和命题陈述各自的理论，彼此间相互攻讦、相争不一，形成了教育理论流派众多，广大教育工作者莫衷一是、无所适从的局面。教育理论这一自身状态迫切需要一个能够消弭纷争的"仲裁者"出现，分析教育哲学正是在这种情况下，以"价值无涉"、客观公正的清新姿态在众多教育思想流派中异军突起，其独特的方法论和研究视角使其他教育理论流派黯然失色。

最后，除上述根本原因外，分析教育哲学的兴起与教育家和教育工作者在混乱的教育理论面前撇开对传统哲学的系统学习和思考，直接关注实际教育情境或实际问题的务实态度有关。以美国为例，当时许多教育家并未系统学过传统的认识论、伦理学和美学，他们侧重学习的是师范学院专门研究教学过程和课堂实践之类的课程，目光集中于解决教育的实际问题。传统的教育哲学热衷本体论、追求体系化的倾向使它自己远离了教育实践。在这种情况下，分析教育哲学提出哲学不是深奥难懂、高高在上的知识体系，而是帮助教育工作者辨明教育实践中所遇到的大量概念、命题的"清思"方法和工具，自然对广大教育实践工作者和教育家是有一定的吸引力的。

本章限于篇幅，在分析教育哲学的诸多代表人物中，只对奥康纳、谢夫勒、彼得斯和索尔蒂斯加以介绍，这四个人物的教育思想也大致反映了分析教育哲学作为一种教育思潮从兴起到衰落的发展历程。

第二节 奥康纳的教育思想

奥康纳是英国著名的分析教育哲学家，1933 年毕业于伦敦大学，曾任英国北斯塔福省大学、利物浦大学和爱塞特大学哲学教授。其主要著作有：《教育哲学引论》(1957 年)、《教育哲学新论集》(与他人合编，1973 年)等。

奥康纳与早期分析教育哲学的先驱哈迪一样，从逻辑实证主义的立场关注教育理论的建设问题。他力图按严格的自然科学意义上的科学标准对教育理论进行分析，框定教育理论的性质、教育与自然和社会科学的关系及教育理论在其中的地位。虽然他也对教育中某些重要概念进行分析，但他关注的重点是教育理论陈述逻辑问题。

一、关于教育理论的性质

关于教育理论的性质，奥康纳首先以严格的自然科学理论模式的标准，对"理论"一词做了界定。他说："从理论这个词最严格的意义来看，一种理论乃是一个确立了的假设，或者，更常见一些，乃是一组逻辑地联系着的假设，这些假设的主要职能在于解释它们的题材。"①其后，他又对"假设"做了更严格的限定修饰，为"理论"一词下了更精确的定义："理论是可以由观察来验证的一套有相互逻辑联系的假设，并且具有更深层的性质，既能驳斥又可解释。"②

在奥康纳看来，理论的功能在于对现象进行描述、解释和预测，其验证标准是经验的可证实性。奥康纳严格区分了三种不同类型的理论陈述的逻辑系统，指出它们是"需要用完全不同的方法加以证明"的。

---

① 王承绪、赵祥麟编译：《西方现代教育论著选》，478 页，北京，人民教育出版社，2001。
② 赵祥麟主编：《外国教育家评传》第 3 卷，772 页，上海，上海教育出版社，1992。

第一是形而上学的陈述。它是关于"似乎同教育有重大关系"，却"从来没有被任何认可的论证过程证明过"的有关"人性""神性"等一类信念的陈述。这类陈述在教育中被接受的原因在于它们已经是被人信服的一种哲学或神学的重要部分。换言之，形而上学的陈述在教育中被接受是盲目、无条件和不经批判的。

第二是价值判断的陈述。奥康纳指出，在任何教育制度中，价值判断是不可避免的，流行的教育口号诸如"自然教育""民主主义教育""机会均等""公民教育"等都隐含着价值判断。分析教育的任务就是要将这种隐含着的价值判断鉴别出来，将之转化为某种经验陈述加以证实或驳斥。虽然要证明一个价值判断是一个非常麻烦的哲学问题，但没有明确表达、未经诊断的价值判断往往是造成理解混乱的根源。理解这一点，至少可以不会对它们变得武断或狂热地相信。

第三是经验性的陈述。这种陈述能用可观察到的事实的证据来证明。一般有两种类型：一种是对教育实践的建议，是对教育实践的好像合理的解释，"多少是解释有效实践的敏锐的推测"[①]。这类陈述在心理学成为一门实验科学之前的教育学说中大量存在，如赫尔巴特的观念心理学、裴斯泰洛齐的直观教学理论等。奥康纳认为，这种类型的陈述体系也不是严格意义上的理论，虽然它们在实践方面已获得了巨大的成功，然而从逻辑上说，实践的成功以及对它的解释并不等于理论的正确。

在奥康纳看来，科学的理论来自实验而不是实践，建立在实验基础上的经验性陈述要求确立可靠的能被证明的假设，以预言结果并解释控制过程，只有这种意义上的经验性陈述才是科学的理论陈述。他认为，科学心理学的创立和发展已经在一定程度上为教育理论无须依赖实践创造了条件。符合科

---

① [英]奥康纳：《教育理论是什么》，见瞿葆奎主编：《教育学文集·教育与教育学》，482 页，北京，人民教育出版社，1993。

学理论标准的心理学实验成果，在奥康纳看来主要是有关知觉、学习、动机、智力的性质及其分布和发展的。不过，奥康纳指出，建立在实验基础上的心理和教育方面的经验性陈述，在解释能力上是不及自然科学理论的。例如，心理学中发展最快的学习理论，有关"人类学习和动物学习的过程已经用实验方法很彻底地研究过了……但是还没有凝结成一个单一的、全面的理论"。"没有一个学习理论完全符合事实而排除所有和它竞争的学习理论……在关于人的科学中，即使最好的理论样板和支持它们的事实联系，也不及自然科学中的理论那么紧密。"[1]

根据上述三类理论陈述的逻辑标准，奥康纳对西方教育理论的现实状况进行了考察后指出：西方传统的教育理论往往把形而上学陈述、价值判断陈述和经验性陈述混杂在一起，教育理论变成了"各种陈述的极其复杂的混合物"，就像"智慧的色拉"或大杂烩，既不能被证实，也不能被驳斥，无法证明它们从一种陈述推演到另一种陈述的逻辑关系的合理性。因此，奥康纳说："'理论'一词在教育方面的使用一般是一个尊称。只有在我们把心理学或社会学上充分确立了的实验发现应用于教育实践的地方才有根据称得上理论。"[2]

二、关于教育理论的基础及地位

奥康纳详细分析了"教育"一词，指出"教育本身并不是一种科学。说得恰当一些，教育乃是由一个共同目的联系起来的一整套实际活动，但是这种活动往往在某种科学理论上有着它们的理论依据"[3]。

他将教育实践活动与医学或工程方面的实践活动进行了比较，认为医学本身也跟教育一样不是一种科学，医学自身的目的在于防病治病，而不在于

---

[1] 王承绪、赵祥麟编译：《西方现代教育论著选》，493页，北京，人民教育出版社，2001。
[2] 同上书，493页。
[3] 同上书，478页。

增进知识。但医生为有效地行医，必须具备与他们工作有关的科学知识。具体来说就是有关人体生理结构及其功能的科学知识（如解剖学、生理学等）。奥康纳认为，医学知识的生长点大多是在纯粹科学，即在物理学、化学和生理学方面，而不在门诊室和手术室的日常活动中。设计制造医用器械的医学科研工作者即使在医术上并不合格，可他们仍拥有专业的科学知识，实际上这类人多半是纯粹的科学家。这也反过来说明了医学实践所需的理论知识不是来自实践，而是来自生理学、解剖学等自然科学。

奥康纳进一步分析了工程实践后指出，在工程实践方面，没有理论知识方面的发展、突破，就不可能有实践上的长足进步，"如果今天数学和物理学知识并不比三百年以前多，我们在实际上就不会有区别于历史上其他时代的19世纪和20世纪的一切机械上的进展"[1]。当然，奥康纳承认，古代和中世纪也有医生和工程师，他们在实践上的成功甚至可以超过它的理论基础，但他们的技能和知识是建立在实践过程中"尝试-错误"的经验上，而不是或很少是建立在经过实验证实的发现上。古代医生的知识就含有很多的迷信和胡说八道，他们的工作范围和工作效率不可估量地低于近代的医生和工程师。

在奥康纳看来，20世纪的教育还处于17世纪和18世纪的医学和工程学的水平状态，这是因为医学和工程学实践所赖以发展的自然科学的理论基础已有了长足的进步，而教育实践所需的社会科学或人的科学的理论基础依然薄弱。虽然有关的社会科学方面已经有了一些进展，但到目前为止，进展还是缓慢的，更糟的是这些本来就不大的进展还没有恰当地在教育上加以应用。

奥康纳相信教育理论比心理学、社会学、经济学等社会科学理论更低一个层次；社会科学的理论是教育理论的理论基础。教育理论的科学水平有赖于作为其基础的社会科学的发展状况。遗憾的是，与自然科学相比，社会科学理论的科学发展水平还较为有限。在比较了自然科学和社会科学差异的基

---

[1] 王承绪、赵祥麟编译：《西方现代教育论著选》，479页，北京，人民教育出版社，2001。

础上,奥康纳分析了社会科学水平低且发展缓慢的原因有三点。

其一,自然规律和人类本性的规律有着巨大差异。人类行为和动物行为的规律性对一个观察者来说,大体的轮廓是清楚的,通过偶发的智慧和批判性的观察就能学到。这类知识虽然是非常有限、不准确、没有组织的,但它足以使我们成功地与别人共同生活并有效工作。例如,一个优秀的教师只要从通常的经验中对人性获得足够的知识,就能有效地进行教育工作。社会科学的这种状况使人们自满于这种层次上的知识,从而使真正的科学的理论知识的发展受到了阻碍;自然科学则不同,自然的规律大部分隐藏在事物表面之下,它不是通过漫不经心的观察所能把握的。在自然科学领域,要取得任何进展,都需要进行耐心的和有组织的实验,即观察必须在观察者所能控制并系统地加以改变的条件下进行,同时还必须接受观察者的假设的指导。

其二,社会科学可实验的范围是非常有限的。这既有研究道德方面的原因,也有技术上的原因,大规模地控制社会条件在技术上是困难的,因此,"在关于人的科学方面,在控制的条件下进行观察的可能性自然是有限制的"[1],只能通过比较的方法来研究,其效果要比系统的实验差得多。

其三,自然的规律有经久不变的特性,而有关人性的规律却较为复杂。人类本性的规律,在多半不够明确的程度上有赖于物理学、化学和生物学的规律,改变社会条件会使人类本性的一些特征显现出来,使过去隐藏的能力得以发展。人类本性规律的复杂性使社会科学的科学研究更加困难。

奥康纳在比较了自然科学与社会科学差异的同时,也指出了两者的联系。他认为社会科学与自然科学之间存在着明显的连续性,不可做出太严格的区分,因为人是自然的一部分,人的身体和自然的其他部分一样要服从物理学、化学和生物学的规律。

值得一提的是,奥康纳认为医学和工程学即使要达到小规模的效率,也

---

[1] 王承绪、赵祥麟编译:《西方现代教育论著选》,486 页,北京,人民教育出版社,2001。

必须建立在自然科学的基础上；而教育，"只有当它的规模和复杂性已经增到这样的程度，以致对明智的观察者很明显的人类本性的规律证明不够作为理论基础，而需要用关于人的科学来补充或替代的时候，才要求有自然科学的基础"①。奥康纳在分析了现代教育的状况后指出，传统的教育方法已不会产生我们今天所欲寻求的结果了。因为现代社会的条件已发生了变化并对教育提出了更高的要求。古代的教育只培养少数人，而现代的教育则要面向全体儿童；古代的教师只需传授有限的知识技能，而现代的教师则必须相互协作，把全部现代知识传授给下一代，以保证这些知识的传递和发展；现代教师还必须使全体学生都达到足够的读、写、算水平，以使他们有效行使公民的基本职责，而不管他们的能力和兴趣的差异如何。现代教育的这种规模和复杂性，已对教育尽可能有效地应用关于人的科学知识提出了新的要求。

三、对"教育"和"教育目的"的分析

奥康纳认为"教育"一词具有广泛的含义："'教育'指的是：(a)传递知识、技能和态度的一套技巧；(b)旨在解释或证明这些技巧的运用的一套理论；(c)传递知识、技能和态度的目的中所包含和表达的一套价值观念或理想，用以指导所给训练的多少和类型。"②

在奥康纳看来(a)和(b)是用实证科学，特别是心理科学的方法来解决的问题，它们涉及事实问题，与哲学基本无关。最需要哲学帮助的是(c)，即价值问题。哲学在这类问题上的作用是表明问题何在及说明这些问题的特殊性质。

例如，关于教育目的，奥康纳建议暂定一个有关教育目的的清单，他在自己暂定的清单上列举的教育目的如下。

---

① 王承绪、赵祥麟编译：《西方现代教育论著选》，482 页，北京，人民教育出版社，2001。
② 同上书，470 页。

①教授最低限度的技能，包括读、写、算等，以使所有的人都能胜任日常事务。

②为所有的人提供能够使其自立的职业训练。在最简单的阶段，它与第一个目的是重叠的，但在技术复杂化的社会里，大量成熟的职业总是要求预先掌握相当的理论知识和实际技能。

③唤起人们对知识的渴望。奥康纳认为将这一点列为教育目的不是因为它们是提供增加利润、舒适或威信的手段，而是因为知识的获得和增长本身是有价值的。

④培养批判的精神。奥康纳认为，教育的根本目的之一就是使人们具有批判精神，没有严肃的和好问的精神的刺激作用，知识、道德和社会的进步就难以发生，至少只能缓慢地发生。批判的精神要求在将某种东西接受为合理的信仰之前，必须等待它的证据。

⑤对人类成就的赞赏。这一目的要求将人培养成对文学、艺术、音乐、科学和进步文明及其他最优秀成果有一定的知识和欣赏能力的有教养的人。

奥康纳指出，上述教育目的的提出，肯定会引起争论，这是十分自然的。列出暂定教育目的清单的目的就在于寻找哲学和教育之间的接触点，以使哲学在教育目的所包含的价值判断中发挥其分析与批判的功能，或进行辩护，或予以驳斥，最低限度可以使人"更加容易看出那些坚持某一特殊价值判断的人所主张的是什么，那些反对这一价值判断的人所否定的又是什么……只有当这些事情已经清楚之后，争论才能解决，如果能解决的话"[1]。

奥康纳虽没有对上述教育目的观进行具体分析、辩护和驳斥，但不可否认，他所进行的一些探讨，为他人进一步的研究做了有益的铺垫。

奥康纳严格的逻辑实证主义立场受到了来自传统的教育哲学和分析教育

---

[1] 华东师范大学教育系、杭州大学教育系编译：《现代西方资产阶级教育思想流派论著选》，421页，北京，人民教育出版社，1980。

哲学内部两方面的批评。前者侧重批评奥康纳忽视了教育理论与自然科学理论的本质差别，无视教育理论及人的理论的特殊性质；后者侧重批评他关于教育理论三种不同陈述逻辑的划分及合理性。

奥康纳以自然科学的理论模式为标准来衡量教育理论的科学性，这一工作本身是有意义的。但如果一味要求教育理论向自然科学看齐，则无疑是削足适履的做法，毕竟教育理论有着自身的特殊性，能否成为像自然科学意义上的"理论"是令人怀疑的。有学者说得好："至少就当前来说，教育中'理论'一词还是应当在其传统意义上使用，奥康纳意义上的'理论'概念，只有在教育研究充分科学化这一不太可能的情况下才会被使用。"①

第三节　谢夫勒的分析教育哲学

谢夫勒是西方当代著名分析教育哲学家，分析教育哲学"美国派"的重要代表人物。谢夫勒毕业于美国布鲁克林学院，后获宾夕法尼亚大学哲学博士学位。1952 年起任教于哈佛大学。他培养出了在分析教育哲学领域颇有造诣的学生(如彼得斯、索尔蒂斯等)，他们都对 20 世纪 60 年代至 70 年代的分析教育哲学产生了重要影响。谢夫勒的主要著作有：《教育的语言》(1960 年)、《理性与教学》(1973 年)等。

谢夫勒在分析教育哲学的发展中起着承前启后的作用。早在 1953 年他就指出："我想，现在已经到时候，作为教育哲学上的一次正当的和重要的研究，考虑如何把分析哲学应用到教育问题上了。"②正是他的《建立一种分析教

---

① G. F. Kneller, *Movements of Thought in Modern Education*, New Jersey, John Wiley & Sons Inc., 1984, p.143.

② 赵祥麟主编：《外国教育家评传》第 3 卷，775 页，上海，上海教育出版社，1992。

育哲学》(1953 年)的论文使得默默无闻的哈迪的思想受到教育哲学界的重视。1958 年，谢夫勒与他人一起主编了教育哲学论文集《哲学与教育》。1960 年又出版了《教育的语言》一书，系统阐发了他的分析教育哲学思想。

一、关于"形式化"的、"纯"的分析教育

谢夫勒坚持分析哲学严格拒绝形而上学的立场，要求分析教育的焦点应集中在对来自教育实践的语言分析方面，由此形成了他与奥康纳教育哲学思想的两个明显的区别。

第一，两者关心的教育问题领域不同。奥康纳关注教育理论陈述的逻辑问题，以教育理论为主要分析考察对象；谢夫勒则将分析局限于单个的概念，并不试图揭示概念或命题之间的逻辑结构，也不着重分析产生概念的历史及赋予概念意义的社会文化背景。谢夫勒的分析侧重追求概念学术意义的"明晰性"，而较少考虑概念分析的实际运用，这种理论特点和风格被概括为"美国派"，也称"纯粹的概念分析哲学"。[①]

第二，两者在对教育哲学任务的看法上略有差异。尽管奥康纳也一再声称哲学并不是通常所说的知识，而是一种批判或说明的活动，但实际上他一方面将哲学当作了批判或澄清的活动，另一方面又认为教育哲学要处理同教育理论直接有关的哲学问题；而在谢夫勒看来，"活动"与"问题"恰恰是分析教育哲学与传统教育哲学的区别所在。因此，谢夫勒认为，奥康纳的分析立场没有完全彻底地贯穿于他的教育哲学，他批评奥康纳将教育哲学当作了沟通教育与相邻领域的"大使"。在谢夫勒看来，教育哲学不应在分析的方法和传统的哲学方法之间徘徊游移，否则，分析教育将丧失活力。他说："哲学分析，就其当前形式，从本质上说，其根本志趣不是在于将信念综合成全景，

---

① 转引自陈友松主编：《当代西方教育哲学》，杨之岭、林冰等译，173 页，北京，教育科学出版社，1982。

而是澄清基本观念和争论方式；不是描绘含糊不清的宇宙景观，而是鉴定具有根源性的思想。"①

谢夫勒要求将教育哲学变成一套精确的分析工具，对教育概念和命题进行"形式化"的、"纯"的分析。这种分析要求对一个句子或概念的分析从句子或概念的形式开始，最终探明句子或概念的定义，而不能将句子的意义或句子中词的意义作为分析的起点，意义只是分析的结果；如果将句子的意义或句子中的词作为分析的起点，就会造成逻辑上的同义反复。分析不是从内容和意义着手，而是从句子的形式方面进行，这种分析就被称为"形式化"的、"纯"的分析，这与形式逻辑排除内容，纯粹就句子的逻辑关系进行研究一样。

具体地说，"形式化"的、"纯"的分析就是要把两个要比较的句子或词置于相同的形式中来比较异同，如果句子和命题的形式中两个概念能平行互换到底，没有一个反例，就意味着两个概念相同，否则就是不同。例如，"我告诉你一句谎话"和"我教你一句谎话"，在这两个同样形式的句子中，"告诉"是不能用"教"代替的。前一句在日常生活中广泛使用，后一句则是违反习惯用法的。这就意味着"教"这个词与"谎话"不能构成动宾结构，也就是说，"教"必须带有某种价值意义。概念和命题的意义就是在这种"形式化"的分析中找到的。

二、关于科学的语言和教育中的定义

谢夫勒认为，科学是以实验的方法发现知识的，科学的语言并非一成不变，科学的表述方式随着科学的进步和研究分支领域的不同而不同。无论科学表述的原本方式是什么（如假设、报告、定律或理论等），都不可避免地要面临日后的修正和驳斥。"在任何领域，科学的目标都在于建构满足所有可适

---

① I. Scheffler, *The Language of Education*, Springfield, Illinois, Charles C. Thomas Publisher, 1960, p.7.

用事实的理论体系,因此,孤立的陈述在这个体系中只处于从属的位置。"①
科学中的定义是技术性的,对它的评估也不能离开这个体系。实际上,对科
学中定义的评估依据的是它对理论充分性的作用,至于科学中的定义与日常
语言用法是否一致,对常人是否有启迪作用及它在社会方面和修辞上的效果
如何等问题,则与科学中定义的评估是完全不相干的。在科学的交流中,定
义的使用和解释是由各相应科学共同体中的专业人员掌握的。

包括教育在内的、日常生活中使用的语言与科学的语言性质不同,如果
说科学中的定义是技术性、专业性的,教育和日常生活中的定义则是一般性
的,谢夫勒称之为"一般定义(General Definition)",它包括以下三种定义
类型。

①规定性定义(Stipulative Definition),是下定义者为方便交流而使被定义
的词反映下定义者所规定的意义的一种定义。这种定义通常不考虑该词以前
的用法,只是对意义做出规定,并在交流或讨论中前后一致地运用,也称"专
断选择的定义"。例如,当某人说:"请注意,我知道现在流行着各种各样的
有关教育的定义和观点,在我的全部讨论(演讲、论文、著作等)中,'教育'
一词仅指社会为通过有目的的教学和学习而使其文化的某些特定方面永久保
留下来而创造和维持的那种社会机构。"②这里,对教育的定义就是规定性
定义。

②描述性定义(Descriptive Definition),是要求对被定义的词的意义或词的
使用方法提供充分的描述和解释的一种定义。虽然描述性定义通常也对被定
义的词做出意义规定,但它总是通过对被定义的词以往的意义和用法的说明
来解释被定义的词。例如,词典中词的意义通常就是描述性的,一个词,根

---

① I. Scheffler, *The Language of Education*, Springfield, Illinois, Charles C. Thomas Publisher, 1960, p.12.

② J. F. Soltis, *An Introduction to the Analysis of Educational Concepts*, Reading, Mass., Addison-Wesley Publishing Company, 1978, p.8.

据其使用场合可以有多个不同的意义。

③纲要性定义（Programmatic Definition），是表示事物应当怎样的一种定义。例如，将教育定义为"社会力图发展青年人认识生活中普及精神价值的能力的手段"，就是一个纲要性定义。隐含在这个定义中的规范性表述是"教育应当发展人认识生活中善和精神价值的能力"，这实际上是一个价值判断，其倾向性非常明显：赋予道德和美育以独特的优势地位，而不管在他人看来教育应当怎样，在这方面它也有别于描述性定义。

对上述三种定义，谢夫勒总结道："规定性定义的重要性在于交流，即旨在促进谈话；描述性定义的重要性在于解释，即澄清词语的常规应用；纲要性定义的重要性在于道德方面，即它体现行动的纲要。"①他进一步指出，规定性定义、描述性定义和纲要性定义三者之间是相互交叉、相互包容的，在一个教育定义中往往包含着几种定义类型，对之做出辨别十分重要，因为它有利于对概念、命题的澄清。

三、关于"教学"概念的分析

在谢夫勒对大量教育概念的分析中，"教学"的概念是他花费笔墨最多的，在《教育的语言》一书中，他花了全书的 2/5 的篇幅讨论了这一概念。

根据赖尔对"任务词"和"成就词"的划分，谢夫勒认为"教学"概念具有"意图方面"和"成就方面"两种用法。"在意图方面使用教学，我们把教学解释为一种活动"②，这种活动能否成功地达到预期的结果，并没有确定的答案，也就是说，教学在任务词意义或"意图方面"并不一定包含着"学习"；但教学在"成就词"或成功方面必定包含着学习，包含着努力及努力以外的其他

---

①　I. Scheffler, *The Language of Education*, Springfield, Illinois, Charles C. Thomas Publisher, 1960, p.22.

②　*Ibid.*, p.105.

因素，教学要达到成功需要借助教育研究所揭示的教学规则。正如谢夫勒所说，教学在成功的意义上"有赖于个人努力以外的各种因素，应寻求规则使所做的努力达到最大效果……通过提供合适的规则促进教学实践的艺术是教育研究的一项主要任务，这种研究不是某些单一科学的而是若干相关科学领域的交叉"①。

谢夫勒详尽研究了教学的三种图式：X教Y什么；X教Y做；X教Y如何做。第一种教学图式"X教Y什么"，既可以是事实陈述句(例如，X教Y某一史实)，也可以是规则陈述句(例如，X教Y应该诚实)。对规则性陈述句可以有两种解释：行为性解释和非行为性解释。前者意味着学会了的规则已内化到一个人的行动中，其行动体现出在遵循规则要求，后者则不要求一个人的行动体现已学会的规则。例如，"X教Y借钱应还"这一陈述，作为行动性解释，是要求Y的行为符合"借钱应还"的规则的，但作为非行为性解释，Y可以明白"借钱应还"的道理，但在实际生活中却借钱不还。这就是说，教会一个规则实际包含了两种意义，既可以指获得行为习惯，也可以指仅仅明白了法则的含义。谢夫勒指出，人们往往不注意这种区别，这对教育，特别是对道德教育来说是非常危险的，因为"道德品质的有效发展"有别于"词语上的告诫"，将两者混为一谈，易削弱教育特别是道德教育的效果。

第二种教学图式"X教Y做"，通常表达的是命令，其语法表现经常是祈使句。如果第一种教学图式的规则做行为性解释，则与第二种教学图式很相似，两者都指向Y的行为。谢夫勒比较了"X教Y做"与"X告诉Y做"句式，认为尽管两者都需要命令去完成完整的句子形式，但前者的命令包含了某种概括性，这种概括性是后者不需要的。谢夫勒说："'告诉做什么'包含指向要

---

① I.Scheffler, *The Language of Education*, Springfield, Illinois, Charles C.Thomas Publisher, 1960, p.105.

求立即服从的一类命令，而'教做什么'则指向形成稳定和一般的行为模式。"①

第三种教学图式"X 教 Y 如何做"，表达的是技能、技巧的获得。第三种教学图式与第一种教学图式的差别十分明显，容易引起混淆的是第二种和第三种教学图式。日常生活中人们经常使用第三种教学图式的省略式，这看起来极像第二种教学图式。例如，"X 教 Y 唱歌"，它实际上表达的是"X 教 Y 如何唱歌"。谢夫勒强调要注意分辨第三种教学图式与第二种教学图式的区别：第三种教学图式与技艺的获得有关，第二种教学图式与规则的获得有关，两者性质不同。

区分并领会上述三种教学图式，在谢夫勒看来，不仅有利于理解教学概念本身，而且有助于对教育中许多重要概念的澄清。例如，借助三种教学图式来理解、分析"科学教育"这一术语，就应当分辨所分析的"科学教育"一词究竟是指什么，是指教学生"科学是什么"，还是教会学生"如何科学地思考"，抑或是教学生"科学地思考问题的态度"。再如，"宗教教学"，到底是指教有关宗教的知识，还是树立宗教信仰，或者是养成宗教行为和习惯。

与奥康纳相比，谢夫勒更为关心对来自教育实践的定义、口号和隐喻的分析，他的分析工作有靠近教育实践的主观意图。但谢夫勒对教育概念和命题进行"形式化"的、"纯"的分析过于烦琐，有些分析陷入了毫无意义、咬文嚼字的文字游戏之中，这又使得他的分析哲学远离了教育实践，成为烦琐主义的代名词。

---

① I.Scheffler, *The Language of Education*, Springfield, Illinois, Charles C.Thomas Publisher, 1960, p.105.

第四节 彼得斯和索尔蒂斯对分析教育哲学的发展

彼得斯是英国著名教育哲学家、分析教育哲学"伦敦派"的倡导人和主要代表人物，曾获伦敦大学哲学博士学位，毕业后留校任教。1963年至1982年他一直担任伦敦大学教育学院教育哲学讲座的主讲。在这期间，他亲自创办了英国教育哲学协会并担任主席，出版了教育哲学专业刊物，推动了这方面学术气氛的形成和学派的发展，使伦敦大学教育学院成为当时世界分析教育哲学的中心之一。其主要教育著作有：《伦理学与教育》(1966年)、《教育的概念》(1967年)、《教育的逻辑》(与赫斯特合著，1970年)、《教育与理智发展》(1972年)、《教育哲学》(1973年)、《教育与师资培训》(1977年)、《约翰·杜威的再思考》(1977年)等。

索尔蒂斯是美国教育哲学家，后分析教育哲学的主要代表。哈佛大学教育博士毕业后，曾任哥伦比亚师范学院教育哲学教授、哲学和社会科学系系主任，也担任过美国教育哲学学会主席的职务。其主要教育著作有：《教育概念分析引论》(1968年)、《教育哲学》(1981年)、《师范教育改革》(1981年)等。

彼得斯和索尔蒂斯都是在20世纪60年代开始在教育理论界取得声誉的。此时，逻辑实证主义在哲学界的影响已走向衰落，取而代之的是日常语言分析学派。不过，在教育方面，奥康纳、谢夫勒拒绝形而上学的立场受到了批评，奥康纳以严格的自然科学理论模式改造教育理论的做法受到教育界的广泛抵制，谢夫勒埋头于教育概念的"纯"的、烦琐的分析使人们感到厌倦，分析教育哲学的信誉受到了挑战。彼得斯和索尔蒂斯都意识到旧的分析教育哲学遇到了麻烦，因此两人对前期分析教育哲学以某种形式做出变通。他们俩的思想观点基本代表了分析教育哲学后期的发展方向。

一、彼得斯对分析教育哲学的发展

彼得斯对分析教育哲学的发展主要集中在以下三个方面。

(一)以"日常语言哲学"作为分析教育的基础

彼得斯改变了谢夫勒进行分析教育的逻辑实证主义思想基础，也改变了"形式化"的、"纯"的分析的风格。他从维特根斯坦的"语言游戏说"和"生活形式说"出发，认为词的意义在于用法而不在于名称，在分析教育概念时十分注重参考概念出现的背景以及各种与概念有关的问题。以"游戏"一词为例，游戏包括了各种不同情境下的不同的活动，要找到一个能包含所有游戏内涵的本质定义是十分困难的。所以，在彼得斯看来，考察一个概念之前不应先寻找某种标准，制定概念的界说，即不应以定义法去分析概念，而应当在分析概念时了解它在某个时期的语言交往中是如何使用的，因为所有的概念总是与一定的社会生活形式相联系的。通过这种方式进行概念分析，不仅可以揭示概念本身，而且还可以形成对社会和文化价值的理性的批判和论证。

(二)放弃中立立场、追求价值理念

彼得斯对"美国派"为分析而分析的倾向进行了尖锐的批评，他说："虽然教育哲学的头脑因为注入哲学的血液而重新充满了生命力，但是它的动脉也因之而变僵化了，它开始进入一个沉闷的、对已经存在的分析和观点进行整理并试图使之完善的时期，再也没有从哲学或其他地方吸收新鲜思想。对分析的强调使研究变得十分狭隘、零碎……没有对人，对人在自然界中的地位和社会地位做出一般的解释。"①

彼得斯认为，前期的分析教育哲学是从旁观者的角度批判教育理论的，它们只研究语言和思维形式而不直接了解世界，公开抛弃规范性的教育指令，不再对教育提出自己的看法和建设性的建议，这种"听之任之"的消极态度实

---

① R.S.Peters, *Education Theory and Its Foundation Disciplines*, London, Routledge and Kegan Paul, 1983, p.37.

际上是放弃了教育哲学的责任。

虽然彼得斯也坚持分析的方法，重视澄清的活动，但分析、澄清活动的目的，乃在于追求某种有价值的东西。在彼得斯看来，教育原本就是一种价值追求活动，分析教育哲学家要做的就是通过分析搞清楚有价值的活动是什么。彼得斯实际上已经放弃了中立的分析立场，他积极鼓励教育哲学家将伦理原则运用到教育情境中去，他自己的一本著作的名字就是《伦理学与教育》。

（三）倡导古典人文主义的教育观

彼得斯注重教育哲学的规范性、指令性功能，对教育概念的分析已不再是纯形式上的判断，而是意义和内容上的判断，打破了逻辑实证主义和"纯"分析教育学派所设的理论禁区。彼得斯的教育理论中充满了被奥康纳称为形而上学和价值判断的那一类陈述，这些陈述多半是通过所谓"分析的方法"分析之后表述出来的。

以彼得斯对"教育"一词的分析为例。彼得斯接受了维特根斯坦"意义并非指称"的思想，认为并非所有的词都是根据其指称而获得意义的，"教育"就属于这类词，对它的理解应从其必须满足的标准、条件开始。彼得斯从两个途径考察了这些标准：一是对"受过教育的人"这一概念进行分析，考察哪些能力、技巧和态度是属于"受过教育的人"所具备的，再依次确定教育标准。二是直接考察教育过程本身，确定究竟是什么特征使某种活动或过程被称为"教育"。

经彼得斯的分析，"受过教育的人"需具备以下三个特征。

第一，须掌握大量的知识或概念图式并形成认知结构，而不仅仅是掌握专门的技能或具有精深的专业知识，达不到这一点，熟练的钳工、车工，造诣很深的专家、学者都不能称作"受过教育的人"。第二，所掌握的知识必须有活力，即这种知识能使受教育者形成一种推理能力，进而重组其经验，并能改变思维方式和行动能力。第三，获取知识是为了知识本身，而不是为了外在的目的，即行为不具有工具性。

通过第二条途径的分析，彼得斯认为教育过程暗含三个标准。

第一，教育包含价值。"'教育'意味着对受教育者传授有价值的东西。"①第二，教育要传递知识，发展认识能力。"'教育'必须包括知识和理解以及某些不是无活力的认知能力。"②第三，教育非灌输。"'教育'至少要排除某些传授过程，因为它们缺少学习者的意识和自愿。"③

不难看出，经过彼得斯冗长的分析而被"澄清"和证明"是有价值的'教育'"的概念，是一个典型的、在西方具有悠久历史传统的"自由教育（Liberal Education）"意义上的教育概念。透过他的"分析"，我们看到了一个古典人文主义立场的彼得斯，难怪有学者干脆将其定位于"英国自由教育思想的主要代表人物"④，还有的学者称他为"旧式的教育哲学家"⑤，这些评价都不为过。

彼得斯在20世纪60年代对"教育"的分析遭到不少批评，其中索尔蒂斯的批评较为有力，索尔蒂斯认为"教育"概念的使用并不必然包含有价值条件。索尔蒂斯的批评迫使彼得斯不得不做出让步，承认在较中立的立场上使用"教育"概念的可能性。在各种批评的压力下，20世纪70年代的彼得斯将"教育"的三条标准修改为两条，即传授的内容应该是有价值的，方法应该是道德的。

二、索尔蒂斯对分析教育哲学的贡献

索尔蒂斯作为西方颇具声望的"后分析教育哲学家"，对分析教育哲学的后期发展做出了重大贡献。

---

① R.S.Peters, *Ethics and Education*, London, Allen & Unwin, 1966, p.3.

② *Ibid.*, p.20.

③ *Ibid.*, p.20.

④ 毕淑芝、王义高主编：《当代外国教育思想研究》，373页，北京，人民教育出版社，2002。

⑤ D.E.Cooper, *Education Value and Mind*, London, Essays for R.S.Perter, 1986, p.4.

(一)坚持教育哲学的分析批判功能

这点应视为索尔蒂斯对分析教育哲学的继承。索尔蒂斯继续坚持将教育哲学或至少是其中的一部分职能当作"动词"而非"名词"使用，承认教育哲学的分析和清思的功能。他强调教育研究的科学性，强调要以理性，而不是以经常出现在传统教育哲学中的情绪性指令为基础来分析和规定教育的价值标准。直到 20 世纪 80 年代后期，索尔蒂斯依然强调指出，在各种形式下，成熟的当代教育哲学主要是一个反思的、理性的、批判的活动，而不是一件事、一个被接受的学说，或者一个不能置疑的有关世界和教育的正统的观点。

(二)调和分析教育哲学和传统教育哲学

索尔蒂斯公开承认传统教育哲学和分析教育哲学各有各的研究对象，认为二者并无优劣高低之分，具有同等的价值。为将分析教育哲学和传统教育哲学共同纳入更广泛的思想体系，索尔蒂斯勾画了一个立体的教育哲学研究图景，将教育哲学研究分为三个维度，提出了著名的"三维理论"。

第一维度是"综合-概要性研究"。这种研究从广泛的世界观的角度讨论教育哲学，注重一般的哲学问题在教育中的应用，通常是传统的教育哲学研究的视野所及。由于这种研究视野开阔，不是狭窄地就教育论教育，相当于三维空间的"宽"。

第二维度是"分析-解释性研究"。这种研究注重教育哲学的科学性，其主要任务是分析对教育者产生重大影响的主要概念、口号及隐喻，通过分析使似是而非的术语和命题陈述暴露其深层的矛盾，这可比作三维空间的"深"。

第三维度是"规定-纲领性研究"，它是有关教育哲学的价值维度。索尔蒂斯认为，教育哲学家应当通过价值判断和价值评估对教育发出指令性意见。由于分析的方法不能提供价值判断，因此，在教育过程中，制定教育纲领和做出教育决策所必需的对教育"应然"状况的思考需要通过这种研究来进行。在这种研究中，不可能也没必要保持"价值中立"。这种研究的特点是从价值的高度，高屋建瓴地指导着教育的方向，可比作三维空间的"高"。

以上三种教育维度，在索尔蒂斯看来，是相互补充而不是相互对立的。例如，"分析的技术可用来使纲领性哲学系统的概括和综合变得清晰，使之更精确、易懂"①。索尔蒂斯认为，传统教育哲学和分析教育哲学各有自己擅长的研究领地，可以和平共处，但不能相互替代。传统教育哲学视野开阔犹如望远镜，分析教育哲学专深精细犹如显微镜，把传统的研究视野和现代的分析方法结合起来就能绘制出教育哲学的完整图景。

(三)积极参与教育实践

索尔蒂斯教育哲学的特点之一就是十分重视教育哲学对实践的积极介入。他说："除非教育哲学对教育实践有某种结果，否则它将是一个令人无法容忍的研究领域。"②尽管谢夫勒、彼得斯也时常提及"教育实践"，但他们主要关心的是对来自实践的概念进行分析，至于这些分析过的概念是否需要返回实践，效果如何，他们并不关心。索尔蒂斯指出，分析教育哲学无视活生生的教育情境，满足于书斋中"零敲碎打"的"纯"研究，脱离了教育实践，这是分析教育哲学面临困境的主要原因，其研究成果被基层教师拒绝是理所当然的。

索尔蒂斯号召分析教育哲学家们关注发生在教师身边的各种教育现实问题，对教育实践中的政策、制度、法令发挥积极影响。例如，他认为对"师范教育改革"问题，不能局限于分析"师范教育""改革"的概念，而是应对师范教育改革进行具体研究，提出一套培训教师的方案以供教育决策者参考。

---

① J.F.Soltis, *An Introduction to the Analysis of Educational Concepts*, Reading, Mass., Addison-Wesley Publishing Company, 1978, p.67.

② 赵祥麟主编：《外国教育家评传》第 3 卷，783 页，上海，上海教育出版社，1992。

第五节　分析教育哲学的意义和局限

作为一种教育哲学思潮，分析教育哲学一度波澜壮阔、声势浩大，成为20世纪60年代至70年代英、美等国教育哲学的主流。自20世纪70年代初期之后，由于内部的挑战和外部的压力，分析教育哲学已走向衰落，作为一种思想运动已成为历史，今天很少有人旗帜鲜明地宣称自己是纯粹的分析教育哲学家。但分析教育哲学留下的遗产是值得批判与借鉴的。

一、分析教育哲学的功绩

从其初衷看，早期分析教育哲学关心的是教育理论的科学性问题，它试图参照以经典物理学为代表的自然科学的理论模式来清理、改造和框定教育理论，使教育理论成为真正的科学理论。

奥康纳对教育理论的性质的分析论述是必要、适时、有意义的。在自然科学取得如此惊人进展的时代，教育理论没有理由不尝试以自然科学的方法论武装自己。虽然奥康纳在对教育理论、社会科学和自然科学的比较中，也隐隐地表现出了他对教育理论能否成为真正的科学理论(自然科学意义上)的困惑，但不可否认，他界定了教育理论成为科学理论的标准，并指出了努力的方向。当然，这里并不是肯定奥康纳所指的方向是正确的。实际上，很多人都对奥康纳的分析工作提出了批评，认为他混淆了教育理论与自然科学理论的性质。但问题的关键是，正是奥康纳对教育理论与自然科学理论的分析比较，凸显了教育理论与自然科学理论之间的联系及区别，使人们更加清楚地看到教育理论不同于其他学科的特点。这是一个非同寻常的工作，对西方教育理论的自身探索、建设，发挥了积极的影响。

分析教育哲学要求人们对教育概念和思想的表述要严格而清晰，并为澄清教育概念和思想的混乱建立了分析方法和框架，这无疑是可取的。教育作为人类的一个特殊的实践领域，其活动特性是十分复杂的，在教育实践中，概念、命题的陈述也的确十分混乱，毋庸置疑，教育中的相当一部分的争论正如分析教育哲学学派所指出的那样，是逻辑的混乱和用词的不当造成的。分析教育哲学使教育工作者和教育理论研究者更加关心表述教育概念和命题时逻辑的一致性和用词的准确性，这对于消除逻辑和语言问题而造成的教育争论，使人们在教育交流、争论时保持最低限度的理解上的一致性具有积极意义。

分析教育哲学将哲学当作动词理解，关心哲学的分析、批判功能。在某种意义上，它使教育哲学与广大教育工作者更为贴近了。因为哲学不再是一大堆外在的观念和体系，而是每一个教育工作者应当掌握的思考方法，凭借这种思考方法，教育工作者对置于自己面前的教育理论和实践不断进行反思、批判。显然，这有助于训练和提高教师和学生的思维能力。分析教育哲学力主排斥有关哲学本体论方面的先验性命题，注重对来自课堂教学和教育实践中的概念、术语和实例的分析，这在一定程度上反映了它贴近教育实践的倾向。

二、分析教育哲学的局限性

分析教育哲学在取得上述成就的同时，也表现出了它自身的局限性。无论是其以自然科学澄清、改造教育理论的宏伟抱负，还是创造分析技术澄清教育日常用语的良好愿望，均因其理论自身的先天不足和教育活动所涉因素的过于复杂而未能完全如愿以偿。分析教育哲学的局限性主要表现在以下几个方面。

（一）放弃了教育中的价值判断

分析教育哲学与分析哲学一样认为哲学的唯一任务就是分析作为意义之

体现的语言，反对建立本体论、认识论体系，拒绝回答教育中的人生观、价值观等问题，坚持教育理论在价值问题上的中立立场，将形而上学和价值论赶出教育哲学的大门。而实际上，教育作为人类有目的、有意识的实践活动，正如彼得斯所说本身包含着价值判断。例如，教育要培养什么样的人，教学应传授什么样的知识，受教育者应该具有怎样的道德规范和情操修养等。

教育哲学不回答这样的问题，无异于是一种理论的自戕行为。美国教育家范伯格(W. Feinberg)指出："方法只有在一定的限度内才是合理的，但是如果运用方法的人没有看到语言的问题并不是哲学的全部问题，那么这就降低了这种方法的作用。因为，如果哲学所珍视的只是澄清其语言中的模糊现象，那么，哲学便失去了它解决人类问题的基础而不成为一种排除哲学障碍的工具了。"[1]这一评论同样适用于分析教育哲学。

(二)分析方法的局限

分析的方法是分析教育哲学的精髓所在。分析教育哲学的初衷是想将哲学变成清思的方法和分析的工具，以消除教育概念和理论的表述中的语言和逻辑上的错误，消弭教育争端。遗憾的是，这一初衷经过分析教育哲学几十年的发展不仅未能实现，反而给教育理论带来了新的争论的问题。放弃了客观中立立场的彼得斯的分析尤为如此。例如，他对"教育"概念的分析在遭到强烈的批评后曾进行过修正。有学者指出，不知彼得斯是在什么基础上改变他的分析的，也看不出他第二次分析比第一次分析充分在什么地方。一个分析教育家对一个概念的陈述尚且不能一致，又怎能指望不同分析教育家们取得一致的看法并消除教育的争端呢？后分析教育哲学家索尔蒂斯对分析方法在教育上的运用效果就显得颇为悲观。以"学习"的概念为例，他说道："慎重地、反复持久地应用分析的技术对学习这个概念进行澄清，产生的结果同那些相信分析范式的力量能够使'模糊的分类'清楚、准确、明了的人的期望截

---

[1] 傅统先、张文郁：《教育哲学》，356页，济南，山东教育出版社，1986。

然相反。"①

究其根源，问题的症结在于日常语言派的分析教育哲学把判断分析充分与否的标准定为所分析的概念、命题与日常语言的使用是否相符上。然而，日常语言本身就是模糊的、不确定的，它的意义随着时空和文化背景的变化而变化，用这样一个本身就是模糊、不确定的标准衡量分析的充分与否是不可能取得一致的认识的，这也正是日常语言分析学派的悲剧所在。

(三)脱离教育实践

在初衷上，分析教育哲学也是力求贴近教育实践的，他们大量分析来自教育实践中的概念和命题，倡导教育工作者掌握分析的思想方法。但分析教育哲学对实践的关注仅基于对语言力量的崇拜，简单地认为只要将教育概念、命题澄清了，教育词语就会自动地影响教育者的目的和行动。他们满足于对一些概念、短语和陈述，以及应该怎样用词等进行不厌其烦的辨析，有时对人们公认的或一目了然的概念也进行长篇累牍的分析。例如，谢夫勒在分析"教学"这个概念时，为说明教师的哪些活动可算作教学活动，不惜花费大量的笔墨——考察教师的点名、擦黑板、维护课堂秩序、记分等；为说明"教学"含有努力之意，又——比较了"教学""造房子""呼吸""坐"等词，并反复强调"呼吸""坐"等词不含努力之意，而教学是要求"努力"的。人们不禁要问：究竟有多少教育工作者否认教学包含着努力呢？这种烦琐、学究气十足的分析不禁使人想起了中世纪的经院哲学。正因如此，不少教育家和教育工作者指责分析教育哲学是在"干傻事"，"搞文字游戏"，"是烦琐哲学的新形式"。

分析教育哲学满足于在书斋中对教育概念的烦琐的分析，实际上对西方教育实践没有产生多大影响。教育实践工作者很难从分析教育哲学中得到真正的帮助，因为分析教育哲学家所从事的概念分析工作与教育实践者所需要

---

① 赵祥麟主编：《外国教育家评传》第 3 卷，799 页，上海，上海教育出版社，1992。

得到的东西往往背道而驰。

从整体上看，分析教育哲学包含着深刻的内在矛盾。分析教育哲学一方面试图保持价值中立的"客观"分析的立场，另一方面又自觉不自觉地使用价值判断；一方面宣称要抛弃传统教育哲学，另一方面又不得不回到传统教育哲学；其对概念和命题的分析，一方面使人们的思想清楚了，另一方面又使问题更复杂了。

分析教育哲学作为一场思想运动已经退出历史舞台，其分析的方法虽然有不少的缺陷，但是它依然具有一定的生命力，只不过它糅进了更新的东西。在索尔蒂斯的影响下，20 世纪 70 年代初期以后的分析教育在研究方向和立场上已发生了重大转向：既坚持价值判断又积极参与教育实践。正如美国著名教育思想家奈勒所言："最近十年间(指 20 世纪 70 年代中期至 80 年代中期——引者注)，分析学家们已较少为日常语言所困扰，而更愿意进行对道德和社会的批判工作，有些分析学家已开始对教育制度进行评判，并倡导改革。"[1]在教育实践中的"种族隔离""道德教育""课程选择""专业性教学"等一类问题上都能听到他们发出的声音，而且不只是概念分析方面的，更有意义的是价值判断和选择方面的。

分析教育哲学从对传统教育哲学的批判到向传统教育哲学的复归，走了一条否定之否定的道路。但这种复归并不是对传统教育哲学的简单还原或恢复，而是螺旋式地进入了一个新的更高的层次。正如有的学者指出的："索尔蒂斯所复归的传统教育哲学已不是封闭的、静止的、权威的体系，而是一种既包括形而上学和伦理学原则，又以开放的心态和理性的分析为特征的、不断对教育问题进行探索的活动。"[2]分析教育哲学否定之否定的历史进程也表

---

① G.F.Kneller, *Movements of Thought in Modern Education*, New Jersey, John Wiley & Sons Inc., 1984, p.26.

② 赵祥麟主编:《外国教育家评传》第 3 卷，784 页，上海，上海教育出版社，1992。

明：教育是一个特殊的人类实践领域，教育理论有其自己的特殊性，简单地以自然科学的理论模式对之进行改造是难以取得成功的。分析教育哲学的工作加深了人们对此的认识，并鼓舞着人们进行更为深入的探索。

第八章

激进主义教育思想

本章所述的激进主义教育思想，主要是指萌发于 20 世纪 50 年代末的美国并在六七十年代得到发展的一种"非制度化""非学校化(Deschooling)"的教育思潮。其主要代表人物有古德曼(Paul Goodman，1911—1972)、科尔(Herbert Kohl)、伊里奇(Ivan Illich，1926—2002)、赖默(Everett Reimer)、波兹曼(Nei Postman，1931—2003)、温加特纳(Charles Weingartner，1922—2007)和贝赖特(Carl Bereiter)等。

激进主义教育思潮的代表人物对其时的学校教育制度持批评甚至否定态度，他们的确发现了美国当时学校教育中存在的一些不足和问题，而他们所力图建立一种新型的适合人类需要的教育制度的设想，包括"废除学校"的主张，虽然引起了争论，但也颇有启示。至少"因为它们是以生动活泼的方式提出问题的。它们也帮助我们看到还有其他可能的(即使是极不相同的)教育体系"[①]。

激进主义教育思潮向传统的学校教育提出了三种主要的改革选择："开放课堂(Open Classroom)""自由学校(Free School)"和"废除学校(No School At All)"。上述代表人物的教育观点虽各自有所侧重，他们对现行学校的分析视

---

① 联合国教科文组织国际教育发展委员会编著：《学会生存——教育世界的今天和明天》，华东师范大学比较教育研究所译，45 页，北京，教育科学出版社，1996。

角和深度也有所不同，对学校教育改革方案的设想更有差异，但是对旧的学校教育模式持强烈的批评态度，并不同程度地主张"非学校化"，却有着共同的倾向。

第一节 激进主义教育思潮的时代背景

影响美国 20 世纪六七十年代出现激进主义教育思潮的直接原因，主要有以下三个方面。

一、20 世纪五六十年代美国教育改革的困境

第二次世界大战结束后，美国为恢复和发展教育事业，解决战争期间留下的一些问题，如退役军人的就学和就业、青年适应战后生活的要求等方面推出了一系列的政策，对美国战后初期的教育发展无疑产生过积极影响。然而，从 20 世纪 50 年代后期开始，美国社会各界对美国公立学校教育的批评和争议却越来越多，越来越激烈。各种批评所揭示的主要问题包括：一是美国学校的教育质量过于低劣，其背景就是 1957 年苏联卫星上天引发的美国对教育危机的反省；二是 20 世纪 60 年代初宣布的"向贫困宣战"政策宣告失败，美国社会严重的贫困和不平等仍然存在；三是美国学校 60 年代进行的教育改革效果不尽如人意。如何改革学校的教育和教学才更有益于年青一代的成长等问题，进一步激起了人们的探索。各种教育改革的意见和设想也就越多。此外，随着第二次世界大战后世界许多国家教育的大发展而出现的"世界教育危机"，以及 20 世纪 60 年代西方各国学生运动的高涨，也使一些激进主义思想家对学校教育的功能深感疑惑和忧虑。

二、社会改造学校的尝试

在 20 世纪 60 年代，基于对美国公立学校教育存在的种种弊端的批评，对这种学校教育在"向贫困宣战"中所能起的作用的思考，许多美国人士指责公立学校已成为地方当局控制的最后堡垒，实质上是一个为"压力集团"服务的官僚机构。他们认为，必须全面重新审视公立学校的职能。还有一些人士则进一步认为，消除贫困和不平等的"唯一途径"也许是建立穷人和少数民族自己的社区，以及创办和发展多种多样不同于正规学校的教育形式。因此，随着争取民主权利运动的发展，一时在美国许多地方出现了各种较灵活的学校。例如，在南部各州，许多社区建立了"自由学校"，这种学校专为黑人儿童服务，不承认实行种族隔离政策。在北方一些城市，在反种族隔离政策的期间，社区成员和家长便在教堂的地下室或商店前建立"继续学校""街头中学""马路学园""收养中学"等教育机构。这类学校比较灵活、自由，不考核出勤，没有退学制，学习计划由学生自定，甚至没有固定的上课时间，有的课程在学校学习，有的学科则到有关的现场学习。这类学校一般受到某些基金会或工商企业的资助和支持。这种社会改造学校的尝试，特别受到一些激进主义教育评论家的关注。在他们看来，这类教育形式也许为年青一代的成长提供了更有生气的教育模式，它更有利于教育的大众化，有利于教育与生活实际的联系，有利于发挥儿童学习的主动性。

三、"制度化教育"的弊端日趋突出

20 世纪学校教育体制的主要特征，就是日益完整地反映工业化时代对劳动者的要求。即为了培养能够在机械化、标准化、专业化、程式化、科学化、同步化的现代生产流水线上劳动的角色，遂不断完善学校教育的制度化、统一化、标准化、专业化、集中化。这种"制度化"的从小学到大学的正规学校教育系统，到 20 世纪中期，随着它的封闭性、强制性、统一性等特点的更加突出，它妨碍学生个性和潜能的发展、不利于人们自主学习等弊端也就越显著、越严重。

随着第二次世界大战后科学技术的突飞猛进，特别是信息技术的发展及其在生产和生活中的应用，出现了传统工业正在被新型工业所取代的趋势。有的学者将这种趋势视为由工业社会向信息社会（或称"后工业社会"等）过渡的开始。这种趋势，将使社会的工作类型大变样，机械的、简单重复的、分工过细的工作将逐渐减少，从而也对劳动者和每个社会公民日益提出新的要求。未来社会的成员不仅需要有较多的文化知识，还要善于适应迅速变化的环境，要富有个性和创新精神，要终身学习。这反映在教育上，就是要求改革"制度化"教育的观念和体制，突破传统学校教育的模式，探索新的教育体系。有些学者还认为，大众性信息媒介工具的广泛运用及其教育作用的日益增长，正为这种改革创造着条件。

第二节　古德曼的"自由学校教育"思想

保尔·古德曼是美国当代著名的社会批评家和教育评论家。他从 20 世纪 50 年代开始对美国当代青年成长问题的探讨和现行公立学校制度的直率批评，以及关于教育改革的一些设想和建议，开启了美国 20 世纪六七十年代的激进主义教育思潮，在教育界产生了广泛和深远的影响，从而被视为"自由学校教育"运动的首倡者和"非学校化"思潮的先驱。

古德曼曾在芝加哥大学、纽约大学、威斯康星大学等多所大学执教。他早期致力于文学创作，期望成为诗人、小说家，但未获成功。20 世纪 50 年代以后，美国学校教育中出现的诸多问题和激烈争论，引起了他的兴趣，使他转向对教育问题的研究。他走访和考察了许多学校，发表了一系列教育著作，如《荒谬的成长》(1960年)、《学者团体》(1962年)、《我的生活会属于我》(1963年)、《强制的错误教育》(1964年)、《新改革：过时的保守派的笔记》(1969年)和《自由与学习：选择的需要》(1971年)等，提出和阐述了他的教育思想。

一、论人的成长要素

古德曼在他的所有教育著作中，都把"成长"作为一个中心概念，并反复表述了他对年青一代如何能更好地成长的基本观点。

首先，古德曼明确肯定人性是人之成长为人的基础。他考察了近代社会关于"人性"概念的历史发展。他既不赞同粗暴地将人性视为人的动物性，也反对把人性简单地指为人类才有的特性，如理性、创造性、博爱等。他倾向于认为人性是由上述两个部分构成的。在古德曼看来，人性是"一种发展的潜能，既不是文化的，也不是空白的，但它使得人有可能接纳文化。我们必须让'它'显露出来，向'它'提供发展的机会，而不要妨碍'它'"①。儿童的"成长"，也可以说是人性在适当环境中的显露和发展。

古德曼认为，年青一代的成长，像任何不断发展中的机能一样，要求环境中有适当的客体去满足他们的各种需要和能力发展，直到他们能更好地选择或创造自己的环境。不论"成长"是正常的或被扭曲的，都受客观环境的影响。没有适合年轻人成长的客观机会或阻碍他们接触有益于成长的环境，年轻人将自发地为他们自己寻找或建构异常的事物以代之，这正是人性的力量所在。然而，完全让年轻人自己做出的选择和建构很少是美好的，通常是愚蠢的，甚至是灾难性的。而让年轻人只顺从统治的社会制度，则将使他们中的大多数成为冷漠、失望和玩世不恭的人。因此，必须为年青一代的成长提

---

① P.Goodman,*Growing up Absurd：Problems of Youth in the Organized System*, New York, Random House, 1960, p.6.

供合理的环境，特别是合适的教育和生活。但是，在古德曼看来，美国社会看似十分富裕，但在提供能促进年轻人更好成长的基本客观机会和有价值的目标方面，却极为缺乏。人们没有受到认真的对待。在这种情况下，一个平常的儿童要成长为一个有用之才，是十分困难的。这实际上是一种"人类资源的浪费"①。

人的成长虽然离不开社会和文化，但古德曼并不完全赞同某些社会学家将人的成长解释为个体"社会化"，而且还把个体"社会化"视为将一定社会的文化强加在社会成员身上，从而使个体"社会化"成了"教他文化"的同义语。在古德曼看来，这种观点和主张很可能只强调年青一代适应社会制度，而漠视人自身发展中的各种需要；只重视强制地向年轻人灌输占统治地位的文化，而忽视为年轻人的成长提供整个适宜的社会环境；只注重训练年青一代担负和执行文化，使他们湮没在他们所继承的文化之中，而压抑人们的创造性。古德曼认为，年青一代被不适当地"社会化"，也许是反人性或对人性没有价值的，显然不利于人的成长。②

在古德曼看来，教育固然对年青一代的成长有重要意义，但由于现代学校是工业社会"高度组织化体系"中的组成部分，学校教育存在许多局限和弊端，因而更应该重视社会环境对年青一代的重大影响，并将教育扎根于个人经验和群体生活之中。他在《荒谬的成长》中还具体论述了"工作""阶级结构""才能""爱国主义""婚姻与性""信念""竞争""组织制度""群团""保守与变革"等因素对人的成长的影响，并对美国社会在这些方面给予年轻人的有害影响提出了批评。

古德曼认为，工作是影响年青一代成长的第一个重要因素，它能使人保

---

① P. Goodman, *Growing up Absurd：Problems of Youth in the Organized System*, New York, Random House, 1960, p.14.

② *Ibid.*, p.11.

持人格和尊严。可是,在当代西方社会却很难找到一种真正能使人十分惬意而又有活力和价值的工作。因为在西方的工厂制度下,人在生产过程中处于被动地位,丧失了主动性,不仅对自己的工作既无爱好也无热情,甚至正如马克思所说的,工人还被劳动异化了。学校教育则不断按照这种社会对劳动者的要求去训练年青一代,并指导他们去谋求一个所谓合适的"工作"。这对年轻人的成长会产生什么结果,是可想而知的。

在古德曼看来,作为文化的重要内容的爱国主义对年青一代的成长具有重要意义。不过,古德曼认为,美国虽一直在提倡爱国精神,并通过各种途径向年青一代进行爱国主义教育,但却逐渐失去了其真实的内涵。特别是20世纪以来,由于不断出现不光彩的和欺骗性的政治事件,由于社区的变动及其功能的削弱等,使得年轻人不再轻信那些悦耳的爱国说教。

"信念"也是年青一代成长过程中的一种要素。古德曼说道:"一个人没有信念,难以成长。因为这将使他不断受到恼人的问题的困扰,如我是没有价值的吗,我如何证明我自己,我将有什么样的机会等。"①古德曼认为,只要我们仔细观察,就会看到儿童富有初级的信念,但是由于社会没有为他们提供足够有价值的机会和对他们承担切实的责任,严重地削弱正在成长的年轻人的信念,以致对他们的成长带来不良影响。

古德曼还探讨了各种变革对年青一代成长的影响。这些变革包括物质环境的变化、经济和社会的变革、政治改革、现代道德的发展以及和儿童与青少年直接有关的劳动、教育方面的改革等。但是,古德曼认为,并不是一切变革都会对年青一代的成长产生积极的影响。他以美国社会的一些变革为例,认为有些变革不但意义含糊甚至是失败的。它既打断了传统,又没有确立新的标准,从而造成社会动荡。现代社会这种不成功的变革,反而"加剧了青年

---

① P.Goodman, *Growing up Absurd:Problems of Youth in the Organized System*, New York, Random House, 1960, pp.129-140.

人在我们社会中成长的艰难状况"①。因此，古德曼虽不完全反对变革，但更倾向于为年轻人的成长建立一种比较稳定的社会环境的主张。

古德曼还强调指出，"社区"作为人们生活、工作、娱乐的基本环境，对年青一代具有重要的教育作用，是年青一代成长必不可少的条件。

总之，古德曼从多方面探讨了人的成长的重要因素，并据此进一步研讨了年青一代的教育问题。

二、对美国公共学校教育的批评

尽管美国许多人士竭力宣称公共学校教育系统取得了巨大的成绩，例如说它使每一个美国青年人为进入错综复杂的世界做好准备，为失业青年提供避风港，使下层社会的人得到平等的机会；它是开发创造力、传授知识、培训各种社会工作人员不可缺少的；等等。但古德曼却对此不以为然。他认为，美国的公共学校教育不仅没有达到其所宣扬的目的，而且越来越显露出其存在的许多弊端。他对现代美国的公共学校教育系统提出了种种批评。在《荒谬的成长》中，他指责美国的公共学校"像监狱"；而在《强制的错误教育》中，他则批评美国的义务教育制度已成为普遍的"圈套"。

古德曼认为，如今社会的各种计划和决定的权力掌握在最高管理者手中，民主已受到严密的组织和控制，阶级分层日益僵化。虽然新的白领中产阶级的构成，曾使一般人将学历和文凭视为获得金钱和地位的必由之路，但白人移居市郊和黑人以及其他少数民族的人集中于城内，却加速了事实上的种族隔离，致使教育机会平等成为神话。下层人们实际上很难有上升的机会。公共学校教育已越来越少地反映人的价值。在古德曼看来，美国强制的公共学校教育系统主要存在以下弊病。

---

① P.Goodman, *Growing up Absurd:Problems of Youth in the Organized System*, New York, Random House, 1960, p.231.

第一，强制性和标准化压抑学生的自由发展。古德曼指出，大工业生产的发展和民族国家的兴起，促使强迫的义务教育为所有儿童提供了一定平等的教育机会。但义务教育制的统一性和标准化，却要求公立学校在班级人数、教材内容、教学目标等方面都执行统一的标准。这种学校教导学生的是，最好循规蹈矩，不要多话，生活中不能有主动性和自由精神，上完学即步入本质相同的职业、文化和政治生活中去。这是"使国家规范社会化和纳入国家'需要'的教育，是误导式教育"①。"学校的拥塞状况和政府的干预，使得对个性的注意和真正的教学成为不可能……以致可以说，义务教育常像监狱。"②

第二，强制的思想灌输扼杀学生的主动性和创造性。古德曼认为，由于儿童的无知、软弱，因而在任何社会和各个历史时期，儿童都成为思想灌输的对象。在现代社会，对儿童的思想灌输虽然不像以往那样采取体罚等可恶的手段，但是由于儿童在选择性和主动性方面仍受到种种严重的限制，他们大大失去了和人们以及实际情况的接触，因而仍只能接受单一的思想灌输。在这种情况下，"不管有多少教育和教养的机会，也很难使一个美国儿童成长为具有独立性，使他能发现自我，保持好奇心和创造精神，具有科学的态度、好学的习惯、旺盛的进取心的人"③。

第三，脱离实际需要的教学不利于儿童的成长。古德曼认为，美国现行的学校教育制度使得年轻人的成长只有一条路，即让他们在儿童和青少年时代花4~10年在学校学习课文，而不顾这种学习是否的确为儿童的成长所必需。例如，现行公共学校的阅读教学，由于过分强调通过学习课文来掌握语文，这不仅加重了学生的阅读学习负担，而且忽视了实际活动中的自然交往

---

① P. Goodman, *Compulsory Mis-education*, New York, Random House, 1964, p.23.

② P. Goodman, *Growing up Absurd: Problems of Youth in the Organized System*, New York, Random House, 1960, p.224.

③ P. Goodman, *Compulsory Mis-education*, New York, Random House, 1964, p.68.

和对话对发展语言的重要作用。特别是通过程序教学和机器教学去学习语言，在古德曼看来，更是不恰当的，因为在实践中没有一个人像教学机器那样吞吞吐吐地说话，建立在工艺机器基础上的教学是不符合自然的。又如，古德曼指出，现行学校的科学教学也因过分强调通过教科书的学习而掌握各种规律和资料，忽视了学习科学应该结合工作和经验，忽视了科学教育的重要问题是知道科学的益处，学习控制科学，以及学会利用科学。

第四，严格的监督和管理容易引起学生的不满和敌意。古德曼认为，现行学校由于班级大，人数多，各科教学的要求和程序又统一化和标准化，学生对学习缺乏真正的兴趣，因而往往靠严格的纪律和管理来维持学校的各种秩序。但严格的监督和管理又容易引起学生的不满和对学习的厌倦，甚至促使学生逃学。这样，很可能造成恶性循环。

古德曼指出，尽管美国为发展公共学校而耗费巨额资金，动用大量人力，但由于公共学校教育中存在诸多弊病，必然使美国儿童的成长并不令人满意。例如，因许多学生的学习成绩不佳而引起家长和广大社会人士的关注和批评；中途退学问题日益严重，更受到人们的指责；青少年学生犯罪的频繁出现，尤其令人担忧。在古德曼看来，强制的学校教育既未能使年青一代得到很好的成长，也未能为国家和社会培养真正合格的公民。这样的公共学校教育体系应该坚决加以改变。他说："义务教育制度已成为普遍的捉弄人的圈套，已无可取之处。许多年轻人，包括贫穷的人和中产阶级，也许最好是离开它。这个制度已没有存在的必要，甚至最好没有任何正规的学校教育。"①

三、关于教育改革的设想

关于怎样建立一种能更好地促进年青一代成长的教育系统，在古德曼看来，首先，必须明确认识到"教育是社会的一种功能"，是实现"社会需要的一

① P. Goodman, *Compulsory Mis-education*, New York, Random House, 1964, p.31.

种工具",同时,"它本身又是千变万化的社会的一个组成部分……不断受到社会需要的推动而发展和变化"。① 其次,应该充分地看到,人的成长是各种因素对人的影响过程,其中正规的学校教育不过是这个过程中的"一个适当的辅助","自动的学与教决定着教育的效果,影响其参与者的好与坏"。② 因此,"教育必须是自愿的,而不是强制的,因为除非依靠内在的动力,否则不可能有自由的成长"③。最后,应该坚持因材施教。由于每位学生的天性、文化背景、习惯、所懂的语言等存在差异,因而"教育机会应该是多方面的和多样性的,必须减少而不是扩大固定不变的单一的学校教育制度"④。应该让年青一代为自己的自由发展做出最佳的选择。古德曼在《强制的错误教育》一书中具体地提出了六点关于替代强制性义务教育的建议。

①少数班级"干脆不要学校"。这类儿童应选自过得去但不一定有文化的家庭。他们应当是邻居,并有足够数量,以便组成一个相互交往的集体。这并不妨碍孩子们的学习,只要有 4~7 个月的良好教育,正常儿童就能学完学校前 7 年的学业。

②少数班级也不需要校舍,只要提供教师和利用城市本身的街道、咖啡店、商店、电影院、博物馆、公园和工厂等作为学校。儿童可以在这些地方学到比在校内学习那些抽象的学科更为真实的知识。这样的班级每个最好不超过 10 人,并配备一位教师。古德曼将此称为"雅典教育模式"。

③在校舍内外,可请社会上没有教师执照的成年人,如药商、店主、技师等,作为适当的教育者,以帮助年轻人进入成年人世界。

④允许学生自愿出席,不加强制。如果是好教师,就不会有人缺课。义务教育法对强制家长送儿童上学是有益的,但它不应使孩子们最终落入圈套。

---

① P.Goodman, *Compulsory Mis-education*, New York, Random House, 1964, p.210.
② *Ibid.*, p.213.
③ *Ibid.*, p.211.
④ *Ibid.*, p.61.

⑤把城市学校分散为 20 ～ 50 人的小单位，并安排在商店门前或俱乐部。这些小型学校里备有电唱机和弹球游戏机，可以把游戏、社交、讨论和正规教学结合起来。有特别的活动时，可以把这些小单位汇聚到公共讲堂或体育馆，以产生一种大团体感。

⑥使用学校的一小部分经费每年送儿童到经济上不富裕的农场去生活两个月，也许可以将来自不同家庭的六名儿童交给一位农场主。这样，可让一些城市里的孩子参加农业劳动，懂得另外的生活方式。①

古德曼在后期所写的《自由与学习》和《小型学校》等论著中，进一步阐述了他关于自由学校教育的思想和建议。古德曼说他所主张的自由学校教育，一是指应该废除学校中各种形式的等级，不应该存在种族隔离和因家庭收入而形成的不平等；二是给儿童的学校教育机会应有多样性，让儿童有自由选择的可能性；三是学校应该完全由学校自己的教师、儿童和家长进行管理，应让年轻人发挥主动性和积极性②；四是应使偶然的教育成为学习和教学的主要手段，以推迟社会化和保护儿童自由成长的方式来设计小学教育学③。

古德曼在对年青一代的成长和教育问题的探讨以及对美国现代制度化学校教育所提出的一些批评和改革建议中，强调重视儿童的个性发展和自由选择，反对任何强制性的教育，主张学校教育类型的多样化和小型化等，具有人本主义和理想化的特征，也有一定的开创性和预见性。

但他对美国现代学校教育的批评，大多是印象主义的，缺乏深入和系统的分析。他虽然也常提到经济与学校的关系，但未揭示贯穿这种关系中的机

---

① P. Goodman, *Compulsory Mis-education*, New York, Random House, 1964, pp.32-34.

② P. Goodman, *Mini-school: A Prescription for the Reading Problem*, New York, Vintage, p.35.

③ P. Goodman, *New Reformation: Notes of a Neolithic Conservative*, New York, Random House, 1969, pp.85-86, 见[美]理查德·D. 范斯科德、理查德·J. 克拉夫特、约翰·D. 哈斯:《美国教育基础——社会展望》, 36 页, 北京, 教育科学出版社, 1984。

制。① 他笼统地把"义务教育""学校教育"和"强制教育"等同起来，从而表现出一些含糊甚至矛盾的观点。他所提出的教育改革设想，过分强调儿童自身的需要、兴趣、个人选择、主动性和生活经验的意义，很少谈到课程问题，特别是其忽视科学。他提出了一些激进的改革意见，但他并未深刻了解只有对社会进行根本性改造才能真正改善教育。

第三节　伊里奇的"非学校化社会"思想

伊万·伊里奇是当代世界著名的教育家和社会批评家，他的思想无论是有关教会及其改革的，还是有关现代社会的教育、文化、医学、交通等领域的变革，都曾引起广泛的争议。在教育领域，伊里奇是公认的"非学校化社会"理论的创始人和"非学校化运动"的倡导者，也是当代西方教育未来学的重要代表人物之一，在西方 20 世纪纷繁起伏的各种教育思潮中占有一席之地。

伊里奇出生于奥地利维也纳，在美国天主教福特汉姆大学担任过教授。20 世纪 60 年代初他创建了"多文化文献中心(CIDOC)"。该中心自成立之日起直到 70 年代中期一直都是美国和拉丁美洲关心教育和文化问题的知识分子的会聚中心。中心经常举办有关教育问题的研讨班，探讨教育改革及其出路等全球性问题。参加讨论的不乏世界各国教育改革的领袖人物和知名教育家。

1971 年，伊里奇将多篇重要文章整理成册，以《非学校化社会》(*Deschooling Society*)的书名出版发行。在学校教育这样重大的人类问题上，伊里奇提出了如此激进的主张，自然激起了西方社会的强烈反响和广泛争议，由此，他所倡导的"非学校化社会"思想在整个国际教育界得以广泛传播。

---

① G. F. Kneller, *Movements of Thought in Modern Education*, New Jersey, John Wiley & Sons Inc., 1984, p. 203.

伊里奇是位多产的作家，精通英、西、法、葡、意、德等多国语言文字，其主要著作除《非学校化社会》(1971年)外，还有《宴饮交际的工具》(1973年)、《医学的报应：剥夺健康》(1975年)等。20世纪70年代中期以后，伊里奇的研究重点从分析教育对社会的影响转变为分析现代社会的组织形式问题。

一、论"价值机构化"

作为社会批评家，伊里奇的社会批判理论与西方马克思主义法兰克福学派的"批判的社会理论"有着内在的联系。他的理论的出发点是一种"人"，一种带有宗教神秘色彩的直觉上的人。由此，他对包括学校在内的整个西方文明都进行了逐一的分析和批判。弗洛姆曾把伊里奇的批判的基本精神表述为"人道的激进主义"。人道的激进主义，按弗洛姆的解释，是一种以人为根源，对各种不言而喻的东西进行"批判性的质疑"的态度和方法，其所根源的人是一种过程中的人，是具有自我完善、自我实现的潜能的人，这种潜能既可以为自我的存在而转化成更丰富的热情、和谐、爱和意识，也可能转化为堕落、统治他人和毁灭生活的更强烈的欲望和动力。人道的激进主义是以各种"观念和机构是有助于还是阻碍人更多自由和快乐生活的能力"为其社会批判的出发点的。

借助于"人道的激进主义"这面透镜，伊里奇自认为找到了现代社会一切邪恶和痛苦的根源，那就是价值的机构化。所谓价值的机构化，指的是人与自己创造的机构之间存在着某种异化关系。也就是说，人创造了机构，赋予机构以价值，结果，机构成了价值的化身而人却丧失了自身的价值。例如，人创造了医院，医院成了人们赖以保障健康的地方，为此，人将自己的健康交给医院，而自己便不再相信自己的保健；人创造了学校，学校成了与教育直接同一的价值，人把自己的学习托付给了学校，从而丧失了自学的能力，诸如此类都是价值机构化的表现。

教育领域存在的价值机构化的现象，在伊里奇看来，是以下述信念为基础的：学习是教学的产物，"有价值的学习是上学的结果，学习的价值随着大量的外在输入而增值，且这种价值是可以通过分数或证书来衡量和记录的"①。这种神话把人的个性发展与学校的操纵性活动混为一谈，使人们盲目地认为学校不仅能产生价值，而且认为这种价值是被量化衡量的，上学越多，学习的价值就越大，从而乐于接受学校所给予或造成的一切等级差别。人们不再相信自己个性的自由发展，不再把自己放在适合自己的位置上，而是把自己塞进别人为他们划定的圈圈里，拼命挤进学校教他们去追求的位置。同时，人们亦把自己的同类放在这样的圈圈里，直至每个人、每件物都找到适当的位置为止。人们对学校能创造价值的神话深信不疑，对学校顶礼膜拜，把学校当作"圣牛"一样的东西供奉起来。现代社会有关学校的神话在伊里奇看来是根本站不住脚的，因为"学习是最不需要他人操纵的人类活动，大多数的学习不是教学的结果，而是无阻碍地参与有意义的环境的结果"②。在伊里奇看来，学校的机构化价值是一种量化的价值，而人的个性发展是不能用这种学校教育的量化尺码来衡量的，有关学校的神话应被彻底推翻。在这方面，伊里奇在闻名遐迩的论文《学校：神圣的牛》中进行了充分的发挥。在这篇写于1968年的论文中，伊里奇对美国"圣牛"般地位的公立学校进行了淋漓尽致的批判。

整个人类历史，在伊里奇看来，就是价值机构化的历史，是人与他自己创造的机构的异化史，在当今世界，这种状况愈发严重，危害也日益加深，并在自然、社会、人的心理各个层面表现出来，"价值机构化不可避免地导致环境的污染、社会的两极化和心理的无能，这是全球走向衰落和现代化悲剧

---

① Ivan Illich, *Deschooling Society*, New York, Harper and Row, 1971, p.56.

② *Ibid.*.

的三个方面"①。改变这一状况的唯一出路，在伊里奇看来，就是实现价值非机构化。为此伊里奇选择了意识革命和文化革命的方法，把希望寄托在包括他自己在内的少数"先知人物"身上，由他们传达福音、启迪众生，承担起挽救人类的重任。伊里奇对美国社会价值机构化的揭露和抨击在某种意义上触动了西方资本主义社会的内在矛盾，应当说这是具有一定的积极意义的。不过，伊里奇在揭示这种矛盾时只是停留在价值机构化这类现象本身的描述和批判上，未能揭示出这些社会表象背后的实质性因素。在如何改变现状，实现一个"价值非机构化"的理想社会上，伊里奇把希望寄托在少数先知先觉的人物身上，他的英雄人物救世论不可避免地将他的社会批判理论导向了历史唯心主义，陷入了18世纪法国唯物主义者曾落入的有关改变人和改变环境问题的泥潭之中。

二、论"隐蔽课程"

伊里奇对学校的批判是从他所谓"隐蔽课程"入手的，可以说，对"隐蔽课程"的批判是其社会批判理论体系的重要组成部分。学校是一个历史的范畴，近代学校的一个根本标志是将学校作为一种国家的制度来设置和管理，故又称公立学校。伊里奇"非学校化社会"思想的主要内容之一就是要废除学校，他运用独特的社会批判的眼光，考察了学校的社会作用，结果发现了长期以来一直被人们忽略的"隐蔽课程"，伊里奇称之为教育家们的"盲点"，并以此作为他批判学校的突破口。

在欧美的教育社会学中，隐蔽课程一般被认为是在公开课程背后的"学校和课堂的组织与指导的方式"对学生态度和行为的影响。伊里奇对学校的隐蔽课程重新做了自己的解释，他说，"我运用隐蔽课程这个词表示一种与学校中

---

① Ivan Illich, *Deschooling Society*, New York, Harper and Row, 1971, p.8.

发生的事情相对的学校教育的结构",即由照管、社会角色选择、价值与信仰的灌输、教育(主要指知识和技能的教学)等学校的社会职能构成的有机机构。"这种隐蔽的结构形成了一门教程,它永远不受教师或校务委员会的控制而独立存在。它永不止息地传递着这样的信息:只有通过学校教育才能为每个人成长为社会的成人作准备;学校中不传授的东西几乎没有什么价值;校外学到的东西是无价值的。我把它叫作学校教育的隐蔽课程,因为它构成了制度的不变结构,只有在它的范围内,所有的课程改革才可以进行。"①伊里奇指出,学习原本是个人的一种自主的活动,它完全是自律、自助、自我实现的过程,学习本身没有交换价值,学习就是一种价值,但学校的隐蔽课程使自主的学习没有了价值,使学习只有作为学校机构的产物时才有价值。这使得人放弃了自主学习的愿望,把学习的责任从个体身上转到了学校,并完全依赖于学校的教学。结果,学校的教学获得了价值,人自身的学习丧失了价值。学校教育的标签——文凭变成了商品,成了一种比美元和卢布更容易流通的通货形式,并可转化为受保护的特权,一方面擢升了社会新贵,另一方面又将没有进过学校或只持有低级学历者打入社会的底层,并通过让家庭背景好的子女对公共教育经费实际上的更多占有这种隐蔽的"双倍的剥削",造成了进一步的社会两极分化。此外,隐蔽课程还有一种仪式,"是一种由学校设立的进入现代社会的正式的入门仪式",学校和社会就是通过这种仪式筛选着学生,筛选的过程表面看来是平等的,而实际上仪式本身就是在为某种特定的阶级意识和价值作辩护。"这种仪式的目的,是向仪式的参与者隐瞒平等主义社会的神话与仪式所辩护的阶级意识之间的现实矛盾。"②

在伊里奇看来,现代学校的隐蔽课程,不仅在制造着社会的不平等,而且还巧妙地将这种不平等隐藏起来。现代学校已成为社会再生产价值机构化

---

① 瞿葆奎主编:《教育学文集·教育与社会发展》,651 页,北京,人民教育出版社,1989。

② 同上书,655 页。

的强大工具和加速器，阻碍了真正的学校和教育，造就了无能力、无个性的人，并带来了社会两极分化和新的不平等。为此，必须将现代学校连同它的隐蔽课程一起废除，并按新的有关人、学习和成长的思路，建立"非学校化"的社会。

三、论"非学校化社会"

"非学校化社会"简单来说，就是一种废除了学校及其类似学校的一切价值机构的社会。在伊里奇看来，建立"非学校化社会"并不是要通过政治革命的手段，而是跟废除其他的价值机构一样，通过以渐进方式进行的意识革命和文化革命的途径。这种革命要求社会中的每一个人都要对自己所处的异化境地有着清醒的认识，从而自觉地运用宪法赋予自己的自由的权利，摆脱对社会特权机构的依赖，克服心理的无能，成为现实社会中积极的消费者。在"非学校化社会"中，教与学都是人们天赋的自由，没有强迫学习或变相的强迫学习。人们在自己乐意从事的工作中、在与他人的密切交往中进行着学习。这种学习主要是以人们的好奇心为动力的，学习者能够赋予他们所接触到的一切事物以意义。

在伊里奇看来，良好的教育制度应有三个目的：一是能向每一个想学习的人随时提供获取现有资源的条件；二是能使每一个想与人共享知识的人能够找到其学习者；三是能使想向公众提出有争议的问题的人有机会将自己的论点公之于众。为此，在伊里奇的头脑中，理想的教育形式就是现行教育机构的反面——"教育网络"，它可以给每个人创造一种将生活时间转变成学习、分享的机会。教育网络即学习网络，它是伊里奇设想的"非学校化社会"中理想的教育机构，共有四种职能。

（一）资料查阅

伊里奇认为事实本身就是基本的学习资源。在这方面，学习者可利用的学习资源是多种多样的。它们不仅包括图书馆、实验室、博物馆、戏剧院、游乐室等具有展示功能的学习场所，而且也包括工厂、农场、机场、公共场所等日常生活和工作场所。图书、文学资料、磁带、生产工具、机器、标本，直至山川湖泊和飞禽走兽等也都是可资利用的教育资源。

(二)技艺交流

技艺交流网络是由有一技之长的人自愿构成的网络。一是可创设免费的由政府支持的技艺中心向所有人开放；二是成立技艺交流银行，每个公民都可获得入门技艺所需的"基本贷款"，并以此贷款或同价物换取必需的基本技能的教育，超出"基本贷款"以外的进一步的贷款，由给别人传授技能的人获得。只有给别人传授技能达某一定量时间的人，方可到更资深的教师那儿要求学习同等时间。此外，伊里奇还建议创立一种机关来指导该网络的运用，以保证自由，防止滥用，并提供考测服务。

(三)同伴切磋

这是由具有共同志趣的人自愿组成的学习网络。该网络可以由地区布告栏、计算机、各种出版物等作为支持媒介。参与者只需通过报姓名、住址，描述欲寻找的同伴及本人准备的情况，电脑和其他媒介就会反馈给他所输入同样信息的人名和地址。同伴切磋的场所完全由双方协商约定，俱乐部、游览区、公园以及私人住宅都是碰面约见的理想去处。

(四)网络服务

这是为前述三个学习共同体提供服务的网络，是对前三种网络的补充。伊里奇阐述了网络服务的三种类别。第一类是创造和操作学习网络的工作，由教育网的行政工作人员担任，他们应"专心致力于建立、维护和引导学习者走向各种资源的通道"①。第二类是引导学生和家长使用这些网络的工作，由教育咨询人员担任，以帮助学生找出可在最短的时间内达到目标的途径。例

① Ivan Illich, *Deschooling Society*, New York, Harper and Row, 1971, p.142.

如，对值得阅读的书籍和可供实习的场地做出建议等。第三类是教育的激发和教导工作，也是难度最大的工作。由未来的社会的"师傅"承担，他们与学习者的关系就是师徒关系，理想的教育家是学习者的良师益友，是排除疑难、点化真谛的导师。

通过以上四种教育网络的建立，加上相应的文化和政治的变革，伊里奇相信，一个民主和参与的理想社会就会到来，在这个社会中，每个人都为实现自我而工作，没有强迫性劳动、强迫性学习和强迫性消费，学习和教育都成了愉快和享受闲暇的活动。至此，伊里奇为我们展示了一幅完整的"非学校化社会"的理想蓝图，这里，教育、闲暇、工作和生活所有这一切都融为一体了。显然，这是一个美好的愿望。

伊里奇提出的"非学校化社会"的设想具有一定的合理性，他天才地预见了几十年后网络时代的学习方式，对学习化社会的构建具有重要的参考价值。当然，就他这一思想提出的现实背景和论证方式看，作为一种现实社会的教育改革方案，显然是缺乏严密性和可操作性的，在当时具有一定程度的乌托邦性质。他也没有为自己的教育改革主张提供坚实的理论基础，甚至也"没有参考社会教育或学习研究的成果"①。这种立足于直觉的、激进的教育改革主张，尽管产生了一定的社会影响，但要转化为社会现实在当时那个时代显然是难以实现的。

宏观而言，伊里奇的"非学校化社会"思想和四种学习网络的设想还是富有启迪意义的。它提醒我们学校不是唯一可资利用的教育资源，学校之外，还有许多机构、社会力量具有教育的潜力，能够承担教育的责任，促使我们的视野从学校扩展到整个社会。伊里奇对学校的批判，"使学校更具有自我批

---

① 参见[摩洛哥]扎古尔·摩西主编：《世界著名教育思想家》第 2 卷，梅祖培等译，244 页，北京，中国对外翻译出版社，1995。

判的精神和证明其存在的合理性的意识"①，这是有利于当代学校的健康发展的。伊里奇的"非学校社会"如果剔除其完全废除学校的激进主张，从其正面内容理解也是一种学校化社会。目前，学校化社会的建立和终身教育的实施，已是国际教育的发展趋势和致力的目标，伊里奇的教育思想在基本精神上与上述国际教育的潮流和趋势有一致之处，这使得伊里奇的教育思想在现代社会学校和教育改革中给人以新意，并激起人们的教育新思维。

第四节　赖默、波兹曼和温加特纳的教育思想

一、埃维里特·赖默的教育思想

埃维里特·赖默(Everett Reimer, 1910—1998)是与伊里奇齐名的激进主义的教育思想家，伊里奇曾在《非学校化社会》一书的序言中说："我对公共教育的兴趣归功于埃维里特·赖默。"正是在赖默的影响下，伊里奇才开始关注教育问题，对人们习以为常的义务教育制度提出怀疑和批判。赖默的教育代表作《学校已经死亡——教育中的选择》发表于 1971 年，比伊里奇的《非学校化社会》略晚一年。

在对学校制度的批判方面，赖默认为美国的学校实际上是将四种社会职能集于一体的，这四种社会职能是照管、社会角色选择、思想信仰灌输和教育，且它们通常是以发展技能和知识的形式表现出来的。② 在赖默看来，将"照管"作为学校的职责是错误的，这不仅要平白增加大量的教育经费，而且

---

① G.F.Kneller, *Movements of Thought in Modern Education*, New Jersey, John Wiley & Sons Inc., 1984, p.214.

② Everett Reimer, *School Is Dead: Alternative in Education*, New York, Doubleday, 1971, p.24.

从整体上看，也不适合处在不断发展成熟中的学生。因为儿童只是在早期需要照管，学校将对学生的"照管"作为自己的职责就等于把自己变成了军营、监狱或精神病院之类的机构。

在学校的社会角色选择问题上，赖默考察了学校在社会地位分配过程中的作用。他把学校的社会地位分配职能称为"把青年分到他成年后将占据的各种社会职位的分类"，对他来说，这种"学校的职业选择是多余的，而且对个人通常是灾难性的……职业选择的主要职责根本不是个人选择的问题，而是学校制度继续生存的问题……退学的年龄决定了男女儿童是否因其身、手或脑的劳动而得到报酬，也决定了他们得到多少报酬。这反过来大体上决定了他们能在哪里生活，他们能与谁交往，以及他们如何度过有生之年"。[1] 在赖默看来，社会变化极为迅速，学校在学生身上花费了大量的经费和时间之后，未必能使学生在社会上谋得相应的工作。更为可怕的是，在一个学校化的社会中，文凭或证书成为主宰个人命运的东西，且渗透到了社会的每一个领域或方面，以致"一个垃圾清扫工也需要文凭"[2]。由于个人的发展机会是由学校中的学业成绩决定的，而实际上就是由文凭或证书决定的，文凭或证书的获得跟个人的努力并无多大关系，一个学生的成绩的好坏"主要取决于父母的文化程度、家庭的藏书、旅游的机会等"。赖默断言："一般说来，父母有文化的孩子，即使不上学也会学会阅读，而父母无文化的儿童常常是入了学也未必学会。"[3]因此，"成绩不过是将特权永久化的烟雾而已"[4]。社会信仰的灌输及教育更是把社会的不平等直接凝固化。总之，在赖默看来，将多重社会目标集于一体的学校，已导致教育开支的剧增、教育效率的下降和社会控制

---

[1]　[美]理查德·D.范斯科德、理查德·J.克拉夫特、约翰·D.哈斯：《美国教育基础——社会展望》，北京师范大学外国教育研究所译，137页，北京，教育科学出版社，1984。

[2]　Everett Reimer, *School Is Dead: Alternative in Education*, New York, Doubleday, 1971, p.26.

[3]　*Ibid.*, p.32.

[4]　*Ibid.*, p.29.

的不断加强，它在现代社会已没有存在的价值，"学校已经死亡"。

赖默承认学习是存在某种连续性的，但他反对"学校将学习当作教学的产物"①，认为将学习看成教学的结果是对学习的必要条件和充分条件的混淆。与古德曼不同，赖默强调知识的学习不能局限于直接的经验，认为通过直接经验的学习往往是一种低效的、缺乏目标的学习方式，某些知识并不需要通过直接经验来学习(如有关图书分类系统的作用的知识)，有些甚至通过直接经验根本无法获得(如热力学第二定律)。为此，赖默主张应给学生提供不限于直接经验的更多的学习机会。即使是学生从事操作性的活动，赖默也主张要重视这种活动的知识和理论的层面，并为这种学习创造良好的机会和条件。

在赖默看来，现代社会学校的弊端太多，学生学习所需要的场所不是学校，而是生活环境中一切可资利用的学习资源，社会应当为每一个人都可以选择自己的学习方式创造良好的环境。至于学什么，怎样学，什么时候学，这些问题并不是由学术讨论来决定的，而是由个人或志愿团体的自由选择决定的。传统的学校所负担的、为学生提供学习环境和条件的职能，完全可以被社会团体或场所取代。能提供这种职能的社会团体和场所的范围是极为广泛的，从学习原子物理的研讨班到地方上的各种鱼市等，都可以成为学习者的学习场所和途径。如果说赖默和伊里奇的教育思想十分接近、自成一体，都提出了激进废除传统学校的主张的话，激进教育思想的另外两个代表人物——波兹曼和温加特纳则共同从另一个角度提出了自己激进的教育改革的主张。

二、波兹曼和温加特纳的教育思想

波兹曼曾担任过美国中、小学教师和美国纽约大学教授，主要从事英语教

---

① Everett Reimer, *School Is Dead: Alternative in Education*, New York, Doubleday, 1971, p.40.

学研究，他主编的新英文系列丛书在美国有一定的影响。温加特纳也有多年中学教师的工作经验，曾在昆士学院任教，与波兹曼一起共同编写过《教学中的革命》（1966年）、《学生手册——为了学校的转向》（1971年）等著作。波兹曼、温加特纳两人的教育思想也极为相近，他们共同撰写的《教学———种颠覆性活动》（1971年）一书就是他们激进教育思想的共同代表作。波兹曼、温加特纳虽然与伊里奇一样都被称为激进的教育改革思想家，他们也都对20世纪六七十年代美国的学校制度极为不满，但与伊里奇要求废除传统学校的主张不同，在他们看来，与其废除传统学校，还不如对它们加以改造利用，使学校教育的目标、内容和方法都发生根本性的变化。

　　波兹曼、温加特纳的教育思想是直接面对飞速发展的科技时代所带来的社会问题提出的，他们极为关注人类的生存状况，具有强烈的社会危机和忧患意识。对20世纪六七十年代美国乃至人类社会的生存状况和未来前景，他们进行了两点基本判断。第一，人类社会生存正受到越来越多的、史无前例的、至今仍无法解决的问题的严重威胁，这些问题中有些是美国社会特有或特别突出的，有些则是全球性的，它们包括：社会中越来越多的精神病、犯罪、自杀、性泛滥、毒品问题，人口爆炸问题（包括出生率控制问题、流产问题、住房问题），空气、水源污染问题，粮食问题，垃圾处理问题，交通问题，停车问题，噪声问题，等等。在国际方面面临的问题有：核问题、中东问题、外援问题、国防问题等，不一而足。而在所有这些问题之上还存在着一个最为关键的问题，那就是"我们究竟能为解决这些问题做什么？"①的问题。在波兹曼和温加特纳看来，上述问题已经给美国社会及全人类造成了巨大的冲击，如果我们不能及时、有效地予以解决，将直接对人类的生存和生存状况造成重大威胁。第二，上述问题所造成的恶劣状况是有可能得到改善

---

① Neil Postman and Charles Weingartner, *Teaching as a Subversive Activity*, New York, Penguin, 1971, p.12.

的，改善的手段就是教育，或主要依靠教育。波兹曼和温加特纳充分估计了教育在解决上述社会问题中的作用，指出："我们并未简单、浪漫到认为通过教育或其他手段，所列举的所有问题都能被解决，但有些问题是能够被解决的，而且更多的是直接通过教育而不是别的手段解决。"①

波兹曼和温加特纳认为美国20世纪六七十年代在公共教育上的投资花费巨大，但美国学校在办学目标上却远离人类生存最基本、最迫切的问题，"很少甚至没有增加任何共同生存的机会，没有帮助我们解决哪怕是一部分上面所提的问题"②。尽管美国的教育也在不断地进行改革，但美国学校在办学的基本方向上已失去了自己应有的目标，始终没有正视未来，没有正视人类在迅速变化的社会中所面临的紧迫的生存问题。在他们看来，美国公共教育在办学方向上眼睛一直是向后看的，美国教育制度的状况犹如一个驾驶着价值百万美元的赛车的车手，嘴里尖声高叫"快！快！"，眼睛却一直盯着后视镜，既不知自己现在身在何处，也不知自己该开往哪里，至今还未粉身碎骨，已算万幸了。

波兹曼和温加特纳认为，不断的、越来越快的、无所不在的变化是现代社会最显著的特征，培养能够把握这种变化的人应该成为学校的根本目标。学校可以通过创设环境，帮助学生掌握适应在一个飞速变化的世界中生存所必需的观念和技能。波兹曼和温加特纳把他们所要培养的、理想的人称为能够"探测定见(Crap Detecting)"的人，学校则应当是培养这种类型的人的理想机构(不像伊里奇和赖默要废除学校)。何谓"定见"？他们认为，"定见"就是一种未经审思就接受的思想或信念，它们与一个人生长于其中的社会主流文化有着密切的关系。人们在社会主流文化的影响下，往往不加选择、未经批

---

① Neil Postman and Charles Weingartner, *Teaching as a Subversive Activity*, New York, Penguin, 1971, p.12.

② *Ibid.*.

判地就接受了某些思想或信念，并把它们当作唯一正确的东西供奉起来，但这些被供奉的东西往往并不是真理，只是在某种条件下形成的一家之言、一孔之见而已，而其信奉者却浑然不知。"从某种角度看，人类的历史就是不断与尊奉'定见'做斗争的历史。"①在波兹曼和温加特纳看来，如果说"定见"在变化缓慢的社会中还不至于危害过大的话，那么，在人类社会变化发展如此之快的现代社会，如不对之加以辨析和纠正，就会直接威胁到人类社会的生存。因此，现代社会的人应当是善于发现"定见"的人，教育对造就这种新型的人肩负着重要的责任："我们要牢记，新的教育将培养这样一种人——善于探测定见。"②

透过波兹曼和温加特纳对"探测定见"概念的多角度分析，可以发现他们力图培养的所谓"善于探测定见"的人，实际上是对社会上各种习以为常的东西持批判反省态度、勇于面对并善于解决不断出现的新问题的人。这种人不仅具有敏锐的观察力，而且"拥有'颠覆性'的理智工具——人类学的世界观"③。在他们看来，人虽然不可能完全摆脱偏见，或在实际中完全不受他所熟悉的东西的影响，但人对社会特定的思想和信念应不是无批判、无原则地接受的，一个"有能力的定见探测者，是不会被自己自然成长于其中的社会的独断论定完全捕获的"，他不把自己熟悉的东西当作唯一或最好的东西，对自己生活的世界中可能存在着的偏见保持高度的警觉。"颠覆"指的就是对传统偏见或未接受反省的"定见"的颠覆，就是对社会现状无批判地接受态度的颠覆，在现代社会就是对居于支配地位的制度性官僚政治、技术理性和大众媒体的颠覆。颠覆的最终目的乃在打破定见，开拓思路，"在充满前所未有的困难、

① Neil Postman and Charles Weingartner, *Teaching as a Subversive Activity*, New York, Penguin, 1971, p.3.

② *Ibid*., p.3.

③ *Ibid*., p.xiii.

不确定性和机会的世界中，发展年轻人为生存而应用最佳策略的能力"①。

教育如何才能培养出"善于探测定见"的人？怎样的教学才算"颠覆性"教学？波兹曼和温加特纳在《教学——一种颠覆性活动》一书中予以了具体的说明，并提出了如下建议。

第一，要摆脱传统的按预定的教学计划或教学大纲按部就班进行教学的旧有习惯，根据各种紧迫的社会问题和学生的实际情况组织学习内容。

第二，教师在课堂中应尽量让学生们接触一些他们感兴趣的问题，让学生积极、主动地学习。

第三，教师在课堂上要注意倾听学生的述说，但不要参与到述说中去。教师在倾听时也可邀请其他教师来课堂进行观察，下课后可问来观察的教师问题：根据你对学生述说的倾听，明天和下星期你将让他们做什么？这种相互观摩的活动可使教师根据学生实际的认知、情感和他们所关心的事物所做的教学设计变得越来越有效。

第四，帮助学生学会如何问问题。这一点在"颠覆性"教学中特别重要。"一旦你学会了如何问问题(相关的、合适的和实质性的问题——原注)，你就学会了如何学习。"②问问题的能力被波兹曼和温加特纳视为生存于这个飞速变化的时代的重要工具，它能造就"一种迥然不同、更为大胆、更富有潜力的理智"③。在培养这种态度和能力的具体做法上，教师可对课堂中的学生做出规定，只允许他们以提问的方式说话，然后给学生安排任务，让学生就教师提出的任务编出一系列的问题，并对问题编得最多的学生予以适当的奖励。

第五，教师应对自己的判断是否具有主观性进行反思。教师在对自己的

---

① Robin Barrow, *Radical Education—A Critique of Freeschooling and Deschooling*, London, Martin Robertson. 1978, p.155.

② Neil Postman and Charles Weingartner, *Teaching as a Subversive Activity*, New York, Penguin, 1971, p.35.

③ *Ibid.*, p.38.

学生做出评价时，可以通过虚拟角色互换的方法，即在头脑中暂时搁置自己的教师角色，把自己想象为被评价的学生，从被评价的学生的角度体会能否接受这样的评价，从中发现其中可能存在的主观偏见并及时予以纠正。

此外，他们还提出：教师要充分发挥学生的想象力；善于给学生创造宽松自由的学习环境；让学生进行以未来为指向的学习；增进学生对媒体的认识；认识"课堂环境性质的根本性变化"[①]；教师要进行诚实的自我检查；等等。

波兹曼和温加特纳教育思想具有鲜明的时代感，是对 20 世纪六七十年代西方社会从传统的工业文明转向后现代社会过程中所产生的一系列问题的反映。他们对科技迅猛发展的现代社会人类未能对这种发展做出正确的回应表现出极大的担忧，要求学校直接面对与人类生存攸关的问题，发挥教育在解决这些问题时的作用，这种主张应当说是合理的，符合时代要求的。在通过教育解决人类社会紧迫问题的途径上他们提出的"颠覆性"教学，是以 20 世纪60 年代后在西方开始盛行的人类学的基本理念为基础的。应当承认，人类学及其方法论在西方社会科学领域崛起并成为当今西方社会科学中与实证科学平分秋色的方法论原则并不是偶然的，它在解决人类所面临的某些社会性问题上，的确能够发挥实证科学方法论所无法比拟的作用。

"颠覆性"教学培养出来的学生不仅具有关切人类生存问题的忧患意识和乐于解决问题的积极心态，而且不为社会传统的思维定式所制约，勇于创新，善于从不同的视角看待和分析问题，这正是现代社会尤其是知识经济社会对人的基本要求。波兹曼和温加特纳能够在 20 世纪 60 年代就提出当今知识经济时代所要求的人的素质特点，反映了他们对现代社会发展趋势的富有远见的预测力。不过，在创新与传统的关系上，他们的观点是偏激的或者说是激

---

① Neil Postman and Charles Weingartner, *Teaching as a Subversive Activity*, New York, Penguin, 1971, p.205.

进的,他们过于注重社会发展创新的一面,忽略传承联系的一面,他们拟订的教育目标及教育方法无不反映了这一特点,这就决定了他们的教育思想与成为全面推进的教育实践间存在着难以逾越的鸿沟。

第五节　激进主义教育思想评述

激进主义教育思想的特点,是它对美国的现行教育特别是公立学校教育提出了相当"激进"的批评,甚至是强烈的指责。他们不仅激烈地批评美国现行教育的一般弊端,而且指责"制度化"的整个教育,甚至极端地否定学校。

激进主义教育思想的倡导者和推行者们,或者要求重新确定教育和学校教育的传统意义,或者赞成修改学校的作用并缩减其活动范围,或者主张逐渐增加其他社区机构的教育职能,或者建议充分运用现代教育手段,或者建议干脆取消学校而代之以"教育网络"。他们都在不同程度上提倡教育的多元主义。

激进主义教育思想的倡导者们对美国现行教育所进行的一些考察和分析,在一定程度上较尖锐地反映了美国现行教育中的一些弊端和危机,使人们深化了对美国教育及其社会的认识。激进主义教育思想家提出的"非学校化"思想以及由此引起的不同意见的争议,提升了人们对学校教育在社会中的作用问题的关注,引发人们去探索可能的教育改革新途径。

激进主义教育思潮也促进了20世纪六七十年代美国教育实践的改革,特别是引发和推动了开放教育运动、自由学校教育运动和非学校化社会运动的发展。在20世纪70年代以前,很少有教育理论和教育实践涉及有关可选择的公立学校问题。激进主义教育思想的倡导者关于自由选择的主张为美国公共教育发展提出了新的方向,逐渐成为社会的信条和学校实践的组成部分,成为可选择学校运动的一个重要的思想渊源。

激进主义教育思想对世界其他国家也产生了不可忽视的影响。它不仅引起了许多国家的有关专家而且是社会上的知识界对学校教育的"真实可靠性"的兴趣和关注，而且也推动了各国可选择性教育的发展，如非正规教育、社区教育、继续教育、终身学习等，在一些国家都得到了较快的发展。人们普遍地认为这有助于扩大教育机会，以满足各种人的学习需求。但激进主义教育思想自身也存在着一些问题。

首先，激进主义教育思想虽然把教育问题与社会问题联系了起来，然而，他们并未真正认清教育与经济、政治之间的本质的关系。伊里奇甚至看到了美国社会的贫困和异化现象与美国社会的资本主义商品化和官僚机构的操纵和垄断的关系，但他没有揭示出这种关系本身受制于资本主义制度的本质，因而他对这些现象及其根源的批判是不彻底的和无力的。

其次，他们所提倡的"自由学校教育""可选择教育"，或以"学习网"取代学校等主张，虽对"制度化"学校教育是一次激进的批评与冲击，有助于推进教育的大众化、社会化，但是，他们之中有些人似乎认为，只要能够提供自主和自由的学习，甚至实施"非学校化"学习，就可以消除异化现象，使人们获得真正的自由和平等。这种观点是颇肤浅的。因为只要美国的资本主义制度存在，商品化、垄断化的学校和机构就会存在。在这种情况下，要求废除商品性质的学校或废除学校，实施完全自由教育，几乎是不可能的。所以，"这种见解，就其绝对形式而言，看来并不符合世界上任何现有的社会政治范畴"①。

最后，他们虽然大声疾呼应提供自愿、自主、自由的教育和学习，但是他们对如何将其普遍地推行，并未做出令人信服的有力论证。伊里奇本人也

---

①　联合国教科文组织国际教育发展委员会编著：《学会生存——教育世界的今天和明天》，华东师范大学教育研究所译，45 页，北京，教育科学出版社，1996。

只是坚信非学校化社会一定会到来，但对于何时到来也颇感踌躇，因此他称非学校化主张是非常不确切的预测。

不过，时代在前进，经过近几十年来科学技术的突飞猛进，特别是信息技术的快速发展，世界发生了巨大的变化，学校也不能一成不变。今天，越来越多的人认为，"制度化"的学校教育体制已不可能只做一些表面上的调整了。事实上，学校如果不迅速从根本上加以改革，很可能会被其他一些反应更灵敏的机构所取代。从这一角度回头去看，当年的激进主义教育思想的倡导者们的某些思想也蕴含着一些尚不清晰的预见性。

第九章

"新马克思主义"教育思想

　　"新马克思主义"教育思想曾盛行于 20 世纪六七十年代的一些西方国家。提出这一教育思想的主要代表人物有：德国的马尔库塞（H. Marcuse，1898—1979）和哈贝马斯（J. Habermas，1929—　），法国的布尔迪厄（Pierre Bourdieu，1930—2002），英国的萨鲁普（M. Sarup，1930—1993），美国的鲍尔斯（S. Bowles，1939—　）、金蒂斯（H. Gintis，1940—　）、阿普尔（Michael W. Apple，1942—　）和吉罗克斯（Henry A. Giroux，1943—　）等。"新马克思主义"教育思想的代表人物试图应用马克思主义的某些概念和理论较具体地揭示和分析当代资本主义国家学校教育的性质、职能、特点及其与资本主义社会、经济、政治和文化诸方面的关系，对资本主义国家学校教育的弊病提出更加深刻的批评，并探索改革教育甚至变革社会的方策。"新马克思主义"教育思想以"发展"马克思主义教育理论自诩，也一度被视为 20 世纪后期西方资本主义国家激进主义教育思潮的一翼。"新马克思主义"教育思想虽然基于"批判思维"对当代西方资本主义国家的教育提出了许多具有启示的论述，但它在一些重大问题的观点上却存在严重的缺陷。

第一节 "新马克思主义"教育思想概述

"新马克思主义"教育思想的产生有着多方面的因素。其中最主要的有如下几点。

一、教育改革形势逼人

第二次世界大战后,在世界范围内,由于科学技术的飞跃发展,经济的增长,社会民主的逐渐扩大,以及资本主义国家在各方面反复出现的危机,产生了许多新情况和新问题,从而向教育提出了一系列挑战。这些强劲的挑战,不但表明教育越来越成为社会和国家的重要领域,而且使发展和改革教育事业成了世界性的潮流,广大人士呼吁探索教育改革的新途径。有些"新马克思主义"理论家适时地提出,资本主义国家的学校教育虽进行了一些改革,但这些改革并没有消除学校教育中的痼疾,更没有促进社会机会均等和个人自由发展的实现,反而使资本主义教育制度更加"合法化",使学校教育的弊端更加深重,所以必须对西方的教育问题进行新的思考和探究。

二、自由派教育理论失灵,激进主义教育思潮兴起

无论是杜威所引导的进步主义教育理论,还是功能主义社会学派的教育观点,都高度强调教育的作用,认为教育可以带来社会民主、平等和个人自由。它们宣扬"教育是打开通向现代化大门的钥匙""学校是平等化者""教育是变革社会的最好媒介"等。功能主义者甚至认为,社会中技术尖端程度的提高说明需要不断延长学校教育的年限,而教育的成就既有助于确保工业化和都市化以及民主政治所要求的技能和态度得到发展和保持,又能使职业安排、

收入和权力的分配有可能得以公正的进行。①

总之，按上述教育理论看来，教育与社会一体化是完全统一与和谐的，而教育变革与社会变革的动力就在于这种统一与和谐。

在 20 世纪五六十年代，随着西方资本主义国家战后经济的恢复和发展，许多国家的教育事业也的确一度呈现快速发展的景象。然而，到 20 世纪 60 年代末期，随着资本主义国家出现的经济衰退，各种社会动荡迭起，教育部门也开始迅速下滑。不仅各种教育改革收效甚微，而且校内骚乱和暴力事件不断。这些情况引起了广大人士对自由派教育理论的质疑。而许多持激进主义观点的教育学者则指出，与其说资本主义的学校教育是"平等化"的机器，不如说它扩大和加深了原有的不平等。资本主义的学校教育只能是社会不平等的维持者，而不可能成为社会变革的推动者。激进主义教育学者对资本主义国家学校教育的强烈指责和对自由派教育理论的批评，引发了一些"新马克思主义"者对西方社会教育问题的密切关注和新探索。

三、"马克思热"的出现

"新马克思主义"倾向最早出现于 20 世纪 20 年代初。当时西欧一些资本主义国家爆发的工人革命运动相继失败，资本主义社会进入相对稳定的发展时期。这使一些马克思主义者开始对马克思主义进行反思。他们认为，欧洲工人革命运动失败的根本原因不在于经济条件不成熟，而在于无产阶级革命意识的不成熟。他们将研究重心从经济领域转向意识形态领域。这些人被称为第一代"新马克思主义"者。

20 世纪 30 年代初，马克思的一些早期著作《1844 年经济学哲学手稿》和《德意志意识形态》等首次公开发表。一些马克思主义者和西方学者似乎从这

---

① ［美］范伯格、索尔蒂斯：《马克思主义理论与教育上的冲突理论》，范国睿、王佩雄译，载《现代外国哲学社会科学文摘》，1989(3)。

些著作中得到了"新"的重大发现,掀起了研究马克思主义的高潮。但其中许多人主要是抓住马克思的异化理论大做文章。这便是所谓第二代"新马克思主义"者。

第二次世界大战后的新形势进一步引起了西方许多理论家和社会活动家对马克思主义的兴趣,在一些资本主义国家开始出现"新左派"运动。在20世纪五六十年代,在西方不但出现了所谓"马克思学",甚至还形成一股"马克思热"。这种情况也反映到教育界。"新马克思主义"一时成为欧洲学生运动的理论旗帜,一些教育学者也积极开展有关马克思主义教育理论的研究。英国的罗·拉斯克和詹·斯科特兰在1981年再版的《伟大教育家的学说》一书中,不但简要叙述了马克思的某些理论和观点,还高度评价说:"对20世纪的教育最有影响的思想家,完全不是某个职业教育家,而是一位政治哲学家——马克思。"①英国教育学者萨鲁普则认为,当代对马克思主义理论进行新探索和做出新解释的形势,对如何应用马克思主义来探讨和研究教育学,已成为一个重要的课题。②

自20世纪六七十年代以后,一些教育学者试图区别于其他激进主义的教育学者,而着力应用经过他们"理解""诠释"和"发展"的马克思主义的某些概念和理论来分析研究当代资本主义国家的学校教育,并提出一些新颖的教育观点,从而使"新马克思主义"教育思想一度成为一股思潮。

在这股思潮中,情况是相当复杂的。由于一些"新马克思主义"者各自所处的环境不同,各自的立场或研究的出发点和目的不同,或研究的方法不同,或研究的视角不同,因而也得出各种不同的解释和论述,形成了各种不同的观点或流派。

---

① R. Rusk and J. Scotland, *Doctrines of the Great Educators*, London, Macmillan Publishers Ltd., 1981, pp.238-239.

② Madan Sarup, *Marxism and Education: A Marxist Perspective*, London, Routledge and Kegan Paul, 1978, pp.1-9.

一般认为，"新马克思主义"教育思想有两个主要倾向。一是所谓"人本主义的马克思主义"教育观，它注重对马克思早期的、具有较多所谓"人道主义"因素的著作的研究，强调社会文化教育的相对独立性，强调人性的解放和消除不平等，宣扬通过改善教育和意识形态即可能促成社会改造。二是所谓"科学主义的马克思主义"或"结构主义的马克思主义"教育观，它注重对马克思的后期著作（《资本论》等）的研究，强调马克思主义的"科学思想"与"结构思想"特征，强调经济基础对上层建筑（包括教育）的决定作用，认为社会变革的动力取决于社会矛盾和阶级对抗的激化。这两种倾向也不是决然对立的，而是呈现相互交织和合流的态势。

在上述两个主要倾向的基础上，许多"新马克思主义"者往往因各自研究的立足点和侧重点有所不同而提出了不同的教育论述或教育理论模式。其中有所谓"社会批判理论"学派的教育观、"再生产理论"学派的教育观、"抵制理论"学派的教育观等。而"再生产理论"学派的教育观又可分为"经济再生产"教育理论、"文化再生产"教育理论和"国家再生产"教育理论。

第二节 "社会批判理论"学派的教育观

"社会批判理论"学派，也称法兰克福学派。它作为"新马克思主义"的一支，最早产生于20世纪20年代德国法兰克福大学。它对当时的一些资本主义社会现象、社会思潮及其代表人物进行评论和批判，致力于发展所谓"社会批判理论"。第二次世界大战后，法兰克福学派虽对资本主义社会展开更尖锐的批判，但也越来越背离马克思主义的无产阶级革命学说，甚至攻击马克思主义。

"社会批判理论"学派的早期代表人物是霍克海默（M. Horkheimer），他于

1937 年发表《传统理论和批判理论》一文，首次使用并阐述了"批判的社会理论"这个概念，要求对现存制度进行根本的变革性的批判。后来还有马尔库塞、阿道尔诺(T. Adorno)、哈贝马斯、施米特(A. Schmidt)、弗洛姆等人。这里仅对"社会批判理论"学派的重要代表人物马尔库塞和哈贝马斯的教育观点提供简要评介。

一、马尔库塞

马尔库塞作为法兰克福学派的第一代重要成员，是"新马克思主义"思想家中最有影响的人物之一。在 20 世纪六七十年代，马尔库塞甚至被欧洲"新左派"运动奉为"精神领袖"。他于 1964 年出版的《单向度的人》一书，被视为"新马克思主义的圣经"。马尔库塞的主要著作还有：《理性与革命》(1941年)、《爱欲与文明》(1955 年)、《反革命与造反》(1972 年)等。

马尔库塞对现代资本主义工业文明提出了激烈的批判，并期望建立一种能使人成为自己的主人，具有普遍的快乐和自由的合理新社会。他将马克思的社会主义理论视为"生产力崇拜"的产物，认为这在现代条件下已经过时。在他看来，"新"社会实现的基础不是马克思所分析的资本主义社会基本矛盾及其解决，而是"人性解放"的需要。他的"社会批判理论"涉及不少有关教育的观点和论述。

(一)对发达资本主义国家压抑人性的社会和教育的批判

马尔库塞认为，当代资本主义社会并不像人们所描绘的那样是令人羡慕的幸福、和谐、美满的乐园，它是一个更压抑人性、摧残人的本质，使人异化的不人道的社会。

马尔库塞指出，在现代工业高度发达的资本主义社会，随着科学技术的进步及其在生产、工作和生活中的广泛应用，强大的科学技术威力日益扩大了其控制的范围和对象，将广大知识分子和白领阶层也包括在内，而且将这种控制从人的肉体深入人的灵魂，对人的心理进行系统的操纵和控制。先进的科学技术越来越在人们的头脑中形成一种"技术理性"思维，压抑人的本性和个性，使人成为"技术人"，成为机器或机器的附属品。

马尔库塞认为，随着工业技术的进步，日益增长的生产率为社会创造了巨大财富和丰富的消费品，以满足人们不断扩张的需求。而资本主义社会为了维持其整个社会的正常运转，几乎强制性地推行高消费、高生产政策，引导人们不断地去追逐各种物质目标，使人们完全陷入商品拜物教。所以，表面上个人自以为是自由的，实际上人成了商品的奴隶，把"物"作为自己的灵魂，丧失了人的自主和自尊。"资本主义社会进步的法则寓于这样一个公式：技术进步＝社会财富的增长（社会生产总值的增长）＝奴役的加强。"①马尔库塞还说："在技术帷幕背后，在民主政治帷幕背后，呈现出这个现实：全面的奴役，人的尊严的丧失。"②而且，这种高度发达的商品拜物教，已成为一种生活方式，并强加给社会中的每一成员。这样，便使人在各个方面成为顺从和受制于现代社会的"单向度的人（One-Dimensional Man）"，缺乏价值理性、精神追求的单纯技术人、机器人，并"自愿"地在意识和态度上同化于现代社会，变成顺从于该社会的统治制度的工具。③ 社会也变成"没有反对思想"的"单向度社会"了。

马尔库塞尖锐批评现代资本主义社会的各种教育压抑人性的弊端。他认为，在一个使人性不断遭到扭曲和压抑的现代资本主义社会里，各种教育组织和日益发达的意识操纵系统，如报纸、电视、电影、无线电等现代传媒，也深受"技术理性"和"商品拜物教"的影响。它们从人的童年时起即向人们宣传、灌输"技术理性"和商品拜物教的思想，将单向度的生活方式、思维方式、

---

① ［美］H. 马尔库塞：《工业社会和新左派》，任立编译，82 页，北京，商务印书馆，1982。

② 转引自欧力同、张伟春：《法兰克福学派研究》，271 页，重庆，重庆出版社，1990。

③ ［美］赫伯特·马尔库塞：《单向度的人——发达工业社会意识形态研究》，张峰、吕世平译，3 页，重庆，重庆出版社，1988。

行为方式和价值标准强加给人们。特别是由于学校的教育目标和教育内容、教学方法和手段、教学过程评价等方面都为单纯的技术理性所渗透，学校教育不是促进人性的充分发展，而成为鼓励人们片面满足功利性追求的途径，成为培养人们支持现存统治和维护现状的顺从意识的工具。在这种教育的支配下，人的主体性、创造性和自尊性都被泯灭了。

(二)将社会的革命改造寄望于"新的主体"和"意识革命"

马尔库塞认为，在发达资本主义社会，由于生产条件和物质生活水平的提高，白领工作和蓝领工作、生产性人员和非生产性人员出现了"趋同"的倾向，工人阶级已不再是一个受剥削的阶级，他们的社会地位已与这个社会融为一体，再加上在思想意识上受到维护现存社会关系的各种宣传、教育所操纵和控制，人性受到物质统治的压抑，工人阶级的绝大部分已处于"单向度"和与资本主义社会"一体化"的状态中。他们觉得一切社会现象似乎都是合理的，并不感到自己被奴役，更未产生对这种被控制和被奴役的反抗意识。工人阶级失去了反对资本主义的革命精神和革命主体作用。

基于上述认识，马尔库塞认为，当代革命的首要问题已不是经济革命和政治革命，而应从改变人本身、改变人的心理和生活方式入手，从文化入手，从"意识革命""本能革命"入手，使人们意识到自己作为人的真正本质，即培养"新型的人"。按照马尔库塞的观点，这是新时代革命重心的转移，同时也意味着革命主体的变化。他曾这样描述："只有当群众已分解成摆脱一切宣传、灌输和操纵，能认识和理解事实，评价可替代的目标的个人时，自决才是现实的。换言之，只有当社会由一个具有新质的历史主体来组织、维持和再生产时，社会才会是合理的和自由的。"①而马尔库塞这里所说的"具有新质的历史主体"，也就是具有"一种不愿再生产现状——拒绝合作的意识和感情"

---

① [美]赫伯特·马尔库塞:《单向度的人——发达工业社会意识形态研究》，张峰、吕世平译，212页，重庆，重庆出版社，1988。

的"新的主体"，即"技术的和科学的知识分子干部"以及"学校和大学中未被融合的青年"。① 这表明，马尔库塞是把改变不合理社会的革命希望完全寄托于"意识革命"和"本能革命"，寄望于所谓"新的主体"即"新型的人"，特别是青年知识分子的身上，寄望于教育的变革上。

(三)关于"新型的人"的培养

如何才能培养出这种"新型的人"呢？马尔库塞认为，当前的公立学校是培养不出这种新人的，因为这些学校必须听从地方和州及国家有关部门的决定，必须为现存社会服务。即使是浪漫主义者所主张的自由学校和开放教室也不可能培养出新人，因为这种自由学校和开放教室的理论教导人们要"爱"和"关心"，而不是要求教师和学生成为富有思想的社会批判者和新生活方式的创造者。所以，一切变革只能从个别的教师开始。

马尔库塞提出，教师可以利用公民课程引导学生去思考他们自己以及他们父母的生活方式，通过对现实的社会问题的考察和讨论，激发学生对学校和社会问题的分析和评论，进而促进学生以及社会的"意识革命"。

马尔库塞还强调文学艺术对人之解放的教育作用。他认为，教师可以利用艺术、音乐和文学去表现被当代资本主义社会的强制劳动和消费所压抑的人类本性和情感。他说，艺术可向人们揭示人的自然本性与社会的矛盾，"艺术作品，如果能在个人典型的命运中，表现现存的不自由和反抗力量，从而彻底揭露被神秘化的(和僵化的)社会现实，并展示变革(解放)的视野，那么它就可能具有革命性"②。在马尔库塞看来，通过阅读文学艺术作品，学生将会发现在没有压抑的社会中，每个人的精力和希望都可以自由地表现，从而提高他们对人自身内在力量的信心，激起他们对压抑人的社会的抨击，唤起

① 转引自徐崇温：《"西方马克思主义"》，357 页，天津，天津人民出版社，1982。
② G. F. Kneller, *Movements of Thought in Modern Education*, New Jersey, John Wiley & Sons Inc., 1984, p.173.

他们对合理社会的向往。

马尔库塞比较深刻地指出，在当代资本主义社会条件下，社会生产力虽然高度发展，但在科技威力和"商品拜物教"的影响下，在意识形态被高度操纵和控制的境况里，在严重压抑人性的各种教育中，人的心理本能结构遭到破坏，人被异化为单向度的人，人丧失了人所具有的主体性、创造性；特别是对无产阶级来说，他们的"阶级意识"和"革命意识"丧失殆尽。马尔库塞的这些分析和认识，对揭露现代资本主义社会的现实，无疑具有一定的深度和重要启示。但是，马尔库塞把现代资产阶级的统治曲解为社会整体对个人的统治，则否定了现代资本主义国家仍存在着阶级和阶级斗争。他不是从资本主义社会的基本社会结构和社会关系出发来理解和揭示资本主义社会的种种病症，而是立足于人们的"意识""心理"和文化现象做出评判。因此，他认为，现代社会的社会主义革命不是建立在经济发展的基础上，革命的动力源已不是物质生产力的发展，而是精神领域中反对资本主义异化和心理压抑的革命，并主张用"意识革命"来取代经济革命和政治革命。马尔库塞还把科学技术与现代社会对科学技术的不合理应用混为一谈，从而笼统地将技术进步视为似乎必然导致对人的"奴役的加强"。他还把社会改造和合理的自由的社会的实现，只寄希望于所谓"新的历史主体"，寄希望于"意识革命"和人性的充分发挥，寄希望于年青一代"经得住漫长教育过程的考验"，寄希望于几代"新型的人"的教育培养。由于马尔库塞没有真正揭示现代资本主义的本质特征，因此，他对现代资本主义社会的教育问题也未能提出真正科学的论述。他所提出的通过所谓"意识革命"和培养"新型的人"来实现社会革命的设想和方案，只能在实践中被证明是无奈的理想。

二、哈贝马斯

哈贝马斯是德国哲学家、法兰克福学派第二代的右翼著名代表。他先后在哥廷根大学和波恩大学学习，1955年成为法兰克福学派的正式成员。在20世纪60年代，哈贝马斯曾支持激进学生运动。其主要著作有：《理论与实践》（1963年）、《认识与人的兴趣》（1968年）、《技术与科学即意识形态》（1968年）、《交往与社会进化》（1976年）等。

哈贝马斯认为，发达工业社会中科学技术的进步已成为一个独立的剩余价值的来源，直接从事生产的劳动者变得越来越不重要了。在发达工业社会，经济调节和政治操纵的技术统治制度已经取代了任何可以明确规定的阶级统治，并且在制度化的科学技术进步的基础上，创造了跨越社会界限的忠诚，从而使阶级矛盾隐而不见了。同时，在哈贝马斯看来，现代资本主义已不同于自由资本主义，现代资本主义的国家和经济不可分离地纠结在一起，国家和经济不再处于经济基础对上层建筑的简单关系中，总之，现代资本主义已出现一系列新变化。因此，在哈贝马斯看来，马克思主义已经"过时"，已不能充分说明现代条件下社会主义建立的"必然"性；他力图对马克思主义进行"改造"，为建立一个更加"合理"的社会提供理论依据。

哈贝马斯虽没有论述教育问题的专著，但他基于对现代资本主义社会及其教育的考察和批判，也提出了一些颇有意义的教育思想。

（一）强调教育和学习是社会进化的重要因素

社会是怎样进化的？哈贝马斯指责马克思主义的经济决定论，强调具有社会进化意义的教育和学习过程越来越是社会历史发展的重要因素。

哈贝马斯认为，人类社会总是在一定的生产力和生产关系中存在和发展的。人类为了自身的生存和社会的进化而需要教育和学习。人类社会的教育和学习，是和社会进化相辅相成的。一方面，作为学习过程的承担者的个体，也是社会的主体，通过教育和学习承受和适应现存的社会生产力和生产关系；另一方面，社会系统又借助于社会主体的学习能力和学习结果，以形成新的结构，促进社会系统的继续发展。因为具有社会进化意义的任何创新，既意味着进入新的学习水平,导致新的问题的出现及解决问题的能力的提高,也意味着社会进化和新社会的形成。所以教育和学习始终是社会进化过程中极为重要的内在因素。哈贝马斯甚至强调,随着现代社会的发展,未来社会"将被科学和教育系统的至高无上的地位所表征"①。

哈贝马斯认为,社会进步和知识的增长,是一种学习过程。具有学习能力的人,通过教育和学习获得的知识水平和能力超过了社会系统所能适应的范围时,就要求按照增长的知识水平建立新的社会系统,新的社会系统就在进化的意义上达到新的发展水平,即形成新的社会形式。但是,这种教育和学习的主要内容,"不仅是对生产力发展具有决定意义的、技术性的有用知识,而且包括对相互作用结构具有决定意义的道德-实践意识"②。道德-实践知识的水平对社会进化的方向具有关键性的作用,因为"新的社会一体化形式的引入要求某种道德-实践类型的知识,而不是那种可以在工具行为和战略行为规则中加以施行的技术性可用知识"③。所以,道德-实践知识的教育和学习也是极为重要的。

(二)提出所谓"群众教育战略"

哈贝马斯认为,在现代社会,科学技术的进步既带来了巨大的生产力,也加剧了人的异化。他和马尔库塞一样,把科学技术本身同科学技术在资本主义条件下应用的非人性倾向混为一谈,从而用虚构的"科学技术与人性的对立"来代替资本主义社会真实的阶级之间的对立,错误地理解资本主义社会人性更加异化的真正本质性根源。

哈贝马斯虽也指出当代发达资本主义社会在经济、政治和文化等方面都潜伏着危机,但同时他又认为,由于资本主义国家对社会日益频繁的干预和

① [德]哈贝马斯:《交往与社会进化》,张博树译,170页,重庆,重庆出版社,1989。
② 同上书,152页。
③ 同上书,150页。

调解，政府对社会的控制日益加强，尤其是教育系统在横向和纵向两方面的扩展，进而使通过大众媒介实现社会控制变得更加容易，从而使资本主义制度又趋于稳定。

在哈贝马斯看来，当代发达资本主义社会既已出现许多新的特点，阶级对立成了次要的关系，阶级斗争理论已不能到处搬用，那么又如何使当代资本主义社会"革命化"呢？哈贝马斯曾支持过激进学生运动，但后来他又指责学生运动中的"活动主义"倾向，认为这可能迫使统治集团使用武力，从而主张采取所谓"群众教育战略"。① 哈贝马斯认为，只要恢复自由资本主义的舆论结构，变革舆论精神，形成所谓"纯粹交流思想"的舆论气氛，发挥舆论的制衡和教育作用，就能实现当代资本主义社会"革命化"。他说，"舆论的力量将有更大的作用，作为国家公民的个人对国家进行干预，以舆论为媒介把政治制度变成一种'合理的'统治"②，这是可能的。哈贝马斯既高度评价舆论的作用，并将其视为所谓"群众教育战略"，又企图以"舆论结构"的变革和所谓"群众教育战略"来取代社会革命。

(三)论兴趣、认识和教育

哈贝马斯认为，在人的本性中根植着三种不同的"兴趣"：一是"技术的兴趣"，这是指人对事物做出预测和控制的兴趣。二是"实践的兴趣"，这是指人为了得到保障和发展而促进人与人之间的相互了解和共识的兴趣。三是"解放的兴趣"，这是指人和社会对摆脱束缚、追求自由与解放的兴趣，它意味着把人类从各种自我施加的压抑和扭曲了的交往环境中解放出来。哈贝马斯又将他的兴趣观引入认识论之中，试图将认识与兴趣统一起来。他认为，这三种兴趣分别引导了具有探讨性的自然科学和社会科学、解释性的人文科学、批

① 徐崇温：《"西方马克思主义"》，312页，天津，天津人民出版社，1982。
② 转引自俞吾金、陈学明：《国外马克思主义哲学流派》，199页，上海，复旦大学出版社，1990。

判性的哲学与精神分析学，而且还分别与人的工作、人际关系和"自我反省"等活动相联系。哈贝马斯还强调解放的兴趣是人的三种兴趣中的重心。他认为，人正是在这些兴趣的基础上，去形成和发展人类生活的基本方向和目标。如果没有人性中的这些兴趣，人类社会也就不可能前进和发展。

哈贝马斯指出，人的认识和教育都与兴趣有密切联系，"兴趣先于认识，这正好像兴趣只能通过认识得以实现一样"①。而教育既基于人的兴趣和认识，又能促进兴趣和认识的实现。为了使教育能更好地促进兴趣和认识的实现，必须按照上述兴趣来指导选择学科、教材、教学方法和学生的活动。

在教材的选择上，哈贝马斯指出，自然科学的学习固然重要，但要真正使人们能够预测和控制自然，还必须学习其他学科。例如，学习历史，这有助于了解人类的过去、现在和未来；学习社会科学和文学，这有助于更好地了解个人与社会，以及人与人之间的关系。

(四)强调教育过程中的对话和交往

哈贝马斯十分重视"交往"，并对"交往"做了深入的阐发。他认为，为使人能从各种压制中解放出来，发展人的主体性和能动性，养成人与人之间的平等关系，应该建立合理的社会交往观念和形式，实现人与人关系的合理化，即交往行为的合理化。其核心就是要让行为主体之间进行没有任何强制性的诚实的交往和对话，并在此基础上建立一种社会认可的共同规范。

哈贝马斯认为，教育过程中的对话和交往具有重要意义。为通过教育使受教育者能从各种压抑中解放出来，师生之间、生生之间必须进行对话、商谈、交流等交往，从而激发师生的主体性，达成知识、智慧和精神上的共识与共享。为此，哈贝马斯主张，学校的教育教学应运用课堂讨论的方式，并在班级中形成一种"理想说话情境"。他认为，这种方式要好于通过心理咨询与学生的交往和指导，因为对个别学生的心理咨询只是双方的交往，而讨论

---

① J. Habermas, *Knowledge and Human Interests*, Boston, Beacon Press, 1971, p.210.

更有助于师生和生生之间有平等的说话机会和交流，有助于协调教育领域中的相互关系和行为，并借助讨论鼓励学生进行独立的和批判性的思考，提高学习兴趣，形成良好的交往习惯。成功的教育应是教育主体间的一种交往行动的过程。

哈贝马斯虽然强调讨论的方法，但他也指出，这并不意味着所有的教学都只能采用讨论的方法；其实，许多有价值的教材和知识还是必须由教师通过讲解来传授给学生。所以，教师应该很好地将讲解教材与组织讨论协调起来。

哈贝马斯关于三种兴趣的观点不是很科学，过分强调将兴趣作为课程设置的基础也不完全恰当。显然，不是所有的自然科学都是受人性中所谓预测和控制的兴趣所引导的，其中出于纯理论探索的动机驱动也是同样重要的。

哈贝马斯断言现代资本主义社会是科学技术统治的社会，"社会主义"革命已不是或主要不是"物质生产方式"的革命，而是一种"生活形式"和"意识形态"的变革，而且，这种变革主要是一种渐进的"进化"过程，也就是通过学习机制和教育促进知识、道德和能力水平逐渐增长和提高的过程，是文化发展和更新的过程。这样，哈贝马斯实质上就是认为社会变革和进步的源泉应该到人类文化和道德的领域中去寻找。这显然是过分夸大了文化和道德对社会变革的作用。

"社会批判理论"学派基于社会批判精神，揭示了当代资本主义社会的文明和教育中的一些新情况和新问题，并进行了较深刻的分析批判，这有其一定的积极意义。但是，"社会批判理论"学派不仅未能对资本主义发达工业社会的情况和问题做出真正科学的分析，相反，还以这些新情况为借口宣称马克思主义已经"过时"。由于他们未能真正科学地揭示资本主义社会及其教育领域中各种问题的实质和根源，也就未能提出确切解决这些问题的真正科学的全面论述。

第三节 "再生产理论"学派的教育观

马克思在《资本论》中写道："每一个社会生产过程，从经常的联系和它的不断更新来看，同时也就是再生产过程。""把资本主义生产过程联系起来考察，或作为再生产过程来考察，它不仅生产商品，不仅生产剩余价值，而且还生产和再生产资本关系本身；一方面是资本家，另一方面是雇佣工人。"①对于马克思的这一"再生产"理论，一些"新马克思主义"者认为，它对考察当代资本主义社会的教育，具有重要意义。他们试图应用这一理论来分析和揭示当代资本主义社会的学校教育的特征，并由此提出了一种所谓"再生产教育理论"。

在"再生产理论"学派看来，一般地说，在资本主义社会，学校作为社会再生产机构，它实际上具有三个方面的意义：第一，学校不断提供在由阶级、种族和性别加以分层的劳动力中取得各自的地位而具有不同知识和技能的阶层和社会集团。第二，被视为再生产机构的学校，在文化的意义上，对知识、价值、语言形式不断部分地起着分布的作用，对构成占统治地位的文化模式及其利害关系不断起着合法化的作用。第三，学校被看作国家机器的一部分，它不断制造国家政治权力下的经济的和意识形态的强制，并使这种强制合法化。②

"新马克思主义"者所谓"再生产教育理论"的提出，可以追溯到法国著名哲学家、"结构主义马克思主义"的奠基者阿尔都塞（L. Althusser，1918—1990）。他在其《捍卫马克思》《阅读"资本论"》《意识形态和意识形态的国家机

---

① 《马克思恩格斯全集》第23卷，621页、634页，北京，人民出版社，1972。

② Henry A. Gironx, "Theories of Reproduction and Resistance in the New Sociology of Education: A Critical Analysis," in *Havard Educational Review*, Vol.53, No.3, 1983, pp.257-293.

器》等论著中批评把马克思主义人道化的思潮，主张以"结构因果性"和"多元决定"等概念所体现的结构性原则对社会及其发展做出新的解释，并阐述了一些有关"再生产教育理论"的观点。①

第一，教育系统是意识形态的国家机器之一。阿尔都塞在论述社会整体包括经济基础和上层建筑时强调，作为上层建筑的国家，它除了具有镇压和强制性的国家机器（RSA）外，还有意识形态的国家机器（ISA），其中包括宗教、法律、政治、道德和文化、教育等系统。为了培养人、改造人和使人们能够适应他们的社会生存条件的要求，任何社会都必须有教育这种意识形态机器。而"在阶级社会中，意识形态是统治阶级根据自己的利益调整人类对其生存条件的关系所必需的接力棒和跑道"②。在阿尔都塞看来，任何国家都是通过镇压性的国家机器和意识形态的国家机器，来维护其现存的生产关系和社会关系，来巩固其统治地位的。在当代资本主义社会，作为意识形态国家机器的教育系统在社会意识再生产中起着更为重要的作用。

第二，再生产劳动力是教育系统的重要职能。作为生产力要素的劳动力的再生产是在意识形态的国家机器中进行的，其中主要是在教育系统中的学校进行的。个体在经过不同时限的教育和训练后，便被投放到生产部门中去。大批青少年去充当工人和农民；年龄稍大后，去补充中低级技术人员、白领工人、中低级行政官员；最后，从学校教育的顶层投放一批人成为资本家、经理、官吏、政客、知识分子。教育系统就是这样为资本主义社会再生产不同层次的劳动力。

第三，教育系统是生产关系再生产的重要保证。阿尔都塞指出，在当代资本主义社会，学校已成为占主导地位的意识形态的国家机器。学校教育系

---

① 参见 Jack Demaine, *Contemporary Theories in the Sociology of Education*, London, Macmillan, 1981, pp.72-85。

② 转引自徐崇温：《"西方马克思主义"》，553 页，天津，天津人民出版社，1982。

统从幼儿园开始,即反复地向孩子们灌输大量用"知识"包装起来的社会主流意识形态(如公民指导、伦理观)。从学校学习出来的每一批人,事实上都接受了与在阶级社会所充任的角色相适应的意识形态。学校正是通过向学生实施渗透了资本主义社会占统治地位的意识形态的知识技能训练,对资本主义社会中的生产关系和社会关系的再生产服务。因此,资本主义社会的学校教育,在再生产资本主义社会的整体结构中起着十分重要的作用。

阿尔都塞注意从资本主义社会的整体结构以及经济基础与上层建筑的关系考察其教育,把教育系统视为资本主义社会意识形态的国家机器之一,并明确地指出资本主义社会的学校教育在按层次再生产劳动力的同时,事实上也就在再生产资本主义的生产关系和社会关系,这对揭示资本主义社会学校教育的社会阶级性质有一定的意义和启示。但是,阿尔都塞把学校教育系统整个地、笼统地视为意识形态的国家机器,则不免夸大了学校教育的意识形态性。他把学校根据社会劳动分工再生产不同层次的劳动力和再生产资本主义的生产关系等同起来,也是不对的,这既掩盖了资本主义生产关系的私有制经济基础和阶级性质,也未能真正揭示资本主义学校教育的阶级特征。

在第二次世界大战后,一些"新马克思主义"者沿着所谓"结构主义马克思主义"的思路,进一步阐述了所谓"再生产教育理论",而且随着研究和探讨的深入,又出现了所谓"经济再生产"教育理论、"文化再生产"教育理论和"国家再生产"教育理论。

一、"经济再生产"教育理论

"经济再生产"教育理论最有影响的代表人物是美国教育学者鲍尔斯和金蒂斯。他们在其《资本主义美国的学校教育》(1976年)、《教育理论中的矛盾与再生产》(1981年)、《民主与资本主义》(1986年)等论著中,试图应用马克思政治经济学特别是关于经济再生产理论考察美国的学校教育,并建立他们的"教育政治经济学"。

(一)教育的职能受制于社会经济结构

鲍尔斯和金蒂斯认为,教育是社会的一个组成系统,一定社会的学校教育的职能必定受该社会基本的经济结构和社会制度所制约。从美国的教育史看,美国学校教育的发展是与美国的社会经济结构的发展相联系的。鲍尔斯和金蒂斯指出,尽管自由派主张民主、自由、平等的教育,但实际上美国的教育是与此背道而驰的。

鲍尔斯和金蒂斯对自由主义教育理论家关于个人事业成就大小是由其智商(IQ)的高低决定的说法提出了尖锐的批评。他们通过对美国少数民族和妇女的遭遇的分析,认为这种似是而非的说法不过是将现存的不平等的"阶级分层制度"合法化,致使处于社会下层的劳动阶级安于其所处的社会经济地位和所受的教育训练,驯服于现存的"阶级分层制度"。

关于资本主义社会的个人发展,鲍尔斯和金蒂斯指出,由于在资本主义社会学校教育的任务就是把青年人统合到成人劳动角色中去,而为了实现这种"统合","学校教育既培养并奖励某些能力的发展和某些需要的表达,而同时又阻止和处罚另一些能力和需要……教育系统按照劳动的社会分工的需要,裁制个人的自我概念、志趣和社会阶级身份"①。所以,学校教育实际上抑制了它可能促进各种类型的个人发展,这种统合的职能是与实现其促进个人发展的职能相对立的。

因此,鲍尔斯和金蒂斯认为,美国学校教育的职能之所以不能顺利地促进社会平等和人的圆满发展,是和美国学校必须把新一代青年人统合进去的美国社会经济结构的性质密切相关的。只有将美国的学校教育置于美国资本主义的社会经济结构之中进行考察,才能够真正了解美国教育系统的主要职

---

① 〔美〕S. 鲍尔斯、H. 金蒂斯:《美国:经济生活与教育改革》,王佩雄等译,192页,上海,上海教育出版社,1990。

能以及它的所有改革。

(二)教育与社会之间存在"对应原则"

在鲍尔斯和金蒂斯看来，教育系统是由一整套与劳动市场相对应的社会关系和组织形式组成的。"教育系统与其说按照教师和行政管理人员在日常生活中的自觉意图来运转，不如说是通过影响劳动场所个人关系的社会关系与教育系统的社会关系之间的紧密对应来运行的。"①他们认为，在教育系统的社会关系和生产系统的社会关系之间，存在着一种"对应原则(Correspondence Principle)"，并具体阐述了这种"对应原则"在各方面的体现。例如：

①不同层次学校的知识技能教育依次把青年人培养为普通低级工人和农民、白领工人、低层技术人员和管理人员，以及各种上层人物，即为职业结构的不同层次提供相应的劳动力。

②学校使青年人具有与职业结构中不同层次相适应的不同个性品质，最低层次的职业要求有遵守纪律的个性特征，中层职业则要求有独立工作和自治的个性特征，高层职业则要求一种能将其组织的目标与价值内化为自觉行动的个性特征。

③为达到上述要求，不同层次的学校往往采取不同的训导和管理方法，中等学校倾向于严格限制和指导学生的活动，社区学院则容许有较多的独立活动和较少的直接监督，而大学则强调学生将各种规范内化和形成自觉性。学校里的奖励、惩罚和威胁制度也反映了劳动市场上的就业、工资和失业机制。

④教育的结构和组织形式的变迁是与资本积累过程、雇佣劳动制的推广和生产体制的发展相适应的。

鲍尔斯和金蒂斯认为，正是这种教育和社会之间的"对应原则"使一批又

---

① [美]S.鲍尔斯、H.金蒂斯：《美国：经济生活与教育改革》，王佩雄等译，16页，上海，上海教育出版社，1990。

一批的青年人被统合到资本主义的经济系统和社会关系中去。

鲍尔斯和金蒂斯关于教育与社会相对应的理论，对了解和认识资本主义社会市场经济与教育之间的关系、社会与个人之间的关系，提供了较具体的分析材料与启示。但是，这种对应理论对教育和社会的关系的分析显然过于简单化，它没有深入上层建筑与经济基础、生产方式与生产力的内在关系中去考察教育，因而仍未能真正揭示教育与社会之间的关系。

(三)教育是生产关系再生产的要素

基于上述对应论，鲍尔斯和金蒂斯又指出，教育系统正是通过与社会经济结构相对应的学校教育来"合理地"维护和再生产这种结构，成为社会关系再生产的要素。

鲍尔斯和金蒂斯认为，资本主义社会主要是通过以下方式实现教育系统对社会关系再生产的功能。①向青年人传授为在现代社会取得良好职业成就所需要的知识技能。②帮助将经济不平等合法化，从而缓和人们对劳动等级制分工和个人在其中获得某种职位的过程的不满。③培养、奖励能切合等级制中的各种职位的个人特征。④强化个人的成层意识，使个人的需要(至少是局部上)同分化了的经济生活条件相一致。⑤通过各种课堂社会关系(Classroom Social Relations)使维护资本主义逻辑和合理性的劳动观念、社会规范、价值观念、权威观念等意识形态不断地影响学生。此外，发生在教师和学生关系中的"隐性课程"对实现和加强学校与社会经济结构之间的意识形态联系，也起着重要的作用。

(四)提出所谓"社会主义的教育策略"

鲍尔斯和金蒂斯确认，教育既然与社会经济结构相对应，那么资本主义社会学校教育的弊端就是资本主义制度本身造成的。只要经济的和社会的不平等存在，教育也就不可能成为实现平等的手段。既然产生异化和不平等的根源不在人类本性，不在科学技术，也不在教育系统，而在于资本主义的制度和结构，那么，要建立真正平等和民主的教育制度，则必须从根本上改变资本主义的经济生活，实行经济民主制。按鲍尔斯和金蒂斯的话说："资本主义是挡在走向未来社会进步道路上的一种不合理的制度。它必须被取代。"①

然而，在现存的资本主义条件下，如何克服学校教育的弊端呢？鲍尔斯和金蒂斯提出了所谓"社会主义的教育策略"。在他们看来，在资本主义制度未被取代的条件下，只能期望"革命的教育工作者"联合学生、教师、家长和其他社会成员，实行对学校的控制，建立一种"统一的阶级意识"，为实现教育民主、平等和自由而斗争，把教育改革的近期目标与变革资本主义制度的长远目标结合起来。②

鲍尔斯和金蒂斯也认为，学校教育的根本改革有赖于制约教育制度的资本主义社会制度的变革。然而又如何变革资本主义社会呢？鲍尔斯和金蒂斯却承认他们对此还不可能提出明确的答案，只能期望通过"教育策略"为此做出努力。

正如有些西方教育学者所指出的，鲍尔斯和金蒂斯对当代资本主义社会学校教育的分析和论述具有一定的深度和新意，它有助于更具体地揭示资本主义社会学校教育在再生产劳动力和生产关系上的作用和后果，有助于阐明资本主义学校教育的资产阶级性质。但是，鲍尔斯和金蒂斯在强调教育与经济生活存在对应关系的同时，却忽视了教育具有相对独立性以及它与经济生活可能产生的矛盾和对立的一面，教育不只是相对应地被动适应经济生活，教育也可以发挥能动的积极作用。对这种理论的局限和不足，鲍尔斯和金蒂斯在他们后来发表的《教育理论中的矛盾和再生产》中也有所认识，但他们始终未意识到这是由于他们深受结构主义功能论的影响。

---

① 转引自 Madan Sarup, *Marxism and Education: A Marxist Perspective*, London, Routledge and Kegan Paul, 1978, p.171。

② [美]S. 鲍尔斯、H. 金蒂斯：《美国：经济生活与教育改革》，王佩雄等译，429~430页，上海，上海教育出版社，1990。

二、"文化再生产"教育理论

有的"新马克思主义"者认为，只从"经济再生产"来考察资本主义社会的教育，仍是不够深刻的。他们主张应用马克思的再生产理论考察资本主义社会的文化和阶级关系以及社会统治之间的联系，并从这种联系进一步考察学校教育，进而揭示文化（或称"文化资本"）在再生产资本主义社会阶级关系中的作用。这就是所谓"文化资本再生产"教育理论。法国教育社会学家布尔迪厄被认为是这一理论的首要提倡者。他在其《再生产——一种教育系统理论的要点》（1970 年）等论著中阐述了这一理论的主要观点。

（一）学校通过传递文化而为再生产现存社会关系服务

布尔迪厄既不同意理想主义者把学校看成完全独立于外在力量的机构，也反对某些激进主义者将学校视为仅仅直接反映经济制度的需要。他认为，一般地说，由于学校教育的主要职能是传递文化，学校通过传递文化为社会服务，因此不宜把学校直接与社会的政治经济相对应。从这一角度来看，学校是有相对自主性的机构。但是，作为一种社会力量的文化，在阶级社会中，它又成为统治阶级利益与社会日常生活的中介。而且，它对于统治阶级的经济和政治利益，不是像专断的和历史上偶然的力量在起作用，而是通过把统治阶级的统治和利益描绘成现存社会关系和社会秩序的必然的和自然的因素为其服务。从表面上看，学校似乎是在"公正"和"客观"地传递文化，但实际上却是在这种"公正"和"客观"的幌子下，隐蔽地施行它的各种社会职能。所以从实质上看，学校的功能就是通过对统治阶级文化或主流文化的传递、生产和分配，微妙地再生产现存的社会关系。

（二）关于文化、文化资本和教育的关系

布尔迪厄首次提出了"文化资本"这一概念。他认为，在资本主义社会，文化不是单一的，既有统治阶级的文化，也有其他阶级和社会集团的文化；既有主导文化，也有次等文化。但文化已成为一种"资本"。每个人通过他们家庭所属的阶级或阶层的不同而形成不同的语言方式、知识结构、专业技能、思维模式、行为举止、交往习惯等,就构成一个人的"文化资本"。这种个人"文化资本"的差异,主要是决定于其所属家庭的高级文化教养的多寡。上层阶级拥有雄厚的经济和文化条件,因而他们的子女也拥有优越的"文化资本",而下层阶级的儿童的"文化资本"则处于劣势。

不同社会背景的儿童在"文化资本"上的差异,不但影响他们入学和专业的选择,使上层阶级子女大多选择学术性学科,而下层阶级子女则只能选择一些非学术性的课程,而且还影响他们获得学业成功的机会。因为在学校教育中所宣扬和传递的基本上是统治阶级的文化或社会主导文化,这种文化与来自上层阶级子女的"文化资本"是相接近的,而且被视为最有价值的文化,并被用来作为标示学生优秀的标准。这样,来自上层阶级家庭的学生便在学业上较易取得成功。而那些来自与统治阶级文化只有脆弱联系或无联系的家庭的学生便在学习上处于明显的劣势,而且往往使他们的"文化资本"不是被削弱就是被同化。正如布尔迪厄所说的:"上层社会的文化是如此地接近学校文化,致使来自下层阶级的儿童也获得大量提供给有教养阶级儿童的某些东西,如风度、情趣、才能等。"统治阶级就是这样通过学校使下层阶级的儿童接受上层社会的文化,并"同化"于上层阶级的文化,进而使统治阶级的文化"合法化"。而这个过程表面看来竟是如此的"自然"和"公正",如此的"合理"!

(三)"符号暴力"与统治阶级文化的再生产

布尔迪厄认为,作为负载文化信息的符号系统,在教育领域,语言已不仅是一种交流工具,它所拥有的符号对人具有了一种"暴力作用",即强制性的功能。学校教育正是经由具有"符号暴力"作用的语言这一中介将统治阶级文化传递给所有学生,使学生在学习文化知识的过程中不知不觉地受到统治阶级文化的"洗礼"。

在学校里虽然存在各种意识形态，但总是以统治阶级的意识形态为主导。任何一种教育制度都有它自己的"文化专断性（Cultural Arbitraries）"。学校教育中的这种"文化专断性"实际上是统治阶级文化的变种。学校在教育学生时，也就在将统治阶级的"文化专断"灌输给来自其他文化背景的儿童，贬低、排斥和削弱其他阶层或集团的文化对儿童的影响，这种影响包括知识、思想和情感等方面。学校教育的这种微妙作用，不仅保证了统治阶级文化的再生产，而且形成了一种与统治阶级利益相一致的关于现存社会的界说，从而维护了其阶级控制和统治。学校这种蓄意对低下阶层的儿童施加统治阶级的"文化洗礼"和"文化专断"，以达到统治阶级文化再生产的教育方式，布尔迪厄称其为"符号暴力"行为。[1]

资本主义社会学校教育中的这种"符号暴力"行为是怎样进行的呢？布尔迪厄认为，这主要是通过课程的组织和安排。学校里设置哪些课程，以及这些课程在整个教学中的地位，各门课程的具体内容的选择，都要体现所谓"霸权课程（Hegemonic Curriculum）"的要求。布尔迪厄以法国高等学校教育为例，指出学校的这种"霸权课程"一方面强调符合统治阶级利益和价值的知识，另一方面则贬低和削弱其他类型的知识，尤其是那些与工人阶级和其他阶层或集团有关的知识。

布尔迪厄将资本主义社会的学校教育看成一支相对自主的文化力量，并从所谓"文化资本"与教育的关系的视角，指出了学校通过文化传递而对统治阶级的"文化专断"和"文化再生产"以及资本主义制度的"合法化"所起的重要作用。这有助于人们深刻地认识和分析资本主义社会学校教育的职能。但是，布尔迪厄过分地着眼于学校教育及其文化传递的相对自主性，而未充分地看到它们在根本上与经济关系的密切联系。同时，他也过分地把学校视为只是

---

① ［美］布列克里局·杭特：《教育社会学理论》，李锦旭等译，212~213 页，台北，桂冠图书股份有限公司，1987。

再生产统治阶级文化和意识形态的静态机构，而未充分地看到在学校教育过程内部也存在冲突、抵制和斗争的复杂关系。正如美国教育学者吉罗克斯所指出的，布尔迪厄不懂得"文化既是一种结构化(Structuring)过程，也是一种改造(Transforming)过程"①。因而这种"文化再生产"理论也未能真正全面地揭示资本主义社会的文化和学校教育的现实。

三、"国家再生产"教育理论

20世纪70年代，有些"新马克思主义"者强调，应该从政治方面来考察资本主义社会的学校教育与国家的关系，揭示国家干预学校教育和学校教育在"国家再生产"过程中的作用，这就是所谓"国家再生产"教育理论。

这一理论的渊源，可以追溯到"西方马克思主义"创始人之一、意大利哲学家葛兰西(Antonio Gramsci，1891—1937)的国家学说。葛兰西认为，在当代西方资本主义国家中，国家政权的特征已发生很大变化。国家可以明显分为两个领域：一是政治社会，二是市民社会。前者指政府行政管理、法和其他强制性国家机构；后者指某些社会集团通过像社区、工会或学校这样一些所谓私人组织而行使的整个国家领导权。因此，从"国家=政治社会+市民社会"的意义上看，国家就变成了"统治阶级用来不仅辩护和维持其统治，而且设法赢得被它统治的那些人的积极同意的实践和理论活动的整个复合体"②。也就是说，广义的"国家"，不仅是指严格的强制性管理机器，也指"市民社会"所提供的工会、商会、文化、学校等机构。

在葛兰西看来，在现代西方资本主义国家，意识形态方面和文化方面的"领导权"是国家和政权结构中的一个日益重要的因素。统治阶级在掌握强制

---

① Henry A. Gironx, "Theories of Reproduction and Resistance in the New Sociology of Education: A Critical Analysis," in *Havard Educational Review*, Vol.53, No.3, 1983, pp.257-293.

② 转引自徐崇温：《"西方马克思主义"》，196~197页，天津，天津人民出版社，1982。

性的镇压机器的同时，也把操纵、控制意识形态作为资本主义制度的重要支柱。统治阶级通过教育制度、宣传媒介、文化市场等引导下层阶级接受他们的文化和意识形态。所以，这方面的"'领导权'的每一种关系，必然是一种教育关系"①。

基于上述观点，葛兰西认为，工人阶级在能够有效地夺取国家政权之前，必须在市民社会的各个领域——社会生活、生产、文化和教育等，去抵制和破坏资产阶级在意识形态上的领导权。由于这些领导权的行使同知识分子有密切关系，因此争取知识分子的进步和革命转变，对工人阶级革命具有特别重要的意义。革命运动需要发展"直接从群众中"产生出来，并"仍同群众相接触"的新型的革命知识分子。

应该指出，葛兰西的错误不仅在于他过分强调意识形态和知识分子的作用，而且在于他把工人阶级革命运动的指望完全寄托于知识分子身上，试图以此来取代马克思主义的国家学说和无产阶级革命理论。葛兰西的"国家学说"对许多"西方马克思主义"者有很大影响。有些"新马克思主义"者正是依据葛兰西的"国家学说"来考察当代资本主义国家与学校教育的关系，其中主要的代表人物有美国教育社会学家阿普尔。他在其《意识形态与课程》(1979年)、《教育与权力》(1982年)和《教育中文化与经济的再生》(1982年)等著作中论述了"国家再生产"教育理论。

阿普尔认为，学校教育绝不只是经济生活的反映，它与国家、文化都有密切联系，有时它们之间还存在冲突。如果只看到学校教育在再生产劳动力和生产关系上存在"对应性"，就将忽略学校生活的复杂性，忽略存在于学校中的矛盾和冲突，忽略学校教育与国家的关系。阿普尔指出，学校教育制度作为国家和政权结构中的一个重要部分，它通过在文化和意识形态上的控制和影响，对国家的再生产起着重要的作用。若从更根本的角度上看，经济、

---

① 转引自徐崇温：《"西方马克思主义"》，204 页，天津，天津人民出版社，1982。

国家和文化都既是阶级矛盾的场所，又是阶级协调的部门，而学校则是不同的阶级在更广泛的互动过程中进行相互斗争和调整的舞台。

国家是怎样干预和控制学校教育，并发挥学校教育对"国家再生产"的功能的呢？在阿普尔看来，在资本主义社会，法人阶级(资本占有者和上层管理人员)为了取得经济利益，需要其他阶级的辅助，为此，他们便竭力使自己的文化(包括思想方式和生活方式)在社会占据主导地位，并使其他阶级接受这种文化。阿普尔根据葛兰西关于文化和意识形态方面的"领导权"的思想，称这种文化是一种"霸权(Hegemony)"，即一种控制方式，其核心是一种由世界观和价值体系构成的"意识形态"。学校就是传播这种文化的主要场所。例如，国家鼓励社会团体编辑出版和发行教材，并对教材的教学内容、施教方案、考试，甚至师生教学活动都进行了规定，以强化对教师教学的控制。教师则根据这种教材向学生授以各种思想意识，使学生形成"根源于经济体制所要求的意识形态霸权的思维范畴和特征"①。

国家对学校教育的干预和控制还明显地表现在：国家通过立法来确定学校教育的基本方针政策；通过对教育研究计划提供各种资助来控制教育发展的方向；通过对新设专业和课程的投资、制订国家考试计划和组织教师培训来控制教学；等等。

但是，阿普尔也指出，由于文化教育和经济、政治既相互适应又存在矛盾，因此，学校也可能对国家的干预和控制产生一种抵制的因素。例如，教师可以尽可能地通过开展各种活动，如发表讲演、举行研讨会、出版报纸、进行艺术表演，以及与劳动人民建立联系等，来抵制国家的干预和控制。不过，阿普尔本人对这些活动也不持乐观态度。他一方面宣称抵制和改革是"可能的"，但另一方面又认为这是"不容易的"！

---

① G. F. Kneller, *Movements of Thought in Modern Education*, New Jersey, John Wiley & Sons Inc., 1984, p.188.

阿普尔之所以最后陷入悲观主义,是由于他只注重考察国家干预和控制教育,而不够重视在资本主义社会这种干预和控制在具体的学校关系和社会生活中可能引起的冲突。而且,阿普尔的这种"国家再生产"教育理论,和前述"文化再生产"教育理论相似,虽然指出了资本主义国家对文化教育的操纵和控制,但却未充分地看到文化教育有其相对的独立性和自主性。

第四节 "抵制理论"学派的教育观

在 20 世纪七八十年代,有些"新马克思主义"和新激进主义教育学者认为,"再生产教育理论"为广泛地分析当代资本主义社会学校教育提供了新的材料和视角,是有一定价值的。但是他们又指出,这种教育理论仍未能全面地说明当代资本主义社会学校教育的真实情况。他们从教育社会学的视角,强调在分析当代资本主义社会与学校教育的关系时,应该把矛盾、冲突、抵制、斗争等概念作为重要的取向,应该揭示学校一方面再生产出符合社会统治利益的文化价值和意识形态,另一方面也可能产生出与其相矛盾、冲突的文化价值和意识形态,从而提出一种所谓"抵制理论"。

"抵制理论"学派的主要代表人物是美国当代激进主义和后现代主义教育学者吉罗克斯。他在其《意识形态、文化和学校教育过程》(1981 年)和《新教育社会学中的再生产和抵制理论:批判分析》(1983 年)等论著中,运用"新马克思主义"的批判理论和后现代主义的一些思想,阐述了这种理论的主要观点。

一、强调学校的相对独立性和复杂性

"抵制理论"认为,在当代社会,学校作为相对独立的社会机构,与社会经济、政治、文化的关系甚为复杂。

第一，学校既作为劳动力再生产机构而与经济结构发生密切关系，并受资本主义市场经济的制约，又是进行政治的、文化的和意识形态的活动的场所，因而又在一定程度上独立于资本主义市场经济的控制之外，教育不可能完全经济化。

第二，在学校教育中，无疑是以统治阶级的权力和影响为主导，但由于学校是由学生和教师以及各种课程知识、意识形态、课堂社会关系、组织风格等多种要素所构成，因此学校又可能对占支配地位的主流文化和意识形态有选择地支持或进行抵制。

第三，学校既是在社会所规定和允许的"界限"内从事活动，不管这些"界限"是经济的、政治的或意识形态的，又可能与这些"界限"存在矛盾，甚至部分地影响、突破或改变这些"界限"。

第四，学校不是单一性的机构，而是多元化的文化教育场所，各种文化教育思想会有意无意地挑战占统治地位的文化教育思想。

"抵制理论"认为，上述情况，在西方社会是相当普遍存在的。例如，有些学校强烈地主张实施"自由教育""通才教育"，这就和统治社会或专业部门要求培养专业化的、更适合于劳动市场需要的专门人才或对劳动者的教育思想和有关政策相矛盾。又如，尽管学校不断培养出来的毕业生已远远超出了可以雇用他们的经济容量，出现毕业生"失业"或所谓"教育过剩"的现象，但为了满足人们的教育民主化要求，仍然需要发展和完善学校教育。这在许多西方国家也是一种尖锐矛盾。

总之，从"抵制理论"看来，学校不只是统治文化或主流文化独占的场所，也是主流文化和非主流文化或反主流文化，以及各种阶级或阶层的意识形态进行较量、争斗的场所。因此，必须充分认识到学校内外关系的复杂性。

二、学校具有"抵制"功能

持"抵制理论"的教育学者指出，"再生产教育理论"奉行的是传统马克思主义的结构功能主义观点，这种观点抹杀了人创造历史和推动历史发展的主动精神和能动作用。"再生产教育理论"的严重缺陷，就是过分强调社会经济、文化或政治对学校教育的决定作用，而忽视了教育系统中的教师、学生和其他人员的能动作用和主动精神。例如，吉罗克斯说，按照"再生产教育理论"，学校"经常被看成为工厂或监狱，教师和学生则被视为只像是按资本主义制度的逻辑和社会惯例行事的士卒和脚夫"①。因此，"再生产教育理论"也就看不到学校内部存在的矛盾和斗争，看不到学校具有的"抵制"因素和"抵制"功能。

"抵制理论"认为，社会文化是由统治阶级文化与下层阶级和集团的文化共同构成的。而且，下层阶级和集团的文化并不完全被动地赞同和服从统治阶级的文化，它们也具有能动的力量和自我制造与再生的品格。下层阶级和集团的文化既是整个社会文化再生产的产物，其中一部分也是"自我生产"的结果。对统治阶级文化来说，下层阶级和集团的文化既是再生的，又是抵制的。同时，社会文化的这种现象必定反映到学校里来。正如吉罗克斯所说的：

> 抵制力量最重要的假设之一是，劳工阶级学生不全然是顺从于教导他们准备从事异化劳动生活的权威主义的教师和学校，而成为资本的副产品。相反，学校不仅是社会结构和意识形态矛盾和争夺的场所，而且也是各种团体的、有见识的学生进行抵制活动的场所。②

吉罗克斯还认为，学校经常发现它们自己与统治社会的需求不一致。而英国的教育社会学学者萨鲁普也说过："学校不仅再生产社会的生产关系，它

---

① Henry A. Gironx, "Theories of Reproduction and Resistance in the New Sociology of Education: A Critical Analysis," in *Havard Educational Review*, Vol.53, No.3, 1983, pp.257-293.

② *Ibid.*.

们也再生产抵制的方式。许多学生针对学校的公开目标发展一种特有的抵制。"①在"抵制理论"看来,学校这种明显的抵制功能,是当代社会变革和发展境遇下学校功能的一种新情况。人们必须正视和研究教育领域中的这种新情况,才能充分了解现代学校教育功能的多样性和复杂性。

三、学校"抵制文化"的特点

有些"抵制理论"教育学者将学校的这种"抵制"功能称为"抵制文化"或称"反学校文化(Anti-school Cultures)"。它表现在学校教育活动的诸多方面。例如,英国教育学者威利斯(Paul Willis)认为,"反学校文化"是劳工阶级文化的一个层面,是某些基本的劳工阶级的态度与价值的一种表现。出身于劳工阶级家庭的学生,深受下层阶级的所谓"工厂-地板(Shop-floor)",即劳方文化的影响。他们的文化背景教育他们准备进入工厂劳动,但同时也往往使他们以某种方式抵制或反对学校中的社会主流文化价值,如对脑力劳动高于体力劳动的观念的拒斥。

有的学者认为,"抵制文化"最基本、最明显的表现,是坚定、广泛且个人化地反对"权威"。许多学生认为教师的权威是专断的。他们对学校的"权力主义"经常提出挑战,对于知识和资格常表现出一种轻蔑的态度,对传统的"规则"和由上面强压下来的令人不满的东西持抵制的态度。但他们对学校中的主流文化或"权威"的挑战或抵制,并不一定都是出于高度自觉的反社会行为。当他们离开学校而进入一定的社会职业结构,他们原先的那种"抵制"精神也就随之消失。

持"抵制理论"的教育学者还指出,"反学校文化"和学生抵制行动的出现,不能只从学校内部的矛盾和差异去说明。正如吉罗克斯所说的:从表面

---

① Madan Sarup, *Education, State and Crisis: A Marxist Perspective*, London, Routledge and Kegan Paul, 1982, pp.113-114.

上看，学生反对或抵制的是学校的规章制度，但其根源却在资本主义社会的阶级、种族、性别歧视等不平等的"意识形态霸权（Ideological Hegemony）"上。因此，从实质上看，学生的抵制行动是对维护不平等的、占统治地位的社会文化价值和意识形态的一种反抗，具有"解放"的积极因素。

从上述可见，"抵制理论"不同于一般的批判理论，它在考察和分析现代资本主义社会的学校教育问题上提出了一些新的视角和见解。特别是对下层阶级和集团的文化在学校的影响以及出身于这种文化背景下的学生在学校的行为表现的探讨，对学校中统治阶级的文化与下层阶级和集团的文化之间的矛盾的教育学意义的探讨，都具有重要启示。吉罗克斯曾宣称："'抵制理论'在着重分析学校与广阔的社会之间的相互关系上，是一个有价值的理论的和思想的建造。而更为重要的是，它为了解下层集团经受教育失败的复杂途径，为指出新的思维方式和再建批判教育学的模式，提供了一个新的手段。"①此外，"抵制理论"还将对学生抵制或对抗性行为的分析从教育心理学倾向转向于政治科学和社会学的分析。

当然，也有些教育学者认为，"抵制理论"对学校里的意识形态如何深入学生的人格的问题未给予足够的关注，对资本主义社会的"反学校文化"或学生的抵制行动的社会根源及其社会意义尚未做出全面和深刻的论述，对如何促进抵制和引导抵制的问题更缺乏深入的研究。至于把校内学生的一般违纪或行为失检都同政治性的抵制行动混为一谈，显然更为不妥。

第五节 "新马克思主义"教育思想评述

"新马克思主义"教育思想的主要观点和理论在一定程度上反映了 20 世纪

① Henry A. Gironx, "Theories of Reproduction and Resistance in the New Sociology of Education: A Critical Analysis," in *Havard Educational Review*, Vol.53, No.3, 1983, pp.257-293.

后期资本主义国家的教育现状和教育理论研究的某些趋向，尤其是凸显了"新马克思主义"的所谓社会批判特征，被视为"批判教育思想"的重要一翼。

首先，"新马克思主义"教育理论试图对当代资本主义社会学校教育中的情况和问题做出新的考察和分析。

发达资本主义国家在国家、社会与教育之间以及教育内部既存在相互协调一致的统一性，又充满了矛盾和冲突，这对教育变革和社会变革都可能产生新的影响。对此，一些"新马克思主义"者重视从实际的教育问题出发，试图用马克思主义的某些概念或理论来探讨资本主义社会的学校教育，以发现新情况，解说新问题。他们的这种用心和批判态度，尽管受到他们的某些非马克思主义甚至是反马克思主义的观点的局限而未能充分如愿，而且还可能产生误导，但它本身在一定意义上反映了应该以马克思主义为指导去研究当代资本主义社会学校教育的新情况、新问题，并做出新的理论说明的趋势。

其次，"新马克思主义"教育思想作为一种社会批判理论，对资本主义社会教育的阶级性质、教育职能和教育中的矛盾等提供了生动的材料，并提出了具有一定深度的揭露和批判。

"新马克思主义"者针对许多资产阶级社会学家和教育理论家抹杀或者掩盖资本主义社会存在阶级不平等和阶级对抗的事实，而以职业的、种族的和性别的地位差异来取代阶级矛盾，并把资本主义制度下的教育美化为一种自由、平等地发展全社会一切个人的个性、促进社会各阶层通过"社会流动"而实现"平等化"的手段等观点，针对当代发达资本主义社会如何使劳动者更加异化，使人们受到更为严重的压抑，如何通过学校教育为资本主义制度和阶级统治再生产劳动力和生产关系，再生产符合资本和统治阶级利益的文化，再生产资本主义的"意识形态霸权"，如何通过教育消除下层阶级对资本主义社会种种不平等、不公正的事实的不满、抵制和反抗等问题，进行了较具体的揭露和批判。"新马克思主义"者试图从不同的角度说明发达资本主义社会的学校教育不是在促进机会均等、个性发展，而是相反地在加深社会的不平等和人的畸形化，它是维护和再生产资本主义制度的工具。"新马克思主义"者对当代资本主义社会与其教育的关系的研究，对当代资产阶级教育的阶级性质和弊病的揭露和批判，应该说具有一定的进步意义。"新马克思主义"者试图将经典马克思主义的批判理论和方法论现实化，因而对当代资本主义的许多问题做出了更加深刻和有力的批判，这方面应该是有价值的。

最后，从教育思想和教育理论的发展来看，"新马克思主义"者力图从教育哲学、教育社会学、教育经济学、教育文化学等不同视野去开拓对资本主义社会学校教育的批判研究。他们的研究重点虽然是当代发达资本主义社会的学校教育，而且有些人侧重从宏观上考察和分析资本主义社会学校教育与经济、政治、文化、科技的关系，但是在他们的研究和探讨中，不仅为我们丰富和发展马克思主义教育学说提供了一定的新材料，也为我们多视角地研究当代教育问题提供了一定的新思维和新启示。

但是，一些"新马克思主义"者也往往庸俗地或片面地应用马克思的某些概念或理论去分析当代资本主义社会的学校教育。例如，"经济再生产"教育论者就片面地强调教育与社会经济结构的"对应"关系，甚至把学校教育完全看成社会经济生活的"对应性"表现，从而带有浓厚的经济决定论倾向。而"文化再生产"教育论者则又过分强调学校在"再生产"统治阶级文化和意识形态方面的功能，而对生产关系和社会关系对文化关系的决定性影响有所忽视。而在分析当代资本主义国家的教育作用时，他们只注意到教育的上层建筑和意识形态性质，但忽视了教育在传递科学技术方面的作用。这一方面是由于他们把社会变革的动力归之于劳动者的意识觉醒，实质上否定了生产力的决定作用；另一方面则是由于他们把科学技术本身和科学技术的资本主义应用混为一谈，因而笼统地诅咒科学技术越进步就越加深入地异化，否定科学技术发展的进步意义。还有的学者把教育作为意识形态的工具的从属性加以绝对化、夸大化,从而否定教育在传递科学技术、促进生产力发展的作用,等等。

总之,虽然"新马克思主义"者的某些教育观点有一定的积极意义,但是,在他们的教育思想和理论中,也明显地存在一些背离马克思主义的错误或局限。

"新马克思主义"教育学者把社会变革的希望寄托在教育变革上,希望通过所谓民主、平等、人道的教育,以改变人们的心理意识,使人性复归。同时,又把教育变革的希望寄托于部分教师或知识分子的进步活动上。这就使他们由此提出的一些激进的社会批判理论或教育改革建议不可避免地带有书生气,显得苍白无力。这主要是因为他们或者奉行所谓"人本主义的马克思主义"的观点,把人性的解放和"人道主义"作为思考教育问题的立足点,或者奉行所谓"结构主义的马克思主义"的主张,把教育与社会结构的关系简单化。

第十章

经济主义教育思潮

经济主义教育思潮是 20 世纪后半期世界教育思潮中最有影响力的教育思想之一。它兴起于 20 世纪 60 年代,在 70 年代发展为经济学界和教育学界颇受人们重视和关注的一种思潮。80 年代以后,随着科技和人的智能在经济发展中的作用日益增大,教育同经济的互动关系更加紧密,经济主义教育思潮进一步扩展和深化,并在许多国家广泛传播。

经济主义教育思潮主张着力研究和探讨教育和经济的关系,强调教育自身的经济成分及其对经济增长的作用。它力图论证和阐述教育对生产力、劳动力市场、社会和个人收益等方面的影响,也力图指出由于现代教育与经济的关系之新特点而对教育本身提出的新要求。经济主义教育思潮具有鲜明的时代特征。它在一定程度上探讨和揭示了现代教育和现代经济关系中的某些规律性,从而既推动了经济领域的发展,也给教育领域带来了深刻的变化。

第一节 经济主义教育思潮的形成和发展

经济主义教育思潮虽然兴起于 20 世纪六七十年代,但它的形成和发展轨迹却源远流长。

一、关于教育经济价值的早期思想

近代资本主义生产方式的诞生对知识和教育的需要，对探讨教育的经济价值提出了客观要求。随着资本主义机器大工业的发展，科学技术在生产中的应用，教育对生产和经济的意义与作用逐渐凸显出来，并受到社会的日益关注。一些思想先驱和理论家在20世纪以前就在这方面进行了不断的探索和研究，并提出了许多重要的思想和论述。

早在17世纪，英国古典经济学创始人威廉·配第(W. Petty，1623—1687)就曾试图从有益于生产和经济增长的视角来考察人的价值和教育问题。他认为，"技艺"是提高工作效率和发展生产的一个重要因素，"有的人，由于他有技艺，一个人就能够做许多没有本领的人所能做的许多工作"①。教育和训练是培养人掌握技艺的途径，因而教育和训练可使人的劳动生产能力出现差别，并使人的劳动收益有所不同。配第曾将海员和农民的劳动所得进行对比，指出由于海员所受到的训练，一个海员的劳动所得的货币价值实际上等于三个农民。在配第看来，英国的财富主要在土地和人口上面。他试图根据有关统计数据测算出当时英国人口的经济价值。配第突破当时重商主义者认为财富就是货币，货币是唯一财富的观点，试图确认一个国家人力的经济价值。

基于有技艺的劳动能创造更多财富和获得更多收益的立论，配第建议英国政府应重视教育。他主张由公共经费提供各种学校和大学的费用，让任何阶级的儿童都能进入学校学习；将中等学校建成为机械中学，并重视下层社会儿童的职业技术教育和劳动教育。他甚至断言："如果英国还有贫困观象，

---

① [英]威廉·配第：《政治算术》，见《配第经济著作选集》，陈冬野、马清槐、周锦如译，12页，北京，商务印书馆，1981。

或是有人因贫困而被处绞刑，或因饥饿而死，那是由于缺乏教育而造成的。"①

到 18 世纪，亚当·斯密作为英国由工场手工业向机器工业过渡时期杰出的资产阶级经济学家和古典经济学理论体系的创立者，于 1776 年发表了《国富论》一书。在这部重要著作中，他首次直接而明确地论述了教育对发展生产和经济的重大意义。在他的有关论述中蕴含着许多现代教育经济学的思想萌芽。

亚当·斯密认为，财富的源泉是一国国民的全年劳动。而增进国民财富的第一个决定性因素是分工。亚当·斯密说："劳动生产力上最大的增进，以及运用劳动时所表现的更大的熟练、技巧和判断力，似乎都是分工的结果。"②在亚当·斯密看来，在一国国民总数一定的条件下，由于分工，人们的劳动熟练程度以及劳动技巧和判断力越高，劳动效率就越高，生产的产品也就越多越好。一国国民从事有用劳动的人数越多，所能生产的产品也越多。这意味着，从根本上说，人的经验、知识、技能是发展生产和增进国民财富的重要因素。

在分析"资财"问题时，亚当·斯密认为，"固定资本"主要包含四项内容，其中第四项是："社会上一切人学到的有用才能。"他这样说道：

> 学习一种才能，须受教育，须进学校，须做学徒，所费不少。
> 这样费去的资本，好像已经实现并且固定在学习者的身上。这些才
> 能，对于他个人自然是财产的一部分，对于他所属的社会，也是财
> 产的一部分。工人增进的熟练程度，可和便利劳动、节省劳动的机

---

① ［英］威廉·配第：《献给英明人士》，见《配第经济著作选集》，陈冬野、马清槐、周锦如译，112 页，北京，商务印书馆，1981。

② ［英］亚当·斯密：《国富论》上卷，郭大力、王亚南译，5 页，北京，商务印书馆，1979。

器和工具同样看作社会上的固定资本。学习的时候，固然要花一笔费用，但这种费用，可以得到偿还，兼取利润。①

他还指出：

一种费去许多功夫和时间才学会的需要特殊技巧和熟练的职业，可以说等于一台高价机器。学会这种职业的人，在从事工作的时候，必然期望，除获得普通劳动工资外，还收回全部学费，并至少取得普通利润。而且，考虑到人的寿命长短极不确定，所以还必须在适当期间内做到这一点，正如考虑到机器的比较确定的寿命，必须于适当期间内收回成本和取得利润那样。②

亚当·斯密认为，正是由于各种职业业务学习有难易，学费有多寡，因此各种职业劳动的报偿之间也有区别，熟练劳动工资和一般劳动工资之间的差异，就基于这个原则。亚当·斯密还据此考察了青年教育设施的费用和各种年龄国民的教育经费问题，并强调提出，如果欧洲大部分地方的学校和学院组织得比现在更合理，那么大众由此受到的利益将更大。

随着18世纪到19世纪资本主义机器大工业的进展，教育和科学技术对发展生产和经济的意义进一步显现，一些经济学家更具体地探讨了经济与教育的关系。例如，法国经济学家萨伊（J. B. Say，1767—1832）便更明确地提出：

---

① [英]亚当·斯密：《国富论》上卷，郭大力、王亚南译，257～258页，北京，商务印书馆，1979。

② 同上书，93页。

当任何职业(不管是高级职业或低级职业)所需要的技巧，只通过长时间和代价很高的训练才能得到的时候，这种训练每年必须支付一定费用，而这些费用的总和构成累积资本。这样，它的报酬，不但包括劳动工资，而且包括在训练时所垫付的资本的利息。①

在萨伊看来，一个人付出一定的费用，通过教育和训练而获得一种特殊才能，他就享有一种积累的资本、一种财富。这种资本、这种财富，虽然是非物质的，却能以专门职业的服务形式取得收益。所以，"教育是资本，它应当产生和劳动的一般报酬没有关系的利息"②。萨伊还指出，由教育费用所构成的累积资本所应收回的利息，不仅是指某个人所花的教育费用的利息，严格地说，还应该是指社会全部有关教育费用的利息，不管这些教育费用是否产生了效果。萨伊的上述观点无疑继承和发展了亚当·斯密的有关思想和论述。

德国庸俗经济学家冯·杜能(H. von Thünen，1783—1850)在1826年出版的《孤立国同农业和国民经济的关系》一书中，也论述了教育的重要经济意义，并丰富了前人关于人力资本的思想。杜能认为，对人的劳务是否构成国民财富的一部分这个问题一直大有争论；其实，这是毋庸置疑的。他说道：

由于受过较高教育的国民，用同样的物质设备装备起来，就能比未受过教育的国民创造更大的收入，并且由于这个较高的教育只有通过需要消费大量物品的教育过程才能获得，受过较多教育的国民也就拥有较多的资本，并表现为较多劳动产品的利润。③

---

① [法]萨伊：《政治经济学概论》，陈福生、陈振骅译，368页，北京，商务印书馆，1963。
② 同上书，369页。
③ 转引自[美]E.科恩：《教育经济学》，王玉昆、李国良、李超译，15页，上海，华东师范大学出版社，1989。

因此，他主张将人看成资本，而且指出，那种不愿把人视为财富和实物资本，担心这样看待人和分析人会把人贬低的观点，乃是在政治经济学最重要的问题上导致概念不清和混乱解说的原因。他强调："如果不认识、不利用这种资本，国家将因损失这种资本的数额而贫穷。这样，我们再一次发现，由于人们不把人的教育费用看做生产资本而造成的不公平。"他还说，事实可以证明"人只有服从资本规律才能成功地保持其自由和价值"。①

基于教育投资的经济意义，杜能甚至认为，随着智育训练得到广泛的发展，人才必将辈出，他们在机器工业和农业方面有能力不断创新和发明，便能提高劳动效率，获得更多的产品，而且，"随着人类精神文化的提高，十分艰辛的体力劳动将逐渐消失"②。

上述资产阶级经济学家的教育经济价值观，在不同程度上反映了17—19世纪资本主义工业化过程中，随着科学技术在生产中的应用，劳动者的知识和技能在创造物质财富中的作用日益显现，作为培养和训练劳动能力之教育的经济意义已逐渐受到关注和重视。

这里还应强调指出，在19世纪中期，马克思主义创始人之一马克思基于他的劳动价值学说、社会再生产理论、生产劳动与非生产劳动理论等，对教育与经济的关系、教育的社会经济价值、教育在劳动再生产和科学知识生产力再生产中的地位和作用等重要问题，也进行了深刻的研究，提出了独特的论述，从而为科学的教育经济思想奠定了理论基础。

然而，尽管在这一时期随着资本主义工业化的进展，教育对培养人的劳动能力和提高生产效益的作用日益被一些思想家和经济学家所关注和重视，并提出了许多重要的相关思想和论述，但是直至19世纪，即使在资本主义国

---

① 转引自李少元:《教育经济学纵横谈》，136页，南京，江苏教育出版社，1989。

② [德]约翰·冯·杜能:《孤立国同农业和国民经济的关系》，吴衡康译，359页，北京，商务印书馆，1986。

家，科学技术在生产中的应用仍然不够普遍和充分，劳动者的知识和技术水平对生产的作用还不够凸显，资本家更多是考虑通过增加雇佣劳动者的数量和劳动强度来获取剩余价值，资产阶级政府则更多地关注通过发挥教育的政治功能和文化功能来巩固和维护其资本主义制度，对教育的经济功能尚未有足够的理解。在这些背景之下，资产阶级经济学家关于教育经济思想的许多论述，基本上只能被视为对这方面的初步探讨，远未提出比较系统化的教育经济理论，其实际影响也甚为有限。

二、20 世纪前后的西方教育经济思想

到 19 世纪末期，随着资本主义经济的发展，科学技术在生产中得到广泛的应用，在资产阶级经济学领域中，关于教育的经济意义和人力资本的思想受到更大的关注，有关的理论也得到进一步发展。

英国经济学家阿·马歇尔（A. Marshell，1842—1924）在其于 1890 年发表的《经济学原理》一书中，相当详细地论述了普通教育、工业教育以及学徒制的经济意义，并以"教育作为国家的投资"为标题辟专节论述教育投资问题。马歇尔继承了亚当·斯密关于一个受过教育的人可以说等于一台高价机器的基本观点，认为人高效率地从事生产的精力、才能和体质都可以被看成资本，教育是一种投资。他说：

> 把公私资金用于教育之是否明智，不能单以它的直接结果来衡量。教育仅仅当作一种投资，使大多数人有比他们自己通常能利用的大得多的机会，也将是有利的。因为，依靠这个手段，许多原来会默默无闻而死的人就能获得发挥他们的潜在能力所需要的开端。而且，一个伟大的工业天才的经济价值，足以抵偿整个城市的教育费用。[①]

[①] ［英］马歇尔：《经济学原理》上卷，朱志泰译，233 页，北京，商务印书馆，1981。

马歇尔还首次对教育的直接收益和间接收益的区别做了明确的说明。他认为，许多人的普通教育和职业教育的改良及其对劳动者能力的提高，将使国家获得直接的经济收益，而教育之能改善每一社会阶级内部的生活，增大等级之间的流动性，充当社会阶级之间的缓冲剂，则将给国家带来间接收益。在马歇尔看来，英国上层社会比较注意为自己的子女选择职业所需要的教育训练进行投资，而在下层社会，工人的教养和早期训练方面的资本投资，却受到种种限制，从而使大多数人只能终生从事简单的体力劳动，他们的才能未得到发展，"如果这些才能得到充分发展，则它们对国家的物质财富（且不说更高的目的）的增加，等于补偿发展这些才能所需费用的许多倍"①。因此，他建议英国政府应重视教育，增加教育投资。

20世纪初，曾任美国经济学会会长的经济学家费谢（I. Fisher，1867—1947）则认为，所谓"资本"就是指随时产生一系列劳务的东西或客体。人在接受不同教育之后，便成为一种能随时产生一系列劳务的客体，因而受过教育的人便是一种资本。这种资本源于人随时产生一系列劳务的能力，故称为人力资本。可以说，费谢不但明确地提出了人力资本的概念，而且将人力资本定义为人力与资本的结合。不过，费谢并不关心教育，他未能将其关于人力资本的思想与教育直接联系起来。

20世纪前后，资本主义工商业界追求效率的思想勃然兴起，美国实用主义和功利主义思想广泛传播，号称美国"科学管理之父"的泰勒（F. Taylor，1856—1915）竟掀起了旨在提高劳动生产率的所谓科学管理运动。这些新的态势，也引发了教育界对教育效率问题的关注和研究。例如，在1910年，曾是美国教育领导人之一的柏格莱（W. C. Bagley，1874—1964）出版了《教育管理》一书，该书的主旨就是试图论述如何能将使用于学校的货币、人力和时间获得最大的收益。

---

① ［英］马歇尔：《经济学原理》下卷，陈良璧译，230~231页，北京，商务印书馆，1981。

　　当时，美国不少人士基于对教育投资效率的关注，强烈批评了学校的浪费和缺乏效率的现象，主张对学校教育的产品——学生的质和量做出估算，对学校建筑及设备的使用率进行计量，对学校的预算提供成本分析。为适应这种重视教育投资效率的态势，美国一些大城市甚至成立了效率计算机构，以便向有关部门提供教育生产效率的分析服务和咨询。但是，也有许多教育界人士仍强调教育应当主要立足于对人格的教养，而对这种强调教育应该追求经济效率的观点表示不予赞同，甚至加以反对。

　　然而，尽管有些人士对强调追求教育的效率及其经济意义的主张持不同的意见，但并未使这种主张消退。到 20 世纪 30 年代，关于这方面的讨论又热闹起来。对此较有积极影响的是美国学者沃尔什（R. Walsh）的研究。1935 年，沃尔什发表了论文《人力的资本观》。在该文中他叙述了对医师、律师、工程师等人员接受专业教育所付出的成本以及一生所得利益问题所进行的研究。他不仅进一步阐述了人力资本的观点，而且为了对教育投资的成本和收益进行估算和分析，提出了一个各级学校教育成本支出一览表，以便在计算各级学校教育成本的基础上，算出它们的平均成本。沃尔什这种试图运用成本收益计算方法来具体分析个体教育投资，以及探讨个体教育投资是否也是出于如同办工厂、购机器一样追求利润的投资，有力地促进了当时教育经济思想的发展。

　　除沃尔什外，洛索和雷夫（J. D. Russel and F. W. Reeves）则对高等教育学生人数与成本支出的相关性进行了研究。到 20 世纪 40 年代，有关教育投资效益的研究更为活跃。据统计，从 1886 年至 1917 年，研究教育与收益相关的短文和书籍共 125 种。而到 1940 年，这类著述已达约 500 种。①

　　总之，20 世纪 30 年代以后，一些欧美国家发生经济危机，失业率剧增，遂引起各界人士对人力计划问题的关注和研究。教育界人士主张在制订教育

---

① 林文达:《教育经济学》，17 页，台北，三民书局，1984。

计划时,除考虑传统的教育目的外,还应重视就业和人力计划问题,使教育计划和经济计划结合起来,以便通过有计划的人力培养来适应经济发展的需要。

从上述可见,到20世纪三四十年代,关于教育经济价值的研究,已不再限于有关教育有无经济价值和人力资本概念的一般探讨,而是开始转向对教育投资和效益的具体研究,转向对人力计划或教育计划中的经济目的方面的研究。

当然,由于当时经济发展的水平,以及长期以来经济学界强调物质资本才是经济增长的最根本因素,而教育界人士则认为训育人格的形成和完善才是教育的根本主旨等,因而即使在资本主义经济发展较快的国家,人们对教育经济价值的认识仍存在严重的分歧和争论。

三、20世纪后期经济主义教育思潮的形成和发展

进入20世纪下半期以后,在西方蓬勃兴起了经济主义教育思潮。所谓经济主义教育思潮,是指不仅要求高度提升教育对经济的巨大作用,而且把经济目的作为教育价值的主要取向,并据此考虑和处理社会的众多问题,进而演变为一种教育"经济至上"论。

经济主义教育思潮的勃兴有其深刻的时代背景。一是第二次世界大战后,许多国家都为医治战争的创伤而致力于经济建设,加速发展经济成为战后各国普遍的要求,而人力资源的开发已越来越被认为是增长经济的强有力因素。二是从20世纪50年代起,随着科学技术的飞速发展,科学技术在生产和经济发展中的应用更为深广,其作用进一步增大,进而在西方一些工业化国家开始掀起了"第三次工业革命"的浪潮。这种新的发展态势,也引发了对科学技术人才的高度重视和期待,而科技人才的培养依赖教育。三是第二次世界大战后,世界出现了以美国为首的西方资本主义国家和以苏联为首的社会主

义国家两个阵营，它们在各方面处于紧张的"冷战"状态，使一些主要国家之间加剧了经济实力、军事实力、科技实力的竞争。各国政府也日益认识到所有这些竞争在很大程度上都依存于人才的竞争和教育的竞争。例如，1958年美国颁布《国防教育法》，1964年美国颁布《职业教育法》等，都是应对这种世界形势的教育举措。四是第二次世界大战后，社会民主运动的发展，使一些人士企图通过发展教育、实现教育平等化来促进社会公平和经济平等。五是第二次世界大战后日本和联邦德国在经济恢复和发展方面所取得的奇迹般的速度和成果，被普遍认为是由于这两国重视普及教育和技术教育的结果，是教育对经济巨大作用的强有力例证，其对各国政府和社会各界都提供了重要的启示。

在上述时代背景下，在世界范围内，关于教育与经济的相关性研究于广度和深度上都呈现出新的发展，研究成果大量涌现。统计数据表明，仅在1961年至1966年，有关这方面的研究论著即达747篇（部）；到1978年已达2000篇（部）。这表明，从20世纪60年代开始，经济主义教育思想显然逐渐成为一种世界性的重要教育思潮，并显示出如下一些新的发展特点。

（一）有关人力资本与经济增长的关系研究成为最大热点

在这方面开展深入研究而且最有影响的人物当推美国著名经济学家舒尔茨（S. Schultz，1902—1998）。他于1959年发表了其有关人力资本理论的第一篇论文：《人力投资——一个经济学家的观点》。1960年，舒尔茨又发表题为《人力资本投资》的讲演。此后，舒尔茨又相继撰写了一系列有关著作，如《用教育来形成资本》（1960年）、《教育和经济增长》（1961年）、《回顾人力投资的概念》（1962年）、《教育的经济价值》（1963年）、《人力资源》（1972年）等。在这些著述中，舒尔茨首次构建了人力资本理论的基本体系框架，并指出人们之所以不能满意地解释许多国家战后经济迅速增长的原因，主要就是受传统经济理论的引导。舒尔茨从多方面为经济主义教育思潮的勃兴提供了更宏观的理论依据。他也因其对人力资本理论以及经济发展理论的贡献，于1979年荣获"诺贝尔经济学奖"。

除舒尔茨外，美国经济学家丹尼逊（E. F. Denison，1915—1992）于1962年出版了《美国经济增长因素和我们面临的选择》一书。他在该书中根据美国的历史统计资料，对美国经济增长的因素进行了详细的分析，并明确指出教育年限的增加和知识水平的提高是经济增长的重要因素。丹尼逊还对此做出了估算。按照他的估算，在1929年至1957年美国实际国民总收入增长率的诸因素中，"教育年限的增加"这个因素所起的作用由12%上升到23%，"知识进展"这个因素所起的作用占20%，这两项因素合计占了全部增长率的43%。这些统计数据充分显示了教育年限和知识增长因素对经济增长所起的巨大作用。尽管丹尼逊主要关注教育年限和知识进展的数量方面，而对教育的质量有所忽视，但他的上述研究和相关论述，无疑对美国经济主义教育思潮的兴起和发展起了积极影响。

还有美国经济学家贝克尔（G. S. Becker，1930—2014）的研究也颇引人注目。他先后发表《大学教育投资不足》（1960年）、《人力资本：理论与经验研究》（1964年）等论著，其中后一著作曾被视为西方人力资本理论的经典。贝克尔特别关注家庭和个人教育投资及其收益问题的研究。他认为，家庭也是人们做出一连串资源分配决策的场所，因此也应关注人们的家庭行为。他还考察了人力资本投资与工资差异之间的关系问题，并着重探讨了个人教育支出的经济效益。贝克尔的论著一时受到人们的高度重视，其有关思想也产生了较大的影响。

1961年，第一次人力资本投资会议在美国的召开，也反映了人们对人力资本投资问题的重视。会议引发了人们对教育与经济关系问题特别是人力资本问题的热烈讨论，也为经济主义教育思潮在美国的勃兴起到了推波助澜的作用。

（二）日益与世界范围的教育改革探索相结合

20 世纪六七十年代以后，由于世界范围内的新科技革命突飞猛进，如何使教育适应科技革命和经济发展的新要求，并提高教育的效益，成为世界各国普遍关注的现实课题。经济主义教育思潮遂着力转向对教育效益的分析、经济计量模式的运用、教育投资收益的分配以及教育计划的革新等问题的研究和探讨。例如，美国学者汉森（W. L. Hansen）于 1970 年出版了《教育收益与人力资本》一书。英国学者萨恰罗普洛斯（G. Psacharopoulos）发表了《25 国高等教育经济收益》（1972 年）、《教育的经济收益：一个国际比较》（1973 年）、《学校教育和收入分配》（1976 年）、《家庭背景、教育与成就》（1977 年）、《教育计划的过去、现在和将来》（1978 年）等一系列有关论著。萨恰罗普洛斯应用数学工具对教育的经济效益和教育计划等进行广泛的研究，并提出了一个教育费用-效益分析的计算公式。在德国，学者们似乎更关注教育规划和教育政策的经济理论研究，如马克斯·普朗克协会教育研究所即对教育投资与经济增长、制订教育规划的方法和技术等问题发表了大量研究成果。这些研究既对教育革新提出了新的要求，也为教育革新提供了新的指导。

（三）研究内容和研究队伍日趋扩大

随着经济主义教育思潮的广泛传播，许多国家的学者都十分关注其理论和实践的演进，积极投入研究。经济主义教育的研究者已不再限于美国，在西欧一些国家以及日本和苏联也大量涌现。

法国学者德博韦（M. Debeauvais）和英国经济学家维泽（J. E. Vaizey）于 1960 年合写的论文《教育发展的经济意义》，不仅探讨了教育与经济发展的关系，也明确地认为教育既是消费又是投资，是对人的投资。还有法国学者 H. S. 帕尔内的《教育与社会经济的发展》及 P. 罗斯洛的《教育发展与社会经济发展的相互依存》等论文都阐述了教育与经济发展的相互作用。60 年代中期，在英、法等国涌现了许多有关"教育与经济"关系问题的实证研究，其中大致可分为两类:一类涉及劳动科学,主要关注教育对实际就业的影响、制约教育系统的经济活动和劳动方式、对教育与就业模式的预测等;另一类涉及经济学,主要是确定教育规划中要列入预测和核算的数据,通过国际比较分析教育投资所占比例和按人口计算的经济收入发展指数之间的相关性等。

在20世纪60年代的日本,随着经济高速发展和技术革新,以及教育对经济发展巨大作用的凸显,经济主义教育思潮也兴盛起来。1962年,在日本文部省首次发表的教育白皮书《日本的经济增长和教育》中明显地反映了这种思潮。该白皮书依据舒尔茨等人的有关教育经济理论,比较了世界主要国家的经济发展经验,着重分析和论证了一些国家教育投资的经济效益,明确指出"教育是促进经济发展的强有力的重要因素",认为战后经济发展的速度之所以非常惊人,为世界所注视,其"重要原因可归结为教育的普及和发达"。该白皮书强调,政府应该将日本的经济发展、科技革命、人的能力开发同教育的普及和提高紧密地联系起来。[1]

经济主义教育思潮在苏联也受到重视。一些苏联经济学家力图依据社会主义建设的需要,探索苏联国民教育与经济的关系。其中最突出的代表人物是苏联经济学"泰斗"和现代教育经济学研究先驱之一的斯特鲁米林(Stanislav Gustarovich Strumilin,1877—1974)。他在60年代初发表的《苏联的教育经济》一文中明确指出:"现时生产中所确认为真正重要的东西,已经不是手臂之力,而是生产线上站在机器旁边的工人们的知识、才智所能妥加利用的工艺技术。"[2]斯特鲁米林还用统计和计量的方法测算了当时苏联教育的经济效益。苏联经济学家科斯坦扬在他主编的《国民教育经济学》一书中强调指出,现代化的物质生产的效率直接取决于劳动者的知识和业务技能的一般发展水平;劳动者有了较高的教育水平就会有助于他们改进劳动工具,有助于使他们的

---

① 王桂编著:《日本教育史》,322~323页,长春,吉林教育出版社,1987。
② 转引自李少元:《教育经济学》,29页,哈尔滨,黑龙江教育出版社,1989。

劳动成为一种创造性的活动。因此，"在我们的时代，如果不剖析由科学技术进步所发生的社会进程和经济过程，那就不能找到改善教育体制的途径，不能提高教育体制的效率"①。

经济主义教育思潮的研究内容也日益超出经济学和教育学的范围，逐渐扩大到社会学、政治学、行政管理学、规划学等领域。各国的有关学者还注意结合本国的国情，使经济主义教育思想具有各国的特色。例如，在日本，教育经济学更多地从属于教育行政学；德国的教育经济学者着重对教育效益和教育规划的研究；法国的一些社会学家则力图把经济主义教育思想引入社会学。甚至有的"新马克思主义"者也试图从经济主义教育思想的角度来分析社会不平等的原因，等等。

(四)逐渐成为国际教育合作事业发展的"催化剂"

随着国际经济竞争和科技竞争的加剧，为培养适应新形势要求的人才，许多国家都力图把教育作为促进科技和经济发展，增强国际竞争能力的手段。一些经济主义教育学者指出，发展中国家经济和社会现代化建设的关键问题，不是缺乏物质资本，而主要是由于教育不发达，人力资源未得到开发。为帮助发展中国家发展教育和开发人力资源，联合国的国际教育规划研究所在智利的圣地亚哥、印度的新德里、中东的贝鲁特、非洲的达加等地区设立了教育规划的训练与推广中心，便于新的教育规划方法和技术得以在世界各国推广，以促进各国现代教育和经济规划的制订和实施。这在一定程度上也促进了教育的国际交流和合作事业。

到20世纪90年代，随着经济主义教育思潮的日益高涨，该思潮也受到越来越多的质疑和批评。例如，有些经济学家认为人力资本理论过于强调以

---

① [苏]斯·尔·科斯坦扬主编：《国民教育经济学》，孙夏南、刘伶、徐长瑞等译，序言1页，长春，吉林人民出版社，1981。

现有的经济理论和范畴去解释教育的经济现象，忽视了教育如何作用于经济这一基本问题。而更多的广大人士则指出，绝不能把教育的经济性片面化和绝对化。他们反对将教育建立在把人培养为"经济动物"的取向上，而强调教育应立足于社会的整体发展包括人自身的全面发展的需要上。

第二节　人力资本理论与教育

由美国著名经济学家舒尔茨、贝克尔等人最早系统阐述的人力资本理论以及有关现代教育之经济价值的基本观点，既为经济主义教育思潮的兴起揭开了序幕，也一直成为该思潮的主要内容。

一、何谓人力资本

在传统的资产阶级经济理论中，所谓资本，一般讲的是物质资本。与物质资本相对应的人力资本这一概念，是由美国经济学家沃尔什于1935年首先正式使用，后由舒尔茨对其给予理论阐述，从而使其获得特定含义。

舒尔茨指出，虽然许多经济学家早就谈到人是国家财富的一个重要部分，但人们却长时期未充分认识到人力资本的重要意义。他在《人力资本投资》一文中说：

> 虽然人们获取有用的技术和知识是显而易见的事实，但是，关于这些技术和知识是资本的一种类型，关于这种资本实际是周密投资的一种产物，关于这类资本的增长在西方社会里要比常规(非人)资本的增长迅速得多，以及关于这种增长可能是西方经济制度出色的特征等，这些事实却并不明显。国民产量的增长比按土地和工时

计算的劳动量以及能再生产的物质资本的增长更大，这种情况已经普遍可见。对人力资本的投资大概就是这个差额的主要说明。①

　　尽管人们学到有用的知识和技能是显而易见的事，但是，这些技能和知识是资本的一种形式；这种资本实际上是深思熟虑地投资的一种结果；这种资本的增长的速度在西方国家超过了传统（非人力）资本，它的增长也许正是这种经济制度最突出的特点，而这些却是不明显的。人们普遍注意到，国民产出的增加超过了土地、工时和物质再生产资本的增加。也许人力资本投资是说明这种增长差距的主要依据。②

　　舒尔茨认为，如把资本理解为由一些具有提供某种价值的未来服务的经济属性的实体所组成，那么资本可分为人力资本和物力资本两类。物力资本体现在物质产品上，人力资本体现在人身上，两类资本之间显然存在差别。舒尔茨指出，长期以来，人们把资本局限于物质财富，或认为资本只包括物质设施、建筑物、器材和物质库存等，乃是一种偏见，这种偏见在很大程度上成为政府贬低人力资本投资和抬高物力资本投资的固执态度的原因。舒尔茨确认，一般地讲，资本就是投资，通过人力投资形成人力资本，通过物力投资形成物力资本，二者都是发展经济所不可缺少的。而在现代经济发展中，人力资本尤其显得重要，因为"如没有相当发达的人力技能，也就不可能充分利用各种复杂的现代化的物力资本"③。

　　舒尔茨还指出，所有资本都是由投资方式产生的。人力资本包含量的方

①　[美]西奥多·舒尔茨等：《西方教育经济学流派》，曾满超等译，1页，北京，北京师范大学出版社，1990。

②　同上。

③　[美]西奥多·W. 舒尔茨：《教育的经济价值》，曾延亭译，131页，长春，吉林人民出版社，1982。

面和质的方面。其中量的方面是指一个社会的人口数量、从事有用工作的人口比例和实际劳动量,这在一定程度上代表该社会的人力资本的数量;质的方面是指人的技艺、知识、熟练程度及其他影响人的生产能力的东西。在这些方面,每个劳动者是不一样的。即使同一个劳动者在受过一定的教育和训练后,他的工作能力、技艺水平和熟练程度以及劳动质量也是有差别的。简言之,人力资本理论的所谓人力资本,就是体现在劳动者身上,指以劳动者的数量和质量表示的资本。

二、人力投资

人力资本理论认为,长期以来过分地强调对物力资本的投资,没有考虑人力资本,特别是忽视人力资本在现代经济生产中所起的重要作用,这显然是一种错误。如果人力资本没有与物质资本同步增长,必会大大限制经济的发展。而在现代经济中,人力投资的作用大于物力投资的作用,所以必须充分认识人力资本投资对经济增长的重要性和必要性。

舒尔茨指出,广义的人力资本投资包括中小学教育和高等教育、在职培训、人员迁移、卫生保健及经济信息等,其中最重要的方面是教育投资。舒尔茨说,人们应该而且继续高度评价教育对文化的贡献,这是毋庸置疑的;但是,人们无视教育对经济收益的贡献则是目光短浅、缺乏远见的。在通过发展现代农业和工业来实现丰裕方面,教育已成为经济增长的主要源泉。他曾估算美国战后农业生产的增长,认为只有20%是物质形态的投资产生的,其余80%主要是教育及与教育密切相关的科学技术的作用,即是人力投资的结果。他还认为,联邦德国和日本之所以在战后取得经济的迅速发展,其重要原因就在于这两个国家对教育和科技投入了大量的资金,在于这两个国家的人民具有较高的知识、技能。但舒尔茨同时也指出,绝不能忽视其他方面的投资,如果"只注重教育,我们就有看不到形成人力投资的其他源泉和看不到它们的贡献的危险，从而把一切贡献都归功于教育"①。

舒尔茨还指出，作为人力资本投资主渠道的教育投资具有两重性：未来消费部分和未来收入部分。他这样说：

> 尽管在某种程度上教育可以说是一项消费活动，它为受教育的人提供满足，但它主要是一项投资活动，其目的在于获取本领，以便将来进一步得到满足，或增加此人作为一个生产者的未来收入。因此它的一部分是类似普通耐用消费品的消费品，另一部分是生产物资。②

这就是说，教育投资虽具有消费性，但主要方面是生产性。教育投资的生产性就在于它能够开发人的潜能，增长人的能力，包括文化知识、技能以及良好的素质，从而提高劳动者的质量，促进劳动生产率和经济增长，同时也增加个人未来的收入。

教育投资所说的"教育"包括各级教育以及正规学校教育和非正规教育。投入教育的资源主要由两部分构成：学生在就读期间放弃的收入和用于教育生产性服务的资源。这两部分组成为教育投资的成本。舒尔茨认为，教育的资本形成既不是一个小的常数，也不是一个恒定的常数，它受许多因素的影响而变化。

人力资本理论强调，教育投资的根本目的，无论是国家投资教育还是个人投资教育，都是为获取经济方面的收益。所以教育投资的指向，应和考虑一切物质资本的投资指向一样，都要根据投资的收益率来决定。而影响教育

---

① ［美］西奥多·W.舒尔茨：《论人力资本投资》，吴珠华等译，149~150 页，北京，北京经济学院出版社，1990。

② 同上书，62 页。

投资收益率的因素是多方面的，在很大程度上同样受到市场供需规律的制约。

经济和社会发展对人力和教育的需求是动态的。在一定时期，某些部门的人力可能供不应求，另一些部门又可能是人才过剩，这种人力需求上的差别以及由此引起的人力价格的变动，往往导致国家和个人对教育投资指向的变动。所以，长期不变的教育投资计划是不可行的，只有根据实际需求制订并及时调整教育投资的指向，才能取得高的投资收益率。

如何有效地将投资资源分配给教育的问题，还必须考虑各个国家的具体情况。例如，在不同的国家或区域，对农业部门的人力投资和工业部门的人力投资比例，就应有所区别。又如，在经济发达国家对接受教育(包括高等教育)的高技艺人力需求比发展中国家的相应需求大得多。所以一个国家的教育投资绝不可简单地照搬别国的经验和模式。

舒尔茨还认为，教育投资也存在一定的风险，特别是当政府、家庭和学生在决定其教育资源的分配时，如果只依据很不完善的预测，就可能带来投资的低收益甚至失败。所以，政府及各个家庭在决定其教育投资时，都必须不断地吸取和积累这方面的经验。

三、教育投资的收益测算

舒尔茨首次对教育投资的效益进行了较详细的测算，并提出了测算的理论和公式。这种测算及其结果，不仅成为舒尔茨等人人力资本理论的实证依据，而且对20世纪60年代以后经济主义教育思想的风行也有很大影响。

舒尔茨在其《教育的经济价值》一书中，列举了多项教育收益。例如，社会从教育机构的研究中获得的收益；潜在人才的发现和培养；增进人的能力以适应就业机会的变化；师资的准备；为持续的经济增长准备各种人力；提供更好的个人品德表现、文化能力和其他服务能力等。这里说的教育收益，显然不限于经济效益，但人力资本理论主要是立足于教育投资之经济收益。

人力资本理论的研究者都认为，教育与经济增长之间的联系是极其复杂的，要鉴别教育在提高有益于经济增长的人的能力方面的作用不是一件轻而易举的工作。许多研究者都在这方面做了努力的探讨。

舒尔茨曾把教育服务分成三类：一是纯粹为消费的教育服务，如对改善生活质量包括提高人的艺术鉴赏力和家务能力等而接受的教育；二是纯粹为投资的教育服务，即个人为提高他们正在从事的工作能力而接受的教育；三是同时为这两种目的服务的教育，它既不是纯消费，也不是纯投资。而在第三类中，有的主要是为消费，其次才为投资的教育，如在美国大多数家庭都把初等教育划归为此类；有的是消费考虑和投资考虑几乎并重的教育，许多人认为普通中学教育和某些文科院校的教育即属此类；有的主要目的是投资，其次才是为消费的教育服务，如大多数学院和大学的教育以及几乎所有的专业教育。这些不同类别的教育服务是随社会的教育需求而变动的，而影响社会教育需求变动的重要因素之一，是教育投资的预期收益率，其中包括父母和学生对预期收益率的期望。

不管是哪一种教育服务都需要成本，都存在教育开支这一基本的经济事实，并与经济发生关系。舒尔茨曾提出三种不同的比率来研究教育与经济增长之间的关系。

①用教育-劳工比率来显示与劳动力总量有关的投入教育的人力，即根据教师和年龄适合于从事劳动的学生与从事劳动者人数之比率来计算。

②用教育-收入比率来表示投入教育的资源与消费收入之间的关系，即把教育资源的增长与消费收入连接起来。

③用教育-投资比率来表明投入教育的资源与投入能再生产实物资本的资源之间的关系，即根据投入教育的资源与用作非人力资本形成的资源之比来计算。

当舒尔茨用这三种比率研究美国 1900 年至 1956 年的教育与经济增长之

间的关系时，他发现，获得的结果竟十分类似：在这期间，美国分配给教育的资源增长(按美元计)为消费收入增长的 3.5 倍和实物资本形成增长的 3.5 倍，教师和因上学而放弃收入的学生人数的增长(按劳动投入)亦为美国已就业的劳动力增长的 3.5 倍。① 因此，他认为这可能是用来分析教育与经济增长间关系的可行方法。

在舒尔茨看来，教育的收益可分为私人收益和社会收益两个方面。从理论上讲，教育的个人收益主要有五个方面：①未来较高的收入；②未来较健康的身体；③未来较强的企业工作能力；④未来合理安排家庭活动的能力；⑤未来较大的职业机动性。一般来说，由于受教育者是社会成员之一，私人收益包括在社会收益之中，社会收益则是私人收益和其他(本人不能获得的)收益的总和。

关于教育对个人的收益，舒尔茨虽然主要以物质收益(工资额)作为衡量收益的尺度，但他不赞同单纯以工资收入的数量来确定教育的收益率，而主张用具有同等教育程度而实际上得不到同等薪金的各种社会因素，对教育收益率计算值做进一步调整，以使所确定的教育收益率更为准确。舒尔茨还认为，衡量教育收益时，还应该考虑一些非金钱收入的因素，如从所选择的工作环境所得到的某些满足。

关于教育对社会的收益，舒尔茨也指出，如果是计算教育的某一阶段的收益率，可先测定学生按学历不同而产生的收入差别，算出各教育阶段的毕业生的收入差额，以这一差额与该教育阶段的教育费用之间的比率来表示收益率。舒尔茨还曾用这一方法测算出 1957 年美国小学、中学、大学教育费用占总教育费用的比率分别为 28%、45%、27%。而各级教育的收益率，初等教育为 35%，中等教育为 10%，高等教育为 11%，各级教育对美国教育平均收

---

① [美]西奥多·舒尔茨等：《西方教育经济学流派》，曾满超等译，57~58 页，北京，北京师范大学出版社，1990。

益的贡献分别为 9.8%、4.5% 和 2.97%，三项合计约为 17.3%。而 1929 年至 1957 年，提高教育程度对美国国民收入增长的贡献为 33%。①

由于影响人力投资的社会收益和个人收益的因素比较复杂，一些人力资本理论研究者往往运用不同的方法进行测算，因而也可能得出不同的结果。例如，贝克尔也对收入、投资成本和收益率之间的关系进行了详细研究。他把影响收入差别变化的因素概括为三个方面：①不同社会阶层所受教育水平的差别。这种差别越大，收入级别的差距也就越大。②个人教育费用。不仅指货币成本，还指受教育的努力所包含的心理成本。③利率。在其他条件不变的情况下，利率越高，就越有可能产生巨大的收入差距。贝克尔认为，影响人力资本投资规模的一个最重要的因素无疑是这种投资获得的可能性及其收益率。②

人力资本理论认为，学生在学期间所放弃的收益的变化，通货膨胀对教育投资收益的干扰，教育中新技术的运用对教育效率的影响，以及一个国家的政局是否稳定等，都会影响教育投资收益的实现。

人力资本理论研究者对教育投资经济效益的测算，虽然其计算方法与指标尚未构成完整的体系，其中有些问题也仍待探讨，但他们的测算尝试以及所取得的成果，至少表明了科学地确定出教育投资收益率的必要性和制订教育投资计划的重要性，同时也有助于提高人们对教育的经济效益的体认和重视。

人力资本理论的诞生和进展，更有力地促进了经济主义教育思潮的泛起。但是，人力资本理论在实质上是从获取利润这一立足点来看待主要由教育投资构成的"人力资本"，因而并没有把"人力资本"和物质资本进行原则区别。

① ［美］西奥多·舒尔茨等：《西方教育经济学流派》，曾满超等译，78~79 页，北京，北京师范大学出版社，1990。

② 转引自李少元：《教育经济学纵横谈》，204~205 页，南京，江苏教育出版社，1989。

而且，它将教育的收益视为同劳动者的活劳动完全无关，只是教育投资的结果，这就掩盖了资本主义条件下的教育投资的实际利润是更熟练劳动所创造的剩余价值的增长这一事实。

第三节　教育筛选理论

随着人力资本理论研究的深化，到20世纪70年代，一些美国学者发现，过分强调增加教育投资和迅速扩大教育，并不一定使人人受益，而往往只能使极少数人获益，大部分国民仍生活在相对贫困之中，因此，他们认为人力资本理论并不完善，而需要加以修正。他们试图采用新的观点和方法去研究经济与教育的关系，把注意力越来越多地放在人力投资对收入分配的作用上面。这种研究趋势把经济主义教育思潮推向了新的发展，而教育筛选理论即是这股经济主义教育思潮新发展的主要内容。

教育筛选理论的主要倡导者和论述者有思罗（C. Thurow，1938—　）、史潘斯（M. Spence，1943—　）、陶布曼（P. Taubman，1939—1976）等人。1972年，思罗发表的《教育与经济平等》一文，首次提出了有关教育筛选理论的一些观点。

思罗认为，"人力资本"理论强调个人教育是一种能够获取相应未来收益的人力投资，并视教育为改变社会收入分配的强有力的工具，这种观点是值得怀疑的。思罗否认生产率和个人收益与个人教育水平之间存在联系。思罗指出，大量证据表明，美国劳动力市场的特点与其说是工资竞争，不如说是职业竞争。也就是说，不是人们去找职业，而是职业去找"合适的"人。在这样以职业竞争为基础的劳动力市场中，教育的功能不是授予人以技能从而提高人的劳动生产率和工资，而仅仅是证明他的"潜能"，并依据学历文凭给予他一定的地位，然后，又根据这种被证明的身份安排他一定的职务，并给予较高的工资。

思罗还提出了一个"职业竞争"模式。他认为，在基于职业竞争所建立起来的劳动力市场中，个人收入一是取决于他在劳动力阶梯中所处的相对位置，二是取决于经济中就业机会的分配状况。

在职业竞争经济中，实际起作用的问题是挑选和培训工人，以便用最少的培训费用去取得预想的生产率。对新工人和起始职业岗位来说，构成挑选基础的是工人的"背景特点"，如年龄、性别、教育成就、已有的技能和心理实验的成绩等。雇主正是依据这些"背景特点"挑选雇员并把他们划分成不同等级。分配给每个人的职业及其相应的培训等级是按从上到下的次序进行排列的，最好的职业分配给最好的工人，最差的职业分配给最差的工人，形成劳动阶梯。思罗强调指出：

> 教育和正规培训是筛选工人的极为重要的背景特点，以至于教育分配的改变对劳动阶梯的形成具有重要影响……在筛选过程中教育所起的作用是否比其他因素更重要些，虽然各种职业之间存在着明显的差别，但是，教育的筛选检验实际上是无处不在的。[①]

在思罗看来，尽管教育可以影响劳动阶梯的形成，但这并不一定意味着教育能改变收入的实际分配；改变收入分配不仅是劳动力等级阶梯的功能，也是职业机会分配的功能。例如，随着各级教育的发展，大学毕业生供给的日益增加，将导致他们接受更低级的职业机会分配。在这个过程中，受过大学教育的人可能接受中学毕业生所从事的最好职业，从而导致中等学校毕业

---

① [美]西奥多·舒尔茨等：《西方教育经济学流派》，曾满超等译，240页，北京，北京师范大学出版社，1990。

生平均收入的下降。这样将保持具有高等教育水平与具有中等教育水平的劳工之间的明显的工资差异。但是,思罗认为,这一工资差异并不表明富人比穷人有更大的潜在生产率,也不表明贫富之间有收入均等的机会,所以,从这一意义上说,"大量的教育投资必然造成浪费,它们根本不会带来人们所期望的平等"①。

史潘斯于1973年发表的《筛选假设——就业市场信号》一文,则系统地阐述了教育筛选理论。接着,美国宾夕法尼亚大学教授陶布曼也发表了《作为投资和作为筛选工具的高等教育》(与T.威尔斯合著,1974年)、《收入不平等的原因》(1975年)、《收入的决定性因素:遗传学、家庭和其他环境》(1976年)等一系列论著,又进一步阐发了有关教育筛选理论。

这种教育筛选理论认为,在大多数劳动力市场上,雇主和求职者彼此都缺乏挑选决策所需的完全信息,而雇主总是希望选雇适当的人去承担某一职位的工作。在这种情况下,雇主只能从求职者的一些看得见、摸得着的个人特征和属性,即所谓"不完全信息"去鉴定这位求职者。史潘斯将这种个人特征和属性分为两类:一类叫"标识",它泛指求职者本人无力改变的属性,如该人的性别、种族、年龄等;另一类叫"信号",它泛指那些隶属于求职者个人并受自己操纵的、可以人为改变的特征,如教育水平、个人经历等。在史潘斯看来,"标识"和"信号"虽都是雇主决定选聘人员的条件概率分布的参数,但在求职者的个人"标识"已成为既定的条件下,而反映求职者可以改变的"信号"特征,特别是求职者的教育程度,便成为雇主识别求职者的能力,并决定从中选聘人员的一个"筛选装置"。

教育筛选理论认为,教育作为一种"信号",不仅成为雇主鉴定和选聘求职者的一个"筛选装置",具有"筛选"功能,而且也和工资有关。同人力资本

---

① [美]西奥多·舒尔茨等:《西方教育经济学流派》,曾满超等译,249页,北京,北京师范大学出版社,1990。

理论一样，筛选理论也注意研讨教育和收入（工资）的关系。一般来说，筛选理论和人力资本理论都认为求职者的教育水平与工资高低成正比。但是，在分析教育和收入之间关系的中间环节时，筛选理论却提出了不同于人力资本理论的观点。

人力资本理论认为，提高受教育程度就会提高一个人的劳动生产率，从而得到较高的工资，如图式：教育投资—提高劳动生产能力—较高的收入。而在筛选理论看来，教育只反映一个人的学历，只是一种较高教育程度的文凭，它可能对劳动生产率没有重大影响，但由于它向雇主提供了他需要雇用的求职者的品质的信号，从而可能得到雇主的雇聘，并付给较高的工资。因此，教育作为一种信号仅仅成为一种雇主的挑选手段，而教育和收入的关系则如图式：教育投资—代表较高教育程度的文凭—较高的收入。

筛选理论还进一步探讨了教育信号与工资等级的关系。该理论认为，雇主首先是根据求职者的特征（主要是教育水平）和对求职者个人的边际产品做出预测，并在此基础上决定向不同教育水平的求职者支付多少工资，制定工资等级表。这种工资等级表，由于是依据预测制定的，所以带有主观性。在这种情况下，有时必须进行调整。否则，如果只是"学历主义"的筛选，不仅会导致"文凭膨胀"的毛病，而且会使雇主造成经济损失。因此，雇主必然注意观察和调查所雇人员的实际劳动生产率，如果发现工资不能相应地体现其劳动生产率，则必须对原定的工资等级表进行调整，并以此作为下一次招聘时确定工资时的依据。这样，求职者对教育信号的选择态度也将发生变化或调整自己的教育投资。在新的雇用后，雇主又通过新的观察和了解，获得新的可用信息，再进行必要的新的工资调整。经过这样多次的反复调整，直至工资相应地反映受雇者的实际劳动生产率，并据此制定一个均衡的教育–工资等级表。这样确定的工资等级表，在劳动力市场上，一方面将成为雇主选聘不同教育水平求职者的、相对符合实际的工资标准；另一方面，由于它明确表示教育和工资的关系，也便于求职者考虑自己获得高低不同的教育信号所需的成本，及时做出适当的教育投资抉择。

教育筛选理论还认为，在劳动力市场的竞争中，在没有适当的协调教育与经济发展的条件下，雇主如过分地依赖学历文凭作为选聘的依据，或对雇员的教育水平要求超过岗位的需要，则教育水平的提高不但不一定促进经济增长，而且还可能给社会和个人都带来重大的损失。

尽管教育筛选理论提出了一些不同于人力资本理论的见解，使人们增进了对教育与经济关系的新认识，但也有些学者认为，这种理论对教育成就和工作成绩之间的关系，以及教育与收入的关系实际上贯穿于收入的全过程正视不够，因而对其正确性表示怀疑。

第四节　劳动力市场划分理论的教育经济观

在 20 世纪七八十年代，美国一些经济学者对人力资本理论的方法提出了另一种挑战。他们指出，人力资本理论是基于统一的竞争性劳动力市场分析和考察教育与经济的关系，但实际上美国并不存在统一的劳动力市场，而是出于各种原因被划分为两个或多个不同的市场。所以，这一理论不完全适用于美国的实际。他们认为，既存在不同的劳动力市场，教育与劳动收入的关系也就有所不同。如要真正把握教育的经济价值，则还必须研究和了解劳动力市场的划分和实际运行及其与教育的关系。

劳动力市场划分理论的倡导者主要是试图从制度的角度去分析劳动力市场的内部结构，解释不同种类或不同阶级的劳工在劳动力市场受到不同待遇的社会现象。

美国学者多林格(P. Doeringer，1941—　)和皮奥里(M. Piore，1940—　)

于 1971 年出版了《内部劳动力市场和人力分析》一书，将劳动力市场区别为内部劳动力市场和外部劳动力市场。他们认为，在前一种市场中，劳动力的价格确定和分配是由一系列管理规则和管理程序控制的，并为内部劳动力提供某些特殊权利。例如，只有内部劳动力才有权填补内部职位；享有继续受雇权，甚至就业权都得到保护。在后一种市场中，劳动力的价格确定、分配和培训方案是受经济变量直接控制的，无法享受内部劳动力市场劳工所享有的那种特权。当然，这两种市场是相互联系的，而且彼此间存在着流动现象。该书还详细考察了内部劳动力市场的形成，指出技能专门化、在职培训和习惯是导致内部劳动力市场产生的主要因素。也正因为这样，所以就业的稳定性便成为内部劳动力市场最显著的特征。

也是在 1971 年，皮奥里更明确提出了"双重劳动力市场"的理论。他说：

> 双重劳动力市场能最好地解释就业和人力安置在贫困永久化中所起的作用。双重市场的一部分，即主要市场提供的工作具有如下若干特征：工资高、工作条件好、就业稳定、职业有保障、权利平等、在工作制度的行政管理上具有适当的程序，并有晋升的机会；另一部分，即次要市场，其工作明显不像主要市场那样吸引人，这一市场的工作往往是工资低、工作环境低劣、就业变化性大、要求苛刻、随意给予纪律处分，以及晋升机会很少等。穷人被圈于次要劳动力市场。①

劳动力市场划分理论家确认，在资本主义市场经济的条件下，劳动力市场并不是完全统一的竞争市场，它基本上可划分为："主要劳动力市场"（又译

---

① ［美］西奥多·舒尔茨等：《西方教育经济学流派》，曾满超等译，287 页，北京，北京师范大学出版社，1990。

"头等劳动力市场")和"次要劳动力市场"(又译"次等劳动力市场")。"主要劳动力市场"提供大公司、大企业及其机构的工作,是由那些能受雇于需要受过训练始能从事的职业,或有经济前途的职业,或具有流动性的职业的人员构成,其中大部分工作的工资待遇较高,并有工作保险和明确的晋升制度。"次要劳动力市场"提供小企业的工作,是由无须受过良好训练的或通常是作为临时工被雇用的人员构成,工资报酬较低,也没有工作保险和明确的晋升制度。

劳动力市场划分理论家还指出,传统的劳动力市场理论通常假定工资与生产率相等,因而认为工人的教育和年龄等一类特征与收益的关系是代表劳工属性与劳工生产能力之间的一种关系,工资水平、追加教育的收益以及工作经验反映着工人的边际产品和更高的教育水平及较长工龄的边际产品。其实,教育与收入之间的连接关系,和工人的生产能力本身并不相关,反而与区别能进入主要劳动力市场的工人和囿于次要劳动力市场的工人的某些基本特征相关。按劳动力市场划分理论倡导者的说法,在美国,工人的工资主要并不是由他们的生产率决定的,而是由他们的一些基本特征如性别、种族、教育水平等决定的。因此一般是比例高的男性、白人和教育水平高的人进入主要劳动力市场,享受较好的工资待遇;而比例较高的女性、少数民族和教育水平低的人进入次要劳动力市场,受到较差的待遇。因此,只是在主要劳动力市场中,教育水平才与工资成正比关系;而在次要劳动力市场中,教育水平与工资没有显著的关系,一个人有较高的教育水平并不必定具有较高的经济收益。

劳动力市场划分理论还认为,教育对个人的经济收益,不在于它提高了个人的劳动生产率,只在于它是决定一个人进入主要或次要劳动力市场的重要特征。这种观点与筛选理论近似,即都把教育水平视为具有"筛选"功能,但是劳动力市场划分理论强调,教育与工资之间的正相关并不适用于那些仅仅被次要劳动力市场接纳的人员。

因此，有些劳动力市场划分理论倡导者认为，劳动力市场的划分，进入主要劳动力市场的种种限制，以及在次要劳动力市场基本不存在教育水平与工资的正比关系等状况，实际上反映了美国社会结构的基本矛盾，所以，试图从改革劳动力市场入手来促进社会平等的改革需求，或期望仅靠教育改革措施来实现这种需求，都不会起到显著的作用。

第五节　经济主义教育思潮评述

以上各节扼要介绍了经济主义教育思潮的形成和发展以及其主要的基本理论。由于经济主义教育思潮带有世界性，当代几乎所有国家都在不同程度上受到它的影响，都对它有所反应，因而它也不免存在各种不同的观点和论述。

经济主义教育思潮的兴起和传播，在一定程度上反映了现代生产、现代经济和现代教育之间内在有机联系的发展，反映了现代经济和现代科技发展对现代教育的客观要求，也反映了人们对现代教育与经济相互关系中的某些客观规律的新认识，从而对世界的教育、经济等方面都产生了重大的影响。

一、经济主义教育思潮的积极意义

(一)经济主义教育思潮激起了人们对教育与经济关系的极大关注和研究兴趣，提高和加深了人们对教育与经济的客观规律的认识和理解

20世纪后半期以来，在世界范围内，关于"人力资本""教育投资""教育的经济效益""教育与就业""教育资源的配置"等，不仅成为经济学界和教育学界开展研究和探讨的主要热点，也是社会各界普遍关注的问题，并在理论和实践上取得了丰硕的成果。经济主义教育思潮在认识层面上给人们的最大启示主要有两点。

1. 经济建设必须依靠教育

经济主义教育思潮通过多视角的对教育与经济关系的分析和阐述,以及通过各种调查和数学计算方法,对教育因素在拉动和促进经济发展中的作用的揭示,使人们对教育与经济关系的认识耳目一新。以前人们对教育与经济关系的研究主要是依据表面观察和定性分析,因而对教育与经济关系的认识和观点,更多是停留在学者们的理论上,未能很好地得到政府决策者、教育工作者和企业主的认同。正是经济主义教育思潮对教育的经济价值的理论分析和统计测算,才使人们更清晰、更深刻地认识到经济建设必须依靠教育这一规律。

经济主义教育思潮的研究充分表明,教育在促进经济增长中的作用,不仅在于它向社会提供了一支能在科学上有发现、发明,在生产技术上有创新、变革的科学研究和设计队伍,一支能掌握和运用先进生产方法的技术队伍,一支适应于工业化水平的生产和技术管理人员队伍,还提高了全社会的科学文化水平,为新产品的推广和使用以及先进科学技术知识的普及和提高准备了条件,为人类积累起来的科学知识和生产经验的代代相传提供了保证。

教育不但是提高劳动生产率,促进短期的经济增长的重要因素,而且是实现持续的经济增长的决定性的因素。如果不发展教育,持续地再生产劳动力,提高劳动者的素质,那么持续的经济增长将是难以实现的。

为了更好地实现社会经济的协调发展,也必须依靠教育。例如,发展教育能扩大社会就业机会,提高低收入者获得收入的能力,缩小个人收入差距。这一切都表明教育在协调社会经济发展中具有十分重要的作用。正是人们对教育的经济功能逐渐有了崭新的认识,才逐渐树立起经济建设必须依靠教育的观念。

2. 教育必须为经济建设服务

经济主义教育思潮的一个重要启示,就是使人们基于对教育与经济关系的新认识，逐渐形成了新的教育价值观。那种认为教育主要就是关注人的精神、道德和社会文化的发展，关注社会秩序稳定的观点，受到了经济主义教育思潮的强烈冲击。经济主义教育思潮强调教育的经济功能，强调教育的经济效益等，有力地把教育推向了为经济建设服务的轨道。自 20 世纪 60 年代以来，由于教育价值观的转变，人们日益要求教育密切地融入社会、融入经济，把教育作为发展经济、增强经济实力的重要因素。现在，世界上几乎没有一个国家不把教育为经济建设服务摆在突出位置，有些国家甚至将此提到了具有战略性重要的地位。

(二)经济主义教育思潮不仅推动了教育的改革和发展，甚至对某些社会体制提出了新的改革要求

近半个世纪来，在经济主义教育思潮的影响下，为了使教育更好地适应经济发展的需要，更大地发挥教育为经济建设服务的职能，各国不仅扩大了教育规模，提高了教育的普及程度，还进行了一系列重大的教育改革。例如，各国都注意调整教育结构，着力发展职业技术教育，扩大各种职业技术培训，把成人教育和继续教育放在重要地位。各国普遍增加了教育经费，加大教育投资，并根据教育经济效益的要求，合理分配和使用教育资源。教育同社会、经济一体化程度的提高和教育、科技、生产一体化趋势的发展，也推动了教育内容和教学方式方法现代化的改革，以及为提高教育质量而进行的整体改革。特别是在 20 世纪八九十年代以来，各国都面临着日益紧张的世界经济竞争，因此各国都力求教育能适应国际经济竞争和技术竞争的需要，加快加大教育改革与发展的步伐。

经济主义教育思潮鼓吹人的经济价值，强调人力资源及其开发，因而也对一些社会体制提出了相应的新要求。例如，舒尔茨指出，随着经济增长日益依赖于有用知识的进步，便要求完善生产和分配这种知识的制度；随着人的经济价值的上升，也要求企业和社会建立更健全的安全和保健制度；随着

人的时间价值的上升，遂要求各种消费活动和劳务活动的有关制度更加合理。总之，随着人力经济价值的上升，必然要求对各种妨碍人力资源更有效地得到保护、开发和利用的滞后的制度进行改革。

二、经济主义教育思潮的负面影响

经济主义教育思潮的积极意义是显而易见的。但是，它也存在明显的局限性，并产生了不小的负面影响。

其一，有些经济主义教育者在强调教育的经济意义时，却过分强调教育的经济性，过分主张以经济增长为主导，甚至发展为"经济至上"论，把教育引向完全经济化、产业化、商品化、市场化，从而忽视了教育的整体社会功能。有的人甚至将教育的经济功能与教育的政治、文化功能对立起来。这就从片面地强调教育的政治功能和文化功能而忽视教育经济功能的传统教育观走向了另一极端。这既背离了教育这一社会现象的专门特点，也不符合教育与经济关系的真实规律，结果将使教育和经济都得不到应有的效益。

其二，经济主义教育思潮所强调的人力资本理论，固然提升了人的经济价值，引发了对人力投资的重视，然而，这种理论往往由于基于单纯追求提高生产力，追求创造更多"利润"，而把人只视为创造物质财富、发展经济的手段；着力关注劳动生产率的提高和劳动者的生产技能，关注教育如何为经济界提供各类人力，而忽视人自身的全面发展，忽视教育对人的发展这一基本价值取向。其实，现代社会的发展，越来越要求作为社会生活的主人，劳动者应当从社会生活的各方面得到培养，成为全面、综合发展的人。"教育不仅仅是为了给经济界提供人才；它不是把人作为经济工具而是作为发展的目的加以对待的……使每个人的潜在才干和能力得到充分发展。"①

---

① [法]雅克·德洛尔等：《教育——财富蕴藏其中》，联合国教科文组织总部中文科译，70 页，北京，教育科学出版社，1996。

其三，经济主义教育思潮在实践上的负面影响，还突出地表现在西方教育的人文精神被淡化了；在很大程度上，教育成了单纯追求提高生产力和经济增长的手段，教育对国家、对个人的意义都似乎主要是增加经济收益；教育的文化功能普遍受到贬抑和损伤；人自身的健全发展被忽视，甚至使人进一步异化为经济的工具；人们在物质丰富的同时，却陷入精神上的贫困；青少年道德水平下降，犯罪率提高；等等。可以说，这些都与经济主义教育思潮的片面性膨胀具有一定的相关性。

随着社会的进步和发展，许多思想家和理论家已逐渐认识到，单纯以经济增长为导向的社会发展战略，将会导致严重的恶果。他们提出，今后应以人为导向的发展，应以人的精神丰富，人与人和人与自然的关系和谐，经济发展与整个社会协同进步作为社会包括教育的价值取向。尽管知识经济时代正悄悄地走来，但单纯以经济的需求来界定教育与经济的关系将日益显示出其局限性。

第十一章

终身教育思想

20 世纪六七十年代以来，随着人类社会各方面的快速发展，人自身的终身教育诉求日益引起人们的重视，并在世界范围内逐渐成为重要的、新颖的终身教育理念和终身教育思潮，进而深刻影响着世界现代教育的发展和改革。

第一节　终身教育思想的渊源及其产生的时代背景

一、终身教育思想的萌芽及其发展

广义而言，教育作为传递社会生活经验和培养人的各种活动，与人的一生共始终这一观念，自古有之。也就是说，终身教育思想源远流长。它可以追溯到古代的圣哲孔子、苏格拉底、柏拉图及亚里士多德等人的思想中。佛教、基督教、伊斯兰教等宗教经典中也都有类似于终身教育及终身学习的思想。近代伟大的教育家夸美纽斯也对之进行过论述。然而，古代及近代的终身教育、终身学习的思想都很零散，而且在很大程度上，它是建立在对人性的认识基础之上，与现代的终身教育思想不可同日而语。

从严格意义上来说，具有现代意味的终身教育思想的产生始于 19 世纪末

20 世纪初。

现有资料表明，英国成人教育家耶克斯利（A. B. Yeaxlee，1883—1967）是最早明确提出终身教育概念的人。

耶克斯利曾参与 1919 年英国复兴部所属的成人教育委员会发布的《1919年成人教育报告》的撰写。该报告断言，成人教育是一种"永久的国民需要"，"应当是普遍的和终身的"。① 因而，该报告被认为是最早具有终身教育思想的政府报告。

为了进一步阐述他的终身教育思想，耶克斯利于 1926 年出版其终身教育的代表作——《终身教育》（*Lifelong Education*）。在该书中，耶克斯利认为，人只有一生不断地受教育，才能发展智力，获得精神自由，了解自己和他人，最后才可寻到皈依上帝的道路。他还指出："如果我们问，一个人什么时候可以完成教育？唯一的正确答案是：其生命终止时才会完成。"② 总之，在他看来，教育应该贯穿于人的一生。但是，耶克斯利阐述终身教育的出发点和最终的落脚点是出于宗教之需要。

耶克斯利将终身教育思想与宗教联系起来，从而使他的终身教育思想的传播受到很大的限制。在宗教早已失去其固有的优势和地位时，耶克斯利单单从宗教的角度论述终身教育，这当然不会引起当时及后来的人们的注意。然而，我们得承认，耶克斯利关于终身教育的思想虽根植于宗教思想，但其视野已超越其时代教育实践之局限，在如今看来，仍是一个很大胆的构想。

杜威在其《民主主义与教育》等著作中虽然没有明确提出终身教育的概念，但他的"生长论"与终身教育思想存在内在联系性，甚至有学者认为，其生长

---

① ［美］达肯沃尔德、梅里安：《成人教育——实践的基础》，刘宪之、蔺延梓、刘海鹏译，18页，北京，教育科学出版社，1986。

② B. A. Yeaxlee, *Lifelong Education*, London, Cassel, 1929, p.164. In Angela Cross-Durrant, "Basil Yeaxlee and Lifelong Education: Caught in Time," in *International Journal of Lifelong Education*, Vol.3, No.4, 1984, p.288.

论为终身教育理论和实践提供了哲学范式。①

美国现代著名的成人教育家林德曼(E. Lindeman，1885—1953)深受杜威教育思想的影响。在《成人教育的意义》(1926 年)一书中，林德曼将成人教育的特性主要归纳为四个方面。其中最重要的一个方面是，将教育设想为一个终身的过程。林德曼明确提出，教育即生活。所以应该放弃那些将教育归属为青年时期的学习过程的所有僵化观念。在他看来，"整个生活就是学习，因而教育是没有止境的"②。可见，林德曼将杜威的思想贯穿于其教育理论之中，并在其中有机地融合了终身教育的有关思想，从而确立了其进步主义成人教育理论。

总之，从英国的《1919 年成人教育报告》开始，历经英国成人教育家耶克斯利和美国教育家杜威、林德曼等诸多教育家的积极探索和不断提倡，终身教育逐渐成为一种日趋受到关注的教育思想。

尽管终身教育思想早已产生，但是，它在欧洲乃至全世界成为一种重要的国际教育思潮，或者说，终身教育思想的真正确立还是在 20 世纪六七十年代。1956 年，"终身教育"概念在法国议会的立法文件中首次出现。1965 年，联合国教科文组织在巴黎召开第三届促进成人教育国际委员会会议，法国教育家朗格朗(Paul Lengrand，1910—2003)在会上做了"终身教育"的报告。1972 年，联合国教科文组织国际教育发展委员会编著的调查报告《学会生存——教育世界的今天和明天》出版，该报告建议将终身教育作为世界各国制定教育政策的指导思想。1973 年，经济合作与发展组织(OECD)教育研究中心出版了《回归教育——为终身教育的战略》一书，强调回归教育应作为实施终身教育的一种策略等，是终身教育思想发展的里程碑。

---

① K. Wain, "Lifelong Education and Philosophy of Education," in *International Journal of Lifelong Education*, Vol.4, No.2, 1985, p.117.

② E. C. Lindeman, *The Meaning of Adult Education*, New York, New Republic, 1926, p. 6.

二、终身教育确立的社会历史背景

终身教育思想的产生与现代社会人们所面临的一系列挑战是分不开的。

自 20 世纪以来，科学技术日新月异，科学发现与大规模地应用这种发现之间的时间也在逐渐缩短。科学发现不胜枚举，而且它的影响是广泛而深远的。特别是 20 世纪 50 年代以来，世界出现了以电子科学、材料科学、信息科学、生物工程、海洋工程、激光技术和宇航空间技术等重大技术突破为标志的新技术革命，其影响更是巨大。

科学技术的革命性的发展，对当今社会生活的很多方面产生了深刻的影响，其作用主要表现在如下几个方面。

第一，社会经济结构发生了迅速的变化。具体表现在产业结构的变化，即第一、第二产业在国民收入中的比重下降，而第三产业呈上升趋势。产业结构的变化又引起就业结构的变化，即就业于各部门中的人口的比例发生了变化，农业人口占就业人口的比例降低，第二、第三产业的就业比例逐渐上升。

第二，社会生活方式发生了很大的变化。由于大众传播媒介的发展，人们的信息量大大增加，这一切开阔了人们的视野，并不同程度地对人们的原有观念、思维模式和生活方式产生了影响。同时，由于科技的进步，自动化程度的提高，人们的工作时间缩短，而闲暇时间增多。这就使人们面临如何利用闲暇时间丰富自己、充实和完善自己的问题。

第三，科学技术的发展，使得人们对自身的认识发生了变化。长期以来，人们对于儿童和青少年具有学习能力这一点毫不怀疑。但是，对于成人的学习能力一直没有形成正确的认识。通常都认为，随着年岁增长，成人的学习能力降低。然而，随着科学的进步，生理学、脑科学和心理科学的综合研究表明，人在成年前期、中年期乃至老年期，智力活动仍然十分活跃。不同的年龄阶段有不同的智力模式。随着年龄的增长，改变的是人的智力模式，并不证明人的智力的衰退。因此，成人依然具有较强的学习能力，年龄并非决定一个人能否学习的关键因素。同时，认知心理学、人类学等学科的发展也进一步证明儿童早期教育的必要性和可能性。总之，科技的发展以及由之带来的社会生活的巨大变化，使教育观念的更新迫在眉睫。

第四，人口问题同样是个挑战。从 1960 年到 1968 年第一个"联合国发展十年"中，世界人口从略少于 30 亿增加到差不多 35 亿人，8 年内猛增了将近17%。然而，世界人口的发展并不平衡，人口的迅速增长主要发生在不发达地区。这些地区人口总数占世界人口总数的比例从 1950 年的 66% 上升到 1975年的 75%。由于发展中国家的人口比发达地区的人口年轻，因此，发展中国家拥有世界学龄人口总数的比例就比较大。例如，1980 年，发展中国家人口总数的 40% 是在 15 岁以下，而发达国家只有 23% 的人口在 15 岁以下。[①] 虽然人口发展对发达国家和发展中国家的教育的影响力是不同的，但其影响都不可低估。对于发展中国家来说，学龄人口的急剧增长使已有的教育负担更加沉重。联合国教科文组织的统计表明，1960—1980 年发展中国家小学阶段在校生人数增加的 50% 被人口增长所抵消，即只有 50% 的教育发展是用于提高儿童的入学率的。因此，为了适应人口增长的速度，为了提高入学率，发展中国家需要不断扩大教育规模才能使每年的入学率有所提高。当然，除了数量上的发展，发展中国家还面临着提高教育质量的问题，特别是提高普通教育和高等教育的质量，从而使它们更好地适应环境的不断变化以及社会、学生发展的需要。而对于发达国家来说，自 60 年代末以来，随着人口出生率和死亡率的下降，人口出现了老龄化。如在欧洲，1975 年，17.4% 的人口在 60岁以上，而到 2025 年，估计将有 24.7% 的人口在 60 岁以上。同一时期，北

---

① ［美］菲力浦·库姆斯：《世界教育危机——八十年代的观点》，赵宝恒、李环等译，41～42页，北京，人民教育出版社，1990。

美 60 岁以上的人口将从 14.6% 上升到 22.3%。[①] 这些老龄人口对教育产生许多需求。如何充分利用现有教育资源,满足老龄人口进一步学习的愿望便成为许多发达国家迫切需要解决的问题。尽管世界各国都对教育进行了一系列的变革,但仍不能满足人口迅速发展的需要。

第五,社会政治的变革也是教育的发展所面临的严峻挑战。自 1945 年以来,世界进入一个相对和平的时期,但世界的各种政治力量仍处于不断的变化之中。特别是在 20 世纪五六十年代,许多第三世界地区的民族主义运动和争取独立的斗争风起云涌。这些国家一旦取得独立,就开始致力于发展经济和文化。在发达国家,战后的民主化运动也不断高涨。当时所有的国家都有两个信念,即政治信念和经济信念。所谓政治信念,是指一个民主的国家要克服由于过去的偏见和社会经济的不公正所产生的严重的不平等,而最可行的方法就是大规模地发展教育,即将教育作为争取平等的一个重要阵地,而其中受教育的平等被看作社会平等政策不可缺少的组成部分。因此,世界许多国家主张扫除文盲、普及初等教育、增加全体青年接受中等和高等教育的机会,并为成年人,尤其是妇女提供平等的教育机会。经济信念强有力地支持政治信念。尤其是人力资本理论的发展更使人们坚信,国家的发展来自技术的进步和劳动生产率的提高,而这两者的进步又取决于教育的发展。在这种大的历史背景下,各国都在政治和经济领域进行了一系列的改革,并向教育提出了新的要求。

总之,正如朗格朗在下文中所指出的,现代人面临的科技发展、人口增长、政治变革等诸多挑战使得教育处于前所未有的严峻考验之中,而终身教育思想正是对这些挑战的最有力的回答。

---

① [美]菲力浦·库姆斯:《世界教育危机——八十年代的观点》,赵宝恒、李环等译,65 页,北京,人民教育出版社,1990。

第二节 朗格朗的终身教育思想

朗格朗是法国当代著名的成人教育家，终身教育理论的积极倡导者和奠基者。

朗格朗于 1910 年出生在法国。从巴黎大学毕业后，曾在中小学任教多年。后来，到法国的格勒诺布尔(Grenoble)工人教育中心担任领导工作，并曾在加拿大蒙特利尔(Montreal)的麦克吉尔(McGill)大学讲授法国文学。1948 年，朗格朗到联合国教科文组织(UNESCO)下属的成人教育局工作，并于 1962 年成为该局的负责人。与此同时，朗格朗还负责了经济合作与发展组织中与成人教育有关的项目，并任法国文化和发展协会的秘书长以及教育发展委员会秘书处的成员。

1965 年，在联合国教科文组织召开的第三届国际成人教育促进会议上，朗格朗以"Education Permanente"为题做了学术报告，该报告引起与会者的极大反响。后来，联合国教科文组织将"Education Permanente"改为英译"Lifelong Education"，即终身教育。正是在这个学术报告的基础上，朗格朗于 1970 年写成并出版了其代表作《终身教育引论》(*An Introduction to Lifelong Education*)。该书出版后，被译成 20 多种文字，在国际上产生广泛的影响，被公认为终身教育理论的代表作。

朗格朗在《终身教育引论》一书中，明确提出了终身教育思想。在为中译本写的序言中，朗格朗指出："教育和训练的过程并不随学校学习的结束而结束，而是应该贯穿于生命的全过程。这是使每个人在个性的各方面——身体的、智力的、情感的、社会交往的方面，总之在创造性方面——最充分地利用其禀赋和能力的必不可少的条件。"并认为："必须把教育看作贯穿于人的整个一生与人的发展各个阶段的持续不断的过程。"①

朗格朗的终身教育思想极其丰富，但概括起来主要内容包括以下几个方面。

一、终身教育是现代社会的需要

朗格朗指出，传统上一般地将人的一生划分为两个阶段——准备阶段（幼年期和青春期）与实际活动阶段，并认为在前一个阶段所获得的知识和能力可以在后一个阶段一劳永逸地享用。但是，在现代社会，这种一个人有了一定的知识和技能以后便可以终生应付裕如的观念正在迅速过时并在消失之中。他认为，对于所有的人来说，现代社会除了来自年老、疾病、交往、职业、政治、宗教等的一系列挑战之外，自20世纪初以来，又增加了一系列新的挑战，而这些挑战在很大程度上改变了决定个人和社会命运的条件，并最终促使终身教育思想的确立。这些新的挑战主要有以下九个方面。

第一，变化速度加快。朗格朗认为，变化的加快，"使教育和教育工作者面对各种各样的问题和需求，这些问题和需求的广泛程度和复杂程度将动摇整个教学观念和教学方法的传统基石"②。所以，传统的教育体制和方法已不能适应新的需求，教育不得不寻求新的道路。

第二，人口增长。人口的增长及人的寿命的延长，不仅对教育的需求不断增长，而且对教育的职能、性质也提出改变的需求。特别是对于发展中国家的教育发展来说，来自人口增长的压力和挑战更是极其巨大和严峻。朗格朗认为，只有大规模地求助于各种各样的现代技术手段来传播知识和提供训练，才能使满足人口需求的教育设想成为现实。并且，他指出，为了使不断

---

① ［法］保尔·朗格朗：《终身教育引论》，周南照、陈树清译，138页，北京，中国对外翻译出版公司，1985。

② 同上书，22页。

增长的人口与人类可利用的资源之间保持平衡，必须依靠教育来提供有效而持久的解决方法。

第三，科学知识和技术的进步。科技的发展要求各行各类人员不断提高知识和技能水平。因而，朗格朗认为，如果要培养工程师使之能够适应未来的技术，那么"主要的力量应放在教会学生如何学习，因为学生将不得不活到老学到老"①。

第四，政治挑战。朗格朗认为，随着社会的发展、经济的进步和技术的变革，国家的政治结构同样发生了变化。这种变化对公民的责任和义务提出了新的要求。特别是对于第三世界的大部分国家来说，更要建立起实质性的经济文化和物质设施，把主要力量用于改变人们的思想、道德风尚和人与人之间的关系，培养公民感，以巩固基础必然脆弱的新独立国家的地位。

第五，信息。由于大众传播媒介的迅速发展，人们可以通过各种媒体获得多种多样的信息。因而这种信息化的社会要求人们对信息具有理解、吸收和阐释的能力，特别是应具有批判力和选择力，而不经过一定的教育和训练，人们就不可能充分地认识和发挥信息所具有的建设作用。

第六，闲暇。由于科学技术的迅速发展，人们拥有越来越多的闲暇时间。如何充分地利用闲暇时间就成为人们所关注的问题，特别是对于教育工作者来说，使人们通过各种场合和机会来获得文化教养便成为他们所面临的最为迫切的任务。

第七，生活模式和相互关系的危机。随着社会的急剧进步和发展，传统的礼仪、道德观念、习俗都受到极大的冲击，人们对于许多问题有了新的认识和看法，这一切都极大地冲击了人们固有的生活方式和相互之间的关系。因此，社会的发展要求人们有自己的生活方式和新的教育内容。

---

① [法]保尔·朗格朗：《终身教育引论》，周南照、陈树清译，24 页，北京，中国对外翻译出版公司，1985。

第八，身体。朗格朗认为，在许多国家，特别是在西方，人类文化有数百年的时间对自己的身体存在不客观的认识，尤其是到了现代社会，人们的身体更经受着严峻的挑战。因此，人们需要科学地认识自身，从多方面发现身体的美和价值，从而建立起一种更和谐、更充实的生活。

第九，思想意识形态的危机。由于社会的发展，传统的价值观念、行为准则和信念都受到极大的冲击，每个人都面临各种抉择，人们不再盲从，而是批判地接受各种思潮和意识形态模式。

因此，朗格朗认为，为了迎接以上诸多挑战，"帮助人们去创造发明；引导人类去想象、冒险和从事各种各样的研究；使人类接受对自己的信念、态度和知识必须不断地提出怀疑的地位……教育必须在它的具体目标、内容和方法上不断进行更新"①。

二、终身教育的含义

朗格朗除了对终身教育确立的历史背景做了详细的论述外，还对终身教育思想的含义做了全面的阐述。

朗格朗认为："终身教育是一系列很具体的思想、实验和成就，换言之，是完全意义上的教育，它包括了教育的所有各个方面，各项内容，从一个人出生的那一刻起一直到生命终结时为止的不间断的发展，包括了教育各发展阶段各个关头之间的有机联系。"②"当我们说到终身教育的时候，我们脑子中始终考虑的就是教育过程的统一性和整体性。"③并指出："终身教育的概念是圆周式的：只有当人们在儿童时期受到良好而合理的教育……他们才可能有名副其实的终身教育；但是，除非成人教育在人们的思想和生活方式中牢固

---

① ［法］保尔·朗格朗：《终身教育引论》，周南照、陈树清译，33 页，北京，中国对外翻译出版公司，1985。

② 同上书，16 页。

③ 同上书，15 页。

地确立了自己的地位,除非它有了坚实的组织基础,否则就不能完成这样一种教育。"①从以上这些朗格朗对终身教育概念的阐述中,可以总结出以下几点:首先,终身教育是指人从出生到死亡为止整个一生的教育,教育并不限于青少年阶段,而应贯穿人的一生,并且人一生的教育是相互联系、相互作用的,即在某年龄阶段的教育是由先前的教育所决定或影响的,又将对未来的教育起决定或影响作用;其次,教育并不限于在学校中进行,应该使学校以外的社会机构也承担教育的功能,把教育扩展到社会整体中,并寻求各种教育形式的综合统一。

具体来说,朗格朗的终身教育思想主要包括以下两个方面的内容。

第一,打破那种将教育限定在某个年龄阶段的传统认识。朗格朗认为:"如果人们一致同意教育过程必须持续地贯穿在人的一生之中,那么,就不可能有理由认为某个年龄阶段是专门用于教育的。"②尽管人的一生中的某个时期比其他时期更有利于学习,但是它只是表现在某些能力或技巧性较强的学科和体育运动中。他坚信,人们在一生的每个阶段,都可以接触和学习许多形式的智力、体力方面的知识技能,它们的大门是敞开着的。朗格朗认为,每个阶段都有自己的长处和弱点、自己的优点和缺陷,而且无论如何都有自己的具体内容,所以,需要每一个时期在教育上都做出特别的努力。教育工作者应尽一切努力摈弃任何一种把思想和道德、习俗看成一成不变的观念;他们不仅需要努力使人接受变革,而且需要努力以各种方法促进教育的对象机智而有效地参与各个阶段的变革。

第二,明确提出教育过程的统一性和连贯性。朗格朗认为,虽然无论是在学校教育和制度化教育的范围内,还是在校外教育的各个领域内,都已经

---

① [法]保尔·朗格朗:《终身教育引论》,周南照、陈树清译,16页,北京,中国对外翻译出版公司,1985。

② 同上书,44页。

有许多终身教育的因素，但还是缺乏对问题的全面认识。于是，他认为，如果不去求助于一种新的教育概念，求助于对教育的重新认识，将教育看成统一的系统，则要解决当代的许多教育问题几乎是不可能的。

三、终身教育的目标

在朗格朗看来，终身教育的主要目标在于"实现更美好的生活"①，或者是"从中吸取一切有益的东西，使人过一种更和谐、更充实、符合生命真谛的生活"②。具体来讲，朗格朗认为，终身教育的目标主要有以下两个方面。

第一，培养新人。朗格朗指出，在当今世界，那种拥有一种知识或技能后可以终身享用的观念已经过时，教育不再是单纯地获得知识，而在于促进个人的发展。教育的真正对象是全面的人，是处在各种环境中的人，是担负着各种责任的人，简言之，是具体的人。他认为，作为个体的人应从两个方面来考察：一方面是把他作为一个独立的个体来考察；另一方面是从他与其他人，与社会的一般关系上来考察。他既是孤立的，同时又是与别人联系在一起的。因此，他指出："教育的目标就是要适应个人作为一种物质的、理智的、有感情的、有性别的、社会的精神的存在的各个方面和各种范围。"③并认为："在终身教育中，每个人都能找到自己的发展道路，因为，它提供了一系列不同种类的适合各人个性、独创性和职业的教育和训练。"④总之，朗格朗认为终身教育一方面使人能够适应各种变化，特别是经济和职业方面的变化；另一方面，能够"培养每个人通过多种形式的自我教育在真正的意义上和

---

① [法]保尔·朗格朗：《终身教育引论》，周南照、陈树清译，17页，北京，中国对外翻译出版公司，1985。
② 同上书，31页。
③ 同上书，88页。
④ 同上书，144页。

充分的程度上成为自己发展的对象和手段"①，即培养具有丰富个性的人，促进人的全面发展，使人能够充实、幸福地生活。

第二，实现教育民主化。朗格朗将实现教育民主化作为终身教育的另一重要目标。在朗格朗看来，教育民主化的核心内容是教育机会均等。他主张学校教育的"重点一定要放在为民主而教育人这一点上"②，并认为终身教育是"实现真正平等的手段"③。朗格朗提出，终身教育是贯穿人的一生的教育，它不仅可以在学校教育阶段，而且应该在人的终身过程考虑实现教育机会均等问题。

四、实施终身教育的战略建议

朗格朗指出，每个国家都有自己的体制结构、自己的传统、自己的禁忌、自己的便利条件。而且，一个国家在一定历史时期总有一个问题在重要性上超过所有其他问题而必须予以优先考虑。因此，朗格朗认为，仅仅提出一种模式的终身教育是不可能的。鉴于这种考虑，朗格朗提出了发展终身教育战略的一般性原则，这些原则主要有以下几个方面。

第一，要保证教育的连续性以防止知识过时。

第二，使教育计划和方法适应每个社会的具体要求和创新目标。

第三，在各个阶段都要努力培养新人，使之能适应充满进步、变化和改革的生活。

第四，大规模地调动和利用各种训练手段和信息，这种训练和信息超出了对教育的传统定义和组织形式上的限制。

---

① [法]保尔·朗格朗：《终身教育引论》，周南照、陈树清译，44页，北京，中国对外翻译出版公司，1985。
② 同上书，119页。
③ 同上书，142页。

第五，在各种形式的行动（技术的、政治的、工业的、商业的行动等）和教育的目标之间建立密切的联系。①

朗格朗认为，在以上这些原则的基础上，各个国家可以根据自己的条件建立适合自己国情的终身教育的模式。但是，建立终身教育的模式必须遵循这样一个原则：使教育成为生活的工具，成为使人成功地履行生活职责的工具。

从上述原则出发，朗格朗提出了改进学校教育、成人教育及扫盲教育的建议。

朗格朗从终身教育的角度出发，对传统的学校教育进行了尖锐批判。他认为，传统的学校教育内容严重地脱离社会生活，学校以书本作为传播学问的主要手段，教师具有至高无上的权威，这一切都极大地扼杀了学生的创造性。朗格朗认为，传统的学校教育极其强调考试和文凭，学校教育用考试作为手段，使儿童接受现成的知识，并在极狭窄的领域里去竞争，这样势必损害儿童情感、精神等方面的发展，缺乏对社会的适应能力。朗格朗还指出，传统的学校教育不承认真才实学及其独创性，将考试作为筛选和淘汰人才的工具，这样造成了许多考试失败者无法再获得教育机会，导致社会资源和人力投资的不合理消耗，而且这种考试制度使得学校课程改革和教学方法的改革及首创精神受到极大限制。

由于传统学校教育存在诸多的弊端，所以这种传统学校教育无法适应社会急剧发展的需要。因此，朗格朗主张，必须依据终身教育的思想对学校教育的教育内容和教学方法进行改革。他认为，在终身教育思想的指导下，学校教育必须使学生学会学习，学校教学的重点不能再放在刻板的内容上，而"必须着眼于理解的能力、吸收和分析的能力、把学得的知识加以条理化的能

---

① ［法］保尔·朗格朗：《终身教育引论》，周南照、陈树清译，65 页，北京，中国对外翻译出版公司，1985。

力、应付裕如地处理抽象与具体之间的关系和一般与特殊之间关系的能力、把知和行联系起来的能力以及协调专业训练和学识广博的能力"①。

朗格朗从教育是统一的、整体的这种终身教育的观点出发,强调学校教育的重要性。他指出,虽然"学校教育,与整个教育过程相比,将只占一个较短的时期",但是"学校教育将成为充分的完整的教育过程中相当重要的具有决定意义的序曲"。② 他认为,成人教育取得成功的关键在于,社会必须采取同样坚决的措施改进为儿童和青少年在普通教育阶段设计的课程内容及教学方法,否则成人教育难以取得成功。他指出,"只有当人们在儿童时期受到了良好而合理的教育,这种教育以实际生活的需要为基础,又为社会学、心理学、身心卫生的研究成果和数据所阐明,他们才可能有名副其实的终身教育"③,即儿童只有从幼年起就接受良好的教育,他才有可能不会停止学习和停止进行自我教育。可见,朗格朗非但没有轻视学校教育的作用,反而从终身教育的思想出发,更加强调了学校教育的重要性及对传统学校教育的弊端进行改革的必要性。

在论述学校教育时,朗格朗还对学校教育与成人教育之间的关系给予了充分的肯定。一方面,朗格朗认为,"如果没有精心安排的成人教育结构网,那么,就不可能对学校教育进行认真的改革,因为需要向学生提供百科全书性的知识"④;另一方面,他又认为,成人教育的成功很大程度上取决于青少年时期的教育。因此,朗格朗认为,必须改变学校教育的落后状况,学校教育"必须使每个人按照他自己的本性得到发展,而且这种发展应是他自己志趣、倾向和能力的一种作用,而不是让他按一种只适用于某种特定的对象即

① [法]保尔·朗格朗:《终身教育引论》,周南照、陈树清译,49 页,北京,中国对外翻译出版公司,1985。
② 同上书,128 页。
③ 同上书,16 页。
④ 同上书,75 页。

学得快而且对学校制度顺从的'天才学生'的既定模式来发展"①。他还主张，加强学校教育与社会生活的联系，教育的任务在于培养未来的成人承担生活的责任和义务，接受变革，适应社会习俗、道德观念的迅速变化。总之，朗格朗极其重视学校教育与成人教育之间的衔接与统一，并认为，"成人教育为最终决定一种不拘泥于传统形式的教育结构与方法提供了独特的实验室"②。

　　由于朗格朗早年一直从事成人教育工作，所以，他对成人教育的重要性有深刻的认识。他认为："对儿童和青少年的教育工作不管怎样重要和必要，它都只是一种准备，只是真正的教育过程的一种不完美的开端。这种教育只有在成人中进行时，才能体现它的全部意义和发挥它的全部潜能。"③可见，在他看来，成人教育对整个教育的贡献是具有决定意义的，是别的教育所无法代替的。可以说，朗格朗的终身教育思想的提出很大程度上归功于他的成人教育实践。在朗格朗看来，终身教育思想的产生固然是现代科技、人口发展及社会政治变革等诸多因素作用的必然结果，然而，从教育自身发展的特点来说，终身教育思想的产生也是在很大程度上与成人教育理论的发展密切相关的。他认为，正是由于人们在成人教育方面对教育"这一领域所进行的工作的性质、环境、进展以及遇到的障碍作了一系列的分析，才提出了终身教育的理论，而且在一定程度上发展了终身教育的实践"④。朗格朗还明确提出："成人教育在整个终身教育体制中是'火车头'。"⑤同时，朗格朗又指出，终身教育思想的提出又赋予成人教育以新的意义，并为它的发展提供了广阔的前景。他认为："如果人们一致同意教育过程必须持续地贯穿在人的一生之

---

① ［法］保尔·朗格朗：《终身教育引论》，周南照、陈树清译，71 页，北京，中国对外翻译出版公司，1985。

② 同上书，75 页。

③ 同上书，6 页。

④ 同上书，16 页。

⑤ 同上书，140 页。

中，那么，就不可能有理由认为某个年龄阶段是专门用于教育的。"①他指出，学习有一定年龄限制的观点是错误的，并坚信：人们在一生的任何阶段都可以接触和学习许多形式的智力、体力方面的知识技能。可见，他从终身教育的观念出发，积极肯定了成人学习、成人教育的可能性。

总之，在朗格朗看来，成人教育是终身教育的一个重要组成部分，终身教育的提出、发展和深化与成人教育的理论和实践的探索是分不开的。反过来，终身教育理论的提出与不断的深入人心，又使人们对成人教育的认识有了质的飞跃。因为在终身教育思想确立以前，人们往往简单地将成人教育看作学校教育的补充和附属品，是人们可有可无的业余活动，是社会的自发活动。终身教育理论的出现纠正了这种片面认识，它将成人教育视为继学校教育之后获得自我完善和发展的必要手段，并认为成人教育是整个教育体系不可分割的组成部分，它既是终身教育的一个重要组成部分，又是实现终身教育的基本条件。

因此，朗格朗主张，对于成人教育，政府应给予财政上的大力支持，同时，要制定必要的法令和管理措施，而且政府必须为成人提供各种教育服务机构，使他们得到必要的帮助。另外，朗格朗还强调指出："成人教育不能走以儿童为对象的传统教学法的道路。只有当负责成人教育的人经过了心理学、社会学、技术和教育的专门训练，认识了如何去适应成人的动机、吸收能力、发展需要，为成人设计的教育计划才能有效地得以实施并达到预定目标。"②

朗格朗不仅对学校教育和成人教育进行了分析和评价，而且他还从终身教育的角度出发，对扫盲教育进行了论述。他认为，在传统的扫盲运动中，只教成年文盲读、写、算的一些知识，而全然不顾他们生活的社会与经济环

---

① [法]保尔·朗格朗：《终身教育引论》，周南照、陈树清译，44页，北京，中国对外翻译出版公司，1985。

② 同上书，69页。

境，也不考虑他们已获得知识的效果和未来的用途，这种认为学习掌握读、写、算的技巧就能够把贫穷的、未受教育的人从无知、饥饿和疾病中解救出来的扫盲主义的信条是建立在荒谬的空想基础之上的，这就注定了扫盲教育很难取得实质性的成功。其实，"扫盲的目的并不是单纯使一个不识字的人能够识得几个字，而是要使他更好地同他的环境协调一致，更好地理解生活的真正意义，提高他个人的尊严，接近他认为有益的知识源泉，掌握他走向美好生活所需要的实际知识和技术"①。朗格朗对传统扫盲教育脱离社会和经济实际的批判是十分正确的。正是以往的扫盲教育中存在的这些致命的弱点才使多年以来世界各国，特别是一些发展中国家的扫盲运动举步维艰，收效甚微。

另外，朗格朗还从终身教育的角度出发，对教师的作用给予了重新的认识。他认为，在任何终身教育的体制中，教师作为知识传递者所发挥的作用在重要性和影响两方面都将消失，这是因为随着大众传播媒介的发展，教师的单纯传递知识的作用将减弱；但是，由于教师在培养学生的能力、个性和性格等方面发挥着积极的作用，所以，他作为教育者的作用将要加强。正因如此，朗格朗主张，为了使教师完成其任务，要立即开展对他们必不可少的最低程度的培训，以便消灭浪费并为终身教育打下基础。朗格朗还认为，鉴于教育涉及人格的许多方面，影响社会组织的众多成分，教育只靠从事教育工作的专职人员去做是不可想象的。所以，他主张教育是集体的事业，在某一时刻和某些条件下对教学和训练负有职责的任何人都是教育工作者。而且，他认为，实施终身教育从根本上讲是一种政治任务，要完成这项任务将涉及国家组织的所有部分。

总之，朗格朗的终身教育思想是极其丰富的，这一思想的提出和确立不

---

① 联合国教科文组织国际教育发展委员会编著：《学会生存——教育世界的今天和明天》，华东师范大学比较教育研究所译，65 页，北京，教育科学出版社，1996。

仅对当代教育改革和发展有着重要的理论价值和实践意义，甚至对整个社会的演进都有深远的影响。在某种意义上可以说，正是终身教育思想的巨大影响，推进了许多国家于20世纪六七十年代开始的教育改革和发展高潮。

第三节　终身教育理论的发展

终身教育理论自20世纪六七十年代确立后，经历了一个不断发展、丰富和完善的过程。其中，《学会生存——教育世界的今天和明天》《教育——财富蕴藏其中》以及有关学习化社会等著作的发表和概念的提出，对终身教育理论的发展产生了深远的影响。

一、《学会生存——教育世界的今天和明天》一书中的终身教育思想

《学会生存——教育世界的今天和明天》是继朗格朗的《终身教育引论》之后的又一部关于终身教育方面的力作。该书是国际教育发展委员会在一年多的时间内先后举行了6次会议，对23个国家进行了实地考察，充分引用了联合国教科文组织在多年的教育活动过程中所积累的经验，并研究了70多篇有关世界教育的形势和改革的论文后，于1972年完成的。该书在出版后的两年内相继被译成33种文字，在世界各国产生了广泛的影响。

在《学会生存——教育世界的今天和明天》中，以埃德加·富尔为主席的联合国教科文组织国际教育发展委员会从回顾教育发展的历程谈起，着重论述了当时世界教育面临的挑战与主要倾向，指出了关于教育革新的一些策略和途径以及最终走向学习化社会的道路，最后还论述了教育的国际合作问题。

《学会生存——教育世界的今天和明天》明确提出了科学的人文主义教育目的。埃德加·富尔在给联合国教科文组织总干事勒内·马厄的呈送报告中

指出,《学会生存——教育世界的今天和明天》一书的完成,主要基于四个设想。其中,第二个设想是,"对民主主义的信仰",即"一个人有实现他自己的潜力和享有创造他自己未来的权利"。第三个设想是,"人类发展的目的在于使人日臻完善;使他的人格丰富多彩,表达方式复杂多样;使他作为一个人,作为一个家庭和社会的成员,作为一个公民和生产者、技术发明者和有创造性的理想家,来承担各种不同的责任"。第四个设想是,"唯有全面的终身教育才能够培养完善的人……我们再也不能刻苦地一劳永逸地获取知识了,而需要终身学习如何去建立一个不断演进的知识体系——'学会生存'"。① 而勒内·马厄在给埃德加·富尔的复函中,对于埃德加·富尔所领导的国际教育发展委员会的工作给予了充分肯定,并强调指出:"教育应扩展到一个人的整个一生,教育不仅是大家都可以得到的,而且是每一个人生活的一部分,教育应把社会的发展和人的潜力的实现作为它的目的。"②该委员会认为:"科学训练和培养科学精神看来乃是当代任何教育体系的主要目的之一。"③教育还要培养创造性及承担社会义务的态度,教育要培养完人,"把一个人在体力、智力、情绪、伦理各方面的因素综合起来,使他成为一个完善的人,这就是对教育基本目的的一个广义的界说"④。"教育的目的在于使人成为他自己,'变成他自己'"⑤,这种科学的人文主义教育目的与朗格朗的培养"新人"的目标是一致的。

《学会生存——教育世界的今天和明天》除了提出科学的人文主义教育目的外,还对于成人教育的重要性以及成人教育与终身教育之间的必然联系给予了充分的肯定。该书明确指出,教育过程的正常顶点是成人教育,成人教

① 联合国教科文组织国际教育发展委员会编著:《学会生存——教育世界的今天和明天》,华东师范大学比较教育研究所译,卷首2页,北京,教育科学出版社,1996。
② 同上书,卷首5页。
③ 同上书,186页。
④ 同上书,195页。
⑤ 同上书,14页。

育之所以特别重要，是因为成人教育对于非成人教育的教育活动的成功，起着决定性的影响。而且还指出，"成人是否可能学习，这是实际应用终身教育这个概念的关键问题"①。总之，书中充分肯定了终身教育与成人教育间的内在联系。另外，对于传统的考试制度，《学会生存——教育世界的今天和明天》也进行了尖锐的批判。该书指出，呆板的、形式主义的和丧失个性的考试制度所产生的问题，"只有遵循终身教育的路线，把教育过程的结构进行彻底改造时，才能得到真正的解决"，也就是说，"当教育一旦成为一个连续不断的过程时，人们对于成功与失败的看法也就不同了。如果一个人在他一生的教育的过程中在一定年龄和一定阶段上失败了，他还会有别的机会。他再也不会终身被驱逐到失败的深渊中去了"。②

然而，《学会生存——教育世界的今天和明天》一书的价值不仅仅在于它对以上问题的阐述上，还在于它对终身教育做了进一步的论证和阐述。

为了推动教育的发展，《学会生存——教育世界的今天和明天》提出了21条革新教育的建议，分别涉及教育政策的指导原则、教育机构与教育手段、学前教育、普通教育、职业教育、高等教育、成人教育、扫盲、新技术的应用、教师的地位、师资培训、学习者在学校生活中的地位及学习者的责任等。

其中的第一条，也是最主要的一条建议是："把终身教育作为发达国家和发展中国家在今后若干年内制定教育政策的主导思想。"该委员会还对终身教育做了权威性的界定："终身这个概念包括教育的一切方面，包括其中的每一件事情。整体大于其部分的总和。世界上没有一个非终身的而又分割开来的'永恒'的教育部分。"并认为"终身教育并不是一个教育体系，而是建立一个体系的全面组织所根据的原则，而这个原则又是贯串在这个体系的每一部分

---

① 联合国教科文组织国际教育发展委员会编著：《学会生存——教育世界的今天和明天》，华东师范大学比较教育研究所译，154 页，北京，教育科学出版社，1996。

② 同上。

的发展过程之中的"①。

更可贵的是，《学会生存——教育世界的今天和明天》提出，"每一个人必须终身继续不断地学习"，并把终身教育确定为"学习化社会的基石"。② 可以说，"学习化社会"的概念尽管不是由《学会生存——教育世界的今天和明天》率先提出的（下文中对此有所论述），但是，这个概念的广泛传播却得益于此书。因此，仅仅从这一点而言，《学会生存——教育世界的今天和明天》对终身教育理论的发展做出了重要贡献。

另外，《学会生存——教育世界的今天和明天》又提出了"终身学习"的概念，使终身教育理论得到了更深层次的发展。一般来说，"终身教育"这个概念强调政府应建立各种教育机构，为学习者提供各种教育的机会和场所。该概念更强调政府在终身教育的实施和发展中的重要性，而对终身教育的主体——学习者却有所忽略。然而，学习是个体发挥积极性、主动性和创造性的过程，如果个体对终身学习没有需求，那终身教育的实施是根本不可能的。"终身学习"着重从学习者的角度出发，强调个人的持续学习的必要性和可能性。因而，"终身学习"这一概念的提出，弥补了"终身教育"的不充分性，使终身教育理论的内涵进一步得到充实和完善。

正是由于《学会生存——教育世界的今天和明天》一书的积极传播，20世纪70年代以后，"终身学习""终身教育""学习化社会"等诸多蕴含丰富思想的概念成为终身教育理论的重要组成部分，并在教育改革和教育实践中发挥着积极作用。因此，《学会生存——教育世界的今天和明天》在终身教育理论的发展历程中扮演了重要的角色，并起到了承上启下之作用。

---

①　联合国教科文组织国际教育发展委员会编著：《学会生存——教育世界的今天和明天》，华东师范大学比较教育研究所译，223页，北京，教育科学出版社，1996。

②　同上。

二、戴夫的终身教育20条原则

戴夫（R. H. Dave）是联合国教科文组织汉堡教育研究所的研究员，也是20世纪70年代活跃在终身教育理论界的一位学者。1975年，他根据各国刊载的终身教育文献中对终身教育思想的有关论述，把大家共同主张的终身教育理论概括成20条，在国际上引起了强烈的反响。这20条终身教育理论①如下。

①"终身教育"这个概念是以"生活""终身""教育"三个基本术语为基础的。这些术语的含义和对它们的解释基本上决定了终身教育的范围和含义。

②教育并非在正规学校教育结束时便告结束，它是一个终身的过程。

③终身教育不限于成人教育，它包括所有阶段的教育（学前、初等、中等及其他教育阶段）。

④终身教育既包括正规教育，也包括非正规教育。

⑤家庭在终身教育过程的初期起着决定性的作用。

⑥社会在终身教育体系中也起着重要作用，这种作用从儿童与之接触时就开始了。

⑦中小学、大学和培训中心之类的教育机构固然是重要的，但它们不过是终身教育机构的一种。它们不再享有教育的垄断权，也不再能够脱离其他社会教育机构而独立存在。

⑧终身教育从纵的方面寻求教育的连续性和一贯性。

⑨终身教育从横的方面寻求教育的整合。

⑩终身教育与英才教育相反，它具有普遍性，主张教育的民主化。

⑪终身教育的特征是：在学习的内容、手段、技术和时间方面，既有灵活性又有多样性。

---

① R. H. Dave, "Lifelong Education and School Curriculum," in R. Skager and R. H. Dave, *Curriculum Evaluation for Lifelong Education*, Hamburg, Pergamon Press, 1977, Appendix 2, pp.117-118.

⑫终身教育对教育进行了深入探讨，它促使人们能够适应新的变化，自行变更学习内容和学习技术。

⑬终身教育为受教育者提供各种可供选择的教育方式和方法。

⑭终身教育有两个领域，即普通教育与专业教育。这两者不是孤立的，而是互相联系、互相作用的。

⑮终身教育有助于提高个人或社会的适应能力和革新能力。

⑯终身教育发挥矫正的效能，克服现行教育制度的缺点。

⑰终身教育的最终目标是维持、改善生活的质量。

⑱实施终身教育的三个主要的前提条件是：提供适当的机会、增进学习动机、提高学习能力。

⑲终身教育是把所有教育加以组织化的一种原则。

⑳在付诸实施方面，终身教育提供一切教育的全部的体系。

可见，以上 20 条终身教育原则提纲挈领地对终身教育的含义，包括中小学、大学和培训中心在内的学校及家庭和社会在终身教育过程中的作用，终身教育的目标和意义以及实施终身教育的前提条件等方面进行了概括。由此也可以看出，终身教育思想在 20 世纪 70 年代中期已相当丰富了。

三、《教育——财富蕴藏其中》的终身教育思想

《教育——财富蕴藏其中》(*Learning：The Treasure Within*[①]) 堪称里程碑的教育文献，也是对终身教育颇有独到见解的一部著作。它是由雅克·德洛尔任主席的国际 21 世纪教育委员会经过 3 年的研究，于 1996 年向联合国教科文组织提交的报告。国际 21 世纪教育委员会的成员除了欧盟主席雅克·德洛尔外，其他 14 名代表来自世界各地，大多数是政治家、科学家、经济学家及社

---

① 无论是从翻译的角度，还是从该书所阐述的思想来看，译为《学习——财富蕴藏其中》会更准确一些。

会活动家，少数来自教育界。因此，《教育——财富蕴藏其中》与《学会生存——教育世界的今天和明天》不同，它是从更广阔的国际经济、政治、文化背景来论述教育问题的，而对教育的微观领域较少涉及。但是，该报告根据对未来教育面临的挑战的研究和思考，根据不同国家和不同地区的实际，从更广阔的视野提出了一些极有价值及可行性的教育革新建议和行动计划。

《教育——财富蕴藏其中》充分肯定了教育的地位和作用，并将德育放在突出的位置，对终身教育的认识也更理性化。

《教育——财富蕴藏其中》明确指出，"终身教育是进入21世纪的关键所在"①，并要求"把终身教育放在社会的中心位置上"②。该书对终身教育的内涵做了进一步的揭示，主张"把与生命有共同外延并已扩展到社会各个方面的这种连续性教育称为'终身教育'"③。书中还认为，终身教育固然要继续重视它使人适应工作和职业需要方面的作用，但是，这绝不意味着，人是参与生产过程的简单因素，即把人视为手段而不是目的。除了职业和工作需要外，终身教育还应该重视它在铸造人格、发展个性以及增强批评精神和行动能力方面的意义，即终身教育应"使人作为人而不是作为生产手段得到充分的发展"④。这一观点与前文所提到的朗格朗的和《学会生存——教育世界的今天和明天》一书中的有关论述是一脉相承的。

《教育——财富蕴藏其中》指出，下一个世纪的教育将承担双重任务：发展人的认识水平，掌握相应的知识和技能；标出判断事物的标准，使人不至于迷失方向。为此，教育必须围绕以下四种基本学习加以安排。

第一，学会认知（Learning to Know）。学会认知是为了掌握认识的手段，

---

① ［法］雅克·德洛尔等:《教育——财富蕴藏其中》，联合国教科文组织总部中文科译，90页，北京，教育科学出版社，1996。

② 同上书，8页。

③ 同上书，90页。

④ 同上书，68页。

学会学习，而不是获得经过分类的系统化知识。学会认知虽然不以掌握包罗万象的知识为目的，但也不排斥知识的学习。在学会学习方面，要学会运用注意力、记忆力和思维能力。

第二，学会做事（Learning to Do）。学会做事包括种种职业技能，但在信息社会里，学会做事的主要内涵是学会有效地应付变化不定的情况以及掌握参与创造未来的能力。

第三，学会共同生活（Learning to Live Together）。由于当今世界是一个充满暴力的世界，因此，尤其需要一种能使人们通过扩大对其他人及其文化和精神价值的认识，来避免冲突或以和平方式解决冲突的教育。学会共同生活首先是发现他人，其次为实现共同目标而努力。发现他人，使学生懂得人类的多样性，认识到所有人之间的相似性及相互依存性。认识他人的一个必要前提是认识自己，只有认识自己，才能真正设身处地去理解他人。所谓为实现共同目标而努力，指在做一项共同的项目时，增进相互之间的了解，从而消除分歧。即学会共同生活的"途径是本着尊重多元性、相互了解及平等价值观的精神，在开展共同项目和学习管理冲突的过程中，增进对他人的了解和对相互依存问题的认识"①。

第四，学会生存（Learning to Be）。国际 21 世纪教育委员会重申了《学会生存——教育世界的今天和明天》中提出的原则：发展的目的在于使人日臻完善；使他的人格丰富多彩，表达方式复杂多样……

总之，《教育——财富蕴藏其中》认为，"这四种学习将是每个人一生中的知识支柱"②，即终身教育是建立在这四个支柱的基础之上的。

另外，《教育——财富蕴藏其中》认为，"人人享受高质量的基础教育仍然

---

① ［法］雅克·德洛尔等：《教育——财富蕴藏其中》，联合国教科文组织总部中文科译，87 页，北京，教育科学出版社，1996。

② 同上书，75 页。

是 20 世纪末的重大挑战之一"。它指出，强调终身教育，并不意味着"为了校外教育或非正规教育的利益而忽视正规教育的重要性"。相反，"那些保证每个人能继续学习的技能和能力，正是在教育系统内培养出来的"①。而且还认为，"成功的基础教育能够激起继续学习的欲望"②。鉴于此，《教育——财富蕴藏其中》特别重视基础教育，并要求从该阶段起，"教育内容应培养学习兴趣、求知的欲望与乐趣以及不久以后接受终身教育的愿望与能力"③。

从以上论述可以看出，从 20 世纪 70 年代的《终身教育引论》到 90 年代的《教育——财富蕴藏其中》，人们对终身教育思想的认识也是一个不断丰富并日趋完善的渐进的发展过程。

四、学习化社会的提出及其含义

自 20 世纪六七十年代以来，在终身教育思想发展的同时，有关学习化社会的构想，也在同步发展之中。在《学会生存——教育世界的今天和明天》一书中，国际教育发展委员会就提出，将终身教育思想的实施同创建"学习化社会"结合起来，从而使终身教育思想向前推进了一步。

当然，学习化社会的出现不仅与终身教育或回归教育的提出相联系，而且，它与诸如后工业社会和信息化社会的有关思想的发展密切相关。早在 1968 年，美国教育家赫钦斯（R. M. Hutchins）就曾提出学习化社会的思想。虽然赫钦斯当时并未对学习化社会下定义，但他曾对学习化社会的概念提出一些观点。他以古希腊的雅典城为例，说明什么是学习化社会。他指出，当年雅典人努力创造一个社会，使其成员的最高能力均能获得最圆满的发展。教育在当时并不是一种片段的活动，也不是在一定的时间、一定的场所，以及

---

① ［法］雅克·德洛尔等：《教育——财富蕴藏其中》，联合国教科文组织总部中文科译，105 页，北京，教育科学出版社，1996。
② 同上书，90 页。
③ 同上书，11~12 页。

人生某个阶段才实施的一种活动；教育是整个社会的目的，整个雅典城市都在教育它的民众。①

那么，何谓学习化社会？英国经济和社会研究委员会（ESRC）将学习化社会定义为："学习化社会是这样一个社会：所有的公民可以获得高质量的普通教育和合适的职业培训；在获得一份相称的工作（或一系列工作）的同时，在其一生中继续参加教育和培训工作。学习化社会将优秀和公平结合起来，并且会为其所有的公民提供知识、理解力、技能方面的训练，从而促使国家经济的繁荣和更多方面的发展……学习化社会的公民通过继续教育和培训能够参与批判性对话和行动之中，提高整个社会的生活质量，并确保社会一体化和经济的成功。"②波什尔（R. Boshier）在谈论学习化社会时指出，学习化社会的基本观念是把学习当作"正常的和日常生活的事情"，而教育则被视为"所有公民的潜在人权"。③在他看来，学习化社会就是以学习者为中心的社会。

综括起来，学习化社会具有以下一些特性：未来性、理想性、综合性与发展性。

所谓未来性，是指学习化社会并不存在于当前任何一个社会中；世界上的任何一个先进国家，目前均未能达到学习化社会的状态。所以，学习化社会只是许多国家未来所追求的社会目标。

所谓理想性，是指学习化社会带有一种乌托邦的色彩，它期望人类社会能够成为一个人人都能终身学习，并能不断自我成长与圆满发展的社会。其理想性就在于，它将学习化社会设想为铲除学习障碍、实现教育机会的均等及促使人类潜能的充分发展的社会。

所谓综合性，是指学习化社会实际上融合了许多教育与学习的观念在内，

---

①　R. M. Hutchins, *The Learning Society*, New York, F. A. Praeger, 1968, pp.134-135.

②　M. Tight, "The Myth of the Learning Society," in *British Journal of Educational Studies*, Vol.43, No.3, 1995, p.296.

③　R. Boshier, *Towards a Learning Society*, Vancouver, Learning Press, 1980, p.1.

而且它的发展，必须建立在这些教育与学习的观念之上。

所谓发展性，是指学习化社会的发展是没有终点的，因为人类社会本身具有一种动态发展的特性，所以，只要人类社会存在一天，学习化社会就要发展一天。也就是说，所谓学习化社会，是指一个人人均能终身学习的理想社会，在这个社会中，学习者的基本权利能够获得保障，教育机会能够公平地提供，学习障碍能够合理地铲除，终身教育体系能够适当地建立。即学习化社会将是一个以终身教育体系为基础，为满足人们终身学习需求而创建的新社会。

由于学习化社会是一个未来的、理想的、发展的概念，所以，它的实现必须具有相当的发展条件，才有实践的可能性。许多人对学习化社会的存在与否或是否能够到来表示怀疑。不过，许多组织和国家正在行动，力图实现学习化社会。

学习化社会还只是个理想，迄今尚无一个社会已经发展成为学习化的社会。学习化社会的创建需要具备若干的条件。首先，从个人方面而言，学习化社会的创建必须始于终身学习者的培养。其次，在社会层次，组成社会的家庭、组织及社区都应学习化，通过学习化家庭、学习化组织及学习化社区的发展，创建学习化的社会。最后，就政治的层次而言，作为政府有责任建立终身教育体系，提供终身学习的环境与机会。不过，已经有为数不少的国家，将学习化社会视为教育改革及社会发展的目标。

但是，"终身教育、学习化社会的理念虽已被广泛用作制定政策的指导思想，然而，倘若它们依然在可能实现的范围之外，那么，它们的效度就十分有限了"①。已有迹象表明，尽管终身教育等思想观点仍在讨论和使用于一些文献中，但它们如今出现的频率已远远少于二三十年前了。

---

① M. Tight, *Key Concepts in Adult Education and Training*, London and New York, Routledge, 1996, p.51.

第四节 终身教育思想评述

一、对终身教育思想的批评和反思

终身教育思想自被联合国教科文组织正式提出以来，不断地得到国际组织和各国学者的积极响应。但是，并非所有的人都对终身教育拍手叫好，事实上，它也在不断地遭到批评。

对于终身教育的批评，原因是多方面的。这与早年人们对终身教育的期望过高，将之视为解决教育问题，甚至是社会问题的幻想不无关系。同时，这也与多年来实施终身教育过程中遇到诸多困难密切相关。也就是说，多年来众多学者的有关论述虽有对终身教育理论本身的一些反思，但主要针对的是其在实践中所具有的可操作程度等问题。因此，一方面，我们不能超越现实条件对终身教育提出不切合实际的要求，即将终身教育思想神化。我们应该认识到，终身教育思想不会带来教育领域的突发式革命，不会成为包治百病的万灵妙药，因为作为一种理论，在一定的历史条件下，它有其不可克服的局限性。另一方面，我们也绝不能因为终身教育思想在现有历史条件下不能得到充分实施而否定它，因为终身教育思想的全面实施必然要以成熟的、完善的主客观条件为基础。所以，如何行之有效地实施终身教育思想不仅是终身教育思想本身发展的迫切要求，也是使它进一步得到社会认同的必然要求。总之，作为一种思想，终身教育能在极短的时期内被世界各国政府所接受，并成为指导教育改革和发展的主要原则就已表明了它的理论价值，而且我们相信，终身教育思想必将会对未来的教育发展产生极大的影响。因而，如果说，终身教育思想是"乌托邦"，那它只是现在的"乌托邦"，而不是未来的"乌托邦"。

二、终身教育思想的理论价值和实践意义

近三四十年来，由于国际社会的积极倡导及各国教育工作者的一致努力，终身教育理论更趋完善，并已成为世界各国制定政治、经济、文化与教育的有关方针和政策的主要指导思想。这一思想的提出对当代人类社会的发展，特别是教育改革和发展有着重要的理论价值和实践意义。

终身教育思想的提出是当代教育理论的重大变革。终身教育思想是从当代社会变革对人类生存的挑战以及人类迎接挑战的需要出发，在充分吸收现代生理学、心理学、社会学、人类学、行为科学及语言学等众多学科最新研究成果的基础上提出的。它突破了传统教育的一般局限性，从更广阔的社会大背景对传统教育理论及其弊端进行了较为深刻的反思和批判，从一个全新的角度对教育做出了诠释，从而使教育理论产生了一次新的变革。

终身教育思想冲破了传统教育理论对教育的定义，扩大了人们对教育的研究视野。虽然以往的教育理论工作者将教育划分为广义的教育和狭义的教育两个层次，但在实际的研究中却往往将重点放在学校教育上，并且在人们的传统观念中也往往将教育等同于学校教育，以为学校教育就是教育，教育过程就意味着按计划使儿童在学校中接受文化知识的过程，学校教育的结束就意味着一个人一生所受教育的结束。这种狭隘的教育观不仅阻碍了个人、社会及教育的长足发展，而且极大地限制了人们的研究视野，使人们在急剧变革的现代社会中难以找到一个全面指导教育改革的根本思想，而只能对学校教育制度、目的、方法及内容等方面进行一些局部的改革。这些改革虽取得了一些成效，却不能从根本上应对当代社会发展对人类的生存和发展所提出的诸多挑战。而终身教育思想则认为，教育不能仅仅限于青少年期，而应该贯穿于人的一生；教育不应局限于学校，而应扩展到学校以外的社会各个层次和多个部门之中。也就是说，教育是无时不有、无处不在的人类自身不断完善的必要的活动。终身教育思想拓展和丰富了教育的内涵和外延，实现

了对传统教育的超越和变革。这一超越开阔了人们的研究视野，使人们意识到当代教育改革是一项全人类的系统工程，必须将某一具体教育问题置于这一大的系统中去考虑，否则仍然不能解决问题，最终无法适应社会发展的需要。

终身教育思想是推动当代教育改革的一个基本原则。它已贯穿于当代教育改革的各个层面。它的提出推动了教育实践的发展，对当代教育发展具有深远的影响。

首先，它打破了千百年来学校对教育的垄断，促进了各种教育形式的发展。终身教育在提倡改革现有学校教育的同时，把几乎所有形式的教育因素即家庭、社会、工作场所中的学习与教育看成一个整体、一个有机的大系统，在这个大系统中各种教育因素都是人类应付挑战所不可缺少的，都有自己的重要作用。人们认识到在当前社会中假如忽视其他教育因素，而仅仅孤立地在改善学校教育上下功夫，无论花费多大努力，也难以从根本上解决问题。正是在终身教育的影响下，家庭教育、社会教育受到世界各国政府和团体的高度重视并得到了长足发展，从而为更多的人提供他们所需要的学习和受教育的机会，提高人们迎接挑战的能力，为人类教育的改革和发展提供更加广阔的前景。

其次，终身教育推动了学校教育的改革。从某种意义上说，终身教育是针对传统学校教育的诸多弊端而提出的。但是，终身教育并不否定学校教育存在的必要性。不管过去、现在还是将来，学校教育作为整个教育体系中的主体与支柱的地位都绝不会改变。终身教育既不是传统学校教育的简单延伸、简单叠加、简单重复，也不排斥学校教育的存在与价值，而必须内在地包含并以青少年必须接受的学校教育为基础，是内容更加丰富、形式更加多样的一种教育。总之，终身教育主张对传统学校教育的弊端进行改革，使之与其他教育形式相适应，从而成为终身教育的大系统的一个有机组成部分。因此，终身教育同样是世界各国改革学校教育的基本指导原则。在这一原则的指导下，人们把学校教育的目标从单纯地传授知识转变到培养适应社会变革的各种能力，尤其是学习能力上。因为从终身教育的观点来看，学校教育仅仅是人们终身学习过程的一个较短的阶段，这一阶段应为人们走向社会做好准备，因此学校教育不仅应注意培养学生参与社会生活、发展自身的多种能力，而且还要注意养成个人终身学习的态度、动机和兴趣。同时，在终身教育的指导下，学校面向社会各阶层举办包括讲座在内的各种形式的教育，这不仅满足了社会各阶层人们日益增长的教育的需求，而且充分利用了学校的各种资源，从而在很大程度上弥补了社会教育资源的不足。

再次，由于终身教育的广泛影响，人们已不再满足于对学校教育进行局部的改革，而是着眼于学校如何更好地为社会服务，从整体上自觉纳入终身教育的大系统中，使教育内容更加丰富，形式更加灵活，方法更加适当。

最后，由于终身教育思想与实践的影响，世界许多国家的企业也投入大量的经费和人力对职工进行各种职业培训。

可见，终身教育思想对包括学校教育在内的各种教育的影响是全面而深刻的。

终身教育思想提出将教育贯穿于人的一生的各个阶段；主张教育的社会整体性，即打破家庭教育、学校教育、社会教育之间彼此隔离的状态，把人生各个阶段影响人的发展的各种因素有机地结合起来。这些思想已被世界许多国家的教育实践证明，是具有可行性的战略决策。事实表明，终身教育已不再是乌托邦式的幻想。《教育——财富蕴藏其中》也指出："终身教育不是一种遥远的理想，而是在以一系列强化这种教育需要的变革为标志的复杂教育环境中日趋形成的一种现实。"[①]但是，终身教育的全面展开和实现，必然以

---

① [法]雅克·德洛尔等：《教育——财富蕴藏其中》，联合国教科文组织总部中文科译，90页，北京，教育科学出版社，1996。

一系列社会的、教育的物质设施等客观条件的具备和国家政策决策人、教育工作者与广大民众的教育观念等主观因素的成熟为依托和基础。所以，尽管以终身教育为原则对学校教育、社会教育等方面进行的改革取得了一些成就，但这不足以表明，终身教育的思想已不折不扣地变成了现实，或者说终身教育已是解决一切教育问题，甚至社会问题的万灵药，而只能说，已取得的这些成就只是向终身教育的全面实现迈出了一小步。因此，我们既应该清楚地意识到，终身教育的实现必然是一个渐进的、漫长的过程，又要坚信终身教育的前景是极其光明的。

第十二章

欧美新教学思想

第二次世界大战以后,欧美教学思想的发展进入一个空前活跃的时期,各种新观点、新理论及其相关的新教学实验纷纷出现。本章简要介绍和分析这一时期欧美新教学思想的主要特点,以及洛扎诺夫的暗示教学法、瓦根舍因(Martin Wagenschein,1896—1988)的范例教学、凯勒(Fred S. Keller,1899—1996)的个别化教学以及班杜拉(A. Bandura,1925—2021)的社会学习的理论。它们都是第二次世界大战后世界教育改革在教学领域中的反映,也是这一时期的教育改革在教育思想领域取得的重要成果。

第一节　欧美新教学思想的时代背景和主要特征

一、欧美新教学思想的实践基础和理论前提

20世纪后期欧美一系列新的教学思想成果,主要是在20世纪60年代开始的教育改革中取得的。教育改革实践中的经验教训和指导思想上的变化,提供了新教学思想产生的实践基础和理论前提。

众所周知,20世纪60年代开始的教育改革,是在第二次世界大战后世界

政治、经济形势发生巨大变化和科学技术迅猛发展的背景下进行的。特别是科学技术和科技人才受到了空前的重视。各国政府在大幅度增加教育投资发展教育事业的同时，也在课程和教学方式上大力进行改革。但当时过快地加深教材的难度和分量，导致学生负担过重，严重地挫伤了学生的学习积极性和学习信心，也影响了学生的健康，甚至在学生中产生了强烈的抵触情绪；一些学科的前沿知识移入教材，但却由于过分强调了学科的结构性、系统性、理论性等，忽视了日常生产生活基本知识和基本能力的培养，教育与社区生活严重脱节；加上受教育机会因种族、性别和地区不同而形成的不平等现象日趋加重等原因，引起了社会舆论的抗议。因而，如何在课程内容实现更新的情况下，既能大大提高教学效率又能保证儿童轻松愉快、身心健康发展的问题就提到了教育工作者的面前，促使人们在教学方面加强理论研究和实践探索，推动了新教学思想的形成。

20世纪60年代开始的教育改革之所以出现上述问题，与当时流行的科学主义、人力资本理论以及方法论思想上的偏颇有关。

教育上的科学主义思潮随着工业革命兴起开始萌发，到19世纪，已经在教育实践中逐渐形成了一种占统治地位的、稳定的教学模式。它以具有独立形态的"学科"为基准组织教材，目的是教给学生系统的学科知识。在教育和教学的组织上，以工业化大生产模式为榜样，学校实行严格纪律下的集体教学，教学的核心组织是班级，主要的方法是读书。为了像工业生产那样提高教学的效率，各门知识按照不同年级的水平加以编排，相互接续，形成从低年级到高年级的教学"生产线"；同时也像一般的工业生产过程那样，以检测（考试、测验）来淘汰"不合格产品"，而最终以"产品合格证书"表明教育和教学的完成。在这样严格"科学化"的教育和教学中，纪律、分数、升留级、证书、学位等是重要的管理手段，儿童的自然天性和个性完全被排斥在教育和教学的过程之外。同时，这种教育和教学还助长了"学历主义（Credentialism）"

的流行——学历比其他因素更能决定一个人在社会上的地位。它的畸形发展，将学校变成了一个确定等级的"筛选"机构，它所引发的激烈的升学竞争，导致了对儿童身心的压抑和摧残，违背了教育的本来宗旨，扭曲了真正的教育。

人力资本理论则把教育行为视为一种为工业化发展服务的、经济上的投资活动。这一理论揭示了教育提高劳动生产率的功能，确认了教育对经济增长的意义，很快成为许多国家教育改革的重要指导思想。但它仅仅注意教育的经济作用，而对当时西方社会发生的一些重要政治问题（例如，漫长的越南战争引发的美国国内及世界性的反战情绪、和平运动高涨，种族和民族问题引起的愈演愈烈的斗争，20 世纪 70 年代的石油危机导致的大批青年失业，人权运动、妇女运动、青年运动的此起彼伏等）却束手无策。人力资本理论面临的问题实际上是 20 世纪 60 年代科学主义盛行、人文精神失落所造成的一种结果；而人力资本理论暴露出来的弱点，则说明了经济至上主义的局限性。结果，教育上的科学主义思潮受到了挑战，人文主义思潮则在此时抬头，成为新教学思想产生和发展的强大推动力量，众多包含人文主义因素的教育和教学思想逐渐兴盛起来。

人本主义在教育思想界的代表人物，在 20 世纪 60 年代有美国的奥尔波特和马斯洛，在 70 年代以后有德国的弗洛姆和美国的罗杰斯。人本主义教育思潮以人本主义心理学为理论基础，主张教育培养心理健康、富于创造性、能够"自我实现"的人。为此学校必须提供良好的环境和教学条件，营造促进学生学习和成长的心理氛围。罗杰斯批判以往的教育以教义为中心，或以知识、以教师、以课堂为中心等，认为它们几乎消融了人的自我意识，培养了只会按照别人的标准去感受、去思维、去行动的人。他进而提出了"以人为中心"的教育主张和"非指导性教学法"，从而对此前人本主义性质的教育和教学改革做出了概括并上升到一个新的理论高度。教育上的人文要求在 20 世纪 60 年代及其以后的教育改革中，在一定程度上纠正了过分强调科技因素的倾向，缓和了教育只培养"科技人""经济人"的弊端，受到了社会的广泛重视。

总之，20世纪后期随着科学技术的迅猛发展和生产力的迅速提高，人的知识基础和人文素质的高低在社会发展中的影响越来越大。为了解决人类知识总量迅速膨胀与人类个体掌握知识的数量、时间都极其有限的矛盾，同时为了解决学生科学知识的增加与智力、能力乃至思想品德的提高之间的矛盾，人们在教学领域中不断总结经验教训，不断探索和研究，从而获得了许多新的教学思想成果。

二、欧美新教学思想发展的主要特征

由于注重科学知识的学习与人文精神的培养相结合，在教学理论的创新中注意吸收了人本主义的思想要素，所以人文精神的凸显，成为这一时期欧美新教学思想的第一个特征。它具体表现在以下三个方面。

其一，提升学生在教学过程中的地位，视教学为双边过程。传统的教学理论主要论述教师的教学，只研究教师在教学过程中的活动，忽视对学生学习过程的研究；同时它只注重知识本身和教材的组织，不注意研究教育的对象。这一弊病虽然受到20世纪上半期进步教育运动（或新教育运动）的冲击，但是随着"二战"结束后科学主义的抬头，新传统主义的教学理论仍然没有将学生放到应有的教学地位上，如何提高学生的学习积极性和主动性问题仍然没有解决。"二战"后欧美的新教学理论从学生心理发展和人格维护的角度，论证了教师传递知识与学生获取知识相结合、相统一的必要性；强调了教学过程中学生自身的重要地位和作用，并从学生是学习的主体这一角度出发，加大了对学生学习方法的研究力度，表现出既讲求改进教师的教法，又注意指导学生改进学法的特征。

其二，着力培养学生的学习能力，突出教学的可发展性。新教学理论不仅维护学生的人格和心理在教学过程中的地位，而且尤其注重培养学生"学会学习"，提高独立钻研能力，为学生离开教师以后能够继续自我发展打下可靠的基础。这也是第二次世界大战后欧美新教学理论的特点之一。除了布鲁纳的"发现教学"、布鲁姆的"掌握学习教学法"等之外，还有其他如沙塔洛夫"纲要信号法"、瓦根舍因的"范例教学法"等，所有这些教学思想都无一例外地把发展学生的智力和培养学生的能力放在重要的位置上，把培养学生独立获取知识和运用知识的兴趣、能力、意志和习惯作为教学论研究的重要内容，要求在教学中贯穿对学生的启发和探索精神，并以指导学生学会如何学习作为重要的指导思想。新教学思想将这种要求看成教育青年适应未来社会的重要对策之一。

其三，注意学生非智力因素的养成和利用，重视教学过程中的情感因素。新教学思想的一个共同点，就是非常注重激发学生轻松愉快的情绪体验，培养学习兴趣，进而形成良好的学习习惯和正确的学习态度，更好地掌握知识、发展能力。在众多新教学理论中，最为重视学生的情感表现在教学过程中的作用，并着意加以运用的，当属洛扎诺夫的"暗示教学法"。洛扎诺夫的"暗示教学法"的基本思想就是让学生在没有任何精神压力的轻松愉快的气氛中学习，强调情绪的最大限度的放松。它充分利用情感在教学过程中的积极作用，在不使学生感到任何紧张的条件下，大幅度提高教学效率。

新教学理论之所以注重情感及学生的其他心理活动在教学中的作用，同此前十几年中生理学、心理学的研究取得长足进展有很大的关系。心理学的研究表明，人类的学习与情感活动密不可分，倘若在认识过程中带有消极的情绪，就会抑制认识活动的进行，使反应变得迟钝，智力活动受阻。这些研究成果使人们强烈关注情感因素在教学过程中所起的作用，从而开始考虑如何把知识的掌握、智力的开发、非认知因素的优化等方面不可分割地统一到教学过程中，使它们相互促进。为此，新教学理论都十分强调设置良好的环境和积极的正面引导，以便用良好的感情体验带动智力的良好发挥，提高教学效率；同时，也注意将学习结果及时反馈给学生，以达到及时强化的目的。凡此都表明教学理论的发展已经进一步建立在对人自身的科学研究成果之上了。

从以上几点可以看出，尊重学生在教学中应有的地位，重视可发展性，重视个性心理特征及其发展要求等，是新教学思想中人本主义的重要体现。这种教学理论中的人本主义，并不排斥对学生的知识教育和道德要求，相反，它期望更有利于这些要求的实现而又不局限于这些要求，期望促进未来的教育和教学更好地把科技的要求和人文的（包括道德的）要求结合起来，促使教学改革沿着合理的方向前进。

第二次世界大战后欧美新教学理论的第二个方面的特征，是它对传统教学思想的借鉴、吸收和综合。具体表现在以下两个方面。

其一，新教学理论注意吸收传统教学思想中的合理部分，在方式方法上更为重视多种优化组合，达到教学的综合性效果。系统论告诉我们，世界上各种事物或过程，并不是杂乱无章地堆砌在一起的，而是分属于大小不同的系统，这些系统又是按一定的规律有机地联系在一起、结合在一起的。特别值得注意的是，这样由各个部分（子系统）组成的有机整体的功能已经超过了组成它的各部分功能相加之和，这个整体已经变成了一个具有新质的系统。新教学理论运用系统论的这些新观点于教学的研究之中，注意有机地综合与教学相关的各种观点、方法，使其发挥单个因素所不能发挥的整体功能。以"暗示教学法"为例，它主张在教学中运用教师的朗读和讲授，学生听讲以及练习，同时还倾听美妙动听的音乐、做各种轻松愉快的游戏等多方面的手段。表面上看，它较之传统的教学方法并没有多少不同，然而它却能够取得比传统方法更好的教学效果。原因就在于对它们进行了符合教学规律的科学组合，发挥了各种教学手段有机综合后的整体功能。这种体现教学整体性、综合性的特点，是众多新教学思想发展的共同趋势。

其二，新教学理论糅合看似对立的一些教学观念，更为科学地分析了一些教学思想中的重要问题，加大了理论深度。过去的一些教学理论，由于研究者的思想方法不同、研究问题的角度不同等，在一些教学问题上产生了不同的见解乃至完全相反的意见。新教学理论则体现出将一些重要观念进行糅合的综合化趋势。例如，德国的范例教学法除了主张教学与教育的统一、学生与教材的统一等之外，发展到后来，克拉夫基(Wolfgang Klafki, 1927—2016)将"形式教育"和"实质教育"的观点加以融合并上升为"范畴教学理论"，还进一步具体化为"教学论分析"的方法。其他如教学必须适应社会要求抑或必须适应学生心理的问题、教学的统一计划与多样选择的问题、发现学习与接受学习的问题、集体教学与个别教学的问题等，在许多新教学思潮的理论中都有兼顾、糅合、统一的趋势。

除了上述两大方面的特点以外，一些新教学理论还在研究的方法论和具体的研究方法方面具有趋同的倾向。例如，在方法论方面，现代的控制论、系统论、信息论的一些基本原理(如反馈原理等)都成为各派教学理论研究的共同指导思想；在具体的研究方法方面，各派代表人物都越来越多地注意教学实验和教学调查；新的科学手段特别是"信息高速公路"的出现，使得利用电脑、利用互联网等现代化手段搜集观点、储存和分析资料等成为可能。可以肯定，这些也是21世纪教学论研究方法的大趋势。

新教学理论的上述特征和发展趋势的出现，是世界科学技术突飞猛进、生产力高度发展、人类的自我意识不断增强的反映，是社会发展追求高效而大量地培养知识人才，又追求学生身心的健康发展的要求所致。新教学理论既着眼于发挥学生的主体作用、教会学生学习，又借鉴、继承和完善历史上形成的各种"教"的理论，较之过去的教学思想更加完善。当然我们也必须以辩证唯物主义的科学态度来认识和分析它们，以使它们更好地为进一步的教学改革提供有益的指导。

第二节　洛扎诺夫的暗示教学法

"暗示教学法"又称"启发式外语教学法""洛扎诺夫教学法"等。其创始人乔治·洛扎诺夫原是保加利亚研究精神病治疗的心理学家、心理学博士。

暗示教学法具有强烈的时代针对性和批判性。洛扎诺夫曾经指出："在科学和技术发展迅速的今天，文化、政治和经济的关系也在国与国之间不断地增长，人类于是在消化有用而且必需的信息上遇到异常的困难。克服语言障碍，加速消化科学和技术成就，这是传统和现代的教学法都找不出解决办法的问题。因而要求有一条通向教和学的新途径，否则，我们的这个世界就迎合不了今天和明天的需要。"①

他还认为，传统教学只注重理性的、逻辑的、有意识的心理活动，忽视无意识心理活动和情感等在学习中的作用，因而极不符合人的心理活动规律。传统教学在教学内容上只重视现有课本上的知识内容，在教学方法上只注重用灌输的方法迫使学生学习，造成了学生长时间的心理紧张，使学生产生厌学心理，将学习变成了沉重的精神负担。凡此，既不符合人类的心理特点，也不能适应现代"知识爆炸"的大势，必须加以改革。洛扎诺夫的暗示教学法就是从对人类的心理活动的研究出发而产生的新的教学思想。它注重采用各种暗示手段，激发学生的心理潜力，达到提高学习效率、加速学习进程、促进自我发展的目的。

一、暗示教学法的理论基础

洛扎诺夫的暗示教学法是在他的心理暗示理论和无意识理论的基础上提

---

① Georgi Lozanov, *Suggestology and Outlines of Suggestopedy*, New York, Gordon and Breach, 1980, p.6.

出来的，而无意识心理活动的理论又是其暗示理论的基本前提。

（一）无意识心理活动

所谓无意识心理活动与人类的其他心理活动一样，都是一种心理现象。洛扎诺夫说："每一思想、感情、知觉等心理活动，其中除有一个清晰而居中心的经验总和外，总有一个居于背景的、模糊而外围着的经验系列与之平行着。"①例如，就"注意"这一心理活动而言，听话的一方注意力集中于说话者所说的内容，是有意注意，是"注意"这一心理活动的中心；但同时他也在无意识地注意着说话者的表情和态度，但它只处于注意中心的外围，是模糊地感受着的，是前者的陪衬。又如，同样一件事情，发生在这个人身上会使你立即产生同情的感情，而发生在另一个人身上会使你立即产生厌恶的感觉，这些心理感觉往往都是很快地不假思索地发生的，是不自觉地和无意识地产生的，是无意识心理活动的结果。实际上，无意识活动也是现实世界在人脑中的一种反映。

洛扎诺夫认为一切意识都建立在无意识的组合上，一切意识活动都是以无意识活动为基础的。原因在于，居于意识中心的有意识心理活动总是和居于中心外围的无意识心理活动同时出现的，它们之间始终存在着中心和外围的"两重水平"的交流。当处于中心的有意识活动发生偏移的时候，处于外围的无意识活动往往就会进入中心位置，成为有意识的东西。所以，无意识的心理活动往往就是有意识活动的一种准备，影响着有意识活动的形成和质量。洛扎诺夫认为，人类的学习活动依靠大脑两个半球的协调活动，依靠理智活动和感情活动的统一，依靠大脑中始终交织地进行的有意识和无意识心理活动的统一，只有当这两种心理活动达到高度和谐的时候，人的思维活动才会产生最好的效果。

---

① 转引自吴文侃主编：《当代国外教学论流派》，400 页，福州，福建教育出版社，1990。

(二)暗示理论

鉴于无意识心理活动在人的认识过程中的重要性,以及传统教学对无意识心理活动的忽视,洛扎诺夫认为教学过程中必须把充分调动学生的无意识心理活动作为最重要的任务,最大限度地挖掘学生的认识潜力。而要有效地调动和利用无意识心理活动,最好的方法就是使用心理暗示。洛扎诺夫以现代生理学和心理学为基础,首先研究了暗示理论,并于1971年正式提出了"暗示学"的思想。

所谓暗示,是指在非对抗态度的条件下,用非直接的、含蓄的或对方不能明显感觉到的方式和方法,对人的心理和行为施加影响。活动中的每个人都在一定程度上受到周围事物或他人的各种暗示,从而在思想上或行为上按所暗示的情况有所表现。例如,接受一定的看法或信念,按一定的方式行动等。所以人是可接受暗示的生物。而人的这种可接受暗示的特性,是建立在无意识心理活动积极性之上的。或者说,暗示是通过各种无意识心理活动而产生相应的结果的。暗示对于心理的影响的主要特点,是它较之语言的、逻辑性的教导对心理的影响更为直接,更为自动,常常是在不知不觉中发生作用。

洛扎诺夫认为,暗示机制既存在于人和物之间,也存在于人和人之间,是在不知不觉中或者意识并不太强的情况下发生的。我们的心理就是由这些暗示的刺激而进行活动的。所以,洛扎诺夫认为,人的这种可暗示性"是人类个体之中一种普遍的品质,由于它,才使人和环境间的无意识关系发生作用"[1]。当然,各种暗示所发挥的作用也可能相互抑制、相互抵消。但不论如何,环境对人的暗示作用无处不在,因此也必然存在于任何教学过程之中,于是教师就可以通过暗示的方法,调动学生的无意识心理活动并与有意的心

---

[1]　转引自吴文侃主编:《当代国外教学论流派》,396~397页,福州,福建教育出版社,1990。

理活动相配合，提高教学效率。

暗示学虽然是以研究无意识心理为主的，但并不是说有意识的、理性的心理活动就可以完全不加考虑。实际上，有意识与无意识是不可分割的整体，它们总是互相伴随、互相影响、互相转化的。暗示学要研究的内容包括如何协调好它们之间的关系，使它们相互促进。

洛扎诺夫的暗示学理论还认为，人的心理能力和生理能力虽然是人类普遍具有的能力，但是这些能力中的大多数仍然未被很好地开发和使用，无意识心理能力就是这种未被充分使用的潜在能力之一。因此，人类仍然具有巨大的生理潜力和心理潜力，可以而且应当不断进行这种潜力的开发。如何运用各种暗示手段，则是充分调动人的无意识心理活动、发挥人的各种潜在能力的关键。

洛扎诺夫的暗示教学法就是主张改革教学环境，力图通过暗示的方法，激发和利用无意识心理活动，建立学生的无意识心理倾向，并将各种无意识组合起来，使无意识与有意识达到高度的协调，并使之充分发挥整体功能，以此最大限度地开发学生的心理潜力，提高教学质量。

二、暗示教学法及其教学原则

洛扎诺夫认为，要想通过各种暗示手段，在课堂上充分调动学生的无意识心理活动，则必须遵循三条主要的原则。

(一)愉快而不紧张的原则

这个原则就是要使学生在学习的过程中自始至终感受不到任何外部的精神压力，保持积极愉快的情绪，避免出现对于学习的枯燥无味的感觉和消极对待的态度。因为不愉快的事情往往在无意识中就为知觉所抵制，总不如被他认为愉快的事记忆得更迅速、牢靠。这实际上是十分明显的事实，但人们往往视而不见，将学习一概看成极为严肃的艰苦过程，甚至认为营造轻松的气氛不利于学习，而有意加重紧张的气氛，从而抑制了无意识心理活动的积极作用，影响了学习效率的提高。

（二）有意识和无意识统一的原则

洛扎诺夫认为，只有当有意识和无意识得到和谐统一的时候，学生的个性特征、记忆力、理解力、想象力等才能得到充分的发挥。暗示教学法要求正视各种无意识心理活动的存在，并要求教师在教学过程中把学生看成同时具有有意识和无意识心理活动的整体，看成既有理性又有情感活动的个性整体，充分而巧妙地利用各种暗示的方法，发挥学生大脑左右两半球的功能，利用无意识心理活动和情感在学习中的积极作用，促进学生积极主动地学习。

（三）暗示相互作用的原则

暗示的相互作用，是指建立教师与学生之间相互信任、相互尊重的和谐关系，以利于学生的暗示可接受性与教师的暗示主动性二者之间的相互交流与配合，利于各种暗示手段、方式、作用和结果的相互协调配合，利于暗示和引导学生的情感及其他无意识心理活动，并使之与有意识的活动趋于一致，从而使学生更好地接受知识，提高教学成绩。

洛扎诺夫认为，以上三条基本原则是有机地联系在一起的，不可分割。它们既适用于成人的暗示教学，也适用于儿童的暗示教学；既适用于外语教学，也适用于其他学科的教学。它们将使得教学过程成为一个始终轻松愉快的过程。

三、暗示教学法的基本途径和具体方法

洛扎诺夫的暗示教学法主要通过三条基本途径来实现其预期效果。

①心理的途径，就是从学生的个性出发，建立诱发学生心理潜在能力的外部环境，消除学生的任何紧张心理，激发学生的学习动机。这就要求教师遵循心理学理论的指导并接受相应的实践训练；充分认识无意识心理活动在

学习过程中的重要性；同时在教材、教学组织和设备等方面，也要依据心理学进行相应的改变。

②教育的途径，就是用跨学科的观点来修改和重组教学内容，同时善于借用愉快的氛围、变化的情境、快速的节奏进行高效率的教学。

③艺术的途径，就是通过各种艺术形式及手段与教学内容的有机结合，创造轻松适宜的学习气氛，增强暗示的效果。艺术的途径不是仅仅为了放松情绪，也起着对态度、动机等方面的暗示作用，还可以促进学生对教学内容的理解和记忆。之所以有这样的效用，是因为艺术是直接诉诸直觉和感情的，是接受外界影响和暗示的最广泛而快捷的途径。

在上述三条途径中，具体的暗示方法主要有以下几种。

①环境暗示。就是正确地设置教学的外部环境，以此排除因环境造成的情绪和肌肉紧张，对学生产生一种愉快轻松的心理暗示，形成一种"假消极状态"，诱发学生潜在学习能力的发挥。洛扎诺夫主持的暗示学研究所曾设置了一间环境十分雅致的教室，好像宽敞的休息室一样。优雅的环境给学生一种轻松的暗示，有利于学生的身心健康，有利于注意力的集中、记忆力的增强、学习效率的提高。

②权威暗示。就是利用人们对各类权威(人物、事物、机构等)的崇信心理，使学生获得对某教学内容的重要意义的暗示，引起学生的重视和高度注意，从而产生较好的学习效果。洛扎诺夫主持的暗示学研究所曾经将水平相近的若干学生分成两组，让他们朗读同一首诗。对实验组，在朗读前告诉他们这首诗是保加利亚著名诗人写的，从而形成一种权威暗示；对另一组，不告诉他们这首诗是谁写的。两组学生朗读后，让他们立即默写，结果实验组的记忆成功率是56.6%，后一组仅为30%。可见，利用权威而实现的暗示力有增加学习者注意力和加强记忆力的作用。

③声音暗示以及各种综合艺术暗示。就是把教学内容的基本原理和规则

与音乐、戏剧、舞蹈乃至电影等综合艺术形式联系起来，使学生产生丰富的想象和联想，从而产生良好的教学效果。例如，在洛扎诺夫主持的英语学习班上，教师在介绍完课文后，就宣布音乐会开始。通过音乐，课文内容以各种方式不断重现，学生在没有疲劳感觉的情况下高效率地获得知识。

此外，暗示教学法还要求教师具有极其诚恳的态度，并保持这种态度与教材、课堂环境、教学过程的组织等方面的高度和谐；教师还要注意自己说话的语调，并使教材的介绍和整个教学过程具有明显而较快的节奏；等等。

根据暗示教学法的上述原则和方法，洛扎诺夫等研究者还在一些具体学科的教学中设计和实践了适应不同学科的教学方式和步骤，进一步检验和丰富了暗示教学法的理论。例如，1965 年在一个"一天教 1000 个外语单词"的实验中，取得了高达 98.08% 的成功率。第二年又在 16 所实验学校的 5000 多名学生中进行了教学实验，再次获得极大的成功。暗示教学从此受到心理学家、教育学和教学法专家的一致好评，在教育学和心理学界产生了较大的影响。

此后，暗示教学法开始成为教学改革的重要方法在保加利亚推广开来，并逐步传播到东欧各国以及苏联、欧美各国和亚洲的日本，许多国家还成立了研究机构，出版了有关的杂志。1971 年，第一次国际暗示法研讨会在保加利亚的利亚瓦尔召开，洛扎诺夫发表了著名的《暗示学》，他的研究所也正式定名为"暗示学研究所"。1976 年，全世界实验过暗示教学法的城市已有 21 个。1977 年参加在美国洛杉矶举行的暗示法学术会议的各国代表竟然有 1000 多人。20 世纪 80 年代，我国上海、吉林、山东、江苏等地也有人开始在英语、语文、数学等学科中对成人或在校学生进行暗示教学法的实验教学。因为这种教学要求有较高素质的教师、较为宽松的学校环境和较好的物质条件，所以普遍的推广并不十分容易。

第三节 瓦根舍因和德国的范例教学理论

德国的"范例教学论"是与美国布鲁纳的"结构课程论"以及苏联赞科夫的"新教学体系"齐名的"二战"后世界三大现代教学论流派之一，其主要代表人物是瓦根舍因和克拉夫基。

瓦根舍因于1950年提出了在物理和数学教学中进行"范例教学"的思想。1956年以后，瓦根舍因任当时的德意志联邦共和国图宾根大学教授，进一步积极从事"范例教学"的理论研究和实践，成为德国著名的物理和数学学科教学论专家、范例教学论的主要代表人物。其主要著作有：《范例教学原理》（1950年、1951年）、《物理课程的教育之维》（1962年）、《理解学习》（1968年）等。

德国范例教学论的另一名代表人物是马尔堡大学教育学教授、原德意志联邦共和国教育协会主席团主席克拉夫基。他于20世纪80年代对范例教学的重新论述，进一步延续和扩大了范例教学思想的影响，丰富和发展了范例教学理论。其主要著作有：《基本的教育学问题与范畴教育理论》（1959年）、《教学论分析》（1961年）、《教育理论与教学论研究》（1963年）、《批判-设计教育科学观》（1975年）、《教育理论与教学论新研究》（1985年）等。

一、"范例教学论"的提出

第二次世界大战结束以后，战败的西德为了迅速恢复战争的创伤，培养建设人才，亟须发展教育事业，迅速提高教育质量。当时振兴教育的主要措施是增加课时，扩充教学内容，增加课程门类等；加之传统的影响，教师的教学讲求学术的系统和全面。结果，学生课业负担太重，严重地破坏了他们的学习积极性和主动性，教学质量不断下降，成为西德教育界普遍关注的重要问题。

1951 年秋天的图宾根会议，主要就是为解决上述教育质量问题而召开的。大会通过的《图宾根决议》，则在批评和分析了当时教育中存在的弊端之后，提出了一揽子提高教育质量的建议，同时也提出了范例教学的思想："精神世界的本源现象是可以通过个别由学生真正理解的事实例子来加以说明的。"①

《图宾根决议》在德国产生了很大的影响。会议之后，许多教育界人士发表了大量的论文和专门性著作，瓦根舍因也将自己在物理和数学教学中所进行的"范例教学"经验上升到理论的高度进行探讨，并将这一研究逐渐扩大到其他课程的教学过程中。克拉夫基也对"范例教学"进行了理论阐述。通过众多教育家的共同研究和努力，"范例教学"的理论体系轮廓逐渐清晰，并发展成为独立的教学论流派，成为当时西德教育改革的重要依据之一，其影响也由国内扩大到国外。

范例教学的思想的出现也具有一定的教育思想史和教育实践史基础。正如克拉夫基所指出的：范例性的原则早就是古希腊、古罗马教育的选择原则了。"在近代哲学和教育学范围内，诸如夸美纽斯、克里斯蒂安·沃尔夫、康德和胡塞尔都曾提出过有关范例作用的理论。"②此外，20 世纪的 20 年代和 30 年代，德国的施普兰格、韦尼格、李特等人就已经提出了用"范例教学"代替那种按完整体系进行教学的设想；图宾根会议前，瓦根舍因等人也发表了关于范例教学的有关研究论文。这些研究，为图宾根会议以后范例教学论的研究、成型和传播做出了重要的理论准备。

任何新的教育思想的提出，不仅有继承历史的一面，而且也总是伴随着对当时流行的教育理论的批判。范例教学也是如此。瓦根舍因认为，历来教

---

① 《图宾根决议》，转引自李其龙编著：《德国教学论流派》，5 页，西安，陕西人民教育出版社，1993。

② ［德］克拉夫基：《范例教学》，转引自李其龙编著：《德国教学论流派》，183 页，西安，陕西人民教育出版社，1993。

育的弊病就在于只注重知识的系统性而忽视教育对象的存在，忽视了教学过程对于发展中的儿童所具有的意义。这种"系统教学过程"一味强调教学的"完美性"，为达到教材的系统性而不断增加教学内容，使得教师和学生在众多的教材内容面前只能匆匆而过，学生的头脑被充塞了一大堆学得不深不透的材料，智力活动被阻塞；同时也必然要加重学生的负担，造成学生厌学，教育质量降低。

"范例教学"与上述"系统教学"有着重要的区别。按照瓦根舍因等人的论述，我们可以将这种区别归纳为以下四个方面。

①精简教材，"把教材限制在'本质'方面"①。

②对教材中的重点进行深入的教学，全力以赴地教学有限的课程内容。这些重点内容被瓦根舍因称为知识"平台"，也就是范例。

③范例教学谋求在个别中了解整体，即在加强范例(或平台)部分的教学时，某些枝节也适当观照，避免学生在对知识的认识上失去系统性和连续性。

④培养学习者从基本的知识出发，进一步独立学习其他知识的能力和智力，并陶冶学生的情操。用瓦根舍因自己的话来说，范例教学"应当是一种具有教养性的教学"②。克拉夫基也认为，范例教学应当是一种主动的、发生的以及再构-发现的学习。总之，范例教学强调教学的教育性和教学的"可发展性"，使学生能够不断自我提高各个方面的能力。这实际上也是范例教学的目标。

二、范例的基本性质和选取原则

通过选取适当的范例来进行教学，范例的选择就成了教学成功的关键。

---

① ［德］瓦根舍因:《范例教学的概念》，转引自李其龙编著:《德国教学论流派》，147 页，西安，陕西人民教育出版社，1993。

② 同上书，159 页。

从瓦根舍因的论述来看，范例至少必须具有两个方面的基本性质。

①对于学科知识整体来说，范例不是孤立的知识重点，而是能够反映整体的、相互联系的重要知识。

②对于教育的对象来说，范例必须具有渗透性、启发性。范例不应是脱离学生实际而仅仅从学科知识中提取的知识点，它应当能够激发学生的学习兴趣、主动性、注意力等整个精神世界。

根据这样的要求，瓦根舍因通过对物理等具体学科的分析，提出了选取"范例"时所必须注意的问题，提出了范例教学的一些基本原则。

必须注意的问题之一是，范例的选取不能有一种普遍适用的基本模式，它必须取决于教师个人对它的深入理解和大胆尝试，取决于教师对教材和学生的深刻了解，要求师生共同进行较有把握的探讨。

另一个必须注意的问题是初始范例的选择。瓦根舍因称之为"上车"。他认为，"上车"并不意味着一定要从容易的地方开始，然后再步步加深，而是要从一开始就探讨一个能激发儿童自发性的问题，从学生有兴趣的实际现象和问题开始，进入基本知识的学习。这样，学习的活动就像进行原始的研究，激发学生从自己感到奇异的现象中索取知识。

瓦根舍因在对物理、数学、历史等学科的具体论述中，提出了选择范例、实现范例教学的基本原则。

①基本性和迁移性。基本性就是要求范例教学要选择某门学科中的基本知识，包括基本概念、基本原理、基本规则和基本规律等来进行教学，使学生通过这些基本性内容的学习，掌握学科知识的基本结构，从而举一反三（迁移）地学会相关的其他知识。

②基础性和教养性。基础性是指选择的范例对于受教育者来说应该适应他们的实际发展水平和知识基础，成为促进他们的整体全面进步（包括精神世界的提高）的基础。教养性要求注意教育对象的经验、思维乃至整个精神世

界，它是基本性之上的更深的一个层次。

③范例性。所选取的"范例"，使教学内容之间，以及内容与方法之间产生有机的联系，并使学科的内容结构与学生的思维结构二者适应和统一起来，成为沟通学生主观世界与客观世界的桥梁。它是基本性、基础性、迁移性、教养性等方面要求的综合体现。

上述基本性和基础性是范例教学的实质，从而也是选取范例的基本要求。通过对范例的学习，学生可以举一反三地理解许多基本性和基础性的东西，并揭示事物或思想之间的联系，实现学习的迁移和对知识的应用，并得到精神的陶冶，从而获得进一步学习和成长的基础和动力。

三、范例教学的推广和教学组织方式

为了探索和推广范例教学，以及在实际教学中真正有效地开展范例教学，瓦根舍因还提出了研究和实施范例教学的一些具体设想，以及具体的教学组织方式等问题。

(一)创办实验学校

瓦根舍因将"范例教学"这种新的教学方式比作一艘"充满希望但没有建造好的船"，不能匆忙下水，"它的建造计划只能通过在教学实践的海洋中获得许多试航经验来加以说明。——这就产生了创办实验学校的任务"。① 在具体的创办实验学校的过程中，他要求给予有关公立和私立学校在教学计划上、教学方法上、考试形式上和挑选教师的工作上提供实验的自由。

(二)给教师以自由

瓦根舍因认为，范例教学是一种创造性工作，实施范例教学的首要条件是得到教师的理解。因为范例教学作为一个新的教学途径，它需要教师的勇

---

① [德]瓦根舍因:《范例教学的概念》，转引自李其龙编著:《德国教学论流派》，144页，西安，陕西人民教育出版社，1993。

气，不怕失败；它无从模仿，需要的是自愿和着迷；它还需要善于组织，师生共同探讨。那么，怎样才能培养和获得进行范例教学的教师呢？瓦根舍因认为，必须给教师以自由。给予教师的自由越多，就能吸引更多"创造性的头脑"加入教师队伍。

（三）实行课题教学，取消学科界限

实施范例教学，就是围绕精选的范例开展教学活动，因此必然要打破历来的学科知识体系，选择具有代表性的例子，从而把一门学科概括成若干课题来组织教学。课题的选择原则包括了基本性、基础性和范例性原则，课题必须保证能够从学科结构中获得某个关键性的见解，它应当是学生发现知识的突破点、兴奋点和学习过程中承上启下的关键。

（四）教学时间和班级组织的灵活性

按范例性的课题开展教学活动，不仅要打破学科体系，同时也必然要打破传统的课时安排和班级规模。瓦根舍因认为，各课题所需要的教学时间并不一致，有的只需几课时，有的则可能需要一两个月甚至更多；每课时 45 分钟也不能适应范例教学。他认为至少两课时学同一个课题较为适宜。在班级规模上，瓦根舍因主张实施范例教学的班级人数最多为 30 人，从而保证教师有更多的精力进行范例教学的设计和组织。

（五）范例教学的具体步骤

关于范例教学的步骤，瓦根舍因虽然没有做过专题性的论述，但是从他的许多论文中我们大致地可以看到瓦根舍因关于范例教学的三个步骤。

第一步是"上车"，在一开始的时候探讨一个能激发儿童自发性的问题，并且能够是一个范例性的问题；

第二步是探讨由这个范例性的问题所反映出来的基本知识点，掌握这个基本知识；

第三步是展现这一基本性的知识范例，使之反映学科的其他方面，并促进学生各方面的进步，如达到基础性、教养性的要求等。

比特(Wilheln Buthe)的范例教学阶段论与瓦根舍因相似。他认为，教学中的每一个范例的教学可以分为三步：首先是选择和描述范例，其次是由范例说明一般的、抽象的真理，最后是在上述学习的基础上把握新的现象和知识。

施滕策尔(Arnold Stenzel)把范例教学的过程分成四个阶段。

①通过典型事例(范例)说明事例所属事物(个案)的本质特征。

②通过范例和学习的迁移，将上述对"个案"特征的研究推广到与其相似的一类事物(类)上，让学生认识一系列类似事物的本质特征。

③通过范例和上述对"类"的研究，让学生认识此类事物的发展过程和发展规律。

④通过范例和进一步获得对于世界的基本看法和社会生活经验，让学生了解社会和自身在相关方面的状况，自觉规范自己的思想和行为。

范例教学论代表人物关于教学阶段划分的设想虽然不一致，但是总的看来大同小异。注重范例在整个教学过程中的作用，以及由个别到一般地逐渐扩展和深入，是它们的共同特征。

四、范例教学论的进展与评价

以瓦根舍因等人为代表提出的范例教学论，20世纪50年代和60年代中期在联邦德国兴盛一时，在当时国际性的教育改革浪潮中也产生了较大的影响，成为当时有名的三大教学理论之一。但到了20世纪60年代末以后，范例教学研究渐入低潮。尽管如此，此后德国学者对于"范例教学"的理论上和实践上的探讨并没有完全停止，其中克拉夫基的研究尤其具有重要的意义。

克拉夫基指出了20世纪60年代末至80年代初德国教学论研究中存在的主要倾向。一方面是流行的新概念和新观点过分排斥已有的教学理论研究，过于追求对教学理论中的难题做出"崭新的解释",从而减少了对范例教学的兴趣,忽视了范例教学的已有的研究成果;另一方面,继续对"范例教学"进行研究的人们则对新思想、新理论,特别是对当时正在形成的学科教学论等问题缺乏概括和总结,也缺乏讨论和实践。他认为有必要克服这两方面的问题,将"范例教学"与新出现的教学思想相比较、相结合。克拉夫基在这个方面做了不少的研究工作,并从教育的本质等理论的角度深化和丰富了范例教学论。

克拉夫基力图将范例教学与流行的新教学思想联系起来,例如他指出,范例教学注意到了学生已经具有的各方面的水平,在帮助学生获得主动地继续学习的能力等方面,与"面向学生的教学"等新提法、新观点是一致的,它也是一种"主动的、发生的以及再构-发现的学习"[1]。又如,克拉夫基认为范例教学对于学生所学习到的东西,一方面注意加以巩固和保持,另一方面使得学生对于所学到的知识作为有意义的"活动性知识"和能力来体验。因此,范例教学与所谓"方向指导性学习"等新的提法之间,不是互相排斥的;范例教学可以促进"方向指导性学习"的进行。

克拉夫基对于范例教学思想也进行了进一步的分析,充实和深化了范例教学思想,并有所创新。他认为,范例教学忽视了另一条道路——从结果出发进行分析——回逆再构,以达到对具体问题的理解。他认为,这条途径是一个甚为可行的、从学生方面考虑可能同样是"发现"的学习过程,因而是符合范例教学目的的。

克拉夫基还指出,一般和特殊的关系对于范例教学通常是基本的关系,是范例教学构想的基础。他还提出了"范畴教育"理论,认为教育本身就是一种将传授知识与发展能力这两方面统一在一起的一种"范畴";如果在教学的

---

① [德]克拉夫基:《范例教学》,转引自李其龙编著:《德国教学论流派》,185页,西安,陕西人民教育出版社,1993。

一开始就明确教学过程包含着传授知识和发展能力两个方面，就有可能使得教学发挥它所具有的"双重开发"的作用；范例教学就是这样一种具有双重开发作用的教学，而不应当成为一种片面强调发展智力、培养能力的教学模式。此外，克拉夫基还在教学内容的选择和确定、教学方法的选取方面提出了具体的见解。

总之，20 世纪 80 年代以后克拉夫基等人对范例教学论的发展和创新，在理论上和具体操作方面都弥补了早期范例教学的不足，深化了早期范例教学思想，赋予了范例教学论以新的生命力。

第四节　凯勒的个别化教学理论

凯勒于 1963 年年底就任哥伦比亚大学教授。从此，他就开始了著名的"凯勒计划"——个别化教学系统(Personalized System of Instruction，PSI)的研究和实验。1968 年，凯勒应邀在美国心理学会举办的一次会议上作了题为《再见了，老师!》的学术报告，首次较为系统地阐述了他的个别化教学系统，成为凯勒个别化教学系统思想基本形成的重要标志。

进入 20 世纪 70 年代以后，凯勒的个别化教学系统进一步受到社会的广泛关注，不少基金会提供了支持和赞助：1973 年建立了"个别化教学中心"；美国心理学会、教育研究学会等学术机构及联合国教科文组织等国际性组织，也为其举办国际性的研讨会。这样，个别化教学系统的影响和应用范围逐渐扩大至全美各地；拉丁美洲和欧洲的一些国家，乃至亚洲的日本、韩国、印度等，都介绍、实验了凯勒的个别化教学系统。

一、凯勒的个别化教学模式和基本思想

凯勒的个别化教学模式是以学生的自主学习为主体，教师的指导、帮助

和考查为辅助的教学体系。这一教学系统的模式和基本思想大致可以分为三个部分：教师的教学准备、学生的自主学习、对学生学习的评价。

(一)教师的教学准备

凯勒的个别化教学模式以学生自学为主，不要求教师进行讲课，但是教师并不是可有可无的——教师大量的精力是放在教学之前的准备工作上的，其主要任务是准备教材、设计教学方案、考虑如何激发学生的学习兴趣等。他认为只有教师认真做好了教学的准备工作，学生的自学才能顺利地展开，达到个别教学的预期效果。教师的工作并不轻松。具体来说，教师的教学准备包括以下五个方面。

①按照学校的教学要求，选定一门课程的全部教材，即确定"教什么"。凯勒认为，提供完备的教材，或系统编制教材是凯勒个别化教学的重要一环，只有这样，学生的学习和教师的指导才有基础，学生的学习才能获得成功。

②确定怎样教。凯勒主张由教师把教材系统划分成大小适当、内容连续的小单元，以便有顺序地交给学生学习。每一单元结束，都安排一些测试题目，以便进行单元测验。

③编写交给学生的学习指导材料。指导材料的内容主要包括对各单元教学目标的明确说明，教材内容的分析以及一些练习题等，方便学生自学。凯勒对于每一单元的掌握标准，是要求达到"完美"的程度。在凯勒看来，对各个单元的要求越高，期望就越高，从而有助于学生获得较好的学习成绩。

④编制多套单元测验试题，用于不同时间对学生进行测验。凯勒认为，为了促使学生掌握各单元的内容，就要进行单元测验。如果学生通过了单元测验，就表示他已经达到了标准，就可以进行下一个单元的学习；如果不能通过测验，就表示他还没有达到规定的要求，就要重新学习该单元，直到能够通过测验为止。

⑤做一些讲述、示范、回答问题以及主持讨论方面的准备，以适应学生

学习过程中的需要，并思考如何激发学习兴趣，强化学习动机，不断鼓励学生努力学习等。但是凯勒主张具体教材不是教师上课时要讲述的主要内容，教师也不要每天讲课，讲课的主要目的是激发学生的动机和兴趣，增进教师与学生之间的联系与交流，而不是向学生讲解教学内容。

此外，凯勒认为由于有限的教师不可能照顾到所有的学生，有必要安排几个熟悉教材内容、能够讲解教材的学生作为教师的助手。这种"学生助理"通常应当由曾经学习过该科目的学生或班上学习较好的学生担任。他认为，学生助理的作用表现在三个方面：①辅导和帮助学习上碰到困难的学生，回答同学们提出的问题。②记录各个同学的学习进度，向教师报告学习情况。③按照教师的标准答案，评阅单元测验试卷。学生助理虽然可以分担教师的部分工作，但是不可能完全取代教师，因为教师在凯勒的教学系统中，必须主持和处理一些重要的事情，特别是要担任上述重要的教学准备工作。

(二)学生的自主学习

在凯勒的个别化教学模式里，学生是学习的主体，学习基本上是学生的一种自学过程。学习开始前学生领取教师指定的第一单元的教材和第一单元的指导材料；学习时学生按照指导材料的要求逐步进行学习，目标是达到指导材料所规定的标准。在这一过程中，学生的自主性、主动性主要表现在四个方面。

①个体学习的场所自主确定。教师不能硬性规定学习场所。

②每天的学习时间自主安排。不拘于一定的上下课时间。

③遇到难以理解的问题时，可以主动询问教师或学生助手，得到他们的指导和帮助。

④学习进度自主掌握。这样在他们的心理上可以产生一种轻松、舒适、满意的感觉，减轻学生的心理负担。

总之，凯勒给予学生在学习的过程中高度的自主和自由，对他们的唯一要求是每单元的学习要达到指导材料中所规定的标准。

(三)对学生学习的评价

凯勒认为，让学生及时地知道自己的学习成绩，有利于提高学习效果，有利于学习积极性的保持和提高，否则，就会失去补救缺失和改正错误的机会，从而对以后的学习产生不良的影响。在具体的教学过程中，对于结束单元学习后按要求进行单元测验的学生，教师通常应对其进行 15 分钟的测验，由教师或学生助理立即进行评定。如果学生通过了测验，就可以发给他下一个单元的学习材料进行学习；如果学生未能达到标准，他就必须听取教师或助理所指出的不足和错误，重新学习原单元的学习材料，学完后重新参加测验，直到达到规定的标准后，才能进行下一阶段的学习。

除了单元测验之外，还有一定的实验操作成绩评定和学期结束前的期末考试。单元测验成绩和实验成绩占总成绩的 75%。期末考试的成绩占总成绩的 25%，是总结性评价。

凯勒曾在《再见了，老师!》(1968 年)的报告中对上述教学系统及其基本思想做了一个初步的总结，提出了个别化教学系统与传统教学模式不同的五个特征：①以掌握知识为指导方针；②学生自己决定学习进度；③教师用少量的讲课激励学生；④使用指导性教材；⑤安排学生助理。这五条当中，第一条——掌握既定的知识、达到规定的标准，是教学工作的目标；其他几条都是为了保证这个目标的实现服务的，其中最基本的是学生自定学习进度。可见，凯勒的教学系统是一种有严格要求的个别化教学体系，在保证质量的大前提下，尽量给予学生以自由。给予学生自由并非对学生放任自流，而只是给学生高度的学习自主权。

二、凯勒个别化教学系统的背景、理论来源及其影响

凯勒个别化教学系统的产生和流行有其历史的和时代的基础。19 世纪后

期心理学的进步、20世纪初进步主义教育运动的兴起、杜威思想的传播以及"儿童中心"思想的流行，使得20世纪二三十年代的美国就出现了个别化教学的尝试，其中道尔顿制就是典型的例子。

20世纪50年代斯金纳将心理学"操作条件反射""积极强化"的理论运用于教学，并促成了教学机器的出现，从而建立了一种个别化的自动教学方式——程序教学。作为斯金纳的朋友与同事，凯勒深受斯金纳思想的影响，他的许多思想都来源于斯金纳教学模式的相应原则。及至教育改革潮流大起的20世纪60年代，美国学校教育实践中出现了各种各样的教学理论和各种各样的教学组织方式和方法，十分注意适应学生的个别差异进行教学，从而又出现了许多个别化教学理论、方法和技术。个别化教学成为美国教育改革中的一个最活跃的领域。凯勒的个别化教学系统就是分析和吸收各种个别化教学的实践经验和理论应运而生的。

20世纪70年代，布鲁姆掌握学习理论关于教材中小单元相互之间关系的分析、关于"形成性评价"和"总结性评价"的论述、关于绝大多数学生都能达到掌握学习的标准的论断等，都为凯勒个别化教学系统提供了重要的理论基础。

因此，凯勒的个别化教学系统与道尔顿制、斯金纳程序教学，以及布鲁姆的掌握学习模式有着不少共同的因素。例如，它们都将教材划分成按逻辑顺序排列的较小的学习单元让学生学习；都明确规定各单元具体的学习任务、教学目标，并要求学生学习达到；都注意及时反馈、及时强化，要求学生在学完每个单元后接受教师的检查，通过单元测验及时地了解自己的学习效果、及时改正错误；都强调在掌握前一个单元学习内容的前提下进入后一单元的学习等。

由于凯勒的个别化教学系统主要是面向大学阶段教学的，并且能够注意吸收当时最新的心理学、教育学理论，尽可能地避免已有的个别化教学模式的不足，所以它与当时已有的几种教学模式又有很大的不同。例如，它比道尔顿制更为严格地掌握学生每一个单元的学习标准，防止了道尔顿制的放任自流；它在具体的操作方面修改了布鲁姆的设想，给予了学生更多的自由——自己学习、不固定学习及测验的时间和地点、不以教师讲课为主等，有利于提高学生的学习积极性；它吸收了斯金纳程序教学思想中的重要内容，但是却不像程序教学那样几乎完全依赖机器而忽视教师在教学前的重要作用和在教学过程中的辅导作用；这样，它由于操作上的改善，便于在大学教学中广泛使用，所以成功的可能性更大。

凯勒个别化教学的成功尤其表现在帮助学生牢固掌握基础知识、提高学习成绩方面。原因在于教学过程中的多次测验可以从多方面促进学生的学习，多次的单元测验无形中突出了各个学习阶段的重点，分散了学科知识的难点，因而容易学好；多次的单元测验可以及时了解学习情况，便于及时补缺补差，避免了学生为应付一两次大考而集中学习的弊病。同时，学生在学习过程中较大的自由度和主动权，有利于提高他们的学习积极性，从而也能为他们的学习创造了较好的心理条件。当然，次数繁多的测验也有增加师生负担的弊病，而且各次测验的分量和难度也需要认真地衡量。尽管如此，美国有关学者对凯勒个别化教学系统的研究，大多数都在一定程度上说明了凯勒个别化教学理论的成功。例如，根据1979年库利克（Kulik）的总结，在61项对凯勒教学法的研究中，有57项证明凯勒个别化教学的效果优于普通教学法的效果。很多按凯勒教学方式学习的学生也认为，他们在这一方式下的学习比平时更加努力。

第五节　班杜拉的社会学习理论

美国著名心理学家、斯坦福大学教授班杜拉于1971年和1977年两度出版了著名的《社会学习理论》（*Social Learning Theory*），标志着社会学习理论的正式形成。20世纪80年代以后，班杜拉在研究中更为突出强调认知因素的特点，并集中研究自我调节学习。1986年出版新著《思想和行为的社会基础：社会认知理论》，概括了社会学习理论的最新的研究成果。为了突出认知因素在社会学习中的作用这一理论特点，此时班杜拉将自己的理论称为"社会认知理论(Social Cognitive Theory)"。

一、社会学习的含义

班杜拉的社会学习理论认为，人类的学习都是在一定的社会群体中进行的，学习不仅包括知识体系，而且包括社会态度、行为习惯的形成等。他认为，研究上述社会因素对于人的学习状态和学习结果的影响，以及研究认知活动的影响，是社会学习理论的任务。

社会学习理论特别强调通过观察、体验环境而发生的自我调节过程及其对于学习所起的重要作用；这种学习被称为替代性的、符号的和自我调节的学习，即通过直接或间接观察他人的机体反应，以及通过对他人的模仿来重新调整自己而完成的学习。

儿童们通过观察学习(社会学习)而学会的东西，不仅仅是行为主义学习论所说的特定的S-R的联结，而更主要的是一种由于社会性信息的机能而产生的、带有示范性的"象征性表象"(特别是不同的态度)。也就是说，在这一过程中，学习者提供的态度方面的参照榜样在儿童以后的行为中起到了一种暗示的和启发的作用，影响了他们后来的行为。这就是一种通过示范进行的学习，是以观察学习为起点的社会学习。

班杜拉认为，这种通过示范进行的学习与通过反应结果进行的学习(班杜拉称之为直接学习)，二者之间显然有着很大的不同。第一，直接学习注意的是直接经验的获得，而观察学习不仅不需要尝试错误过程而迅速掌握知识，而且可以同时迅速掌握一定的行为模式。第二，直接学习往往获得的是个体经验，是零散的知识或行为模式，而观察学习可以从示范中获得较为完整的知识和行为模式。

班杜拉认为观察学习除了具有对于知识的"学习效应"以外，还具有抑制效应（抑制学习者已经习得的行为）、解除抑制的效应（解除对某一行为的抑制）、反应促进效应（使学习者表现出已经习得的某种行为）、抽象示范效应（使人学会概念、判断、言语、信息加工策略等抽象性的规则）、创造性示范效应（使学习者表现出新的创造性行为方式）。

班杜拉认为影响社会学习的主要因素来自两个方面：学习者方面和学习者之外的方面。

首先，与学习者有关的因素主要有两个方面。一是如果学习者在接受相关影响之前接受了某种暗示，就会使学习者在真正接受这一影响时，表现出主动接受刺激的认知倾向。二是如果对学习者的动机教学放在接受了某种影响以后和进行测验以前，学习者的主动学习意识以及学习中的灵活性也会得到提高。

其次，与示范者有关的因素主要有三个方面。一是示范者的年龄、性别和身份特征。身份高的或与学习者身份相似的示范者容易被接受，有益于社会学习效率的提高。二是示范者表现出来的行为类型如果与学习者的行为序列相类似，或形象十分鲜明，学习者就容易模仿。如果过高过难，学习者就无法模仿，产生的学习效果就很小。三是示范者的行为结果如果受到奖励、表彰等正面的肯定，那么他们就比较容易受到学习者的模仿，增强学习效果。由此可见，在一般日常的教学工作中，榜样对学习的作用是值得加以注意的。

二、社会学习的过程及其本质

班杜拉通过大量的社会学习实验研究的观察和分析，总结了社会学习过程的四个阶段。

第一阶段是引起学习者注意，注意到榜样的行为、获取有关的信息，以便更好地接受刺激。要求示范者的榜样性行为要同学习者的经验基本一致，从而缩短学习者与榜样者之间的心理距离，增强对被试的刺激。

第二阶段是保持阶段。学习者在获得了刺激和影响后的一段时间里，仍然会表现出与所受刺激相关的某种行为，这就是社会学习的保持过程。这种保持是通过"形象的"和"言语的"两种方式完成的，前者往往借助于表象，后者指言语的编码系统。如果使这两种学习的保持系统互相匹配，那么学习者对榜样的学习可以保持更长久、更牢固。

第三阶段是运动再现过程。把记忆中的表象转换成行为，学习者通过实际的操作训练，通过自己行为的信息反馈，集合头脑中的意象和语言信息，进行自我修正和调节，做出正确的反应，改善自己的行为。

第四阶段是对学习者的反应给予肯定的反馈或否定的反馈，使学习者的行为得以保持或消退。

上述四个过程缺一不可，否则就会影响观察学习的效果。

班杜拉提出的观察学习的四个过程都包含了主体内部的认知过程，避免了将学习仅仅看成刺激-反应的行为主义观点，从而将人的学习与动物的学习从本质上区别开来。

三、强化：社会学习对行为的调节和控制

在论述社会学习对人的行为的协调或控制效应时，班杜拉特别注意通过强化来激发和维持行为。他的强化理论包含并超越了行为主义的强化思想。

(一)直接强化、替代强化和自我强化

班杜拉认为，在观察学习中强化只是决定观察者是否把学会的行为表现出来。他进而将强化分为直接强化、替代强化和自我强化三类。他认为，行为主义所强调的就只是直接强化，是指学习者直接受到的外部强化。

替代强化是以榜样为媒介的、间接性的强化。即观察者本身没有直接受到强化，而是他观察到榜样受到强化，从而影响到他自己的动机。

自我强化是学习者根据自己已有的标准，通过自发地预测自己的行为结果，以及通过接受反馈得来的信息进行自我评价、调节和控制自己的行为。当他认为自己的行为合乎已有的标准时就给予肯定的评价，不符合时则给予否定的评价。自我强化往往胜于外界的强化，更具有学习的价值。

(二)对强化的预期

班杜拉把直接强化、替代强化和自我强化三者称为影响和决定学习者行为的结果因素；但他认为，影响和决定以后行为的因素还有先行因素。所谓先行因素就是人在认知了行为与强化之间的关系后所产生的对下一步强化的预期。

班杜拉把对强化的预期又划分为结果预期和效能预期。

结果预期是行为者个人对自己将要进行的行为的结果进行的推测或预期。如果他预期到自己的某一行为将导致肯定的结果，那么这一行为就会被激活和被选择。

效能预期是指行为者对自己能否进行某一行为所进行的预测。当他确信自己有能力进行某一行为的时候，他就有可能去执行这一行为；当他觉得自己没有效能进行某一行为的时候，他将不会愿意去做这件事，即使他知道这一行为将会带来某种好处。所以效能预期也表现出一个人对于自己的行为及其结果的信心。由此可见，结果预期和效能预期都能够在行为之前产生影响，它们赋予行为一定的目的性、方向性和心理动力，从而达到调节和强化行为的效果。

四、认知：连接行为与环境的关键因素

班杜拉认为，人的行为之所以会受到先行因素(效能预期和结果预期)、

结果因素(直接强化、替代强化、自我强化)的调节和控制,关键的原因是人具有认知的能力。他认为,不论是行为的先行因素还是结果因素,都只有与认知的调节、控制结合在一起,才能影响到行为。先行因素、结果因素以及认知的控制和调节,这三个方面的相互作用就构成了个人对行为的调节、控制系统。

但是,不论是先行因素、结果因素,还是认知的调节和控制,它们都只是个人心理因素。班杜拉认为,认知等个人因素还必须与环境因素、行为三者相互影响、相互作用,才能逐步成长起来并发挥作用。在这个过程中人的认知起着关键的作用,它自身也在这三者相互影响、相互作用的过程中成长起来。

环境和行为的关系、认知和行为的关系,分别是行为主义和人文主义(特别是认知主义)心理学家各自侧重研究的对象。前者强调环境与行为之间的相互作用,后者强调认知与行为之间的相互作用。班杜拉则是一个认知、环境、行为三者相互决定论者。因此,从人的社会学习的最终成果——行为表现的角度看,人的行为受到内外两方面的控制:外部的因素通过影响认知的内容、结构、性质、方向等调节和影响人的行为,内部认知也能直接调节人的行为或者通过影响和控制来自外部的各种强化因素而间接地调节人的行为。可见,强调认知对人类行为的控制和调节是班杜拉理论的核心,是社会学习理论的基本立场。

五、自我调节学习

自我调节学习(Self-regulation Learning)是进入20世纪90年代以后许多学习理论研究的热门课题。此时班杜拉等人的社会认知理论也对自我调节学习做了重点研究并产生了很大的影响,是原先社会学习理论的深入和发展。

(一)自我调节学习的理论基础和认知机制

如前所述,班杜拉的社会学习理论发展到20世纪80年代以后,尤其注重认知在连接环境与行为之间的关键作用。一方面，认知虽然受到行动反馈信息和其他环境信息的影响；但另一方面，它也能通过对先行因素和结果因素的影响，主动地调节或控制来自外界的各种信息影响，从而调节和控制自我行为(包括学习行为)，实现自我调节学习。

认知因素在个人的自我调节学习中具有的重要作用主要表现在以下两个方面。

第一，反映在效能预期中的个人认知的重要作用。在效能预期中，一个人的自我效能感(Self-efficacy)是自我调节学习得以持续的心理原因。例如，当一个学生确信他自己有能力通过认真听课这一行为的实施，达到提高学习成绩的目标的时候，他才能顺利地进行这方面的自我调节——自觉地认真听课。一般来说，人在成功之后往往自我效能感增强，行为目标也会得到提高；多次失败则会降低自我效能感，行为目标也随之降低。

第二，在学习策略的自我调节中认知因素的重要作用。学习过程中对学习策略的自我调节，是指在自我调节学习过程中为达到一定目标而自觉实施的各种具体行为。班杜拉认为自我调节策略十分重要，因为策略的有效使用会帮助一个人更好地达到目标，进而增强人的自我效能感并反过来影响策略的选择和使用。能够较好地使用自我学习策略者，就是学会了如何自我学习的人，所以一般来说能更多地使用自我调节策略的学生，学习成绩往往较好，而学困生往往是因为他们在学习上较少运用自我调节策略。

(二)自我调节学习过程中的自我认知机制

自我调节学习的实现除了与上述自我效能感的上升以及自我调节策略的实施紧密相关以外，学习过程中还必须进行自我观察、自我判断、自我反应等自我认知活动，不断推动自我调节学习的展开。

所谓自我观察，就是学习者从数量、质量、速度等方面系统地观察自己的学习行为，其中重要的方式之一是有规律地对学习情况进行回顾和总结，了解自己的学习进度、学习了哪些内容、能记住哪些内容等，这种非书面或书面的"自我记录"反映了在达到目标过程中的学习进展信息，它对于激发新的动机、设置下一步目标、调节和改进自己的学习行为等都具有较大的价值，是自我调节学习过程中的重要一环。

所谓自我判断，是在自我观察的基础上把当前的学习结果与自己计划达到的目标进行比较(绝对评价)，或者与别人达到的目标的情况进行比较(相对评价)，这样做能够提供学习反馈信息，帮助调节学习动机和学习目标；同时，在自我判断中对学习结果的归因，也能对下一步的行为施加影响或调节。例如，将学习成绩的取得归因于能力和努力的程度，往往会促进自我调节学习的继续。

所谓自我反应，就是学习者对自我判断的结果所产生的反应。第一种反应是对评价结果的内心满意程度，它引起自我效能感的变化；第二种反应是直接对自己的行为进行调整，以便调节今后的努力程度或学习策略；第三种反应是调整个体外在的条件使之适应自身今后的学习。可见，学习者的自我反应对于进一步加强自我调节学习也有着重要的作用。

班杜拉社会学习理论(社会认知理论)的一个显著特点，就是强调人的认知活动对学习及其他行为的调节、控制作用。"认知"是调节和控制学习行为以及其他行为的关键因素，也是贯穿并调节人的行为、环境、个人因素的纽带。这就突破了传统的行为主义理论与传统的认知理论的局限，将人的认知过程和行为的自我控制放到了很高的地位，同时，这一理论中的许多具体观点也具有重要的教育实践意义。

例如，关于自我效能感的论述使我们看到，一个学习行为无论多么有价值，如果学生感到自己做不了，他就难以自觉地去做。因此一定要使学生体验到成功的滋味，增强他们的自我效能感，增强他的自信心。

又如，替代强化的理论能使人们更加注意科学地发挥榜样的作用，如榜样的一致性、适应性、多样性等，在外部评价、外部强化的基础上，进而帮助学生学会自我评价、自我强化。

此外，社会学习理论对认知作用的强调及其对行为、环境关系的论述，有利于帮助人们正确地看待儿童与环境的关系，树立正确的儿童观和教育观。它要求人们既重视教师的作用、榜样的力量以及其他环境因素的影响，又重视儿童心理和生理发展特征在其学习中的主体作用，注意发挥儿童的主观能动性，培养他们的自我调节、自我学习能力。这样，就能使儿童健康地成长。

第十三章

环境教育思想

　　环境教育思想作为一种起源于西方国家的教育思潮，实际上是对人们希望借助教育解决环境问题以及构建和谐的人与环境之间关系的回应。自 20 世纪 60 年代被提出后，环境教育逐渐得到了国际社会和世界各国的重视，到七八十年代，发展成为一种国际化的教育思潮。近几十年来，环境教育思想的理论基础、目的任务、实质内容、实践的模式或方式等都在不断发展、丰富和完善。环境教育思想不仅推进了世界环境教育的发展进程，而且对整个教育世界乃至整个社会的发展都产生了重要的影响。

第一节　环境教育思潮的兴起

一、环境教育思想的产生背景

　　人类与环境从来都是不可分割的。马克思曾说过，"人直接地是自然存在物"①。无论在中国还是在西方，人们对于人与自然之间关系的思考从未停

---

　　① 《马克思恩格斯全集》第 42 卷，167 页，北京，人民出版社，1979。

止。现代的环境教育思想，无疑吸收了人类历史上人与自然关系相关认识的思想营养。

通过自然环境开展教育活动是一种历史悠久的教育主张，如卢梭的自然教育思想、杜威的实用主义教育思想等。卢梭强调人类应当"回归自然"，回复到"自然状态"，他认为："出自造物主的东西，都是好的，而一到了人的手里，就全变坏了。"①因此，他强调通过自然教育培养自然人来完成培养社会新人的教育理想。1767年，他在《爱弥儿》中提出，应该是自然教育孩子，而不是学校教师用正规的教育方法教育孩子。他所强调的"自然"包含两层含义：一是外部的自然，即未掺杂过多人为设计的自然空间；二是内部的自然，即教育需要遵循教育主体的认知天性。其思想有助于后世学者形成对环境和教育之间关系的正确认识。杜威的实用主义教育思想则强调"从做中学"，通过与环境的互动来获取经验，主张"活动课程"，反对分科教学，将知识学习视为一个整体，为环境教育的跨学科性奠定了思想基础。1892年英国的帕特里克·格迪斯（Patrick Geddes，1854—1932）在苏格兰的爱丁堡建立了一座"观察塔楼"，供学生观察、学习自然现象。此后，英国的乡村研究不断发展，为环境教育的产生奠定了基础。1970年成立的英国国家环境教育协会（NAEE）便是从当时的国家乡村环境研究联合会发展而来的。② 此后在欧洲和美国相继兴起的户外教育、营地教育等教育实践也为环境教育提供了思想源泉。

产业革命以后，生产力有了极大的发展，科学技术突飞猛进，人类从自然界获取的资源越来越多，排放的废弃物也与日俱增，从而引发了很多生态环境问题，包括水污染、大气污染、固体废弃物污染、酸雨、荒漠化、森林锐减、资源减少、生物多样性丧失、臭氧层损耗、全球气候异常变化、持久

---

① ［法］卢梭：《爱弥儿：论教育》上卷，李平沤译，5页，北京，人民教育出版社，1978。
② ［英］Joy A. Palmer：《21世纪的环境教育——理论、实践进展与前景》，田青、刘丰译，2页，北京，中国轻工业出版社，2002。

性有机物污染等。① 从 20 世纪 30 年代开始，尤其是五六十年代以来，西方发达国家相继发生了多起环境污染，导致短期内人群大量发病和死亡的"公害"事件。这也唤起了人们对环境问题的关注和反思。

面对日益发展的环境污染形势，人们终于开始认识到，对自然资源和生态环境的不合理利用和破坏，将给人类自身的生存环境带来危害。一些有识之士开始大声疾呼，必须正确认识人类活动与环境的关系。同时，人们也开始认识到，为了有效地利用和保护环境，必须大力提升公众的环境保护意识，培养从事环境保护工作的各种专业人才。在这种背景下，环境保护团体和组织相继成立。这些环境保护团体和组织在从事环境保护活动的同时，还编写和出版有关森林、野生动物、矿产保护等方面的书籍和教材，从而推动了环境教育的兴起。

二、环境教育思想的发展

"环境教育"一词的产生最早可追溯到 1948 年。当时威尔士自然保护协会主席托马斯·普里查德(Thomas Pritchard)在巴黎提出，需要有一种教育方法可以将自然与社会科学加以综合，并建议将这种方法称为"环境教育"。1957年，美国的布伦南在文章中首次将"环境教育"作为专有名词使用。② 1970 年国际自然与自然保护联盟与联合国教科文组织在美国内华达州召开了主题为"学校课程中的环境教育"的会议，会议认为："环境教育是一个认识价值和澄清概念的过程，这些价值和概念是为了发展和评价人及其文化、生态环境之间相互关系所必需的技能与态度。环境教育还促使人们对环境质量问题做出

---

① 钱易：《生态文明建设与可持续发展》，转引自解振华、冯之浚主编：《生态文明与生态自觉》，26 页，杭州，浙江教育出版社，2013。

② Joy A. Palmer and Philip Neal, *The Handbook of Environmental Education*, London, Routledge, 1994, p.26.

决定，对本身的行为准则做出自我的约束。"①

20世纪70年代到80年代，环境教育在全球范围内得到了快速的发展。联合国及其下属机构召开了一系列关于环境与发展的国际性会议，明确了环境教育的基本内涵，确立了环境教育的国际地位，并不断推动环境教育纳入各国正规教育体系中，"环境教育"因而成为世界性的潮流。

1972年6月，具有划时代意义的"人类环境会议"在瑞典首都斯德哥尔摩召开。此次会议通过了《人类环境宣言》(7项前文和26项原则)和《人类环境行动计划》(109项建议)，正式将"环境教育(Environmental Education)"这一名称确定下来，并提出了"只有一个地球"的口号。此次会议的重要意义在于，使人们开始认识到了环境教育在保护和改善环境方面的重要性，并强调了建立国际环境计划的必要性，极大地提高了环境教育的国际地位。

同年，卢卡斯(Arthur Maurice Lucas, 1946—)在其博士论文《环境与环境教育：概念问题与课程含义》中提出了著名的环境教育模式——关于环境的教育(Education about the Environment)、在环境中的教育(Education in the Environment)以及为了环境的教育(Education for the Environment)。他认为，环境教育的内容是关于环境的，目的是环境保护，教学则是在环境中进行的。他的这一模式至今仍是许多国家环境教育发展的依据。②

在"人类环境会议"的推动下，1975年，联合国环境规划署(UNEP)成立，同年召开于贝尔格莱德的国际环境教育研讨会上制订了《国际环境教育计划》(IEEP)。同时，该会议还发表了第一个环境教育国际声明——《贝尔格莱德宪章——环境教育的全球框架》，详细说明了环境教育的问题、知识、技能、

---

① IUCN, *International Working Meeting on Environmental Education in the School Curriculum: Final Report*, Gland, Swizerland, 1970.

② M.A. Lucas, "Environmental Education: What Is It, for Whom, for What Purpose, and How?," in The British Council, *International Seminars in Britain: Environmental Education: From Policy to Practice*, 26 Mar.-6 Apr.1995, London and Shropshire, 1995, p.28.

目标等关键概念和指导原则,这是有史以来级别最高的一次以环境教育为专题的国际性研讨会。

1977 年,在苏联格鲁吉亚共和国首都第比利斯召开了首届政府间环境教育会议,对 70 年代以来的环境教育的发展进行了总结,明确了环境教育的目的和目标,确定了环境教育的跨学科性,并发表了《第比利斯政府间环境教育会议宣言》和《第比利斯政府间环境教育会议建议》两个文件,为环境教育在全球范围内的发展建立了统一的完整框架,因此,该会议被视为世界范围内环境教育开始的标志。

通过一系列的国际性的环境教育会议,环境教育在世界范围内得以蓬勃发展,人们对环境教育的定义、性质等基本内涵达成了共识,并推动了环境教育理论和实践的发展,环境教育的性质和范围不断扩大,逐渐走向了跨学科层面,并且逐渐在各国正规课程体系以及国家法律层面获得了一席之地。

1992 年,联合国环境与发展大会在里约热内卢召开,这一会议将环境教育推入了一个新高潮。会议强调必须将发展教育和环境教育的互补学科结合起来,同时会议通过的《21 世纪议程》强调"环境教育要重新定向,以适应可持续发展的需要"①,将环境教育目标由原来重点帮助人们掌握环境知识,改为促使人们树立可持续发展观念,环境教育由此转向。

作为对《21 世纪议程》的回应,联合国环境规划署在 1995 年以《环境与人口教育及发展信息计划》取代了《国际环境教育计划》,这标志着环境教育实践在全球范围内的重要变化。受这些重要会议和报告的影响,世界各国的环境教育文献也纷纷将重心转向环境教育实践。大量的文章、书籍和报告认为环境教育的最终目的在于促进可持续性,并逐渐形成了"可持续发展的环境教育(Environmental Education for Sustainability,EEFS)"的概念和共识。

---

① 联合国环境与发展大会:《21 世纪议程》,国家环境保护局译,297 页,北京,中国环境科学出版社,1993。

1997 年 11 月，联合国教科文组织和希腊政府共同在希腊的塞萨洛尼基举行了"环境与社会国际会议"（又称"塞萨洛尼基会议"），大会的主题是"为了可持续性教育和公共意识"，该会议发布的《塞萨洛尼基宣言》和《教育为可持续未来服务》报告书，明确提出环境教育不再只针对环境问题，它与发展、经济等相融合，是一种"可持续性发展的教育"。

1999 年，在悉尼新南威尔士大学召开了澳大利亚环境教育国际会议，对过去 30 年环境教育的发展进行了总结，探讨了环境教育在推动可持续发展中的重要作用。会议提出将"可持续发展"确定为环境教育的"战略核心"，并要求推动成人环境教育终身化，部分学者还提出了构建环境教育可持续发展共同体的设想和建议。

在一系列会议以及可持续发展思想的影响下，"环境素养"的培养逐渐受到许多学者的重视，学者们强调通过户外教育、自然体验式学习等途径建立与环境之间的纽带，以培养年青一代的环境素养，促进环境教育的发展。德国环境教育学者赖纳·多拉塞（Rainer Dollase）就曾指出，环境教育应该是"情感基础第一，不是认知基础第一"，因为"大自然的美是具有环境意识行为的向导"。[①] 环境教育从最初为解决环境问题而传授相关知识，逐渐过渡为关注情感培养，注重价值观形成的教育。

综上所述，环境教育在不断发展中逐渐呈现出跨学科性、终身教育性、全民性等特点，并创新性地将社会问题与教育实践相结合。它吸取了可持续发展等现代观念，不断扩展关注界限，形成了以价值观教育为核心的教育理念。

---

① 陈红岩：《环境教育：利益、科学与价值观的持久战》，载《生命世界》，2013(9)。

第二节　环境教育思想的内容

一、环境教育学科及课程特征

环境教育作为一种跨学科课程，"是以跨学科活动为特征，以唤起受教育者的环境意识，使他们理解人类与环境的相互关系，发展解决环境问题的技能，树立正确的环境价值观与态度的一门教育科学"①。

从学科性质来说，由于环境包含着生物、物质和社会三大方面，所以环境会受到各方面的影响，"社会环境涉及建筑学、计划学、经济学、社会学、历史学等领域；物质环境涉及地理学、化学、物理学等领域；生物环境涉及生物学、生态学等领域"②。这也就决定了环境教育的跨学科特性。1977年召开的第比利斯会议，也进一步明确规定了环境教育是一门属于教育范畴的跨学科课程，其目标直指面对现实的环境情况、解决环境问题，它涉及普通的和专业的、校内的和校外的所有形式的终身教育过程。

从环境教育学科的内容和目标来说，1970年美国内华达州由国际自然与自然资源保护同盟召开的"学校课程中的环境教育"国际研讨会建构了一个影响深远的定义："环境教育是一个认识价值、澄清概念的过程，目的是发展一定的技能和态度，这是理解和鉴别人类、文化和生物物理环境之间互相作用所必需的因素。环境教育还促使人们对环境质量问题做出决策，对本身的行为准则做出自我约定。"③此后的多次国际会议和各国出台的教育政策对于环境教育都做出了相关论述和规定。

---

① 徐辉、祝怀新：《国际环境教育的理论与实践》，35页，北京，人民教育出版社，2002。

② 任凤珍、张红保、焦跃辉：《环境教育与环境教育权论》，33页，北京，地质出版社，2010。

③ IUCN, *International Working Meeting on Environmental Education in the School Curriculum: Final Report*, Gland, Swizerland, 1970.

二、环境教育的伦理基础

20 世纪 70 年代环境伦理逐渐在学科领域中获得了定位。生态整体主义环境伦理观的代表奥尔多·利奥波德（Aldo Leopold，1886—1948）一生致力于推动环境伦理的发展与荒野保育运动（Wilderness Protection Movement）。其在晚年著作《沙乡年鉴》的"土地伦理"一章当中，更强调了人类与土地及野生动物间的伦理关系。"土地伦理是要把人类在共同体中以征服者的面目出现的角色，变成这个共同体中的平等的一员和公民。它暗含着对每个成员的尊敬，也包括对这个共同体本身的尊敬"①，也就是说所有自然物皆为土地的成员，因此人类并非土地的主人，人类只是土地的一员，所以人无权高高在上，以主人自居，亦不该令土地为己效劳，我们必须尊敬土地本身与其他成员。土地伦理的概念或原则是，"当一个事物有助于保护生物共同体的和谐、稳定和美丽的时候，它就是正确的，当它走向反面时，就是错误的"②。他认为土地是生命能量的泉源，是一切自然的存在，在整个生命共同体中，每一生命皆是紧密相连的，而人类只是生命共同体中的一份子，而不是独裁者。他提倡我们必须将伦理提升至非人的境界。利奥波德的"土地伦理"思想奠定了环境教育的伦理基础。

至 20 世纪 80 年代后期，可持续发展思潮将生态可持续发展、经济可持续发展和社会可持续发展的理念注入环境教育中，增添了环境教育新的特性，同时也重新构建了现代环境教育的伦理基础，形成了可持续发展环境伦理观：一方面环境教育为满足人们的基本需要而发展，另一方面要求这种发展不对我们和后代的生存环境构成威胁，在强调人与自然和谐统一的基础上，进一步强调人类对自然的保护作用和道德代理人的责任，以及对一定社会中人类行为的环境道德规范。

---

① [美]奥尔多·利奥波德：《沙乡年鉴》，侯文蕙译，231 页，北京，商务印书馆，2016。
② 同上书，252 页。

环境伦理的产生与发展决定了环境教育的发展方向，环境教育又是环境伦理观内化于受教育者头脑中的必由之路。在这方面，环境教育相关的理念包括：①相互依赖，实现人与自然、人与社会的和谐；②尊重多样性，保护生物多样性；③实现自然和人类的可持续发展；④尊重人的生存权和发展权，创造平等的机会；⑤参与、合作和分享，共同促进整体的可持续发展；⑥理解、关怀和鼓励；⑦培养具有社会责任感的公民；⑧充分发展公民个性，承担社会责任，实现自我价值，施展个人能力；⑨审慎与反思。这样在环境伦理观的基础上构建起来的和谐的环境教育理念有利于让人类、地球、宇宙中的一切和谐共存，实现人与自然、社会的和谐共生发展，更好地维护生物多样性，促进生态环境和社会环境的可持续发展。

三、环境教育的目标和任务

《贝尔格莱德宪章——环境教育的全球框架》和 1977 年第比利斯会议都对环境教育的目的进行了详细的阐释。第比利斯会议提出：环境教育的一个基本目的，就是要使个人和社团理解自然环境和人工环境的复杂性——造成这种复杂性的原因来源于人类的生物活动、物理活动、社会活动、经济活动和文化活动各方面的交互作用；使他们获得知识、价值信念、态度和实用技能，以便能以一种负责的和有效的方式参加环境问题的认识和解决，管理环境质量。环境教育的另一个基本目标，是要清楚地揭示当代世界在经济、政治和生态上的相互依存性，不同国家采取的决策和行动会引起国际性反响。在此方面，环境教育应该发展国家与区域间团结和负责的意识，作为建立一种保护和改善环境的国际新秩序的基础。此外有三个具体目的：第一，促使人们清楚地意识并关注城乡经济、社会、政治和生态方面的相互依赖性；第二，为每个人提供获取保护和改善环境所必需的知识、价值观、态度、义务和技能的机会；第三，建立个人、群体和社会对待环境的新的行为模式。

《贝尔格莱德宪章——环境教育的全球框架》将六个目标改进为五个目标。第一，意识：帮助社会群体和个人获得对待整个环境及其有关问题的意识和敏感；第二，知识：帮助社会群体和个人获得对待环境及其有关问题的各种经验和基本理解；第三，态度：帮助社会群体和个人获得一系列有关环境的价值观念和态度，培养主动参与环境改善和保护所需动机；第四，技能：帮助社会群体和个人获得认识和解决环境问题所需技能；第五，参与：为群体和个人提供各种层次积极参与解决环境问题的机会。

除此之外，1969 年美国的斯塔普在《环境教育》杂志创刊号指出："环境教育的目的是要培养一个对生物物理环境及其伴随的问题具有广博的知识，认识到如何去帮助解决这些问题，并积极为此工作的整体公民（决定人们保护和改善环境行为的价值观）。"[1]1993 年澳大利亚昆士兰州教育部发布的《P-12环境教育课程指南》也指出："环境教育目的是开展并促进有效的学习和教学，培养学生的理解力、技能和价值观，使他们成为积极而明智的公民，参与到维护和发展生态可持续、社会公正民主中去。"[2]

由此可见，环境教育的意义在于培养未来高素质公民，使他们具备关于环境的知识、对待环境的积极态度和解决环境问题的能力，但由于每个人的经验不同，认识事物的顺序也不同，所以环境教育的三个目的和五个目标是互相关联的。

四、环境教育的特点

环境教育是学校教育以及全社会大众终身教育的重要组成部分，它引导学习者全面地、辩证地看待环境问题，了解和掌握环境相关知识和信息，以及

---

[1] W. Stapp, "The Concept of the Environmental Education," 转引自祝怀新：《环境教育论》，81 页，北京，中国环境科学出版社，2002。

[2] Department of Education Queenslan, *P-12 Environmental Education Curriculum Guide*, Publishing Services for Studies Directorate, Australia, 1993.

处理相关问题的技能，同时培养他们的社会责任感，提高他们的环境素养等。在教育过程中，环境教育体现出来的主要特点如下。

①综合性：在教育内容上，环境教育是一个跨学科性的学科，兼有自然科学与人文社会科学的内涵。在学习过程中，环境教育在提高学习者的知情意行上起到了综合性的效果和作用，帮助他们全面理解环境系统，掌握社会环境与生态环境及其内部各组成要素之间的密切联系和相互作用。在教育形式上，环境教育拥有正式教育形式和非正式教育形式。在正式教育形式方面，即在学校教育中，可以开设环境教育的课程或环境教育综合实践活动，同时可以以跨学科的方式融入各科教学和学校管理中；在非正式教育形式方面，可以联合社区来开展环境教育活动，引导社会大众，包括所有学习者在内积极参加。这也体现出了环境教育具有终身教育化的特征。

②实践性：卢卡斯在他的环境教育模式中提到了"在环境中教育"的方式，即强调在真实的环境中，让学习者亲身感受、亲身体验环境，在这个过程中发现和创造知识、发现环境问题、积极研究和解决环境问题，这对于解决现实环境问题，培养创新能力、批判反思能力具有十分重要的作用。同时学习者在实践过程中，增进同伴和师生间的交流与理解，促进形成正确的环境价值观。在整个环境实践的过程中，加深学习者的环境教育感受，从而促进其与环境和谐相处、健康生活习惯的形成，吸引其积极参与到环境保护和可持续发展的队伍中来。

③可持续性：在可持续发展观提出来之前，20 世纪七八十年代的环境教育强调人与自然和谐发展观的培养，但在环境保护和环境教育实践中偏向了环境中心主义。80 年代末，过分强调人与自然的和谐缺乏现实性，且不适合现代社会的发展，因此人们开始探索一种新的经济和社会发展模式，即可持续发展模式，强调生态可持续发展、经济可持续发展和社会可持续发展三大方面，全面地促进整个大环境和谐共生地发展，构建自然与人类和谐发展的

命运共同体。

可持续发展具有整体论、适切性、批判性、三元一体化四个根本特征。可持续发展观的融入，使得"面向可持续发展的环境教育变成了涉及整个教育领域的教育过程，在满足个人和社会的现实需求的基础上，传授学生相关的知识技能，培养关注环境质量的责任感和把握环境与发展关系的新型价值观，从而在根本上促进人类可持续发展战略"①。

第三节　环境教育的先驱及其观点

一、卢卡斯的环境教育观

澳大利亚裔英国环境教育学者亚瑟·莫里斯·卢卡斯，主要研究环境教育、科学教育以及二者之间的关系。他于 1946 年 10 月 26 日出生在澳大利亚维多利亚州，1963 年获得澳大利亚墨尔本大学动物学及基因学理学学士学位，1968 年获得墨尔本大学教育学学士学位，1972 年卢卡斯在俄亥俄州立大学获得博士学位。他于 1963—1966 年在维多利亚州教育局亚伦高中和纽伯勒高中担任科学教师，1967—1970 年在南澳大利亚州弗林德斯大学的生物学专业担任高级讲师，1970—1972 年在俄亥俄州哥伦布市俄亥俄州立大学科学、数学和环境教育中心担任研究员。曾在 1993—2003 年担任伦敦国王学院第 18 任校长职务。2006 年，卢卡斯教授当选为自然历史学会会长。同时他也是雅典娜俱乐部的成员。

亚瑟·莫里斯·卢卡斯尤其关注的是个人的福祉，他设计的任何环境项目的目标都是改善环境，促进个人的幸福，即关注个人的权利、自由和幸福。他认为，这样可以更好地赋予个人自由，维护个人的权利价值体系。而关注

---

① 祝怀新：《环境教育论》，87 页，北京，中国环境科学出版社，2002。

环境对物种或国家权力的延续等的影响，可能会导致较大的权力更加正当地实施专制压迫或种族灭绝，从而导致个人自由被剥夺，经济和其他资源被转用于集体目的。卢卡斯促进了环境教育目的观从关注集体到倾向关注个人福祉的转变，这对后来人们认识环境问题，推动环境保护工作，开启了新的方向，找到了新的基础点。

1972年卢卡斯的博士学位论文《环境与环境教育：概念问题与课程含义》提出了相对独立的三大环境教育系统，构成了卢卡斯环境教育模式，即"关于环境的教育""在环境中的教育""为了环境的教育"的环境教育模式。其中他更着重强调"为了环境的教育"。这体现了"知识""态度""环境行动"三种相互独立又相互关联的环境教育形态和途径，为后来世界各国的环境教育工作者开展环境教育工作提供了借鉴和思考。

首先，"关于环境的教育"，这是环境教育最普通的形式。该组成部分主要是获得"有哪些"必要的关于环境的知识，以及掌握"怎样"采取有效行动的手段。即在"关于环境的教育"中，让学生了解环境、认识环境，学习和掌握有关环境的知识和相关信息，不孤立片面地看待环境，帮助其建构完整的"关于环境系统"的环境体系，给学生理解自身周边以至全球的各种环境问题，理解环境问题的产生、发展及环境发展与人类的关系提供支持和帮助，引导其全面理解和思考不同的人以至群体之间对待环境不同的理解和价值观。"'关于环境的教育'强调有关自然系统的过程，以及影响人们利用环境决策的经济和政治因素等方面的知识"①，促使人们更加全面地思考生态环境的可持续发展和社会环境的可持续发展，而这两个系统的知识内容也被人们认为是"解决地方、国家和全球环境问题以及负责任地管理环境的基本要求"②。

其次，"在环境中的教育"，卢卡斯认为环境教育应该在教室课堂之外的、

---

① 姚亚萍：《环境教育教程》，248页，长春，东北师范大学出版社，2004。
② 同上书，248页。

熟悉或相关的真实环境中开展和进行。他认为，虽然环境教育在动机和认知方面存在一些优势，但在搜集数据方面，学生可能会拒绝去直接搜集数据，而是直接利用二手数据，特别是图书馆中的二手数据开展一些环境教育。所以他提倡"在环境中"开展环境教育，通过学生在真实环境中的直接接触和实际体验，感知真实的环境，认识环境问题，发现环境问题的恶劣甚至是严重性，从而激发其环境忧患意识。同时增强学生发现问题、实地操作和实践动手能力，帮助他们学会处理信息，运用各种科学仪器和科学的研究方法开展调查，也培养他们的合作和分享等各类技能。

最后，"为了环境的教育"，主要强调环境教育对于学生的态度、价值观与信仰所产生的重要作用，在这个过程中，帮助学生形成他们自己的价值选择，鼓励和指导审查与公共问题有关的个人价值观，使学生提升对环境负责、关心环境、爱护环境的价值观和行为，鼓励学生去探索和解决环境问题，推动他们可持续发展价值观的养成，逐渐培养其与环境和谐共生、可持续均衡地利用资源的、健康的生活方式。卢卡斯尤为强调"为了环境的教育"，即环境价值观的培养。因为意识和价值观会引领着学生开展环境活动、产生环境行为，所以"在环境教育方案中要审查个人价值观的影响，并鼓励学生审查其自身价值体系的基础和含义。但同时教师也应该尽量避免将自己的价值观和由此产生的政策决定强加给学生"①。

在这三位一体的环境教育模式中，卢卡斯以"关于环境的教育"为出发点，以"在环境中的教育"为支撑点，以"为了环境的教育"为最终目标。"在真实的环境中"了解与掌握"关于环境的"知识和相关信息，从而培养"为了环境"的人生态度与价值观，产生"为了环境"的行为方式，这样才能真正出现富有成效的环境教育。在这个过程中，卢卡斯强调教学应与社会关注的态度和偏

---

① M. A. Lucas, *Environment and the Human Environmental Education: Conceptual Issues and Curriculum Implications*, Ph.D. dissertation, The Ohio State University, 1972.

好的理性行动的发展保持一致。

二、芬什姆的环境教育观

彼得·芬什姆(Peter J. Fensham,1927—2021)出生于英国,在英国接受主要的教育,后长期在澳大利亚从事科学教育和环境教育工作,是澳大利亚环境教育的奠基人之一,也是享誉全球的环境教育实践家。

从20世纪60年代后期开始,芬什姆参与构建澳大利亚科学教育计划(ASEP),对澳大利亚课程发展中心(CDC)环境教育方案做出过重大贡献。他曾是出席20世纪70年代联合国两次重大环境教育大会的澳大利亚代表,参与并组织了1975年联合国教科文组织在澳大利亚召开的"教育与人类环境"研讨会,也是澳大利亚环境教育协会的第一任主席。1975年10月芬什姆作为澳大利亚代表团成员参加了由联合国教科文组织、联合国环境规划署主办的贝尔格莱德国际环境教育研讨会。

芬什姆在1977年参加了第比利斯会议。会后完成了一份报告和论文,对各种构成当今国家和国际环境教育基础的思想、方案及倡议等进行了考察并总结。会后芬什姆还及时召开了澳大利亚有关未来环境教育政策和策略的会议,研究对澳大利亚环境教育的一些问题的看法。他认为环境教育体现出来的不应该是明确的、整齐划一的"标准答案",而应该具有批判性特征,应该发展一种有利于学生环境素质形成和培养的教育模式;这其中也同时体现了芬什姆对认知、精神、动手能力、态度和应用之间的关系的关注;他认为应打破原有的学习顺序,应注重在学校环境以及社区环境中把知识、能力、态度与行动相互统一联系起来,将正式教育与非正式教育两种教育形式联系起来,共同开展环境教育。

芬什姆曾是维多利亚环境教育委员会的主席,并在各种环境教育论坛中发表讲话,同时他还积极地开展各种探究:与约翰·梅(John May)针对科学是否能够成为学校环境教育的核心展开讨论，并于 1984 年的国际环境教育会议上，作了关于"科学课程的环境意识"的报告；在化学研究中，他主持了一项名为"用自然科学来代替物理和化学的单科课程"的 12 年级科学学科研究课题，研究了人类与自然界相互作用的过程。

环境教育对芬什姆来说，虽非主业，但他以高度的研究热情和专注，终身开展对环境教育的研究和推进工作。他的环境教育研究成果对推动澳大利亚以及全世界环境教育的发展起到了至关重要的作用，同时他的积极与热情、坚持不懈的研究精神也值得我们学习。

三、林克的环境教育观

澳大利亚的环境教育理论家拉塞尔·林克（Russell Linke，1948—1995）是芬什姆和卢卡斯的学生，在澳大利亚弗林德斯大学获得生物科学专业学士学位，本科学习后期，受到卢卡斯影响，开始对环境和生态学领域感兴趣。1970 年在墨尔本莫纳什大学跟随芬什姆攻读绘图技巧博士学位。1970—1972年曾在图拉克师范学院的初级师范教育项目中担任生物教师。在担任教师的几年中，他与同事们共同致力于在传统科学课程中渗透"环境"教育内容的研究，并于 1971 年，引进了由生物学和地理学组成的"环境科学"这门课程。1973—1974 年，他还主持了由教育研究与发展委员会授权的关于环境教育的全国调查。与芬什姆相同的是，他也并非专门从事环境教育工作的学者，但却对人类环境教育理论的探索起到了推动作用。

通过 1973—1974 年对澳大利亚环境教育的调查研究，林克开展了环境教育方面的理论探索，从而得出环境教育概念的分析结论并形成分析报告，该报告在 1975 年联合国教科文组织澳大利亚全国委员会主办的"教育与人类环境"研讨会中广为传阅。在 1980 年出版的《澳大利亚环境教育》中，他认为环境教育基本核心目标在于：第一，对人类与自然环境之间的相互关系，以及人类对环境影响的实质与含义的认识;第二,关注人类生活质量;第三,承担环境保护的个人贡献及责任等。

林克认为环境教育包含认知目标和情感目标,情感目标应在具体行动中表现出来,而非环境教育的认知技能,同时在这些行动中也隐藏着相关态度的发展及依赖于态度的行动的倾向性,只有在认知目标与情感目标的共同发展中才能使环境教育获得一定的成效。因此,他对卢卡斯的环境教育模式进行了修改,认为环境教育的特征是其影响性导向,而并非其认知目标与技巧,应该将卢卡斯环境教育模式修改为只剩"为了环境的教育",只有环境教育目标才能被归类于环境教育,同时对 1970 年的《美国环境教育法》对环境教育的界定侧重于"关于环境的教育"层面进行了批判。

林克认为环境教育的评价至关重要。他反对简单的、描述性和经验性的评价模式,认为必须获得有价值的理论要素,建立必要的方法论,才能更好地进行环境教育的研究尝试,促进其发展。而环境教育评价至关重要且最富挑战性的任务是测定教学策略是否真正改变了人们的行为,包括人们看问题和做事的方式等;而我们环境教育评价现实存在的亟待解决的问题是,怎样才能清楚地了解不同的教学策略、不同的个性以及不同的教学环境是如何影响和作用于价值体系和个人行为模式的。

林克继承并批判性地吸收芬什姆和卢卡斯的环境教育思想,对环境教育,尤其是对推动环境教育目标理论和评价的进一步发展做出了重要贡献,在环境教育理论发展史上留下了重要的理论财富。

四、亨格福德的环境教育观

美国著名环境教育专家哈罗德·阿·亨格福德(Harold R. Hungerford,1928—2022)一生专注研究环境教育。20 世纪 60 年代他在中学担任过生物教师以及初中校长,60 年代末攻读了博士学位,著有《环境教育课程开发过程》

《中学环境教育课程模式》《环境教育师资培训策略》《小学教师环境教育培训方法：师范教育计划》等环境教育著作，并于 1980 年成为北美环境教育协会创建的国家环境教育研究委员会的首批成员，对环境教育理论体系的建构、中小学环境教育课程开发和师资培训等领域的发展做出了杰出的贡献。

1975 年亨格福德首次发表有关环境教育的文章，开始探索环境教育方法，并提出了环境教育研究的七大主题：①生态教育与环境教育；②户外教育与环境教育；③环境教育可以采用人本主义方法，让学生在完全自主的情况下学习；④学生生来就是探索者，无须经过任何训练就能成功地致力和终止他们选择的环境调查；⑤无须担忧，任何事都会自然向好的方向发展；⑥唯一能够成功地实施环境教育的教师是科学教师；⑦环境教育工作者要开展实践工作。

1983 年亨格福德等人以第比利斯会议提出的环境教育总目标为基础，设计了环境教育的具体教学目标，包括四个层次：生态学基础层次、概念意识层次（问题和价值观）、调查与评价层次、环境行为技能层次（培训和应用）。亨格福德希望通过提出并论证自己的目标层次理论，建立一个确定的、客观的、公认的环境教学目标体系，从而结束关于定义、目标和指导原则的纷争，指导环境教育的各项研究与活动。

亨格福德在行动研究方案的探索和实践上，较为突出的是"问题调查与行为模式"的建设。该模式"使学生学会分辨环境事件和问题间的差别，强调观念和价值观对问题产生的影响，采纳并实践问题分析策略"①。学生完成了一系列步骤后，学会识别环境问题，并且能在研究环境问题过程中，提出方案、获得相关环境问题的信息、设计调查问卷、处理信息、总结调查研究结果、提出建议等，最终制定出解决相关环境问题的方案。

---

① H. R. Hungerford, T. L. Volk and J. M. Ramsey, *A Prototype Environmental Education Curriculum for the Middle School*, UNESCO-UNEP International Environmental Education Program Environmental Education Series 29, UNESCO, Paris, 1990, p.15.

亨格福德对美国环境教育发展做出了多方面的贡献。1983年因对北美环境教育协会及整个环境教育领域做出的杰出贡献而获得了"沃尔特·E.杰斯克奖"。1991年又荣获"环境教育研究杰出贡献奖"。

五、罗斯的环境教育观

美国环境教育家罗伯特·E.罗斯(Robert E. Roth,1937—2021)在俄亥俄州立大学获得野生动物管理和中等科学教育两个学士学位和自然保护硕士学位。曾经担任纽约市小学科学教师和自然保护教育督导,后又在纽约担任了小学和初中科学教师,后来曾任亚瑟·卢卡斯的顾问。他创建了美国"湖畔自然中心",后又前往北伊利诺伊大学,研究户外师范教育(Outdoor Teacher Education)。

罗斯强调环境知识和相关信息的教学策略及其效果的评价,包括评价"以教学、解释及学习策略,作为促进概念结构发展的基础,从而产生合理的环境行为",以及探索和评价"与公民参与环境决策制定相关的可供选择的项目模式"。[①] 这些方面的研究成果构成了他的环境教育概念模式。

罗斯的环境教育概念模式反对卢卡斯知识本位的观点,强调情感和价值观发展的重要性。罗斯对推动环境教育认知、技能、情感、价值观的和谐发展和理性认识,受到了广泛认可,并于1988年荣获"沃尔特·E.杰斯克奖"。

第四节 环境教育思想的意义

一、环境教育思想推动环境哲学的进步

环境的恶化激发了人类的环境思想和自然思想的发展,并使人类认识到

---

① R. E. Roth, "A Model for Environmental Education," in *Journal of Environmental Education*, Vol.8, No.3, 1973, pp.2-3.

我们需要重新审视人与自然的关系，这其中包括环境教育思想的产生与发展，而环境教育思想的发展也促进了生态文化与哲学思维、范式的转变——文化哲学不能忽视自然而只关注"自设的人为意境"①了。

环境教育思想与环境理论、实践运动的发展相辅相成，并使人们的视线转移到向下一代传递生态文明观和环境保护理念上。

第一，19世纪下半叶以来环境哲学开始酝酿，由美国作家亨利·戴维·梭罗的《瓦尔登湖》到杰斐逊的"农业天然道德论"、艾默生的"自然超灵论"等，彰显了环境思想由原来的自然写真迈向了哲学思辨韵味的文学转型，人们开始讨论因为工业化和资本化影响所面临环境危机的根本问题。

第二，直到20世纪50年代，随着环境保护运动的一步步推进，受到美欧自然文学的影响，伦理学的范围从关注人发展到关注所有生命，这也为环境哲学中的生命伦理学奠定了基础，在这个时期，利奥波德的《沙乡年鉴》、萨拉俱乐部的《大地伦理》都成为环境伦理学中的经典代表作。

第三，到了20世纪60年代，环境思想的传播促使环境保护运动迅速发展起来，同时环境哲学也进入了苗壮成长阶段。1962年美国生物学家卡逊《寂静的春天》叙述了人类引以为傲的技术进步引起整个生物链巨大断裂的事实，从而唤起了人类对技术进步和环保问题的深刻反思，同时代的还有怀特的《当前生态危机的历史根源》与哈丁的《公有地的悲剧》也开拓出了西方环境哲学的崭新天地。

第四，到了20世纪80年代，"自然与反人类沙文主义的道德框架"②即环境伦理学发展到了高峰时期，成为伦理学学科下的次级学科。这个时期罗马俱乐部的《增长的极限》针对全球问题做出了研究报告，国际上斯德哥尔摩会

---

① 周国文：《从生态文化的视域回顾环境哲学的历史脉络》，载《自然辩证法通讯》，2018(9)。

② S. Richmond, *The Oxford Companion to Philosophy*, Oxford, Oxford University Press, 2005, p.256.

议的《人类环境宣言》对人类的全球环境权利与义务制定了共同原则，各个国家也开始出版有关环境价值观的刊物。

第五，世界环境保护运动运用文件的形式如《21世纪议程》《气候变化公约》等，将环境教育观念引入了政治领域，从而在全球开启了绿色政治行动。例如，1972年澳大利亚荷巴特成立了世界上第一个绿党"塔斯马尼亚团结组织 (United Tasmania Group)"，1973年欧洲第一个绿党"英国生态党(Ecology Party)"成立，之后德国、加拿大以及芬兰等国家都相继建立起了欧洲式绿党。

环境教育思想促使人们关注环境的深层问题，推动环境教育建立环境价值观，一定程度上使得环境哲学发展起来，促使人们对传统哲学理论保持怀疑的态度，并建设性地批判现代哲学范式。环境哲学强调以有机整体论(也称有机世界观、生态世界观、系统世界观)取代机械的二元论和还原论，强调"统一、和谐、相互联系、创造性、生命支持、辩证的冲突与互补、稳定性、丰富性与共同体，地球中的一切"[1]。从本体论角度而言，笛卡尔的机械论认为世界是一台机器，没有生命、目的和精神可言，而环境哲学则主张生态系统是活的，是有生命、有目的、有精神的，"具有自我调节、自我控制、自我维持和进化的性质"[2]。从认识论角度而言，环境哲学注重人与自然的互动作用，一方面强调人的主体性和主动性，另一方面强调自然对人的制约，自然并不是消极被动的。从方法论角度而言，环境哲学认为应运用生态学的整体性视角或生态学思维去看待环境问题，对待自然和解决问题。从价值论角度而言，环境哲学坚持世界上自然与人一样都具有其客观的内在价值和外在价值的观点。

---

[1] [英]J.B.科里考特：《罗尔斯顿论内在价值：一种解构》，雷毅译，载《哲学译丛》，1999(2)。

[2] 余谋昌：《环境哲学：生态文明的理论基础》，176页，北京，中国环境科学出版社，2010。

二、环境教育思想推动公众环境意识的提升

环境教育是一种跨学科的、知情意行相结合的教育科学；绿色价值观念的形成一定需要环境教育；同时公众的参与程度、知识经济的实现也都需要环境教育。环境教育思想在多个方面改变和提升了公众的环境意识。

从人与自然的关系来说，绿色价值观改变了传统价值观中人类主宰一切、为了利益人类可以利用和控制自然的观点。人们逐渐认识到人与自然是命运共同体，是平等的，无论自然对我们来说有无价值，我们都应该尊重与敬畏自然，遵守自然法则。

从对人类自身成就的看法而言，环境教育让人们从原先纯粹以物质占有来评判社会地位，发展到重视精神生活与情感纽带；从过度强调理性，发展到逐渐重视情感直觉的重要性。人们认识到，科技能够解决环境问题、促进社会与经济变革的看法并不是如想象中那么可靠，解决科技带来的问题需要另找出路，需要从要素式分析问题转变到整体论解决问题。

从经济学角度而言，原来以机械、静态、资源与技术发展的无限性为特征的传统经济学，发展成为以系统、动态、进化、可持续为特征的生态经济学，与此同时人们也由原先乐观的社会经济态度转变成怀疑审视的态度。可见环境教育思想带来的绿色生态价值观的传播，对于人类的可持续发展有着十分重要的意义。

环境教育思想家要求我们不仅要关注现在的环境问题，同时要为未来发展和未来环境多多考虑，因此培养全体公民具有可持续发展的观念和视角，从而引领他们开展可持续发展的行动就尤为重要。因此，环境教育拥有着终身教育的使命，直接关系着可持续发展和人类的未来。要想更好地解决环境问题，就必须加强环境教育，以此提高公众的环境意识，践行环境保护和可持续发展的基础工程，同时提高全体公民的思想道德素质和科学文化素质，培养其社会责任心和适应可持续发展社会的价值观和行为方式。

三、环境教育思想推动教育观念的反思

环境教育思想为我们重新认识教育的价值、重新审视"教育是什么"提供了新的视角。长期以来，教育对传递与传承传统发展观即物质财富与资源的无限性观念起到了至关重要的作用。"应当确认，教育(包括正规教育)、公众认识和培训是使人类和社会能够充分发挥潜力的途径。教育是促进可持续发展和提高人们解决环境与发展问题的能力和关键。"①面对日趋综合化、复杂化、新颖化、现代化的社会，教育应该培养什么样的人，教育的存在有什么样的价值，是传统教育观念面临的新的挑战。

环境教育思想虽涉及各种学科知识和技能，但它最终目的是一种价值观的教育：通过学生的参与与体验，引导学生做出价值判断，从而使学习者逐步养成价值意识，确立正确的、特定的价值观。如前所述，环境教育和环境教育思想是建立在环境伦理学基础上的，教育的价值与目的，不仅包含让学习者掌握更多的知识与技能，而且要帮助他们更加全面、综合、宏观地看待各种实际问题。确立一种新的教育视角——自然的、可持续的视角，学会尊重环境与自然，建立全局观和生态观，并向终身学习和优质教育迈进。这就是环境教育思想推动教育观念反思的意义与价值所在。

四、环境教育思想推动教育方式的革新

在社会日新月异的背景下，现实生活中的环境问题、产生原因和解决办法变得向综合性、复杂性方向发展，而环境科学知识也出现了现代化、综合性、新颖性的特征。学习心理学上的建构主义和人本主义的影响逐渐增大，它们强调根据个人经验来建构现实的生成学习、互动式教育理念、情境式教学、探究式教学等先进的教育思想、教育方法和教育手段，帮助激发学习者

---

① 联合国环境与发展大会：《21世纪议程》，国家环境保护局译，297页，北京，中国环境科学出版社，1993。

学习兴趣，充分发挥其学习主体性，促进学习者自我的意义建构，从而培养其面向未来的创造精神和实践能力。人们对于学习者、教育者与教育影响这三大教育因素的理解也因此发生了改变：强调学习者不再是被动的受教育者，不再是知识灌输的"容器"，也不再是身心发展没有成熟的学生，学习的过程就是学习者进行主动建构、探索、创新的过程；教育者不再是教育过程中知识的操控者、"独裁者"，而是在学习者学习过程中的帮助者、支持者、"脚手架"的提供者，是能够根据对于个体身心发展及社会发展趋势的认识，来引导、促进、规范个体发展的人；教育影响所包含的教育内容、教学材料、教育手段、教学法、教育教学组织形式等在科学技术和社会的飞速发展下也不断发生着变革。

而环境教育正是采用具有上述教学特征的方式，在社会情境和自然情境中，以现实情境来开展教学活动设计。特别是卢卡斯环境教育模式给予我们开展环境教育的建议，即"关于环境——在环境中——为了环境"，将"知、情、意、行"完美结合，增加了学习者亲身经历和体验自然、环境的机会。以此为基础的教学设计，采用跨学科的方式为学习者传递片段式、顿悟式的知识构件，而不再是系统的、结构化的设计，从而达到提升其保护环境、尊重生命与自然的意识，促进保护环境行为，传递生态文明和人与自然命运共同体的价值观念的目的。

环境教育的综合式教学方式推动了课堂传统教学方式的转变。以学生为中心和体验式学习的方式既迎合了教育发展的时代要求，也帮助学习者改善身心问题，"学会做事、学会合作、学会生存、学会做人"，提升学生的综合素质，培养他们在知识经济社会的适应能力，以及创新的能力和思维。

五、环境教育思想推动世界环境教育运动的发展

环境教育思想从无到有、从不成熟到成熟、从简单到系统，推动着人类

环境教育不断迈步前进，促进了世界环境教育理论和实践的健康发展。

理论层面上，环境教育思想为世界环境教育运动的发展奠定了理论基础、提供了理论模型，具有借鉴和参考价值。几乎每一个环境教育思想家都是世界环境教育运动的推动者。例如，威廉·比尔·斯塔普曾是联合国教科文组织环境教育科的第一位科长，他曾多次在澳大利亚开展环境教育会议，传播环境教育思想，这直接引起了澳大利亚官方当局的关注，同时推动了澳大利亚环境教育政策如《P-12环境教育课程指南》的出台。又如卢卡斯提出的环境教育模式被各个国家所接受，特别是他所注重的对环境知识的学习，以及"在环境中教育"的非正式课程教育形式，促使各国将环境教育纳入了学校教育体系。再如芬什姆多次参与构建澳大利亚科学教育计划，该教育计划的主题"环境计划"，对澳大利亚课程发展中心环境教育方案产生了重要影响；他还在第比利斯会议上大力传播环境教育的批判性思维，推广有利于学生环境素质形成的环境教育模式。

环境教育思想对于环境教育运动的重要影响，也集中体现在世界各国环境教育会议的决议、声明、政策上。1972年在斯德哥尔摩召开的人类环境会议提出，环境教育的目的是培养在自己能力范围内能够采取切实管理和控制自己周围环境的人。1975年国际环境教育研讨会发表了《贝尔格莱德宪章——环境教育的全球框架》。该宪章阐述了环境教育的哲学及基本框架，提出了环境教育在意识、知识、态度、技能、参与五个方面的目标。1977年政府间环境教育大会发表的第比利斯宣言及建议，对环境教育的本质、目标以及教育原则进行了定义，同时也为环境教育在国家及国际层面的施行提出了多项行动方针。1987年国际环境教育和培训大会倡议20世纪90年代为国际环境教育十年。1992年联合国环境与发展大会明确提出了为实现可持续发展而重建教育，由此环境教育也不再是仅仅对环境问题的教育，而是与和平、发展及人口等教育相融合。1995年在雅典召开的联合国环境教育大会，重点讨论了如何将环境教育定位到可持续发展方向，这标志着环境教育进入一个崭新的发展阶段。1997年联合国教科文组织召开环境与社会大会并通过《塞萨洛尼基宣言》，指出环境教育是为了环境和可持续发展的教育，并将此作为教育的战略选择。

实践层面上，环境教育思想推动着环境教育实践的发展。许多政府和国际组织对环境教育高度重视，并采取多种措施推动环境教育的发展和提高。例如，出于对环境教育必要性、重要性以及紧迫性的充分认识，在1969年《国家环境政策法》的基础上，美国于1970年10月通过了《1970国家环境教育法》（Environmental Education Act，1970）。由此，美国成为世界上第一个以法律手段促进并且保障环境教育发展与实施的国家，全国的环境教育正式纳入正规化渠道，并获得了强制性的地位。1990年美国通过了一部新的环境教育法案——《1990国家环境教育法》（National Environmental Education Act，1990），该法案共11条，包括环境教育课程的开发、实施、评价和普及等内容。该法案第五条规定了环境教育培训计划的制订。该计划的任务与活动包括：①环境教育与研究的课堂培训；②野外环境研究与评估的设计与实施；③发展环境教育计划和课程。在美国由于分权制，各州之间的环境教育情况不会完全一致，但总体来看，美国环境教育通过校内外一系列不同的形式实施，以跨学科的思想为基础，在校内可以独立开设环境教育课程的必修和选修课，把环境教育深刻落实到各学科的课堂教学之中；在校外通过组织各种社区活动以及服务学习项目进行学习。在环境教育过程中采取灵活多样的教学方法，如问题教学法、户外教学法、角色扮演法等。至今，美国形成了以学校为主的正式环境教育和以地方环境教育中心为主的非正式环境教育相互配合的完整的环境教育体系[①]，为美国社会确立牢固的环保意识和可持续发展的社会生态文明做出了重要贡献。

---

① 袁东：《美国教育体系中的环境教育》，载《深圳大学学报(人文社会科学版)》，2014(4)。

又如，1951年日本建立了日本自然保护协会，开始在民众中传播环保思想。随着工业化的高速发展，环境问题愈加严重，加速了环境教育的出现。1967年日本颁布《公海基本对策法》，同年全国中小学公海对策研究会成立，成为日本学校环境教育的开端。1971年设立负责管理环境的环境厅，后更名为环境省，采取多种形式的活动对民众进行环境教育，如成立环境教育研究会，设立专门的环境教育经费等。日本的环境教育经历了自然保护教育、公害教育和环境教育这三个不同时期，最终确立了环境教育理念，并形成了完善的环境教育体系。通过各种形式，在学校、企业和社区大力宣传环境教育，形成了由政府、地方、学校、企业、非政府组织/非营利组织共同构建的较为完善的环境教育网络，可以说是一种多层次、全社会共同参与的环境教育模式。不仅从幼儿园就开始进行环境教育，重视中小学的环境教育，还在高等教育中注重环境教育的相关研究。1977年日本有17所大学设立大学环境教育学科，1979年上升到40所大学。文部省还设立了特定环境科学教育研究。在日本，所有教师都要接受环境教育培训，文部省1977—1979年为参加培训的教师编写了环境教育培训参考书。日本在学校中并没有开设专门的环境教育课程，环境教育的内容主要渗透在各个学科之中，因此日本每一位教师都要参加在职环境教育培训。[1] 在教师参加在职培训过程中，要为教师提供参加环境保护和教育实践的机会，以便教师更好地掌握环境教育的内容和方法。

在环境教育思想发展的影响下，在联合国以及各国政府和非政府组织等的推动下，全球环境教育运动有了迅速发展。许多国家都开展了环境教育，促进了环境教育课程和综合实践活动的形式和内容等的多方面进步。环境教育从一开始的地理、生物课程逐渐发展为专题课程、综合实践活动等多样形式；从仅仅是知识的传递，转变为知识、意识、价值观三位一体化的教育目标，教育内容也日趋丰富和完善。

---

① 程军：《中外中学环境教育课程渗透模式比较研究》，硕士学位论文，东北师范大学，2002。

　　除此之外，绿色学校、森林学校的建设也日渐提上日程，成为人们关注的对象。"绿色学校""绿色大学"并不仅仅单纯开展环境保护方面的相关教育，还将"绿色"的理念渗透到整个教育工作中，成为一种新型的办学模式。绿色学校既是实施环境教育的一条路径和一项工程，也促进了各级各类教育全面、可持续的发展。

　　总之，环境教育思想的确立和传播，不仅对当代环境教育的理论和实践具有重大意义，而且对整个教育乃至整个社会的发展都产生了重要的影响。

第十四章

多元文化教育思想

随着现代社会多元化的发展，多元文化主义的出现，20 世纪 70 年代，在英、美等一些多民族国家，基于主张多元文化的共存，不同文化族裔和群体之间的民主、平等和互动关系，在教育领域，形成了一种多元文化教育(Multicultural Education)思潮。其重要目标是，在尊重文化差异的基础上，强调帮助来自不同民族、种族、社会阶层群体的所有学生获得平等的受教育机会，并能顺应或融入主流文化。多元文化教育对解决国内和国际文化冲突，促进多元文化的发展，具有重要的启示，也为各国的教育改革和发展提供了新的思考。

第一节 多元文化教育思潮的兴起与诉求

作为一种文化思潮，多元文化主义的萌芽与发展首先与分别发生于世界范围内的三次移民潮(19 世纪、20 世纪初及 20 世纪 50 年代前后)密切相关。这三次移民潮导致了多族裔国家的形成，以及人口结构的异质化。特别是"二战"后殖民地纷纷独立，许多原殖民地劳工汇聚到美国、英国等西方国家里。

这就给这些国家和社会带来了诸如人种、族裔、宗教、语言、文化等的多样性，以及体现在公民人权、民主与教育方面的复杂性。① 移民们在充满着种族主义的同化政策压迫下生活。为了生计，也为了融入当地社会，他们被迫放弃本族裔的语言和文化传统，并受到主流社会和统治文化的歧视。但是，他们也通过发起一系列反主流社会和统治文化的运动来表达自己的政治经济和文化诉求。首先是在美国爆发黑人反种族歧视、争取种族平等的"黑人民权运动"（1954—1964 年）。接着，受到民权运动的鼓舞，一场矛头直指种族主义和白人同化政策的"民族复兴运动"随即诞生，并迅速蔓延到整个西方世界。在这些运动的影响下，多元文化教育思潮涌现出来。

一、民权运动

尽管 1945 年颁布了《联合国宪章》，种族隔离政策备受国际国内舆论的抨击，然而在西方一些国家里却仍存在着结构性（体制性和机构性）的种族主义，少数族裔群体长期受到主流族裔的排挤和歧视。在充满白人至上主义的同化政策下，他们主动或被动地丢失了原有的语言和文化身份后，却依然没能得到主流社会对他们的认可，依然没有得到与主流族裔同等的公民权利和待遇。以美国社会为例，南北战争前默许奴隶制存在，南北战争后仍实行长达近一个世纪的种族隔离政策。这种长期存在于社会结构中的种族歧视必然引发黑人族裔的觉醒和抗争。自 20 世纪 50 年代中叶开始，美国社会集结了一股反种族歧视、种族压迫，争取公民权益的力量。这股力量迅速演变成声势浩大的民权运动。运动取得的重大成果是：美国国会于 1964 年通过《公民权利法案》全面禁止和取缔种族隔离和歧视政策，判定对少数族裔及妇女等弱势群体的歧视行为是非法的。1965 年通过的《公民选举权利法》废除了南部各州为剥

① J.A. Banks, *Race, Culture, and Education: The Selected Works of James A. Banks*, London and New York, Routledge, 2006, chapter 22.

夺黑人选举权而设置的"文化知识测试"的规定。同年，美国总统约翰逊签署法令，正式启动名为《肯定行动》的法案，对移民、难民、妇女、少数族裔，尤其是黑人、亚裔、拉美裔及印第安裔等弱势族群予以生活、升学、就业、创业等方面的援助，并在同等条件下对他们实行优惠政策，使其获得可能成功平等的机会，从而肯定自我，融入美国主流社会。1965 年颁布《新移民法》改正了实行近半个世纪之久的对有色人种的歧视性移民政策，使大量来自亚洲和拉丁美洲的移民得以进入美国。

与美国民权运动遥相呼应，英国此时也出现了关于种族和族裔问题的抗议活动。而随着移民数量不断增加，种族冲突日益恶化，种族骚扰和抗议活动此起彼伏，这迫使英国政府正视种族关系问题，于 1962 年颁布了《英联邦王国移民法》。同年正式出台《种族关系法》。该法要求消除一切形式的种族歧视精神，规定在就业和入学等方面秉承公平原则，凡涉及种族歧视的犯罪在同类犯罪中要受到更严厉的惩罚。[1] 后来随着移民潮加剧，该法又历经 1968年、1976 年以及 2000 年三次修订，以期在法律释义、效力范围以及监管机制方面得以进一步完善。

应该说，黑人民权运动除了获得立法上的成果外，还唤起了黑人族裔群体的自我意识和自我文化身份认同，进而要求探寻族裔根源和族裔复兴的合法路径。可以说，民权运动在诸如组织"群体诉求"，争取"群体权益"的策略上，包括通过立法(新移民法)争取人权和民权等方面为其他族裔积累了斗争经验，也为"族裔复兴运动"的全面爆发准备了条件。美国多元文化教育家班克斯(James A. Banks, 1941—　)把黑人民权运动界定为族裔复兴运动的史前阶段。

---

[1] 姚克：《英国"种族关系法"及其立法实践研究》，载《西北民族大学学报(哲学社会科学版)》，2009(5)。

二、族裔复兴运动

受到民权运动的鼓舞，随即掀起的族裔复兴运动迅速席卷西方国家。在族裔复兴运动的初期，主要是公开论辩何谓种族偏见和歧视，统治族裔与黑人等少数族裔群体之间的族裔边界，以及诉求与主流族裔群体截然不同的自我身份认同，并且探讨造成黑人等少数族裔群体处于不利地位的根本原因和唯一解释，其矛头直指种族主义体制和机构。在族裔复兴的后续阶段，极端或消极的族裔意识趋于消退，其他少数族裔群体开始组成联盟，以集体的理性化方式来诉求本族裔群体的人权和民权，进一步表达对种族偏见和歧视的愤慨，并提倡通过少数族裔和主流族裔群体之间的有效对话，寻求多族裔群体间的理解和同情，缓解两极冲突，以此推动有关改革和新政的颁布与实施。在族裔复兴的终结期，由于此前所提出和进行的相关改革大多已逐渐以法令法规和制度的形式得到实施和落实，极大鼓舞了其他少数族裔群体以及各类弱势群体争取本群体利益的斗争。这些弱势群体包括了妇女和残疾人等。他们与少数族裔群体类似的诉求引起全社会和执政当局的重视并被予以统筹考虑。

三、多元文化教育运动

尽管民族复兴运动各个时期特点不同、任务不同，其统一战线内部也有激进派和温和派之分，但他们都有着共同的逻辑起点和基本诉求。这些诉求落实到教育议题上便诞生了以批判学校体制、改革学校课程、改变教师态度、修改教育评价标准以及学校语言政策（对待族裔语言文化态度）为特征的多元文化教育运动。[①] 我们可以从多元文化教育运动的阶段性特征中窥见多元文化教育观的演变发展。

---

① J.A. Banks, *The Routledge International Companion to Multicultural Education*, London and New York, Routledge, 2009, pp.12-15.

(一)单一族裔(Single Ethnic)教育运动

20 世纪 60 年代中叶,随着一些西方国家通过立法取缔种族隔离政策,以黑人为主的有色少数族裔学生学业成绩低下问题便日渐突出。许多学者根据"文化剥夺论(Cultural Deprivation)"对黑人群体的低学业现象进行归因研究,认为黑人等少数族裔学生的家庭背景,如经济收入、语言文化、宗教信仰等方面的差异是造成低学业现象的主要原因,并提出学校要在政策上对少数族裔学生实施补偿教育计划。但是到了 70 年代,一些学者开始批判"文化剥夺论",认为它有文化歧视之嫌,因为将少数族裔学生低学业成绩归咎于学生家庭背景在母语、文化、智商等方面的差异或称缺陷,实质上延续了"熔炉论"的观点。他们因而提出"文化差异论(Cultural Differences)",并以此为依据,重新对黑人等少数族裔学生低学业成绩进行归因研究。研究发现,造成黑人等少数族裔学生低学业成绩现象,责任不全在少数族裔家庭,而在学校对待这些学生的政策,是学校在价值取向、课程规范、评价标准等方面对少数族裔文化的低估、偏见甚至歧视造成了问题。在这个时期,许多大学成立如亚裔研究中心、西班牙裔研究中心、非洲裔研究中心、印第安人研究中心等,专门开展民族研究与教学。这些研究为中小学课程与教材开发积累了丰富的文化素材。以"文化差异论"取代"文化剥夺论"构成了这一时期多元文化教育观的基本特征。

(二)多族裔(Multiethnic)教育运动

关于黑人等少数族裔学生学业成绩低下的归因研究促进了多元文化教育观的发展。对族裔文化教育的研究,由对单一少数族裔群体的关注转向对各族裔群体的关注。学校的"族裔研究"课程开始从传授某单一族裔的历史与文化转向反映各个族裔的历史与文化;相关教材也综合性地反映各个族裔群体的历史与文化经验。这一转向除了要求主流学校继续消除偏见和歧视,善待所有族裔的历史和文化,承认各族裔文化的独特价值外,还在于相信来自不同族裔背景的学生走在一起，互相学习其他族裔的历史与文化，将有助于增进各族裔群体间的相互了解和相互尊重，缓解族群矛盾和冲突。① 还要求教育改革除了在内涵上加强对各少数族裔群体（多族裔群体）的关注外，也要寻找结构性的突破，并在教育立法上体现力度。以美国为例，在"肯定性行动计划"的推动下，联邦政府于 1968 年先后出台《教育总法案》和《双语教育法》。1972 年又颁布《族裔传统法》，1974、1978 及 1983 年进一步修改《双语教育法》，对文化多样性与语言多样性予以谨慎的默许。这些法律法规使得少数族裔背景的雇员在学校和就业部门迅速增加，从而进一步鼓舞了少数族裔自强不息的精神。此外，在学校改革方面，除修改课程和教科书外，还要求从根本上改变教师态度和师生互动方式，提高教师对少数族裔学生的预期，如允许学生探讨不同族裔的历史与文化，在课堂上就某概念或主题或历史事件发表自己的观点。与此同时，学校还要调整语言政策，允许双语教学，并根据多元文化教育理念修订评价标准。此外还要求学校课程增加对种族、性别、阶级、宗教、语言等议题进行社会学研究，从而提高社会行动层面的教育公平和公正意识，呼吁全社会对各个族裔文化差异予以认同、尊重和包容，并予以自我实现的公平机会。

（三）超族裔（Meta-ethnic）教育运动

受到上述多元文化教育运动成果的鼓舞，妇女维权运动开始蓬勃发展。该运动呼吁同工同酬，废除歧视妇女，把妇女当二等公民的法律，并要求在执政部门多吸收妇女代表，鼓励男性参与到家务劳动和抚养孩子的分工中。② 与此同时，边缘文化群体（Marginalized Groups），特别是残疾人、老年人、同性恋者等弱势群体也提出平等人权和民权问题。他们的诉求反映到教育方面，

---

① 吴明海：《当代多元文化教育思潮历程初探》，载《民族教育研究》，2015(2)。

② J. A. Banks and C. A. M. Banks eds., *Multicultural Education: Issues and Perspectives*, 9th edition, New Jersey, John Wiley & Sons Inc., 2016, pp.2-11.

即要求主流学校不要以各种理论为由，对他们实行教育隔离政策，应该欢迎他们上主流学校，与同龄人一起上课，共享教育资源。这意味着所有类别的弱势群体都加入多元文化教育运动，逼迫主流教育机构放弃偏见和霸权，实施全纳式(Clusive)的多元文化教育。在理论上为其正当性和合理性进行了辩护的基础上，多元文化教育观开始从探讨族裔差异和平等问题扩展至全社会不分族群的社会正义行动层面，并强调培养年青一代的批判精神和公民意识，主张以社会正义为价值导向重建社会，促进了多元文化教育的进一步研究和发展。①

第二节　多元文化教育的理论基础

人文社会学科领域中的多种学说和理论派别构成了多元文化教育的理论基础，其中包括：社会民族理论中的文化多元论、文化人类学中的文化传承论和文化相对论、教育社会学中的教育机会均等理论，以及后现代主义解构理论等。

一、文化多元论

文化多元论的代表人物是犹太裔美国学者霍勒斯·卡伦(Horace Kallen，1882—1974)。他的文化多元理论是在与"熔炉论"和"同化论"的论辩中形成和发展起来的。

"熔炉论"和"同化论"如出一辙。它们都认为美国的特殊气候、政治制度、宗教和工作环境，特别是美国西进运动的"功绩"，在于把欧洲移民"熔合

---

① 冯广兰：《美国民族教育政策的发展历程》，见吴明海：《中外民族教育政策史纲》，158～176页，北京，中央民族大学出版社，2006。

成一个混合种族"，同时创建了美国式民主，建立了美国人对美国体制和思想的认可。① 在"熔炉论"影响下，"美国化"运动应运而生，它要求来自东南部欧洲的移民"完全忘却祖籍和放弃母语及文化，割断与出生国之间的一切义务和联系"②，无条件地接受美国传统、美国语言文化和作为美国人的普世价值观，把自己归化成为从饮食、服饰、言谈举止到内心情感和思想都符合美国标准的美国人。

面对"熔炉论"造成的上述种族歧视现象，1915 年霍勒斯·卡伦在《民族》杂志上发表题为《民主对抗熔炉》的长文，从民主的角度对"熔炉论"进行猛烈的批判。他指出，人们可以选择或改变自己的服饰、政治、信仰、伴侣、宗教和哲学等，但无法选择和改变自己的祖父母（即母语文化背景）；如果让所有美国人都统一在盎格鲁-撒克逊的传统之下，只能离间非盎格鲁-撒克逊的移民对美国的感情。"美国化"运动等于将非盎格鲁-撒克逊的移民看成低等民族，不配享有同等的权利，这种做法是违背《独立宣言》所宣示的平等精神的。真正的美国精神应该是"所有族裔间的民主"，而不是某一族裔对其他族裔的绝对统治。③ 1924 年，卡伦在将该文收入论文集时，首次使用了"文化多元主义（Cultural Pluralism）"一词。④ 1956 年他在著作《文化多元主义与美国思想》中，更加具体地阐述了文化多元论的思想。

卡伦的"文化多元主义"是对"美国化"运动的一种抵制，唤起了有色少数族裔争取自己权益的意识，否定同化政策的傲慢、偏见和歧视。而后来出现

① F.J.Turner, "The Significance of the Frontier in American History," in *The Frontier in American History*, New York, Henry Holt and Co., 1928, p.23.

② I.Berkson, *Theories of Americanization: A Critical Study*, New York, Columbia University Press, 1920, p.59.

③ H.M.Kallen, "Democracy Versus the Melting Pot," in *The Nation*, 1915（2）, pp.190-194, 217-220.

④ H. M. Kallen, *Culture and Democracy in the United States*, New York, Arno Press and The New York Times, 1970, p.11.

的"多元文化主义"所包含的"文化"的内容超越了传统意义上的"文化"范围，实际上成为一种明显而直接的政治诉求，代表了一种更为深刻和广泛的诉求，对西方社会的震撼更为剧烈，为多元文化教育思潮的兴起提供了思想渊源。

二、文化相对论

"文化相对"作为一个学术专用名词，始于美国人类学家博厄斯(Franz Boas，1858—1942)。他于1887年撰文反对把欧洲文明放在进化最高点，把澳大利亚人放在人类早期进化的最底层，指出这种观点是族裔中心主义(Ethnocentrism)的产物，并强调每一个族裔都有自己的历史和文化个性，主张研究者要排除自身文化的约束，深入研究每个族裔的思想。①随后，博厄斯的学生本尼迪克(R. Benedict)认为，每一种文化都是不知名的宝石，有自己的独特性。博厄斯的另一位学生赫斯柯维茨(Melville Herskovits)在其代表作《人及其劳动》(1948年)中，更是把文化不能比较的相对论观点做了理论化和系统化的阐述：第一，任何族裔文化都是一定时空下的产物，因此脱离一定的族裔时间和空间，文化便失去意义。第二，每一种文化都是独立发生的，不可重复，因此不能进行比较研究。第三，由于传播(Diffusion)、借用(Borrowing)是文化变迁中常发生的现象，它会扰乱文化发展的延续性，因此发现文化发展规律性是不可能的。第四，文化的变化只是数量的增减，不会发生质的变化。② 在此他只承认空间差异，否认时间差异，反对把文化特点加以绝对化。赫斯柯维茨的观点让文化相对论逐渐发展成为人类学流派之一。赫斯科维茨本人因其《文化人类学》(1955年)被公认为文化相对论的主要代表人物。

总之，文化相对论的核心思想是：文明不是绝对概念而是相对概念；所

① [苏]C.A.托卡列夫：《外国民族学史》，汤正方译，300页，北京，中国社会科学出版社，1983。

② 参见 M. Herskovits, *Man and His Works:The Science of Cultural Anthropology*, New York, Alfred A.Knopf, 1948；李安民：《试论文化相对论》，载《中山大学学报》，1987(3)。

谓思想和概念的真理性是随文明进程而与时俱进的；任何一种文化行为(例如信仰或风格)只能用其本身所属的价值体系来评价，即相对价值标准，而不是所谓适合于一切社会的绝对价值标准。以此类推，文化之间没有高低贵贱之分，不同族裔文化都有着各自的特色，各族裔群体的思想与感情和生活方式都是特定社会和文化的产物。因此，不能纵容任何一种文化或族裔群体凌驾于其他文化和族裔群体之上，更不能用一种充满霸权的"同质文化"来代替多元社会中"多质文化"共存的现实。就道德观而言，也不存在超越于所有文化种类和群体之上的普遍道德标准。道德观念往往因特定文化、历史和地域的变化而异，应该予以尊重。因此，审视其他族裔文化和其他文化群体的价值观体系及他人的价值观时应持一种宽容的态度。①

文化相对论的逻辑发展就是文化传承论。文化传承论认为：社会的代际文化传承不仅在学校中进行，而且更多的是在家庭和社区活动中实现。社会学习理论也从解释人类学习方式上，论证不同族裔社区和家庭的特有文化模式所予以年青一代社会化行为模式的影响。这些观点的核心就是要尊重和理解不同文化间的相互差异，谋求各族裔文化特色并存，并保证弱势族裔群体的权益。这些主张从哲学上为多元文化教育思想提供了理论支持。

三、教育机会平等论

教育机会均等概念出现在 20 世纪中后期美国教育机会均等运动。科尔曼(James S. Coleman，1926—1995)是教育机会平等运动的发起人，他主要就学生学业成绩、学生家庭背景、学生所在学校特征和教师特征等多种因素进行了考察。著名的《科尔曼报告》，亦称《教育机会平等》(1966 年)就是该考察结束后向国会递交的总结报告，成为当时美国教育改革的指导性文件。影响教育机会均等运动走向的主要代表人物还有詹克斯(Charles Jencks)、罗尔斯

---

① 何小勇、罗飞：《西方多元文化教育理念分析》，载《教育评论》，2010(3)。

(John Rawls)、诺齐克(Robert Nozick)、德沃克(Ronald Dworkin)等。

科尔曼认为"教育机会平等"界定涉及四个方面的标准：进入教育系统的机会均等；参与教育的机会均等；获取教育结果的机会均等；教育对生活前景机会的影响均等。他主张首先从教育投入(教育机会)和产出(教育结果)两方面来思考教育机会平等概念；其次要把教育机会平等的内涵从指学校的平等转化为指学生的平等；最后要把能否将这一概念转化为教育政策当成落实教育机会平等内涵的必要条件。①重要的是，学校要为那些具有平等背景与平等能力的学生提供平等教育结果。在他看来，教育机会平等理论涉及三方面内容，即"入学机会的平等""在学过程的平等""学习结果的平等"。前者指学校要为每个学生提供平等的受教育机会。后两者则指学校要同时承认学生家庭、智力等方面的客观差异，对具有相同背景、相同能力的学生提供平等的教育，对由于家庭和智力等因素造成的学业差异、升学和就业差异施以补偿教育；通过教育过程中的区别对待(即因材施教)来实现教育结果的平等。学校不仅要把注意力集中在教育投入的平等上，更重要的是要把注意力集中到教育产出的平等上。②

詹克斯完全赞同科尔曼既关注入学机会平等，也强调教育结果平等的观点，但他更重视探讨造成学生学业成绩低下的原因，并认为家庭背景因素(经济、环境、遗传)对学生学业成绩的影响远比学校所提供的教育机会平等作用大。为此，他提倡通过"补偿教育"来平衡因家庭环境差异造成的学生学习条

---

① J.S. Coleman, "The Concept of Equality of Educational Opportunity," in *Harvard Educational Review*, Vol.38. No.1, 1968, pp.7-22；孟楠：《美国教育机会均等运动及其给我国的启示》，载《学习与探索》，2017(4)。

② 张人杰：《国外教育社会学基本文选》，185 页，上海，华东师范大学出版社，1989，转引自孟楠：《美国教育机会均等运动及其给我国的启示》，载《学习与探索》，2017(4)。

件的差异，从而获得教育"结果的平等"。①

罗尔斯同意詹克斯的见解，但他更强调通过制定政策来改善弱势学生平等受教育的机会，认为"平等即公正"②。而诺齐克则热衷于研究不平等（差异）的合理性，以及合理性不平等（差异）的类型。③ 这种只关心过程的平等，不过问结果的平等的公正观与罗尔斯的公正观存在巨大分歧。德沃金则超越罗尔斯与诺齐克的对立，同意詹克斯实施补偿教育的要求，并将其具体化到"保险方案"以及针对个人志向为自己选择承担代价的"拍卖方案"。④ 在他看来，公立教育是保险方案，而拍卖方案则是自由选择的个体教育。公共教育之所以必要，就在于它能保证一定阶段的教育（如义务教育阶段）是完全平等化地纳入公共财政的体系中，防止教育商品化对弱势阶层的伤害。⑤

教育机会平等运动的发展及其追求教育结果平等的特征，为多元文化教育思想提供了理论依据。20 世纪五六十年代西方学校纷纷出台的对少数族裔学生实施补偿教育的各种计划都是"教育机会平等论"指导的产物。

四、后现代主义思潮

后现代主义思潮是 20 世纪 60 年代以来在西方出现的以反传统哲学"单一

---

① C. Jencks, "Whom Must We Treat Equally for Educational Opportunity to Be Equal?," in *Ethics*, 1988(3), pp.518-533；孟楠：《美国教育机会均等运动及其给我国的启示》，载《学习与探索》，2017(4)。

② 冯建军：《三种不同的教育公正观——罗尔斯、诺齐克、德沃金教育公正思想的比较》，载《比较教育研究》，2007(10)。

③ R. Nozick, *The Examined Life*, New York, Simon and Schuster, 1989；冯建军：《三种不同的教育公正观——罗尔斯、诺齐克、德沃金教育公正思想的比较》，载《比较教育研究》，2007(10)。

④ R.Dworkin, *Taking Rights Seriously*, Cambridge, Massachusetts, Harvard University Press, 1977；冯建军：《三种不同的教育公正观——罗尔斯、诺齐克、德沃金教育公正思想的比较》，载《比较教育研究》，2007(10)。

⑤ 冯建军：《三种不同的教育公正观——罗尔斯、诺齐克、德沃金教育公正思想的比较》，载《比较教育研究》，2007(10)。

理性"、反现代主义"权威声音"为特征的社会和文化思潮。后现代主义因其内部分歧至少分为"构建性后现代主义"和"解构性后现代主义"两类。构建主义以"开放""尊重""宽容"等建设性主张为主要特征，其主要代表有格里芬(David R. Griffin)和罗蒂(Richard Rorty)等人。解构主义则以"怀疑""否定""摧毁"为基本特征，其主要代表有利奥塔(Jean-Francois Lyotard)、德里达、福柯、拉康(Jacques Lacan)等人。

解构性后现代主义最重要的特征就是批判现代性，强调非理性，倡导多元化。所谓批判现代性指反对西方启蒙运动以来确立的理性原则和科学精神(权威性、同一性、普遍性、确定性和终极价值)。所谓强调非理性指人与自然、人与人都处在一种复杂的关系中，任何人都无法逾越这种关系而独善其身。人的存在与人的自身有关，要参与其中，但不要墨守成规，不要履行所谓"理性"的信条，更不要去"理性"地分析自己的人生。非理性才是人性，尊重人性就必须肯定人的非理性存在。所谓倡导多元化指反对哲学上长期占统治地位的"二元论"以及由二元论带来的二元模式中主体的中心地位，强调世界自身的多样性和丰富性，主张从多视角、多维度、多样性来看世界。① 这些特征反映在教育上即是用"去中心(Decentering)"和"放(松散)边界(Loosening of Boundaries)"两个概念来设计课程与教学。此处"去中心"指的不仅仅是"去学科知识中心"，还指"去有教育权威中心"以及"去教育控制和教育管理中心"。而"放(松散)边界"指的是突破以往教育狭隘的定义上的不合理范围。② "去中心"和"放边界"加在一起的意义即是：现代教育机构不再可能自称其拥有"教育性(Educative)"的专利，因为任何一种文化背景下的任何一项活动都能自称拥有"教育性"；教育不再被狭隘地解释为文化的组成部分。"受过教育

---

① 李宝庆、靳玉乐：《麦克莱伦的批判课程理论及其启示》，载《西南大学学报(社会科学版)》，2014(6)。
② 陈建华：《后现代主义教育思想评析》，载《外国教育研究》，1998(2)。

者"不再仅仅指通过了某种特殊教育结构控制下的"阶梯"而获得学历文凭的人，因为任何人在不同的程度上都是一个受过教育的人，而"受过教育者"不一定是持有学历文凭者。① 后现代主义解构论的这些观点与多元文化教育观反对一体化课堂和教材，反对教师权威，照顾个体差异，注重个性化发展，倡导多样性教育实践一脉相承。

第三节　多元文化教育的主要理论

多元文化教育运动催生了多元文化教育研究，20 世纪后期从 80 年代起出现了以英、美学者为主的若干学说和理论，对多元文化教育的学校政策、教师教育和课程教学都产生了重要的影响。

一、班克斯的多维度课程论

班克斯是美国多元文化教育领域一位领军人物，他在 20 世纪后期的代表作有《多族裔教育：理论与实践》（1981 年）、《西方社会的多元文化教育》（1986 年）、《多元文化教育：问题与观点》（1989 年）、《多元文化教育导论》（1994 年）、《多元文化教育、知识变革与行动：历史与当代视角》（1996 年）、《培养多元文化社会的公民》（1997 年）等，他的著作被译为多国文字，具有世界性的影响。

班克斯认为，多元文化教育至少有三个含义：是一种理念，是一场教育改革运动，是一个过程。

作为一种理念，是指所有学生不论其归属（背景），如不同性别、族裔、种族、文化、语言、社会阶级、宗教、性别取向或其他文化特质，都应该拥

---

① 陈建华：《后现代主义教育思想评析》，载《外国教育研究》，1998(2)。

有在学校接受平等教育的经验。学校要根据差异原则，重视少数族裔和弱势群体的教育需求。

作为一场教育改革运动，是指改革学校和其他教育机构，使其为所有性别的学生不受其文化、语言、族裔等群体背景的限制，提供获得学业成功的平等机会。班克斯主张从多族裔和多文化视角来理解多元文化社会的本质及其复杂性，力图把学校看作一个实施多元文化教育的社会体系。为了实现教育平等，改革不仅限于课程编制，更要改革学校文化，其中包括权利关系、教职员的态度和信念等重要组成部分，乃至全部教育环境。

作为一个过程，是指多元文化教育是个持续不断的过程，其目标不断递进。在他看来，实现教育平等如同追求自由和公正一样，是人类艰难的努力但仍未达到的理想。多元文化教育永远在路上，永无止境。①

(一)课程编制的维度

针对多元文化教育的特点，班克斯提出编制多元文化课程的五大维度②，以此作为课程改革的指南。

1. "内容整合(Content Integration)"

班克斯要求所有学科教师在学科教学时，尽量通过举例说明，把有关族裔和族裔文化的内容结合到讲解学科概念、原理、定律和理论中去，用理论联系实际的方式向学生进行多元文化教育。他承认"内容整合"存在学科差异，对人文和社科类的课程而言，相对比较得心应手，但数学和科学也有机会，尽管不多。他也反对把"内容整合"当作开设一门"族裔文化研究"的选修课就了事的做法。理由是，如果把实施多元文化的责任只安排给人文和社科课程或专门设课的话，就会滋生出一种抵制"内容整合"的消极情绪而使得多元文

---

① J. A. Banks and C. A. M. Banks eds., *Multicultural Education: Issues and Perspectives*, 9th edition, New Jersey, John Wiley & Sons Inc., 2016, pp.2-11.

② J. A. Banks, *The Routledge International Companion to Multicultural Education*, London and New York, Routledge, 2009, pp.15-17.

化教育落空。

2. "知识构建过程(The Knowledge Construction Process)"

班克斯要求教师在教学过程中要帮助学生理解,并通过调研来判断那些在知识建构过程中起负面作用,包括充满歧视和偏见的文化假设(暗指)、参考文献、立场观点、学科偏见论点(来自研究者和教科书作者自身)。在班克斯看来,在知识创造过程中,研究者的价值观、个人经历、态度和信念必然参与其中,而让学生认识和了解这一过程很有必要。班克斯的这一观点与后现代主义解构论把知识看作权力的产物的观点一脉相承。

3. "减少偏见(Prejudice Reduction)"

班克斯认为,偏见无处不在。他要求教师要利用课堂和活动帮助学生发展民主态度,养成对其他种族、族裔和文化群体的正面态度(即了解、理解、尊重、容忍),同时也让学生了解族裔群体文化身份认同为什么往往受到西方统治文化的影响。研究表明,在特定的教学条件下学习涉及其他族裔和文化群体内容有利于学生树立跨族裔的认知态度,而所谓特定条件,是指教材中所介绍的族裔人物形象是否正面,在使用族裔和族裔文化材料时,要力求完整,循序渐进,不得断章取义。

4. "公正教学论(Equity Pedagogy)"

班克斯鼓励教师通过分析教学步骤和教学风格来反省和检验教学,看其是否反映多元文化教育的议题和关注点。实施公正教学就是要求各学科教师在组织教学时富有创造性,善于根据学生族裔背景、文化特征和个性差异,调整教学方法,使其既能适应多数学生多样化学习方式,又能兼顾个别差异,促进所有学生共同进步,尤其要帮助少数族裔背景学生建立自信,获得学业成功。这种"公正教学论"拒绝"文化剥夺论",认为后者是有歧视意味的,其要害是否定少数族裔学生的背景文化,把他们的低学业成绩归咎于家庭背景,并要求学生放弃母语,排除母语文化影响,努力根据主流学校的行为准则来改造自己。公正教学论接受"文化差异论",认为来自各个文化群体的学生各有差异优势,老师要因势利导,利用学生家庭和社区背景的重要方面采用"文化关联教学论"①进行互动教学,从而获得良好的教学效果。

5. "赋权性学校文化结构(Empowering School Culture Structure)"

这是指重建学校文化及整体组织。班克斯认为,重建学校文化意味着改变学校环境和办学理念。其中校风、权利关系、教职员工态度和信念等都是学校文化最为关键的组成部分和变量因素。②因此,全校教职员工都应该参与到学校文化的重建中,对学校工作各个方面都予以督查,以期创造出一个适合推行多元文化教育的民主公平的学校文化。这种学校可以赋权予所有学生(无论其族裔背景和性别差异),让他们获得平等成功的机会。

(二)课程设计模式

首先,班克斯认为"族裔研究"课程有四种课程设计模式:①以"盎格鲁-撒克逊"文化为中心;②以"附加族裔"文化为中心;③以"多族裔"文化为中心;④以"多族裔国家"文化为中心。这四种模式的先后排列,代表着课程设计理念由"唯我独尊"到"民主博爱"的进步过程。班克斯指出,按"盎格鲁-撒克逊"文化为中心设计出来的"族裔研究"课程忽略了其他族裔和宗教群体的历史文化经验,充满着傲慢与偏见,助长了白人族裔同学身上的文化优越感,从而限制了他们与其他族裔同学的平等互动,同时也放弃了多族裔学生在一起相互学习的珍贵价值。班克斯推崇的是以"多族裔国家"文化为中心的课程设计理念,进而提出与之相对应的三种设计范式:①"内容范式"。即根据"内容整合""知识构建""公正教学论"以及"减少偏见"等多维度来设计课程。

---

① G. Ladson-Billings and W. F. Tate, "Toward a Critical Race Theory of Education," in *Teachers College Record*, 1995(1), pp.47-68. J.A. Banks, *The Routledge International Companion to Multicultural Education*, London and New York, Routledge, 2009, pp.15-17.

② J. A. Banks, *The Routledge International Companion to Multicultural Education*, London and New York, Routledge, 2009, pp.15-17.

②"学绩范式"。即倡导以提高学业成绩为目的课程设计。③"群际范式"。即鼓励背景各异的学生群体间的互动，通过了解彼此并求同存异来实现多元文化教育的目标。①

其次，班克斯根据"内容整合"和"知识构建"两个维度，提出设计"族裔文化"课程的四种方法：①"族裔贡献法"。即依据与主流文化选择英雄人物类似的标准，把其他族裔文化里的英雄人物和事迹纳入学校课程。②"族裔附加法"。即在现有课程框架里增加种族、族裔概念，补充与族裔文化相关的议题，同时在教科书中也增加反映其他少数族裔或弱势群体文化的内容，或是新设一单元，或是多推荐一本参考书，再或是增加一堂课。③"转变法"。即转变固有的代表统治族裔文化的意识形态，从多元文化视角来理解多族裔国家的社会本质、社会发展以及本身的复杂性，并以此为依据，更新课程结构与内容，鼓励学生学思结合，在学习和思考中形成自己的独立的见解。该方法力求通过变革，把反映多族裔文化的内容吸收到新课程体系中。④"社会行动法"。即在现有课程中，增加与种族和族裔文化相关议题，鼓励学生对这些议题进行社会学层面的调查研究，在获得新知识和新观念之后，对既定方针进行反思，提出改革方案并付诸社会行动。②

最后，班克斯根据多元文化教育的"赋权性学校文化结构"维度，提出改革学校文化和整体环境的意见。他指出，学校课程中既有显性课程也有隐性课程。诸如课程计划、课程指南、教学大纲和课程表等显性课程对构建学校环境尽管十分重要，但改革那些渗透在学校环境各个角落，涉及族裔语言、文化、性别差异、宗教信仰等内容的隐性课程则有助于显性课程的实施，同时也有助于促进所有在校学生的学业平等和共同进步。相比较，改革隐性课

---

① ［美］James A. Banks：《文化多样性与教育：基本原理、课程与教学》，荀渊等译，55～59页，上海，华东师范大学出版社，2010。

② J. A. Banks, *The Routledge International Companion to Multicultural Education*, London and New York, Routledge, 2009, pp.15-17.

程更为艰难，因为隐性课程大多渗透在诸如教室、会议室、图书馆、资讯中心、运动场以及课外活动等教室以外的非教学场景中。班克斯特别强调，所谓多元文化课程目标，即向弱势族裔或族群提供公平的学习机会，包括公平的学业成功机会。同时还要培养全体学生应有的多元文化态度和意识，获得为多元文化社会作贡献的知识和技能，摒弃狭隘的民族偏见和国家局限，养成容忍与接纳精神，与各族裔群体一道拓展跨文化的共存空间。

班克斯的多元文化教育思想及其课程理论被学界广为借鉴，并成为许多国家制定多元文化教育政策的参考。

二、高乐瑞雅和盖伊的文化关联(响应)教学论

高乐瑞雅(Gloria Ladson-Billings，1947—)是美国师范教育领域知名学者，20世纪90年代因提出"文化关联教学论(Culturally Relevant Pedagogy)"而声名鹊起，在多元文化教学论方面独树一帜，这一时期的代表作有《守梦者：非美裔儿童的成功女教师》(1997年)、《多元文化教育词典》(与格兰特合著，1997年)等。

高乐瑞雅在批判同化论的基础上提出的"文化关联教学论"，强调尊重学生各异的文化背景和个人经验，视差异为"财富"和"力量"，应将之带入课堂与学科学习相结合。为此，在教学过程中，教师要了解和尊重少数族裔学生的语言文化背景和生活经验，鼓励学生传承本族裔文化，视之为财富；教师要一视同仁，设定高期待的教学目标，并在课堂中展示教师的"文化能力"，并使之转换为学生的文化能力。这种"文化能力"就是指善于发掘不同文化背景和已有经验中的优势，将其用于教学中，并转换成理论联系实际的能力。高乐瑞雅认为，"文化关联教学论"的教学宗旨就是：①改善学生的学业成绩；②肯定学生的文化能力；③培养学生的文化觉悟和批判意识。教学越是关联学生文化背景和成长经验，就越能获得好的效果。

　　与"文化关联教学论"类似的教学论还有"文化恰当论（Culturally Appropri-ate）""文化一致论（Culturally Congruent）""文化兼容论（Culturally Compati-ble）""文化响应论（Culturally Responsive）"等。其中盖伊的"文化响应论"最为著名。①

　　盖伊（Geneva Gay，1945—　　）作为 20 世纪后期"文化响应论"的代表人物，其在这一时期的代表作主要有《学习的本质：多元文化教育》（1994 年）、《文化响应教学：理论、实践与研究》（2000 年）等。在高乐瑞雅"文化关联教学论"基础上，盖伊把文化概念延伸到种族和族裔议题之外，认为它要涵盖身份认同、公平与卓越、因材施教、全面发展、师生关系、正面情绪六个方面。她指出，多元文化教育是一个面对多数族裔的教育理念，既是课程也是落实到课堂之中的教学方法。教师必须具有民主胸怀，尊重族裔差异，肯定文化传承，消除种族偏见。也就是要尊重学生背景、个性和权利，帮助他们学习和掌握有关文化多样性的知识，特别要了解少数族裔的价值体系、学习方式、交际方式、社会互动方式，在教学过程中应用教学策略，实现因材施教。②

　　所谓教学策略，在盖伊看来，指教学要在不同背景的教师之间、学生之间、师生之间、学校与社区和学生家庭之间建立交流、沟通和协作，通过分享文化经验，达成文化关联、文化互动以及文化响应。③ 为此，她提出了一套切合课堂实际的教学论，主张教师利用多族裔学生各自的文化知识、先前经验、咨询参考、学习方式来组织教学，其中包括选择教材教法、调整师生关系、营造课堂气氛、提高自我意识（自我批评）等教学环节。她认为，唯有这种尊重学生背景、视差异为财富的教学论才可以做到因材施教，帮助全体学

---

　　① G.Ladson-Billings, "Towards a Theory of Culturally Relevant Pedagogy," in *American Edu-cational Research Journal*, Vol.32, No.3, 1995, pp.465-491.

　　② G. Gay, *Culturally Responsive Teaching：Theory, Research, and Practice*（2nd Ed.）, New York, Teachers College Press, 2010, p.32.

　　③ *Ibid.*.

生提升课业成绩。她跟高乐瑞雅一样，都把培养学生的社会批判意识和批判能力当作多元文化教育追求的最高目标。[1] 因盖伊的"文化响应教学论"对教师素养和专业技能都有明确的规定，这在很大程度上扩大和加深了"文化关联教学论"的思想。

三、林奇的多元文化课程

林奇(James Lynch，1947—　)是英国多元文化教育著名学者。其代表作有《多元文化课程》(1983 年)、《西方社会中的多元文化教育》(与班克斯合著，1986 年)、《多元文化教育：方法与范式——多元文化社会中的师范教育》(1986 年)、《全球社会的多元文化教育》(1989 年)等。

林奇认为，多元文化教育是实现民主社会理想的途径之一。为了满足不同文化背景的各种学生的教育需求，实施多元文化教育是极其必要的。它不仅可以促进学生对本国族裔或文化群体差异性的理解和尊重，而且还适用于国际人权教育、环境保护教育以及探讨全球事务的教育。基于这一认识，林奇指出，尊重自己也尊重他人是多元文化社会的伦理任务。他立足英国多元文化社会的现实，在参考和比较美国和澳大利亚等国推行多元文化课程改革经验的基础上，提出了多元文化课程的目标、内容选择原则和程序原则。

其一，强调课程目标要体现多元文化教育的基本伦理，帮助学生从认知、技能和情感三方面形成尊重他人的自由人格，摒弃传统(狭隘)的族裔或种族歧视观念，建立公正合理的平等观念，善于换位思考，既尊重自己也尊重他人，从而完成多元文化社会赋予教育的伦理任务。[2]

其二，提出多元文化课程内容选择的原则。即应兼顾文化多样性与共同

---

[1] Ibid..

[2] 参见 J. Lynch, *Prejudice Reduction and the Schools*, England, Nichols Publish Company, 1987; 廖明艳：《詹姆斯·林奇多元文化教育思想及评析》，载《教育与教学研究》，2016(4)。

性(全球性和国际性)两方面。另外，他主张用全球多元文化教育思想来指导多元文化课程设计，与国际教育分担责任，共享资源和办学的思路。他认为，多元文化课程设计要跳出"某一区域或国家"的狭窄视野，从全球观来考虑国际议题。因此，课程内容选择要遵循三个原则：①追求人类正义和平等的国际观和全球观。②遵从多元文化社会的价值准则，消除对少数族裔的偏见和歧视，承认其他族裔和文化群体的价值，放弃用主流族裔的文化的标准去评判其他族裔的传统和文化。③培养全球环保意识，理解人与生态系统的相互依存关系。①

其三，同意班克斯的多元文化课程思想，并效仿美国族裔课程模式，提出课程设计的程序原则，即"平行课程模式""附加课程模式""普及课程模式"。平行式即课程设计仍以盎格鲁-撒克逊族裔的文化为中心，但把族裔观点纳入主流观点。附加式即课程设计以社会或历史事件为核心，用各族裔观点来解释同一事件，以期让各族裔(种族)平起平坐，消除高低之分。普及式即课程设计要考虑族裔国家，引导学生从多国家的观点学习社会或历史事件，这是最终的课程模式。林奇认为，多元文化课程设计的程序是递进的，因此，各个学校应该根据自身课程实施的实际情况进行相应的课程改革，使其逐步过渡到采用普及式课程模式。②

四、麦克莱伦的多元文化批判教学论

麦克莱伦(Peter McLaren，1948—　　)是美国多元文化教育领域的重要学者。其在20世纪后期的代表作有《多元文化教育与批判教学论》(1995年)、

---

① 参见 J. Lynch and J. A. Banks, *Multicultural Education in Western Societies*, England, Taylor and Francis, 1986；廖明艳：《詹姆斯·林奇多元文化教育思想及评析》，载《教育与教学研究》，2016(4)。

② 参见[英]詹姆斯·林奇：《多元文化课程》，黄政杰译，台北，师大书苑出版社，1994；廖明艳：《詹姆斯·林奇多元文化教育思想及评析》，载《教育与教学研究》，2016(4)。

《批判教学论及掠夺式文化》(1995年)、《革命性的多元文化主义:为新世纪批判者的教学论》(1997年)等。他深受法兰克福学派文化反思论、后现代主义解构论以及马克思主义阶级论的影响,主张教育要培养具有批判意识与实践能力的年青一代,并以学生的自由与解放为根本宗旨。他还接受了福柯关于知识与权力关系的分析,提出了批判教学论,对多元文化教育的目标、内容、方法以及教师角色都有其独特的阐释。

(一)教育教学目标

针对生活在西方社会中的弱势族裔和群体的状况,麦克莱伦指出,多元文化教育不能只关心性别、种族、族裔方面的差异,只追求主流社会对族裔文化差异和弱势群体的尊重,却不追究造成这些歧视和偏见的深层次原因。他因此主张以马克思主义来指导多元文化教育研究,以"阶级"概念替代"文化"概念来组织多元文化主义的斗争阵营,以阶级冲突来解释族裔矛盾,从根本上认识到要彻底消除歧视和偏见,尊重差异但不扩大差异,就是要打破资本主义剥削制度和经济关系。① 从这一政治立场出发,麦克莱伦提出反压迫和反歧视的教育目标,并认为学校教育首先要帮助学生认同和尊重不同族裔或群体的文化,减少偏见,实现教育平等和社会公正;其次要培养学生批判意识与批判能力。在麦克莱伦看来,培养年青一代具备批判意识是促进社会变革和进步的关键,因此,他强调要以此作为多元文化教育的起点,主张教师要鼓励学生积极参加社会运动,结盟进步力量,获得批判实践的能力,以达到多元文化教育的目标和任务——实现人类(师生)的解放。②

(二)课程教学内容

受福柯思想的影响,麦克莱伦提出,学校课程就是要启发学生剖析"权力

---

① 参见 P. McLaren, *Critical Pedagogy and Predatory Culture: Oppositional Politics in a Postmodern Era*, London and New York, Routledge, 1995。

② 李宝庆、樊亚峤:《麦克莱伦的多元文化教育观及其启示》,载《比较教育研究》,2012(5)。

与知识"的关系，了解有关知识构建的偏见。① 他反对在编制学校课程中单纯从技术层面来看待知识，认为那样就会把知识工具化，而忽略知识的社会性。在他看来，文化作为一种推论性领域是由多种多样声音组成的。所以他反对只听"权威的声音"，更反对仅靠几个人设计出来的国家课程。②

　　他首先批判以统治族裔文化的优势性来确立学校课程编制的标准和选择课程内容，强调课程必须尽可能反映各社会阶层、各族裔群体、各性别取向、各宗教团体以及其他各类群体的文化和教育需求，特别反映弱势群体的需要。他解释这么做不是要削弱或消灭优势群体文化，而是让两者进行平等交流。其次，他强调课程必须反映社会问题，并注重学生个体经验的参与，把学生文化引入课堂，成为课程的组成部分。例如将性别歧视等现象列入课程，并以议题的方式组织课堂讨论，予以批判。再次，多元文化教育应该落实到每一所学校和每一间教室，运用"对话式教学"来质疑教育体系中的权力分配与社会关系。在这一过程中教师应该放弃权威意识，主动承担反霸权角色，把教室变成让所有学生参与其中的民主空间，每个人通过讲述自己的生命故事将这些体验与社会结构联系到一起，进而分析自身处境与社会政治经济的关系。③最后，麦克莱伦建议，教师要以多元文化教育思想重新定义自己作为教育家的身份认同，教师应该不再是传统意义上的技术工作者而应该是文化工作者。他认为，作为技术工作者，教师就只是向学生灌输主流族裔的文化，不会对学校教育应否成为"复制"既有权力关系的工具表达任何质疑，而作为文化工作者，教师必须了解和抗拒各种形式的权力压迫。教师不能只是传播

---

　　① 参见 P. McLaren, *Critical Pedagogy and Predatory Culture：Oppositional Politics in a Post-modern Era*, London and New York, Routledge, 1995。

　　② 参见 P. McLaren, *Critical Pedagogy and Predatory Culture：Oppositional Politics in a Post-modern Era*, London and New York, Routledge, 1995；李宝庆、靳玉乐：《麦克莱伦的批判课程理论及其启示》，载《西南大学学报(社会科学版)》，2014(6)。

　　③ 参见 P. McLaren, *Critical Pedagogy and Predatory Culture：Oppositional Politics in a Post-modern Era*, London and New York, Routledge, 1995。

主流族裔的价值观，而必须把教室变成反压迫反歧视的批判场，让所有被压迫的群体发出他们的心声。在他看来，教育机构应该被理解为践行民主的公共平台，也是培养教师自省的习惯和从事多元文化教学的平台。①

20 世纪后期，除了上述几种重要的多元文化教育理论之外，格兰特与斯利特为代表提出的"正义教师论"也开始形成。格兰特(C. A. Grant)认为教师作为文化传播者不仅应该具有丰富的学科知识和娴熟的教学技巧，还应该懂得尊重来自不同族裔背景和不同文化群体的学生，善于对待和满足他们多样性的教育需求。② 斯利特(Christine E. Sletter)还论述了适合多元文化课堂的教学方式。③ 由于他们的主要著述诞生于 21 世纪，因此在本卷中不作详述。

第四节　对多元文化教育观的反思

由于多元文化教育在反对族裔歧视、批评西方白人至上主义文化霸权，以及为少数族裔和弱势群体争取平等权利、平等机会和平等待遇方面的积极意义，因此，多元文化教育在英美等西方各国曾获得好评，并盛行多年，在一段时期内还成为政府整合少数族裔群体、照顾弱势群体、缓和社会阶级矛盾的政策依据。然而，随着"冷战"结束，经济全球化时代的全面到来，新自由主义、新保守主义粉墨登场，试图让整个世界都被框在以英美价值观体系为主导的世界新格局里。1996 年，美国学者亨廷顿(Samuel P. Huntington)出

① 参见 P. McLaren, *Critical Pedagogy and Predatory Culture: Oppositional Politics in a Post-modern Era*, London and New York, Routledge, 1995；李宝庆、樊亚峤：《麦克莱伦的多元文化教育观及其启示》，载《比较教育研究》，2012(5)。

② 参见 C. Grant, "The Mediator of Culture: A Teacher Role Revisited," in *Journal of Research and Development in Education*, 1997(11), pp. 107-117。

③ 参见 C. E. Sletter, *Keepers of the American Dream: Multicultural Education and Staff Development*, Philadelphia, Falmer Press, 1992, pp.28-30。

版《文明的冲突与世界秩序的重建》一书，书中提出了所谓东西方文明冲突论。在这种论调的影响下，多元文化教育思想和实践受到了严重的挑战和考验。一些国家的多元文化教育政策也因全球恐怖事件的增多而遭到更多的质疑或否定。因此，多元文化教育者们遂开始由激情呼吁进入理性反思。

一、对多元文化教育概念的检讨

多元文化教育是一个歧义颇多的概念，始终没有一个明晰和公认的定义。不同国家、不同历史时期、不同文化群体，对这一概念的理解是不同的；不同文化背景的多元文化教育研究者试图从不同角度、用不同方式对多元文化教育进行解释，这更增加了对其公共界定的难度。在实践中，有质疑者认为，多元文化主义及其教育，与其说是一种理论，不如说是一面象征性的旗帜，在这面旗帜下，集合了一大批不同诉求者。有的诉求涉及理论问题，有的涉及具体政策，还有的涉及一些具体的社会行为和态度。①支持者认为，顾名思义，多元文化教育因其"多元性"，必然是一个多视觉、多立场，又不断发展的概念。这不影响其共同的逻辑起点，即争取公民的基本权益，分享平等、自由、民主的多元文化主义的精神。在研究中，与多元文化教育相关的领域有许多，如跨文化教育（Intercultural Education/Cross Cultural Education）、多族裔教育（Multiethnic Education）、多语教育（Multilingual Education）、双文化教育（Bicultural Education）、多元化教育（Pluralism Education）等。当然，论述不一的界定，以及重合交错的研究边界难免给多元文化教育的实践带来不确定性，以及由这些不确定性带来的困局。

首先，有学者指出，各个种族、族裔群体，以及各个文化群体（弱势或边缘）内部对其成员的文化身份认同往往是交叉和动态的。例如，作为弱势群体的白人女性，她既是性别弱势群体成员，又是优势族裔群体成员，关于她的

_____

① 王希：《多元文化主义的起源、实践与局限性》，载《美国研究》，2000（2）。

文化身份界定就产生了一个学术思考：如何界定某族裔群体或某文化群体内部成员的多样性文化身份呢？这似乎是多元文化教育的死结。此外，还有涉及"种族"或"族裔"概念的变数。例如，随着多元文化思想的普及，种族或族裔间的通婚比从前更容易被社会所接受，因而出现相当一批"有色人种"是跨种族、族裔的新族群，那么该如何界定他们的种族背景或族群身份？这势必突破现有关于种族、族裔概念。① 换句话说，这些问题存在的本身就迫使多元文化教育对其概念、范畴做出明确且符合现实的界定和阐述。

其次，有学者提出，多元文化教育的(受惠)对象是谁？教育目标是什么？就教育对象而言，一种观点认为非主流族裔群体或弱势群体背景的学生才是多元文化教育的受惠对象，另一种观点认为多元文化教育的(受惠)对象应该包括主流族裔群体在内的所有学生。关于多元文化教育目标，各国多元文化教育学者们都有不同的表述，这些表述不一的教育目标严重影响了公众对多元文化教育实践的评估，对多元文化教育成效的认可。②

最后，多元文化教育究竟应该强调各族裔群体文化上的相似性和共同性还是多样性和差异性？这一直都是教育上的两难选择。在实践层面，多元文化教育往往在两者之间摇摆，在强调多样性时就忽视共同性。在理论层面，"一元"和"二元"概念仍有待澄清，两者之间的关系也尚待准确界定，否则将因现实需要而顾此失彼。多元文化教育往往要求摆脱"一元"的影响，而强调"多元"。这种情况也造成多元文化教育实施中的困难。③ 从多元文化教育运动中所呈现的教育观走向看，多元文化教育概念的内涵和外延都在扩大，从族裔群体扩大至非族裔群体的其他文化群体(宗教、性别、阶层、语言)，特别是他们中的弱势或边缘文化群体(妇女、穷人、残疾人、同性恋者)。一般

---

① 王希：《多元文化主义的起源、实践与局限性》，载《美国研究》，2000(2)。
② 张九洲：《文化多元与多元文化教育》，载《当代教育论坛》，2004(12)。
③ 王希：《多元文化主义的起源、实践与局限性》，载《美国研究》，2000(2)。

而言，20 世纪 70 年代多元文化教育研究侧重种族、族裔群体的文化差异以及他们的社会阶层属性问题，80 年代开始兼顾超族裔概念的文化群体和特殊人群的诉求，90 年代则力求把多元文化教育拓展到全球层面。

二、多元文化教育面临的理论和实践冲击

20 世纪 90 年代多元文化教育开始从"民族国家多元文化教育"向"全球社会多元文化教育"转向①，与此同时，西方国家政治经济形势也发生了巨大变化，新"文化冷战"在新自由主义和新保守主义思潮的推波助澜下全面爆发。1987 年芝加哥大学教授布鲁姆的著作《走向封闭的美国精神》的出版是这场"冷战"的一个重要标志。1992 年美籍日裔学者福山（Francis Fukuyama）《历史的终结》一书的发表，则意味着多元文化教育的研究与实践被逼至进退两难的境地。这种尴尬的处境不仅表现在政策层面，也表现在研究层面。人们普遍认为，多元文化教育所呈现的衰退现象与来自教育全球化（Globalization of Education）、新自由主义和新保守主义思潮的严重冲击②，密切相关。

（一）来自教育全球化的冲击

全球经济贸易从 20 世纪 90 年代以来加速增长，国家和地区间的相互依存与合作、跨国跨地区文化交流都出现了空前的频繁，教育全球化也应运而生。全球化教育与多元文化教育虽有合作兼容并包的共性，但两者差异显著。全球化教育注重探讨人类社会的共同点，倡导树立全球一体化教育思想，存在轻视其中的差异性，无视族裔文化的独特价值的弊端，与多元文化教育追求多样而平等的教育方案有所不同。此外，在政治诉求上，多元文化教育一直致力于消解文化霸权，实现各族裔文化的分享与平等对话，而全球化教育虽然也提倡跨文化意识和跨文化理解，但在教育全球化的实践中，常常被强

---

① 胡玉萍：《美国多元文化教育的理论困境与转向》，载《北京行政学院学报》，2012（4）。
② 同上。

势的西方文化所操纵利用，成为向其他地区输出西方文化和教育的工具。这给多元文化教育带来巨大的冲击。

(二)来自新自由主义的冲击

20世纪80年代末，随着苏联解体，资本主义由国家垄断向国际垄断发展。适应这种需要，新自由主义开始由学术层面的理论流派，进入国家意识形态领域，并通过政治化和范式化成为全球一体化理论体系的重要组成部分。①由于新自由主义主张推行以超级大国为主导的全球经济、政治、文化一体化，所以它就为国际资本在全球市场的扩张充当了国际垄断经济集团的利益代言人。新自由主义教育主张在多元文化教育理念看来，意味着霸权和歧视：其一，新自由主义以"市场化"和"私有化"来干预教育，迫使教育按照市场化原则来进行资源配置和管理，这必然致使多元文化社会中优势群体和弱势群体在受教育权利和机会方面的差距进一步拉大，甚至恶化。其二，新自由主义的"政治正确"观念也与多元文化教育目标是针锋相对的。在新自由主义看来，民主社会应该保证多族裔国家公民个体的自由平等而非群体共同自由平等，其中个人的权利至高无上，族裔或族群利益要服从于个人自由平等的利益。而在新自由主义教育看来，多元文化教育强调族群利益，强调族群差异及其身份特征，其结果必然弱化多族裔国家公民的向心力，动摇公民对国家主流文化的认同感和政治信念。② 显然，两者在教育取向上格格不入。

(三)来自新保守主义的冲击

新保守主义推崇白人至上主义同化论，主张重建盎格鲁–撒克逊文化的传统价值观，维护欧洲中心主义精英原则，排斥文化多元性，压制少数族裔文化的传承，这显然与多元文化教育的理念和主张势不两立。以施莱辛格(A. J. Schlesinger)为代表，他在1992年《美国正在丧失统一》一书中，批评以

---

① 王希：《多元文化主义的起源、实践与局限性》，载《美国研究》，2000(2)。

② 同上。

非洲中心论、族裔迷信和制度化的双语教学为核心的多元文化主义运动正在侵蚀美国的立国之本。① 在新保守主义者看来，多元文化教育只强调族裔国家中各族裔的文化个性，却忽略彼此间存在的共性，致使文化失去了价值评判的依据和标准。这不仅阻碍了来自少数族裔背景学生融入社会，而且还造成族裔国家的少数族裔群体与主流族裔群体间的冲突升级，甚至出现社会分裂②；少数族裔群体或弱势群体学生只有通过个体努力，奋力追赶，把自己尽可能地融入主流社会，才有望获得学业和就业的成功。为此，新保守主义还责怪新自由主义教育政策过于温和，不利于解决差异诉求与国家认同的矛盾。③

综上所述，我们可以看出无论是教育全球化还是新自由主义或新保守主义，他们对多元文化教育的否定和责难都源于他们之间的一个共性的世界观，即主张用文化霸权主义来治理全球。这是和多元文化教育思想格格不入或势不两立的。面对文化霸权及其新"冷战"思维，多元文化教育必须重新定位，积极思考如何确定和实现新的目标和任务。

四、寄语未来

20世纪90年代末，多元文化教育遭到多方面的冲击。原本被视为解决族裔矛盾、扶植弱势群体、提高少数族裔学生学业成绩、稳定社会向心力、实现社会平等愿景的治国"良方"，如今却难以为继。那么，多元文化教育的思想和实践真的走到尽头了吗？对此，大多数学者秉持谨慎乐观的态度，认为多元文化教育将在21世纪新的背景下获得进一步发展的机会。

首先，日益多元化的人口结构无疑是多元文化教育产生和发展的社会条

---

① 吴明海：《当代多元文化教育思潮历程初探》，载《民族教育研究》，2015(2)。
② 胡玉萍：《美国多元文化教育的理论困境与转向》，载《北京行政学院学报》，2012(4)。
③ 同上。

件。只要西方国家人口仍呈现迅猛的多元化势态，特别是少数族裔群体所占人口总数的比重继续增长，少数族裔文化的影响力仍将继续存在和提升，而主流社会以盎格鲁–撒克逊族裔为主导的文化价值观必然继续遭受挑战。正如美国多元文化著名学者班克斯所言的：多元文化教育是一种理念，是一场教育改革运动，是一个过程。从某种意义上说，多元文化教育永远在路上，永无止境。

其次，全球一体化背景下的文化趋同现象并非铁板一块，它必定孕育了更为复杂的多样化，而这便是多元文化教育得以存在和继续发展的契机。由于区域、国家和地区间的国际交流与合作频度增加，对各种族或族裔群体的了解和尊重必然变得更为重要，它有利于共同探讨和解决全球性的问题。如何拉近少数族裔和主流族裔关系？如何平衡族裔诉求多样性与国家利益整体性？如何协调各族裔国家与国际社会的关系？如何兼顾国家、地区和人民间的文化诉求、经济诉求与政治诉求？对于这些世界性问题，多元文化教育都可以发挥积极作用，提供参考答案。这是因为消解文化霸权，尊重文化多样性，谋求各族裔群体间以及各文化群体间的平等对话，实现世界自由、民主、公正与和平，本来就是多元文化教育的终极使命。更有学者主张多元文化教育要超越国家层面，站在全球格局之上，用国际视野来思考多元文化教育的价值取向。

第十五章

全球化教育思想

在理念层面，全球化是当代普遍流行的一个概念，频繁见诸政治学、经济学、社会学及教育学等研究领域。在实践层面，全球化是人类文明的自我更新与发展的重要新阶段。20世纪以来，随着信息技术与电子媒体的迅猛发展，全球化以前所未有的广度和深度席卷全世界。全球范围内政治、经济、文化等要素的互动与交流越来越频繁，人们日益意识到自己生活在一个迅速变迁和不确定的时代，各地命运息息相关、紧密相系。诚如第六任联合国秘书长加利所言："第一个真正的全球化的时代已经到来。"①

在教育领域，自20世纪80年代中期以来，围绕全球化与教育的理论研究、政策倡议及行动方案层出不穷，全球化教育思想已然是教育理论界一股强劲的思想潮流，并成为当今世界教育改革的重要主题之一。全球化教育思潮是超越民族和国家疆界的教育实践及其理论研究，是在经济全球化、政治与文化相互依存、多元共生、全球性合作日益深化的时代背景之下兴起的。

---

① 加利1992年10月24日联合国日致辞，转引自岳长龄：《西方全球化理论面面观》，载《战略与管理》，1995(6)。

第一节 全球化教育思潮兴起的背景

一、经济全球化与全球化教育思潮的兴起

全球化始于西方殖民者开拓全球资本主义市场的观念与实践。① 有一种观点认为,全球化发轫于15世纪的地理大发现,以1492年哥伦布"发现美洲"为标志。自此,西方人在经济利益的驱动下开启了将他们所谓的更高级、更优越的制度和文化向全球推广的历史进程。以此视角观之,全球化的首要驱动力是经济和资本的全球流动,即经济全球化。当前,经济全球化指的是世界范围内经济活动的一体化以及产生的相互依赖关系,其主要标志是全球市场的形成,以及资本超越了民族国家的界限在全球自由流动与配置。②经济全球化所带来的市场竞争、技术变革以及跨国公司对于世界性人才的需求引发了教育领域中有关知识、人才培养以及市场化教育改革等方面的思考和更新。

全球化时代的经济促使教育及教育所培养的人的属性相应发生一系列变化。经济全球化将文化和知识的生产与再生产纳入了市场的逻辑,教育在全球范围内成为一种可进行贸易的服务,教育所培养的人的经济属性更加受到重视。③ 人类的文化和知识生产走出小作坊模式,继而进入跨国公司模式。现代国家对教育的资助旨在激活国内经济以及培养更具竞争力的国际化人才,人力资本开发成为大多数现代国家教育政策的主要价值导向。④

经济全球化引发了一系列教育理念与实践的变革。例如,随着国际贸易、

① Andy Green, *Education, Globalization and the Nation State*, New York, St. Martin's Press, 1997, p.157.

② 佟立:《全球化与后现代思潮研究》,45页,天津,天津人民出版社,2012。

③ 项贤明:《教育全球化全景透视:维度、影响与张力》,载《北京师范大学学报(社会科学版)》,2008(1)。

④ Martin Carnoy, *The New Global Economy in the Information Age: Reflections on Our Changing World*, University Park, Pennsylvania State University Press, 1993.

全球交流的增加，培养精通国际事务、熟悉国际法律、精通外语、具有跨文化理解和互动素养、善于全球性交往的高素质复合型人才显得格外紧迫和重要。如让·基尔希（J. Kelsey）所言，一种经济原教旨主义（Economic Fundamentalism）的教育在全球化过程中勃然兴起，这种观念主张"市场总是好的，国家干预是不可取的"。经济全球化带来的教育贸易化、商品化趋势使得民族国家的国民教育系统日益纳入一个全球一体化的教育市场之中，全球范围内会形成一个可观的国际学生市场。根据全球国际事务处发表的数据，在 20 世纪 80 年代，全球范围内共有 92 万名国际学生；随着经济全球化与教育全球化的不断深入发展，留学生教育成为发达国家的重要收入来源，并且成为西方文化与意识形态殖民的重要手段。通过国际学生教育，教育的市场观念、消费意识在全球各地蔓延。总而言之，经济全球化孕育了全球化教育思想之苗，并将不可避免地在实践层面推动教育的全球化发展进程。

二、文化全球化与全球化教育思潮的兴起

文化及社会生活的全球化是人们最直观感受到的全球化形式。当代文化交流的规模、强度、多样性以及传播速度都远远超过以往任何一个历史时代。[①] 英国学者罗宾·科恩等人指出："当商品、技术、资本和服务在全球加速流动之时，图像、思想、旅行者、移民、价值观、时尚和音乐等都在不断地沿着全球化的道路流动。"[②]如今的人们生活在一个浓缩了全球文化的地方文化境遇之中，他们生活在当地，面对的却是全球。大量的全球性影响力使得如今年青一代的成长环境不可避免地突破了传统的文化制度框架，直接融

---

① [德]赫尔穆特·施密特：《全球化与道德重建》，柴方国译，456 页，北京，社会科学文献出版社，2001。

② [英]罗宾·科恩、保罗·肯尼迪：《全球社会学》，文军等译，15 页，北京，社会科学文献出版社，2001。

入全球性的历史进程中。①

以计算机为基础的数字网络和卫星远程通信技术的发展，构筑起了一个全球化的"网络帝国"。地球村落化与信息处理的共时化把世界各地的人们推到了同一个舞台，建构了一个无边疆的社会。在互联网构筑的虚拟社会中，信息技术及以之为载体的网络文化全球化将带来某种全球化"普遍价值"与"文化认同"的形成。古纳提莱克(Susantha Goonailake)指出："文化的全球整合起因于人们跨越巨大的空间距离而共享其思想、行动和理念。"②人类今天面临的基本任务就是，促进关于一种相互依存的全球性伦理的形成，并倡导一种普遍的或超越了具体主体与具体个人界限的普遍价值。③ 诚如费舍斯通(Featherstone)所言，伴随着全球文化相互联系状态的扩展与深化，全球共同体正在出现，全球文化(Global Culture)也正在形成。④

文化全球化引发了一系列教育理念与实践的变革。例如，全球教育、国际理解教育以及多元文化教育理念与行动的兴起。以联合国教科文组织为代表的国际组织积极倡导一种以和平与和谐文化为代表的全球化教育思潮，强调要使受教育者对所有民族及其文明、文化、价值及生活方式持理解与尊重的态度，能与不同伦理背景的人共同生活与工作，不但意识到自己文化的独特性、优越性，而且意识到其他文化也是人类共同遗产，从而确立人类及其文化相互依存、相互促进、相互提高的意识。⑤ 又如，随着文化全球化浪潮的兴起，出现了一系列强调以系统性世界知识为基础，以培养全球整体意识为

---

① 项贤明：《教育全球化全景透视：维度、影响与张力》，载《北京师范大学学报(社会科学版)》，2008(1)。

② Jan Nederveen Pieterse and Bhikhu Parekh eds., *The Decolonization of Imagination: Culture, Knowledge and Power*, London, Zed Books Ltd., 1995, p.227.

③ [美]保罗·库尔兹编：《21 世纪的人道主义》，肖峰等译，408 页，北京，东方出版社，1998。

④ Featherstone, "Global Culture: An introduction," in *Theory, Culture and Society*, 1990(7).

⑤ 徐辉、辛治洋：《现代外国教育思潮研究》，104 页，北京，人民教育出版社，2008。

目标的课程理念与实践。全球化时代的核心素养体现在青少年终身学习能力、国际交往能力、独立思考能力以及关心地球、关心人类、和平共存、适应变化的意识与态度，双语课程、环境课程、创新创业课程、和平与发展课程、国际理解课程等具有全球意识和全球观念取向的课程在世界各地如火如荼地展开。

三、教育全球化与全球化教育思想

全球化是指人类从以往各个领域、民族和国家之间彼此分隔的原始闭关自守状态走向全球性社会的变迁过程，是组成当代世界体系的国家与社会之间的联系和相互沟通的多样化，是世界某个部分发生的事件、决定和活动能够对全球遥远地方的个人和团体产生重要影响的过程。[①] 教育全球化即教育领域对人类社会全球化的变革趋势所做出的自觉呼应与积极建构。[②] 有学者指出，现代学校教育制度的产生及其在全球的散播是教育全球化的开端与主线。以班级授课制为主要特征的现代学校教育制度在欧洲产生之后，这样一种教育制度及与之相适应的教育理论就开始伴随着资本、宗教的世界流动而散播全球。学校教育从其制度化特征、组织结构形式、主要教学内容、主导的教育理论基础到教育的科学研究范式，无不来自西方、渗透着西方中心的文化霸权。教育全球化表现为全球相似的知识分类体系和学校课程体系、世界各国相似的学位体系及教育理论和思想等。[③]

还有一种学术观点认为，随着第二次世界大战后国际的相互交流、研讨、协作，已出现教育国际化的趋势。[④] 例如，国际教育组织的出现与发展使教育

① 佟立：《全球化与后现代思潮研究》，15~16 页，天津，天津人民出版社，2012。
② 傅松涛、赵烁：《教育全球化与新世纪创新人才的培养》，转引自顾明远主编：《跨世纪创新人才培养国际比较》，150 页，北京，人民教育出版社，2000。
③ 项贤明：《教育全球化的后殖民特征》，载《教育理论与实践》，2000(12)。
④ 顾明远主编：《教育大辞典·增订合编本》上，751 页，上海，上海教育出版社，1998。

交流的主体发生了改变。1946年联合国教科文组织成立,随后国际教育局(IBE)、东南亚教育部长组织(SEAME)等国际性教育组织和机构相继成立,它们在促进世界各国教育交流与合作、发起跨国界教育援助等方面发挥了重要作用并日益成为交流的主体。又如,教育人员的跨境交流日益频繁,各国教育联系普遍增强。再如,各国均在改革学制的封闭与孤立状况,使本国与国际上的各级各类学校发展趋向一致。总之,未来各国教育在对象、制度、内容、形式、方法等各方面的共同点将日益增多,国际化趋势日益增强。

随着教育国际化发展不断扩大、深入,学术界对"教育国际化"与"教育全球化"两个概念做了区分。邬志辉指出,教育国际化是以"民族-国家"为分析单位的,由政府主体推动的国与国之间教育交流与合作不断加强的趋势;教育全球化则是以"全球-人类"为分析单位的,表现为教育资源的全球流动、教育活动受全球趋势影响以及各国应对全球化进程的一种教育现象。[1]还有学者认为,国际教育交流不等同于全球化,一些没有在全球范围内发生作用的国际教育活动就没有参与到全球化的进程中。[2]

教育全球化还有一层重要内涵,即伴随着全球化进程不断推进而逐渐形成的全球化教育思想潮流。以国际理解教育、世界公民思想、和平教育、发展教育、新自由主义教育改革观、新全球主义课程观等为代表的全球化教育思想对世界各国教育政策的影响日益增强。各国教育活动的开展越来越倾向于使学生获得理解国际复杂系统的能力,形成全球观念,学会共同生活。

第二节 全球化教育思想的主要理念和观点

全球化是一个观念更新和范式转化的过程。诚如意大利学者康帕涅拉所

---

[1] 邬志辉:《教育全球化——中国的视点与问题》,29页,上海,华东师范大学出版社,2004。
[2] 朱旭东:《当代西方教育新思潮研究》,505页,北京,人民教育出版社,2014。

言："全球化是在特定条件下思考问题的方式。"①西方学界研究全球化表现出学派林立、多音争鸣的特点，其中具有影响力的学派有新自由主义、全球主义、批判学派等。它们从不同的领域和视角对全球化进行了不同广度和深度的界说，同时也对教育领域的全球化研究和思想产生了影响。

全球化教育思潮是伴随着教育全球化进程的不断推进而不断发展、深化的一股强劲的思想潮流。全球化教育思想是一个包容性极大的理念体系，它是教育全球化的各种观念和思想的集合，国际理解教育、世界公民教育、终身教育、和平教育、发展教育，甚至反全球主义教育思想都是其中的重要组成。教育与全球化的研究也覆盖了广泛的内容，包括新自由主义市场导向的教育改革理论；超国家机构，如经合组织、联合国教科文组织，对国民教育体系的影响；新的全球文化对地方社区和身份认同重建的影响；等等。② 本节内容将从全球化教育目的观、全球化课程观以及全球化教育改革观三个层面概述 20 世纪 60 年代以来的全球化教育思想。

一、全球化教育目的观

全球化使人类共同意识与价值培养的重要性凸显出来，要求人们能够站在人类发展的高度去认识共同存在的问题。全球化理论对教育界的影响首先反映在教育哲学、价值取向与培养目标领域。

(一)全球化教育的价值取向

全球化教育思想的起源可以追溯到古典的教育国际主义思想。例如，14 世纪法国的阿尔·杜博伊斯(Pierre Dubois)提出的"将灭绝战争而节省的财源用于创办国际学校"的主张，夸美纽斯以泛智教育为基础所阐释的教育中的国际主义，巴西多倡导的泛爱主义的国际和平教育等。由于缺乏现实性社会因

---

① 佟立：《全球化与后现代思潮研究》，34 页，天津，天津人民出版社，2012。
② 朱旭东：《当代西方教育新思潮研究》，456 页，北京，人民教育出版社，2014。

素，这些教育国际主义思想在当时属于教育大同理想或一种空想，不属于具有现代意义的全球化教育思想。①真正具有现代意义的全球化教育思想发端于第二次世界大战之后。

联合国教科文组织是以"和平发展""国际理解与合作""全球共同利益"为核心的全球化教育价值理念的首要倡导者与推动者。1946年联合国教科文组织在伦敦成立，在其首次大会上明确提出了"国际理解教育"的构想。联合国教科文组织认为，人类冲突的根源在于彼此间的不理解和不信任，而加强各国间的交流与合作，增进理解与信任是通向和平的最佳途径。1947年，联合国教科文组织在巴黎郊区召开了一次国际研讨会，会上将"国际理解教育"的核心确定为：理解国际重大问题、尊重联合国和国际关系、消除国际冲突的根源、发展对他国的友好形象。② 1974年，联合国教科文组织第18届大会通过的《关于教育促进国际理解、合作与和平及教育与人权和基本自由相联系的建议》提出以下基本原则："所有阶级及形态的教育都应具有国际维度与世界性视点；对所有民族及其文化、文明、价值及生活方式的理解与尊重，包括国内的异文化和其他国家的文化；认识到各民族及各国国民之间世界性相互依存关系正在日益强化；理解国际团结和国际合作的必要性。"③至今，联合国教科文组织陆续推出《学会生存——教育世界的今天和明天》《学会关心——21世纪的教育》《教育——财富蕴藏其中》等重要报告。从倡导"学习化社会中学会合作与生存"过渡到"关心个人与群体、真理与知识、全球生存环境"再到

---

① 徐辉、辛治洋：《现代外国教育思潮研究》，72页，北京，人民教育出版社，2008。

② UNESCO, *Recommendation Concerning Education for International Understanding*, " Co-operation and Peace and Education Relating to Human Rights and Fundamental Freedoms," the General Conference at its eighteenth session, Paris, November, 19, 1974.

③ UNESCO, *Records of the General Conference at Its Eighteenth Session*, Paris, 17 October to 23 November 1974, Volume1 Resolutions, Paris, UNESCO, 1974, p.148.

提出"教育的四大支柱"①，联合国教科文组织不断拓展、深化以"全球共同利益"为核心的教育价值追求，为引领世界各国全球化教育实践提供了明确的指导思想。

国际组织所倡导的全球化教育价值理念在世界各国也产生了本土化的发展，其中尤以美国的全球教育理念（Global Education）为代表②。在联合国教科文组织的影响下，全美教育协会（National Education Association of the United States）于1948年发表了《美国学校中的国际理解教育》，阐述了美国国际理解教育的目标。1968年，以美国教育办公室发表的《美国初级和中级学校国际教育的目标和优先政策的测试报告》为标志，全球教育的价值导向被美国政府正式纳入教育议程。③20世纪80年代，美国兴起了一系列全球教育项目，如肯尼斯·泰（Kenneth A. Tye）开展的"人类依存中心项目（The Center for Human Interdependence）"以及夏洛特·安德森（Charlotte Anderson）主持的"全球参与教育（Education for Global Involvement）"等。这些全球项目在具体操作中存在差别，但核心思想是将全球教育所宣扬的民主、平等、多元文化等核心价值观传递给学生。④与联合国教科文组织所秉持的"世界主义取向"的全球化教育价值观相比，美国的全球教育主张更倾向于一种"国家利益与全球利益调和论"。调和论试图将国家利益和全球利益调和起来，认为国家利益和全球利益并不冲突，国家利益应该和国际责任感联系起来，主张培养具有全球视野和

① UNESCO-APNIEVE, *Learning To Be: A Holistic and Integrated Approach to Values Education for Human Development*, Bangkok, UNESCO Asia and Pacific Regional Bureau for Education, 2002.

② James M. Becker, "Goals for Global Education: Theory into Practice," in *Global Education*, Vol.21, No.3, 1982, p.230.

③ Lan L. Tucker. "NCSS and International/Global Education," in O.L. Davis, Jr., et al., *NCSS in Retrospect*, Washington D.C., National Council for the Social Studies, 1996, p.47.

④ 姜英敏编著：《全球化视域下的国际理解教育政策比较研究》，47页，太原，山西教育出版社，2018。

全球参与、全球竞争力的新一代美国公民。①

(二)全球化教育的培养目标

1. 培养世界公民理念

"世界公民"的观念可以追溯到公元前 4 世纪,犬儒主义哲学家第欧根尼(Diogenes)曾以"世界公民"自居。古罗马皇帝马克·奥勒留(Marcus Aurelinus)也曾指出:"如果我们都是同一个组织的共同体的一分子,那么,整个宇宙也就像一个国家一样,是一个有组织的共同体——因为没有哪一个单一的政权可以使全人类成为它的一分子。"②到文艺复兴和启蒙运动时期,这种世界主义的道德价值观在西方得以复兴,诸如伏尔泰、富兰克林等知识分子以拥有"世界公民"的称号而自豪,哲学家康德也提出了世界法原则。20 世纪 90 年代以来,随着人类社会历经两次世界大战、核武器威胁及全球生态危机的洗礼,单纯进行传统的"国家公民"教育已不能适应已迈入快速全球化进程的世界的要求,蕴含世界主义精神的世界公民教育理念再度被激活。

全球化对当前各个民族国家公民教育的目标提出了挑战。全球化时代以前的教育更多的是帮助个人适应某个社区文化,这种本土意义上的社区具备同质性、相近性和熟悉性;而全球化时代的教育扩大了这个社区的内涵和外延,超出了传统的家庭、地区甚至国家的范畴。在此背景下,教育目标应面向培养学生的灵活性和适应能力;学习与来自其他文化背景的人相处和培养在多种文化背景下得以诠释自身的认同意识;帮助多元文化民主社会中的公民理解、接受多元化的世界,同时也被这个世界所接受。

世界公民教育理念(Global/World Citizenship Education)是将各国公民培养成"世界公民"的教育思想,即教导学生认识世界,担负起作为地球村一分子

---

① Scigfried Rambe, "Global Education for the 21st Century," in *Education Leadership*, Vol.48, No.7, 1991, p.4.

② Marcus Aurelius Antonius, *The Communings With Himself*, London, Heinemann and Cambridge, MA: Harvard University Press, 1961.

的公民责任，形成与此有关的知识、能力和价值观的教育。①以联合国教科文组织为代表的国际教育组织是世界公民教育的主要倡导者与推动者，它们向世界各国推广"世界公民"相关课程，其内容包括和平教育、民主与人权教育、跨文化教育、环境教育等。世界公民教育的基本目标是培养青年人的国际视野，鼓励他们关心本地、祖国乃至全球贫穷等发展议题，愿意承担在全球社会的公民责任，缔造一个正义、和平和能够持续发展的世界。

世界各国在顺应全球化的发展需要，不断探索与建构世界公民教育的内容体系过程中，逐渐确立了以下几种关于世界公民教育的核心价值诉求：公平与正义、生存与发展、民主与理性。②斯凯特指出："近年来围绕世界公民理念的话语一直被公众关注，其关注度与日俱增。其在教育舞台上的实践更加突出。欧美国家支持大中小学精心设计了相关项目和任务来开展世界公民教育。这些学校开展的项目内容非常广泛，包括语言学习、环境意识、跨文化交往、世界历史和文学、科研能力等。"③联合国教科文组织素质教育促进会主席皮格兹指出，联合国教科文组织支持推行世界公民教育，"主动参与世界公民教育是必要的……德洛尔报告提出了学会学习、学会做事、学会生存、学会共同生活。前三项我们完成得比较好，但推进最后一项——学会共同生活，对我们来说还是一项挑战。这是由于从卢旺达到波斯尼亚发生的战乱，使得人们即使外貌相似，做了几个世纪的邻居，仍然彼此心存恐惧"④。

20世纪40年代末，美国社会学家罗伯特·默顿从社会学的角度分析了"世界公民"这一概念。他对纽约附近新泽西州的一些社会名流进行了调查和

---

① 宋强：《世界公民教育思潮研究》，15页，北京，中国社会科学出版社，2018。

② 卢丽华、姜俊和：《全球公民教育：基本内涵、价值诉求与实践模式》，载《比较教育研究》，2013(1)。

③ Hans Schattle, "Education for Global Citizenship: Illustration of Ideological Pluralism and Adaptation," in *Journal of Political Ideologies*, Vol.13, No.1, 2008, pp.73-94.

④ Mary Joy Pigozzi, "A UNESCO View of Global Citizenship Education," in *Educational Review*, Vol.58, No.1, 2006, pp.1-4.

访谈，发现这些颇有影响的人物大体可以分为两类——"本土人"和"世界公民"。默顿认为，世界公民往往超越本土、国家乃至地区界限，将视野延展到人类地球乃至宇宙这样更广阔的世界。到今天，世界公民这个概念意指跨国行动者，但是并不局限于个体，而是可以将该概念扩展到各种行动主体，如跨国公司、全球旅游者、全球投资者、国际组织、跨国行动的个人等跨国行动主体(如英国的"世界联邦主义者协会"、美国的"地球公民"、法国的"世界公民普及运动")。此外，一些世界公民充分体现了作为道德行动主体的公民概念在全球范围内行动的力量，如获得 1999 年"诺贝尔和平奖"的"无国界医生"组织、各种跨国界的环境保护组织等。

作为文化传承工具的教育，自然地被各国政府赋予了让国民深刻认识和理解本国历史、传统和文化的特殊使命。同时，为了能积极地融入全球社会，政府还期望教育承担起让国民知晓世界由各不相同的文化价值体系组成，学会理解和尊重文化的多样与差异，宽容甚至欣赏异己文化的任务。[①] 许多国家在教育目标的素质定位上，既注重国民的国际眼光与视野，还注重国民的民族品格与特性。例如，日本提出培养"面向世界的日本人"，澳大利亚提出培养"通晓亚洲的澳大利亚人"，韩国提出培养"站立于世界的新型韩国人"等。全球化的教育面临将国家主义和世界主义整合起来这个问题。全球化教育需要扬弃传统的以国家为本位、强调单一的个人-国家对应关系的思维，代之以开放的和多元的视野，要培养公民对国家和人类的双重认同，并将这两重认同整合起来。全球化教育需要整合个体的多重身份认同，使个体不仅做国家的好公民，而且还应在本土和全球多层面上培养作为不同层面共同体的成员所应具备的认知、技能和价值观，以成功地扮演"多元身份的公民"的角色。

---

① 邬志辉：《教育全球化——中国的视点与问题》，152 页，上海，华东师范大学出版社，2004。

2. 全球化素质观

全球化教育要致力于公民的全球化素质的培养，以使他们适应和更好地改进未来的全球化社会。所谓全球化素质是指，作为国家公民和全球公民双重身份的个体在一个经济一体化、文化多元化和生态相互依存的全球化时代更好地生活所必备的基本知识、技能和态度，它包括个人在全球社会的参与意识、全球胸怀与共生能力、做决定的能力、判断的能力、跨文化交流的能力等等。全球化教育的目标就是培养公民的全球化素质，使他们适应日益全球化的未来世界。①一言以蔽之，全球化教育致力于培养面向全球化社会、具有全球化素质的一代新人，"这种新人必须懂得个人的行为具有全球性的后果，能够考虑事物的轻重缓急，并能够承担人类命运的共同职责中自己的一份责任"②。

在情感、态度与价值观层面，全球化教育致力于培养公民的全球观与全球意识。全球意识是对全球化时代人类社会生活和交往实践及其特点的综合反映，是全球化时代人类对人与人、人与自然、人与自身关系的社会存在进行反思的结果，是人类意识发展到全球化时代的结晶。全球意识的产生与人类整体利益的形成、人类生存环境的整体化、人类生活方式的全球化、人类"类意识"的形成和全球问题所带来的忧患意识有直接的关系。1976年美国学者罗伯特·汉威发表了《可以实现的全球观》。他提出，在世界走向全球化的时代背景下，教育要致力于培养公民的全球观，主要包括四个维度的观念，分别是"星球中的国家"意识、跨文化意识、全球动态系统的知识和人类选择意识。③"全球意识"是一种关于"全球"的观念，它既是"全球"这一现实的产

---

① James M. Becker, "Goals for Global Education," in *Theory into Practice*, 2001(3), pp.228-233.

② 联合国教科文组织国际教育发展委员会编著：《学会生存——教育世界的今天和明天》，华东师范大学比较教育研究所译，7~8页，北京，教育科学出版社，1996。

③ Kenneth A. Tye, "Global Education as a Worldwide Movement," in *Phi Delta Kappan*, 2003(10), pp.165-168.

物，又是对"全球"这一现象的主观映像，是对"全球"现象、本质和意义的思考。

在知识层面，在全球化时代，一个受过教育的人必须对人类相互依存的生存状况有充分的了解与认识，这就需要学生系统地学习全球政治、经济、文化、生态系统、世界地理、世界历史、外国语、信息技术等方面的知识，并对人类面临的各种全球问题有所认识，了解人类社会运行的多种样态，了解从本土到全球各个层次的人类的权利与义务，以及个体在各个层面上的权利与义务，人类行动对世界的可能影响。从本质上而言，全球意识教育是一种通识教育，是每个学生乃至每个公民都必须接受的，使自己在现实和未来的全球化社会中游刃有余生活的必备常识。

在技能与素养方面，全球教育着重培养学生的沟通、协调、批判、移情、选择、行动等一系列解决问题的能力。1974年联合国教科文组织通过的《关于教育促进国际理解、合作与和平及教育与人权和基本自由相联系的建议》中提出："同他人沟通的能力；不仅懂得权力，而且懂得个人、社会集团及国家各自负有的义务；每一个人准备着参与自己所归属的社会、国家和全球种种问题的解决。"[①]此外，柯根（John J. Cogan）在研究中提出了21世纪公民需具备的八项特质、技能与特定能力，具体如下：第一，作为全球社会一员着眼于解决问题的能力；第二，在社会中与他人协同工作并对本人角色和职责负责任的能力；第三，理解、接受、欣赏、宽容不同文化的能力；第四，以批判的和系统的思维思考的能力；第五，乐意用非暴力的方式解决冲突；第六，乐意改变生活方式和消费习惯来保护环境；第七，敏于捍卫人权（例如妇女和少数族裔的权利）的能力；第八，在地方、国家和国际层面乐于并有能力参与

---

① UNESCO, *Records of the General Conference at Its Eighteenth Session*, 17 October to 23 November 1974, Volume 1 Resolutions, Paris, UNESCO, 1974, p.148.

政治活动。①

二、全球化课程观

随着全球化社会的来临与强调全球共同利益的教育哲学的兴起，教育学者从不同的角度提出了各种各样的全球化课程观，其中较有影响力和代表性的主要是以下三种。

(一)全球主义课程观

全球主义是指一种"把世界作为一个整体看待并承担起对世界的责任"②的价值哲学。作为一种课程哲学，全球主义课程观随着教育全球化进程的不断深入和拓展也处于不断演化的动态过程中，出现了旧全球主义课程观和新全球主义课程观。

全球主义课程的萌芽可以溯源到哥伦布发现新大陆以及麦哲伦环行地球，这一系列由西方殖民者开启的全球性行动背后的逻辑可以被称为旧全球主义。先发的资本主义国家为巩固其殖民统治，将代表西方文化的教育制度、教育内容移植到殖民地，并将西方科学文化知识视为"先进的"，将殖民地的知识、价值观念及文化划分为"野蛮的"，这种旧全球主义的课程观是一种殖民主义的课程观。它把西方知识体系扩大为全球的、普遍的知识体系，排斥其他地方知识的合理性，并借助强权暴力和经济遏制等手段推行自己的知识与价值，而且将之视为正义的、善的事业。③旧全球主义课程观是应当被抵制、被批判的一种霸权主义课程观。

---

① John J. Cogan and Ray Derricott, *Citizenship for the 21st Century: An International Perspective on Education*, London, Kogan Page Limited, 1998, pp.98-149.

② [英]马丁·阿尔布劳:《全球时代：超越现代性之外的国家和社会》，高湘泽、冯玲译，131页，北京，商务印书馆，2001。

③ 邬志辉:《教育全球化——中国的视点与问题》，189页，上海，华东师范大学出版社，2004。

新全球主义课程观正是在对旧全球主义课程观的批判基础上而建构起来的，是符合当前全球化社会发展需求的课程观。旧全球主义是将西方地方性的知识和价值体系包装成具有"现代性""科学性""先进性"的文化并将之强制性地推行到全世界。新全球主义课程哲学是以多边对话的形式将互动生成的、共同认可的知识与价值资源再创造性地转换为各国的课程责任。此外，与当前全球化社会发展的问题与需求紧密相关，新全球主义课程观还呈现以下两个关键特点。

第一，新全球主义课程与全球问题意识密切相关。全球问题是指那些由人类引起的、决定着地球上所有生命命运的且只有靠全人类共同努力才能解决的重大而紧迫的问题。这些问题在20世纪中叶就已初步显现，并随着现代化的全球扩张而蔓延，至今已发展到危及整个地球生命生存的程度。这些问题涉及自然和社会的广阔领域，包括环境污染、生态失衡、资源短缺、人口爆炸、国际恐怖、南北差距、价值危机等政治、经济、文化、生态等各方面的问题。

第二，新全球主义课程重点关注道德教育和价值教育。新全球主义课程观把全球伦理当作人类的一种最低限度的伦理要求，并将其作为世界各国学校教育的必修课程。例如由联合国教科文组织所推行的环境教育、和平教育、关心教育、共处教育、理解教育、生命教育等，有许多已成为世界上众多国家的课程科目或课程理念。1965年，联合国教科文组织编写出版了《教室中的世界问题：联合国的作用》等书籍，内容包括和平、安全、反对殖民统治、提高世界人民的生活水平等各国共同面临的问题主题。该书为寻求实施国际理解教育、推进和平步伐的有效途径，基于教师的需求，开发出发展学生社会情感态度的具体教育方法。这种课程观弥补了世界上正在发生的事件与教室里正在教授的东西之间相互脱节的现代教育弊病。联合国教科文组织通过合作学校的活动和旗舰项目探索新的教育方法，在和平解决世界纷争和冲突、保障可持续发展的未来、保护世界遗产等方面都提出了新的教育理念，并积极推动这些理念在各国的中小学扎根下来。

（二）新自由主义课程观

经济全球化对教育的影响之一即新自由主义意识形态在教育各方面尤其是课程领域的渗透。新自由主义课程观的核心主张可以归纳为以下两点。

第一，新自由主义课程观与"市场逻辑"密切联系。新自由主义课程观的秉持者认为，随着时代变迁判断知识价值的标准应当发生转变，在全球化时代，市场应当成为判断知识价值的标准。凡是有利于市场的知识，必然是有利于社会的知识，便是学校里应当重点教学的知识。因此，有市场的知识便是最有价值的知识，市场作为最灵敏的评价指标，可以准确地反映出各种知识的价值和效用。学校课程应当着眼于全球市场、按全球竞争力的标准加以改革。此外，课程决策的权力中心应当从国家政府、学校教育者转移至企业界。新自由主义课程观认为，全球化时代课程政策"主要建筑师"应由公共教育机构让位于企业家、贸易商和各种私有经济的大师们，他们最了解市场对知识和人才的需求，因而也最有权力决定课程政策。[1]大卫·杰弗里·史密斯曾对新自由主义逻辑规制下的课程全球化现象有深刻的论述，他指出："如今，教育必须不断表明其各个专业和课程是怎样服务于市场的……时至今日，有一股跨国界的统一课程的势头，旨在产出一套共同认可的、为满足所提出的全球体系一要求的知识、技能和品质，同时，也是强力推行统一的教育体制的方式。"[2]

第二，新自由主义课程重点关注功用型知识与技能的教育。新自由主义观念对课程的影响主要通过"全球竞争力（Global Competitiveness）"这一介质实

① 邬志辉：《教育全球化——中国的视点与问题》，194页，上海，华东师范大学出版社，2004。
② ［加］大卫·杰弗里·史密斯：《全球化与后现代教育学》，郭洋生译，13页，上海，华东师范大学出版社，2000。

现。伴随经济全球化而来的知识经济浪潮对各国教育制度的质量和内容都提出了新的要求。如迈克尔·波特在他的《国家竞争优势》中指出，"二战"后的全球经济时代，许多国家竞争发展的演化是生产要素—投资型—创新革新型，在这一过程中，劳动力的智力知识水平越来越重要，这必然导致各国教育改革中对教育优异的追求。①新自由主义者指出，随着全球经济一体化进程不断加快，全球合作与竞争愈加激烈，人才与知识的价值和重要性也不断提高，能否培养适应数字化趋势与全球化经济合作的相关知识与技能的高水平人才将成为国家全球综合竞争力的关键变量。基于此，已有许多国家开始着手从全球化竞争力出发，组织建构"全球化课程"。在新自由主义哲学引导下学校的课程改革重功用性知识，轻意义性知识。在学校教育中，"市场隐性课程强调的是学习的职业性而非社会性，强调的是社会关系的竞争性而非合作性。教育的职业化使战略知识，即有直接经济效益、能提高经济生产率的知识取代社会知识——诸如人文学科或伦理与道德学科的知识而获得特权地位"②。在新自由主义哲学引导下，课程与教学被视为既定的商品，价值取决于它们与全球网络的匹配程度。

三、全球化教育改革观

无论提倡或是批判全球化，不可否认的是，全球化作为一种适应新的社会秩序而产生的"意识形态话语"已然深刻地影响着世界各民族国家的教育改革与公共政策。

(一)全球教育治理理念

"冷战"结束后，随着科学技术的发展以及文化、政治全球化的推进，国

---

① Michael E. Porter, *The Competitive Advantage of Nations*, New York, Simon and Schuster, 1990.

② N. Cholas, C. Burblues, C. A. Torres, eds., *Globalization and Education: Critical Perspectives*, London and New York, Routledge, 2000, p.149.

家间相互依存的关系开始逐渐超越经济范围，发展到政治、外交、社会等广泛领域，各国利益不断融合，过去依靠某个大国独立发挥作用的时代已经过去，由不同利益集团通过国际组织共同发挥作用的时代，即全球治理时代正在来临。在此背景下，公民社会组织正在承担越来越重要的公共管理职能，学者们将这种由民间组织独立从事的公共管理，以及民间组织与政府部门合作进行的公共管理活动，不再称作政府统治（Government），而称作治理（Governance）。全球治理的对象，包括已经影响或者将要影响全人类的跨国性问题。这些问题很难依靠单个国家得以解决，而必须依靠国际社会的共同努力。民族国家不再是唯一的或最重要的全球秩序构建者，教育中的独立跨国权威（Private Transnational Authority）正在兴起与发展。从 20 世纪 80 年代开始，出现两种不同类型的教育跨国独立权威：第一类是指那些受基于市场的（营利）组织以及教育中商业关系的蔓延所支配的独立权威；第二类是指那些跨国公民社会组织（包括非政府组织、基金会以及社会运动）。①

联合国教科文组织是全球教育治理的领导机构，它通过教育理念的倡导、教育规则的制定和教育项目的开发引领全球化的教育治理。1996 年，联合国教科文组织发出"学会求知、学会做事、学会生存、学会共处"的倡议，号召人类以全新的教育理念迈入新千年；有学者指出，联合国教科文组织从事全球教育治理的全面化，显然超过联合国儿童基金会对全球儿童教育的治理。联合国教科文组织负责战略规划的副总干事汉斯·道维勒（Hans d'Orville）表示，联合国教科文组织是唯一一个以综合性方法解决教育问题的全球性多边组织。②

联合国教科文组织以外，还有诸如乐施会、战争儿童、世界公民教育委

① ［加］卡伦·芒迪：《全球治理与教育变革：跨国与国际教育政策过程研究的重要性》，申超译，载《北京大学教育评论》，2011(1)。

② Hans d'Orville, *Education and Governance*, *Presentation for the Chinese National Commission for UNESCO*, Beijing, 23, February, 2011.

员会、世界未来协会等与教育全球化密切相关的国际非政府组织。越来越多的学者开始强调非政府的全球公民社会组织在全球治理中所起的作用。"战争儿童(War Child)"是1993年成立于英国的非政府组织,其宗旨是援助受到战争创伤与影响的儿童,增加其教育机会。世界公民教育委员会于1939年创立,致力于国际理解教育的推广与实施。当今世界的任何一个空间都受到联合国教科文组织、世界银行等全球性或跨国组织的影响。诚如戴尔和罗伯森在《国家转型与全球治理》一书中指出的:"教育政策不再是哪个民族国家的责任或事情,事实上是国家教育体系的工作正在跨越区域或全球范围进行再协调。就传统而言,教育活动被视为国家独有的,甚至是神圣不可侵犯的主权领域。而今天不可否认的是新的变化正在发生,教育与超国家力量的联系愈加紧密。"①

全球教育治理是国际组织和主权国家权力的双向拓展和延伸。在国与国之间多重性联系日益紧密的全球化时代,作为现代国际政治核心特色之一的国际组织,其影响和作用在全球治理进程中正在变得日益重要。当然,在全球治理过程中,国际组织和主权国家的权力延伸也是有边界的。从这个角度而言,全球教育治理是一种有限的治理,只有国际组织和主权国家间张力的平衡,才能实现对话与合作,谋求实现共同利益。②

全球教育治理的主体将不断朝向多元化方向发展。英国学者迈克格鲁指出,全球治理不仅意味着正式的制度和组织——国家机构、政府间合作等——制定(或不制定)和维持管理世界秩序的规则和规范,而且意味着所有其他组织和压力团体——从多国公司、跨国社会运动到众多的非政府组

---

① Roger Dale and Susan L. Robertson, "New Arenas of Global Governance and International Organizations: Reflections and Direct Ions," in K. Martens, A. Rusconi and K. Lutz, *Transformations of the State and Global Governance*, London and New York, Routledge, 2007.

② 杜越:《联合国教科文组织与全球教育治理》,载《全球教育展望》,2011(5)。

织——都追求对跨国规则和权威体系产生影响的目标和对象。①

全球教育治理是国际社会各行为体通过协调、合作、确立共识等方式参与全球教育事业的管理，以建立或维持理想国际秩序的过程。全球教育治理的有效实施一方面有赖于各治理主体的成熟与发展，另一方面则在于富于创新性的治理机制的产生和培育。②作为全球教育治理的主导力量，联合国教科文组织已经认识到了这种挑战与历史使命，并不断展开积极的探索和实践。博科娃总干事认为："当今世界的最大挑战是 21 世纪的全球治理问题。为了应对危机，我们决不能走过去的老路。为此，最大的挑战则是引导世界进入一个和平与人文主义的新时代，通过建立科学、创新、新技术为人类服务和保护环境的可持续发展的经济和社会发展，来构建一个更加全面、公正与公平的社会。"③

(二)反全球主义教育改革观

随着教育全球化的扩展，在教育改革与公共政策领域，人们对全球化教育持两种不同态度：一种是像日本明治维新时期面对教育现代化那样，将全球化教育视为赶超先进的发展机遇，不顾一切地去追求全球教育的同一性；另一种则是把教育全球化当作西方殖民统治结束后对第三世界、非西方国家实施的后殖民，以自己的文化传统去抵御全球教育的趋同。这后一种基于后殖民主义理论与依附教育理论的思潮，被称为反全球主义教育思潮。

这一被称为反全球主义教育思潮的群体主要来自第三世界，即广大的发展中国家。近年来，这一群体还扩大到其他国家中许多对全球化教育持有怀疑或反对态度的人群。因此，这一群体也被称为"第三世界化的群体"。此外，还有一些反全球化教育改革的研究者也积极参与这一群体。这一群体尤其关

---

① ［英］戴维·赫尔德等：《全球大变革：全球化时代的政治、经济与文化》，杨雪冬等译，70页，北京，社会科学文献出版社，2001。

② 杜越：《联合国教科文组织与全球教育治理》，载《全球教育展望》，2011(5)。

③ 转引自杜越：《联合国教科文组织与全球教育治理》，载《全球教育展望》，2011(5)。

心国际教育领域内的不平等现象、发达工业化国家与第三世界国家教育之间的相互关系以及第三世界国家所受到的全球化冲击等议题。随着这一群体的扩大及其活动的开展，教育全球化改革出现了一些新的现象或趋势。①

"二战"后，随着教育全球化的进展，全球教育发展逐渐呈现出一种趋同化、平整化的全球化趋势。人们对教育的看法在趋向一致：教育作为一项人权在联合国《人权宣言》的教育条款中得到进一步确认；联合国教科文组织、世界银行等国际组织通过贷款、技术援助、教育研究等，广泛影响着第三世界国家的教育改革与政策；源自欧洲并在美国等发达国家发展成熟的现代教育体系开始在全球范围内建立并巩固起来；同样诞生于欧洲的现代科学体系也逐渐成为主导型的教育内容进入各国的教科书中。第三世界国家在发展教育的过程中，与其说是在创造自己的教育体制，不如说是在向某种教育模式靠拢。②在教育研究中，美国学者卡诺伊在他的早期代表作《作为文化帝国主义的教育》中探讨了全球化背景下教育依附性结构的不平等现实。在高等教育研究领域，阿尔特巴赫(Altbach)更是明确运用了"中心–外围"框架作为解释工具，揭示了世界范围内工业化国家和第三世界国家大学之间的复杂关系。总之，许多学者揭示出全球化的教育发展与改革中出现的各种不平等与霸权关系。在这同时，从 20 世纪 70 年代后期开始，一种基于"内生发展"的全球化改革范式被推举出来。在一些学者的积极努力下，许多第三世界国家逐渐意识到自身教育发展过程中的障碍，部分是遵循了一套基本照搬工业化国家经验的发展模式所致。而这种"内生发展"理念首先意味着"对于旨在使整个社会同一化或标准化的任何发展形式持一种怀疑态度"，它要求"每个国家都应该振兴自己的国家的生命力，并在其文化特性和价值的范围内寻求致力于发

---

① Nelly P. Stromquist and Karen Monkman, *Globalization and Education: Integration and Contestation Across Cultures*, Lanham, Md, Rowman and Littlefield Publishers, Inc., 2000.

② 朱旭东:《当代西方教育新思潮研究》，48~49 页，北京，人民教育出版社，2014。

展的激励力量和必要意志，同时还应考虑到科学和现代技术的成果"。它提倡关心，包括关心曾经滋养过自己的土地的价值观的"内源文化"，这些"内源文化"曾经在西方文化价值观念强劲的压力下，长期受到排挤、贬低或否定。[①]联合国教科文组织也致力于增强各国和各地区自力更生的能力，通过前所未有的不可取代的国际合作手段，使各国教育能够扎根于本国的价值观和民族语言，等等。[②]

第三节　全球化教育思想的意义和影响

全球化教育思想自 20 世纪 40 年代以来受到各国教育研究学者的热切关注并对世界各国和各地区教育理念、制度及实践产生了深远的影响。随着不断传播、演变、扩展，全球化教育思想已经发展为一个派系众多、内容庞杂的理念体系，形成了一股强劲的思想潮流。全球化教育思潮有以下几个特征：第一，从影响范围看，是一种由国际组织、发达国家发起，而后得到广泛认同的全球性思潮。第二，从思潮兴起的动因看，是一种倡导型与危机倒逼型相结合的思潮。一方面，全球化思想是一种最先由国际组织和西方先发国家主动倡导与推动的思潮；另一方面，全球化思想也是在全球性危机及全球合作日益迫切的背景下应运而生的思潮。第三，从思潮的内容及其影响来看，是一个充满矛盾的复杂综合体。全球化教育思潮中包含了反全球化的内容；它对世界的影响既包含了一体化也倡导了多元化，既强化了全球意识也引发了民族国家本土文化的内生发展意识；它使各个民族国家及其国民教育竞争与合作同在，挑战与机遇并存。

---

① 龚放：《从属理论：一种值得重视的教育思潮》，载《高教研究与探索》，1994(2)。
② 朱旭东：《当代西方教育新思潮研究》，84 页，北京，人民教育出版社，2014。

一、全球化教育思想的理论意义

首先，全球化教育思想强调人类共同利益，其本质上具有超意识形态性，客观上促进了全球理解与合作共生。全球化教育思潮的出现，尤其是以联合国教科文组织为代表的国际教育组织所推动形成的以"国际理解教育""世界公民教育"为代表的思潮的兴起，使得"教育作为一种全球共同利益"的理念日渐深入人心，也使"全球性共同问题"成为各国教育实践者与理论研究者共同关心的重要议题。全球化教育思潮使和平与安全、发展、环境、人权等全球性问题被普遍关注且融入各国公民教育当中，并强调了多元文化、世界相互依存的重要性。国际理解教育、环境教育、和平教育等全球性教育任务的提出，也要求教育在为国家服务的同时更要为人类发展提供服务。国家教育体系的传统政治功能并未消失，但在此之外，一种在整个人类层次上的全球政治功能已经逐步加入进来。

全球化教育思想最初是以一种裹挟了资本主义全球化的愿望和西方文明、价值观主导的意识形态形式出现，但是随着其内容不断传播、扩展、演化，全球化教育思想体系不断丰富、立体化，也逐步淡化了意识形态和文化的冲突，得到了全球范围的认同。全球化教育理论所要解决的全球化问题也是超意识形态的，它所指向的是具有全球普遍性、挑战的共同性以及利益相关性的人类共同危机。它反映了人类社会中更一般的内容。正因如此，全球问题所带来的挑战就是人类面临的共同挑战，它所关涉的利益就是人类的共同利益。第三世界国家最初对全球化教育倡议保持较为保守的态度。后来，它们也在逐渐转向，由全盘接受或全面批判所谓基于西方价值观的全球化思想，到主动融入、参与全球共同体建设及全球化教育思想的发展中来。全球化教育思想促成了跨越意识形态之争的、基于全球意识的跨国合作网络的形成，并正在塑造一个超越不同国家和民族社会的更为广阔的世界，任何个人和团体在那个更广阔的世界中都享有一定的利益和关切。①

其次，全球化教育思想推动了学术界对教育与全球化之间关系的反思与深入探索，扩展了教育研究的主题、单位及视角。随着全球化教育思想的不断传播，教育学者对全球化现象的关注影响了教育研究的主题、研究视角与范式。民族国家不再是教育研究的唯一单位，而被置于全球、区域或地方多个层面加以审视。综观全球化教育思潮，研究者们集中用制度的、经济的和知识的视角透视教育与全球化的现象，并且对阶级、性别、环保、教育和政府关系这些议题感兴趣，因为这些议题关涉多元文化与教育中的认同问题、后殖民主义和新的社会运动。②

在教育研究的体系中，比较教育研究受全球化影响最为深刻。欧洲比较教育学会会长、英国伦敦大学教育学院罗伯特·柯温（Cowen）教授在《解读全球化：话语、范畴与决定因素》中指出，比较教育的使命即解读全球化，它最典型的特征就是"放眼世界"。比较教育在推进全球化教育理念方面责无旁贷，并通过多层次的分析对跨国家力量对教育体系的影响展开深入研究。在全球化视域下，比较教育把本土和异域都纳入自己的学术视界，尊重文化的多样性，克服文化之间不平等关系带来的偏见，在拓宽研究空间的广度同时深入研究特定地域内的教育现象。尽管运用以民族国家为单位的比较教育研究方法的学者仍大有人在，但越来越多的研究者开始进行多层次观察、分析教育和相关社会现象，从异文化内部理解他们对自身教育的认同和解释。

面对全球化的世界，柯温主张我们的研究范式应该是"阅读全球（Reading of the Global）"、尊重他人并在"转变学（Transitology）"的架构下进行探究。柯温指出，现今比较教育的世界就是一个全球化的世界，一个与汉斯及阿诺夫

---

① [美]入江昭：《全球共同体——国际组织在当代世界形成中的角》，刘青、李静阁、颜子龙译，7 页，北京，社会科学文献出版社，2009。

② 朱旭东：《当代西方教育新思潮研究》，502 页，北京，人民教育出版社，2014。

时代不同的世界。在这样的世界中，以民族国家(Nation-state)作为最主要的分析单位已经遭受了严峻的挑战。① 全球化所带给比较教育研究的影响或转变，不仅是分析单位的转变，也不仅是教育本身意义或涵盖内容的转变，它更提供了比较教育研究在方法及观点上的新思维。以往比较教育研究多半偏向静态的与外在的教育制度的比较，但是在当今的比较教育研究中，却应该是更深层地挖掘动态的教育活动及教育关系的真实意义。全球化所带来的文化意义上的转变，主要在于不同区域间联结的强化与复杂化，但这种联结性的强化与复杂化，仍然要回归到"主体"本身对于"地区性"或"本土性"体验的转变上来体现。②全球教育超越了国界，而以全球范围内共同关心的教育问题为主旨，通过全球性教育组织，提出跨国的合作。全球化教育思想促使研究者以多元文化视角的研究方法对跨文化现象进行理解和认识，可归纳为以下几点：①世界文化及一国以内的亚文化多元并存，各文化有其独特价值；②提倡了解与尊重异文化；③文化价值间存在互相借鉴的可能；④有助于促进对全球共同关心的问题的认识，促进世界和平。以多元文化视角为基础的比较教育研究方法，在倡导尊重不同文化价值观，加强国际文化交流与国际理解，促进人类社会走向和谐的未来等方面将发挥巨大的作用。

再次，促进教育研究的相互理解、合作与本土化、多元化发展。全球化浪潮的核心是世界经济的普遍联系和整体互动，但它不仅仅是纯粹的经济事件，它在推广以市场经济体制为基础的经济秩序、营造一种"全球一体化"的社会运动的同时，也在日渐压缩的时空范围内凸显文化多元化的事实。各种文化之间的交流、碰撞引起生活世界的碎片化、社会结构的分化、认知和道德的相对性、经验范围的拓宽。第三世界的崛起和全球经济、政治的相互依

---

① N.F.McGinn, "Education, Democratization, and Globalization: A Challenge for Comparative Education," in *Comparative Education Review*, 1996(40), p.4.

② 王春广、孙启林:《全球化与本土化视野下的比较教育研究范式的再思考》，载《比较教育研究》，2005(3)。

赖也使全球各个民族文化之间寻求更加平等的对话，共建互相理解的国际教育的话语空间。联合国教科文组织国际发展委员会在《学会生存》的报告中指出，当代教育肩负一个新的使命：把外国人理解为同样具有丰富情感、特定文化理解的人，从而帮助人们在各个不同的民族中找出共同的人性，鼓励人们相互尊重不同文化之间的差异。

最后，全球化教育思想孕育了反全球化教育理论，全球化思想体系中站在第三世界视角对教育全球化本身的批判与反思也是全球化教育思想对理论界的重大贡献。基于批判理论的全球化教育思想对国际教育领域内不平等现象、发达工业化国家与第三世界国家教育相互关系的关注，使得第三世界国家教育问题开始凸显为全世界关心的重要议题。在这些学者的积极努力下，许多第三世界国家的自主意识逐渐被唤醒。此外，在文化方面，研究者还关注在全球化教育的背景下各种土著地域文化的丧失、西方价值观的长驱直入，教育输出的方向自北向南，消费者都来自发展中国家，他们对于教育产品的殖民主义性质常常缺乏足够的认识及对策。反全球主义者指出，尽管全球化教育能够保证选择的多样性，但却是以牺牲地方要求，包括当地文化以及促进民族社会文化发展之需为代价的。全球化教育潜在的对于各民族文化的压制及其无限地扩张西方价值观是关注的焦点。

二、全球化教育思想对全球教育政策和实践的影响

全球化及其教育思想对于世界各国教育变革的影响在各国呈现的形式并非千篇一律，而是随着各国各地所处政治经济环境的不同而不同。主流的趋势有以下几点。

(一)教育的一体化与多元化并存

全球化的重要特征之一就是各国政府的政策和制度的相互影响与同构。研究普通学校教育发展的学者指出，普通学校教育在全球范围内的普及，正

是制度的全球化过程和现代社会促使制度同质化的表现。在制度同构的另一面，跨国组织在促进全球性教育计划的同时，并没有防止各国在实施这些教育计划的过程中出现多元化的趋势。也就是说，尽管有统一的教育规划，但是仍然在各国演变成形式多样的政策与实践。①

在全球化时代，一方面，国家制定教育政策不仅是为了本国发展和国家间竞争，还要面对很多全球共同任务。另一方面，在教育改革过程中，来自国外的影响力有时甚至比国内的影响力还要强大。联合国教科文组织等一些国际组织、跨国非政府组织还直接领导开展了许多全球性教育行动。联合国教科文组织的一些成功实践在相当程度上已经展现出其作为全球教育发展的领航员的角色。以联合国教科文组织合作学校计划（Associated Schools Project Network，ASP）为例，该项目以促使其成员增进知识和理解世界问题、世界文化为宗旨，成为推动国际理解教育在世界范围内得以广泛实践的重要途径。国际教育非政府组织通过积极的跨国联合行动将类似平等、和平发展、理解、全纳等全球性教育观念在全球化中形成"动人的符号"。斯普林曾提出，各国已接受1948年的世界人权宣言中提出的"每个人都有接受教育的权利"这一全球性教育理念，以确立其学校体系。同时，这一全球性的教育理念也随着不同国家的社会历史文化传统而在其立法中体现不同的内容。②

（二）教育的市场化与商品化趋势日益显著

全球性的教育实践，如创业精神（Entrepreneurialism）、管理主义（Managerialism）和私有化（Privatization）越来越在公共教育领域中显现。具体而言，越来越多的教育机构以企业运营的机制办学，并且当面临财政压力便以各种方式筹资。同时，它们也开始承担越来越多的社会经济责任——尤其面临全球

---

① Roger Dale and Susan L. Robertson, "The Varying Effects of Regional Organizations as Subjects of Globalization of Education," in *Comparative Education Review*, 2002(1), pp.10-36.

② Joel Spring, *Globalization and Education Rights: An inter-civilizational Analysis*, Mahwah, NJ, Lawrence Erlbaum Associates, 2001, p.19.

经济的冲击，世界各地区和各个国家都期望教育为其提高竞争能力。企业型大学和公办私营的基础教育学校成为当前教育制度重要的革新形式。企业型大学具有这样的特征：与高科技产业联系密切，教职人员承担起争取外来资金投入的职责，服务于新的知识生产组织形式，采取管理主义的管理模式，整个大学的管理层和教学研究层都呈现出类市场行为。学校教育开始关注"生产效率"，学校的组织目标转变为劳动力市场培养高技能的人才，更加关注"顾客"和"消费者"。教育中的企业文化盛行，教师团体的国际交流和合作日益频繁，教育评价指标与测量标准也日益与国际靠齐。有研究者通过比较美国、英国、澳大利亚和加拿大等国 20 世纪末全球经济时代的大学和 19 世纪工业社会条件下的大学，得出结论：虽然这些国家的政治文化各不相同，但后工业社会的政治经济全球化业已使这些国家 19 世纪建立起来的大学模式发生变化。全球化建立起来的激励机制孤立培养某些职业而冷落其他职业准备，因此这些国家政府对大学生的人均投资减少，其大学政策转向科技与市场的研究和课程，相对忽视基础性研究，实行学术资本主义。①

第四节　全球化教育的困惑

全球化教育思潮的盛行推动着教育全球化进程的不断深化和拓展。面对日益一体化的世界教育发展进程，教育理论界表现出很强的反省意识，学者和教育实践者从不同角度提出困惑、展开争论：世界主义者认为，人类的一体化是全球化时代的最终趋势，教育要做的是搭上全球化的彩车，培养世界公民，共同推进世界大同的实现；民族主义者认为全球化是帝国主义和殖民主义的新形式，其实质是美国化或西方化，是对民族和国家权力的侵蚀；变

---

① 朱旭东：《当代西方教育新思潮研究》，502 页，北京，人民教育出版社，2014。

革论者指出全球化是弱肉强食的时代，我们要避免成为他人刀俎上的鱼肉，及时地在全球化时代的激烈竞争中分上一杯羹。①综合各家所言，全球化的教育实质上是一个动态的、充满了矛盾冲突的过程，在这个过程中理念与实践交织，竞争与合作同在，陷阱与福音并存。

一、民族国家教育权力的困境：新自由主义与新保守主义之间

随着全球化教育而来的第一个核心问题是民族国家在全球化中的角色和权力的转移问题。在全球化背景下，民族国家对于教育的控制权是正在缩小还是增强？传统的公共教育制度能否承受全球化的冲击？在全球化教育思潮之中，新自由主义与新保守主义的教育主张和议程对此给出了不同的答案。

全球化的新自由主义政策使民族国家面临教育权力逐步弱化甚至"瓦解"的危机。②国家对教育的控制权弱化表现在两个方面：一是国家把教育权力交给了市场，二是国家把部分教育权力让渡给了国际性组织。正如格林(Andy Green)所言："全球化对教育的影响是巨大的，国家教育的基础将不复存在，政府将丧失对教育的控制权，教育有可能失去其公共和集体的特性。民族国家的教育传统遭到破坏，教育再生产民族文化的空间将受到极大的压缩——因为民族文化将不再被认同。"③托夫勒也表示，"当第三次浪潮汹涌澎湃地横扫全球的时候，民族国家，这个第二次浪潮时代关键的政治单位，正受到像钳子一样上下压力的夹攻。有一些力量试图把政治权力从民族国家向下分散到次国家的区域和集团中去。另外一些力量则试图把权力从国家向上转移到

---

① [德]赖纳·特茨拉夫主编：《全球化压力下的世界文化》，吴志诚等译，8～11 页，南昌，江西人民出版社，2001。

② K. Ohmae, *The Borderless World: Power and Strategy in the Interlinked World Economy*, New York, Harper Business, 1990.

③ Andy Green, *Education, Globalization and the Nation State*, New York, St. Martin's Press, 1997, p.156.

跨国性的机构与组织中去。这两者加在一起，正促使国家变为较小且较少权威力量的单位"①。

在新自由主义的政治经济理论中，全球市场竞争迫使各国政府缩减公共教育开支，政府对教育的权力和责任范围随之缩减。教育从由国家控制的"公共品"逐渐转向"可选择的商品"。新自由主义倡导公立学校的私营化和市场化，通过学券制度赋予家长"选择权"。维纳·桑多兹认为，全球化的扩张将使一系列国际规则体系日渐正式，而这些高度中心化的规则将迫使落后国家要么被拉进来受挤压，要么被排斥在外受打压。② 通过国际组织和全球经济发展的驱动，全球化使政府缩小教育权限，降低公共支出，引入市场选择，这将影响教育标准、财政、教师培训、课程、教学和考试等方方面面的政策。民族国家作为基本的政治组织单元将逐渐消亡，国家经济也将融入一体化的世界经济中去，国家政府对教育的控制将逐渐被减弱，各个国家的教育体系将接受国际组织指定的全球统一标准而失去民族特征。③

与新自由主义相对应，随着全球化蔓延的新保守主义教育相反地强化了政府对于教育内容及评价的权力，形成了一股与"去中心化""市场化"相反的"教育国家化"趋势。自 20 世纪 80 年代以来，英美政府出台多项有关"国家课程"及"国家共同核心标准"的纲领性文件，通过中央政府和州政府逐步强化控制课程内容和实施的权力，并用标准化考试和绩效责任制度评估学校办学质量、监督教师的工作。④英国《1988 年教育改革法》规定了全国统一课程，其中

---

① ［美］阿尔温·托夫勒：《第三次浪潮》，朱志焱、潘琪、张炎译，383 页，北京，生活·读书·新知三联书店，1983。

② ［美］维纳·桑多兹：《全球化与规则的演进》，转引自梁展编选：《全球化话语》，178 页，上海，上海三联书店，2002。

③ K. Ohmae, *The Borderless World: Power and Strategy in the Interlinked World Economy*, New York, Harper Business, 1990.

④ N. P. Stromquist and K. Monkman, *Globalization and Education: Integration and Contestation Across Cultures*, New York, Rowman and Littlefield Publishers Inc., 2000.

包括"基础学科、学习方案和评估标准"等要素。国家课程的建立即是对"去中心化"的全球化浪潮的一种回应，旨在重振国家意识的旗鼓，弘扬国家优秀传统，培育民族意识的历史、语文等课程受到重视与强调。格林也指出，各国政府仍然影响着教育国际化、市场化和通过学校培养公民的过程。①

全球化以一股势不可当的市场化力量挑战民族国家的国家教育制度和国家意识。但在全球化浪潮之中，各个民族国家也能动地调适自身角色，对国家的教育权力范围及实施方式进行重新调整和建构。

二、文化整合与制度革新的困境：全球化与地方化之间

全球化教育进程中的另一个困惑是全球化与地方化的悖论。教育全球化既是教育观念与行动的趋同，又是民族个性的发扬与保持，既以趋同性为特征，又要防范民族个性消解的危险，这显然是一个悖论。在国际层面，这种全球化与地方化的并存体现在国际性组织对各国教育政策的统一规划和各国教育政策制定的多元化；在国内层面，表现在各国教育政策理念的一致性和地方教育政策实施的多样性。学者俞可平认为："全球化不是单纯的一体化或同质化，它是一个合理的悖论：既是普遍化，又是特殊化；既是国际化，又是本土化；既是一体化，又是分散化。"

教育全球化理论上表现为教育的普遍性，体现为世界各国、各民族和各种不同文明体系之间在教育思想、制度和方法上的某种趋同。但当前实际上，这种趋同将演变为某种文化的单向度扩张，使教育全球化演变为"教育西方化"或"教育美国化"。发生这种情况的深层次原因是西方发达国家与第三世界国家在文化交流中所处的不对等地位。所以，在推进教育全球化的同时，要警惕西方发达国家以某种意识形态来统一世界，要防止原有与本国国情相适

---

① A.Green, *Education, Globalization and the Nation State*, London, Macmillan Publishers Ltd., 1997.

应的独特性被全球化侵蚀。

与此同时，全球化本身又具备地方性与多元性。全球化是一个多层次、多维度的过程，是一个在国际组织影响下进行制度调整的过程。在跨国层面上，这些影响表现为一致的模式，到各国国内各地方层面上实施便发生了本土化的变异。全球化直接影响了民族国家的政策制定和执行，给民族国家资助决策多样化的国内政策所留的余地越来越小。但是各国实际执行的政策仍然因为各自不同的国民特性而具有各自的不同。全球化推动了"制度一体化"，但是全球化的实际过程仍然印刻着地方的多元化特点。在教育政策话语中，地方、国家和全球之间的关系被重构，由于日益频繁的国际联系和新近形成的全球教育政策研究者群体，目前许多国家似乎都采取了某些相同的教育政策。但是教育政策的制定和实施仍然受到地方和国家历史文化的制约。这些所谓的全球化教育政策应用到不同的国家和地方的教育体制时，都被相应地调适、修改和重情境化了。诚如罗格·戴尔（Roger Dale）和苏珊·罗伯逊（Susan L. Robertson）所言："虽然全球化有趋同的主线贯穿其中，但全球化过程并没有横扫一切，将一切囊括到同一模式中去。"①教育研究者们认为，虽然在跨国层面和国际层面展开的教育改革对教育机构、教学等各方面都产生了巨大影响，但是他们认为这种影响在亚洲国家层面的各个地方的表现是多元的，其结果往往出乎意料。对于非西方社会来说，国家的教育不仅仅是在代际传播文化的形式，也是在本土文化与西方文化的冲突与融合中求索民族认同得以生长的土壤。总之，人类社会的整体利益并不是直接地、同等程度地表现为某一民族国家的特殊利益。由于政治制度的不同和经济发展程度的不同，各民族国家教育就有了自己的特殊价值取向。例如：全球化教育在培养目标上强调培养"世界公民"，而民族国家的教育则在培养目标上强调培养国

① Roger Dale and Susan L. Robertson, "The Varying Effects of Regional Organizations as Subjects of Globalization of Education," in *Comparative Education Review*, 2002(1), pp.10-36.

家的公民；全球化教育在人才政策上强调人才特别是高级人才的全球流动，而民族国家的教育在人才政策上则需要保护人才，限制人才流动到其他国家和地区。

综上所述，抽象的跨国界传播模式的普遍性原则应该在具体的实施过程中与本国的民族构建有一种互动关系。学校教育最终不会达到全球性的普遍一致，而是在具有国际性的同时仍具有各自的社会文化特点。教育组织与教职员工的聘用、学校的各项表现与事业、学校选择与社会满意程度、学校结构与公共法律、学习进程与社会变化等多元因素结合在一起，相互交织与联系，拥有全球化的一致性特点的同时又透射出各自的社会文化及民族特性。①

三、全球化背景下发展中国家的教育选择

全球化是一个复杂的、充满矛盾和斗争的过程，它既是强势国家扩展价值和目标的过程，同样也是发展中国家努力争取自身利益，实现自身价值目标的竞争过程。②

全球化是由发达的资本主义国家发起的，发展中国家作为跟进者，很大程度上是"被"全球化的。全球化教育正在制造一种新中心化与边缘化的分裂：美国与欧洲在经济和科技格局中占据绝对的优势，它们在全球规则的制定与实施上也扮演着主导者与推动者的角色。在引领科技和开拓市场的同时，也将自己的文化价值观灌输到其他国家，用自己的教育理念影响着世界教育的发展。因此，全球化背景下的"趋同"不仅仅是全球教育资源的共享，更是中心文化对边缘文化的同化与侵蚀。"西方发达国家把自己特殊的价值观念，扮演成普遍真理的化身，以为发展中国家只有按照他们的做法才能走上现代化文明的大道。发展中国家的知识分子只有按照他们的话语去言说，才能与之

---

① [德]Juergen Schriewer:《教育全球化：进程与话语》，冯巍译，载《比较教育研究》，2002(S1)。
② 参见鲁洁:《应对全球化：提升文化自觉》，载《北京大学教育评论》，2003(1)。

对话，才能与国际接轨。这样，发展中国家处于弱势的民族文化不断地被挤压，甚至主动将自己纳入强势文化之中，自愿成为西方文化的附庸，从而从被殖民化过渡到自殖民化。"①全球化的文化平整运动使教育的全球化过程具有了殖民化的倾向。西方发达国家凭借自己强大的经济实力，将自己地方特色的教育价值观确立为全球普遍的教育价值观，强行向世界推行自己的教育理念、制度与方法。而相对落后的发展中国家在移植和借鉴的过程中，则主动建造了一个文化殖民的铁笼，将自己禁锢其中。

在教育全球化浪潮风起云涌的今天，需要警惕全球化所带来的潜移默化的文化殖民，同时关注全球化进程中的另一面——地方化和民族化，特别是要关注本民族传统文化精神的本土生长。发展中国家应不断地倡导和捍卫自己民族文化和教育的主权。发展中国家一方面要积极参与国际文化交流与合作，学习先进的文化理念与文化模式，取长补短；另一方面要关注全球化进程在文化领域可能带来的消极后果，避免落入文化的边缘状态，保持民族传统文化的当代价值与独立性。因此，要坚持全球视野与本土实践相统一，避免在教育全球化的浪潮中不加分析地引进和移植西方的教育理论，从而矮化、肢解本国的教育理论与实践。要主动参与全球化，从宽阔的全球视野来审视本国的教育，并在参与全球化进程中，促进本国教育的内源性发展。

---

① 冯建军：《教育理论的"失语"与原创性诉求》，载《南京师大学报（社会科学版）》，2003（5）。

第十六章

后现代主义教育思想

　　后现代主义是后现代社会(又称后工业社会、信息社会、晚期资本主义等)的产物，也是当代资本主义社会内部矛盾、斗争的反映。它孕育于现代主义的母体之中，而在 20 世纪下半叶逐渐与母体分离，发展成为一种以反传统哲学为特征的综合性社会文化思潮，且在西方社会快速流行。其影响领域极为广泛，除教育外，还涉及文学、哲学、艺术、语言学、历史学、心理学、法学、社会学、政治学等诸多领域。后现代主义教育思想就是这种社会文化思潮在教育领域的展现。

第一节　后现代主义概述

　　后现代主义是一种极具复杂性的思潮，试图对后现代主义下一个精确的定义，似乎是比较困难的。例如，后现代主义理论家利奥塔把"后现代"一词定义为对"元叙事(Meta-narrative)"①的怀疑，后现代主义大师福柯提出对传

---

　　① "元叙事"是指一种知识形式，是一种由原始口述方式演化而来的传统知识体系，它往往侧重于一种能力标准或一种游戏规则。例如，它偏向于自身所理解的正义、幸福等观念。

统"知识型"批判的观点，德里达针对"逻各斯中心主义"进行彻底的批判并主
张对现代一切文本运用"解构"策略，而大卫·格里芬则采取辩证否定的态度
反思现代性，等等。后现代主义流行至今，尚无一个普遍被人们所接受的确
切定义。大致说来，它是一种对现代主义或现代性的反思，是对一些不言自
明的主流社会观念的质疑，是一种崇尚多元性和差异性的思维方式或思想
观点。①

一、后现代主义兴起的背景

后现代主义思潮的产生与发展，并非空穴来风，而是有其深刻的社会背
景与思想渊源的。

(一)后现代主义的社会背景

第二次世界大战之后，西方社会发展出一种与传统工业社会不同的新模
式，大步走入一个全新的时代，学者们将其命名为"后工业社会"。从社会经
济组织上看，后工业社会的产生标志着两种转变：一是从工业资本主义到消
费资本主义的转变；二是从商品生产到信息生产的转变。这两种转变导致整
个社会经济结构向服务型经济和知识经济转变，使劳动力从工业生产行业转
向服务性行业。② 后工业社会的特点之一，是消费主义日益成为社会的主旋
律，消费意识渗入人心，使整个社会文化呈现一种"物化"态势，使人愈益商
品化和物化。

随着信息时代的来临和知识经济的发展，科学知识的重要作用空前增长，
人类的主体性空前显现，人们之间的交流空前广泛，人的传统观念受到许多
新的冲击和挑战。随着商品意识的泛滥，以消费为重心的大众文化的传播，
使昔日现代理念对精英文化的倚重受到质疑和挑战，现代意义上的等级制度

---

① 姚文峰：《后现代主义知识观及其对教育的启示》，载《教育探索》，2004(7)。
② 陆有铨：《躁动的百年——20世纪的教育历程》，147页，济南，山东教育出版社，1997。

面临瓦解，甚至出现了严重的社会文化危机。美国当代后现代主义学者杰姆逊(Fredric Jameson)写道："大量的商品广告、无穷无尽的电子信息、不断翻新的杂乱拼贴，导致符号、文字和视听现象全面混淆，失掉确切意义。资本主义疯狂的物质生产和消费享受，造成了一种精神分裂、意义混乱的文化系统。"①

后现代主义思潮的产生，也与人们对人类社会生存危机的反思和困惑密切相关。自工业革命以来，科学给社会带来了物质方面的极大进步与发展的同时，也带来了空气污染、水污染、沙漠化、能源枯竭、核能危机等生存危机。随着人们对科学技术副作用的认识加深，对科技理性的怀疑也逐渐成为学术界的思考主题，以怀疑和否定为思维特征的后现代主义思潮应运而生。

总之，资本主义后工业社会出现的许多新社会特征和社会问题，使人们面临着许多前所未有的疑惑、困境和危机，这为后现代主义的产生提供了基础。

(二)后现代主义的思想渊源

后现代主义作为一种思想，其来源相当复杂。苏联学者图甘诺娃认为，后现代主义有多种哲学来源，"现象学、弗洛伊德主义、乔治·桑塔耶那、J. 杜威、奥尔特加·伊·加塞特等人的观点，法兰克福学派(尤其是阿多尔诺和马尔库塞)、'大众社会'论、人类学理论、结构主义以及近似技术决定论的马克莱恩的观点，都对后现代主义有一定的影响"。他还认为："后现代主义受到悲观主义、非理性主义、空想主义和无政府主义的巨大影响。"②还有德国和法国的存在主义，西方马克思主义也对后现代主义有一定影响。当然，不同的后现代主义派别的主要思想渊源也存在差异。例如，福柯就把尼采视为后现代主义的先驱。福柯说他自己在解构主义的历史观和语言观方面就深

---

① 赵一凡：《欧美新学赏析》，199~200 页，北京，中央编译出版社，1996。
② 王岳川、尚水编：《后现代主义文化与美学》，196~197 页，北京，北京大学出版社，1992。

受尼采的影响。又如，大多后现代主义者吸取了法兰克福学派的怀疑和批判精神，吸取了该学派对工具理性的批判，对现代科学技术的质疑，对人类社会种种问题和危机的困惑和担忧，并将其思想观点融入后现代主义的思想体系。

当代哲学、科学出现的一些新特征、新观点、新理念，如爱因斯坦的相对论、海森堡的测不准原理、哥德尔的不完全定理等新的科学理论的提出，导致人类对自然、社会和人自身的认识发生了重大的变化，不仅引起人们对传统的理性观念产生反思，也对揭示确定性知识的实证主义方法论表示怀疑。这些反思和怀疑，为强调"不确定性""非中心性""非整体性""反本质"，崇尚"多元性""差异性""零散性"等为核心内容的后现代主义的出现提供了思想认识方面的渊源。

后现代主义首先是在欧洲大陆产生的，直至今日，真正称得上后现代主义大师的思想家仍大多在欧洲大陆。法国为后现代主义思想界贡献了福柯、拉康、德里达、利奥塔等大师级人物。1966 年，福柯出版了《词与物》、拉康出版了他的《著作集》，这两本著作标志着法国后现代主义思潮的形成。此后，1967 年德里达发表《言语与现象》、1979 年利奥塔发表《后现代状况——关于知识的报告》，掀起了法国后现代主义的高潮。除法国以外，德国、英国也是较早产生后现代主义思想的国家。德国思想家、法兰克福学派新一代代表哈贝马斯与利奥塔就"现代性"与"后现代性"问题的论战，是后现代主义发展过程中的一个大事件。

后现代主义思想在欧洲大陆产生后，很快被美国学者所接受。在美国，1966 年德里达、罗兰·巴特访美，很快在美国刮起了以解构主义为特征的后现代主义旋风，以至于美国后来居上，取代法国而成为后现代主义思想的大本营。美国当代著名的后现代主义学者有伊哈布·哈桑、弗·杰姆逊、丹尼尔·贝尔以及大卫·格里芬、理查·罗蒂等人。①

---

① 陆有铨：《躁动的百年——20 世纪的教育历程》，151~152 页，济南，山东教育出版社，1997。

二、后现代主义的主要派别

从后现代主义的性质和理论风格看,后现代主义思潮可分为早期浪漫后现代主义、激进后现代主义、建设性后现代主义以及简单化后现代主义四种理论派别。[①]

(一)早期浪漫后现代主义

早期浪漫后现代主义,也被称作理想后现代主义。早期浪漫后现代主义思想产生于西方启蒙运动以来的现代时期,它孕育了对现代性进行批判的思想种子,以卢梭、路德、罗素等人的思想为代表。1749年,卢梭发表了《科学与艺术的进步能使道德改善还是使道德堕落?》一文。在这篇著名的文章里,卢梭深刻揭露了科学技术的发展、大机器工业革命的进步给广大人民带来的不是福利,而是更深的灾难。人成为机器的附庸和奴隶,工人遭受的压迫和剥削更加深重。为资本主义制度服务的文学充满了虚伪、矫揉造作和资产阶级的铜臭气味。卢梭断言,工业化进程中的科学和艺术不能使人的道德进步,相反它削弱了人性,毁灭了人的自然发展与自由发展。卢梭思想的浪漫后现代性体现在他认为一切自然的东西都是美好的,解决现代问题的出路在于回归大自然。

罗素以哲人和科学家的眼光审视了近代乃至现代科学技术的发展状况及其对社会各个方面的影响。他认为科学技术的进步和工业化给人类带来了极大的社会物质财富,人们的物质生活水平明显提高了。但同时,科学技术也给人类的生活带来难以言状的负面影响,特别是第一次世界大战中利用现代科技制造出的大规模杀伤武器,更使罗素为科学技术的前途担忧。此外,工业化进程对环境的污染和破坏,大机器对不可再生资源的掠夺性开采以及人

[①] 王治河:《论后现代主义的三种形态》,载《国外社会科学》,1995(1);袁可嘉:《关于后现代主义思潮》,载《国外社会科学》,1982(11);徐辉、辛治洋:《现代外国教育思潮研究》,125页,北京,人民教育出版社,2008。

际关系的冷漠，这些迫使罗素无法以理性来改造人类。在科学和哲学结合的基础上人类才能建设完满的社会。这当然也是一种浪漫主义和理想主义的观点。

(二)激进后现代主义

激进后现代主义的主要特征是它的否定性和颠覆性，主要代表学者是法国哲学家德里达、福柯、利奥塔，美国哲学家弗耶阿本德，意大利哲学家瓦提莫等。佛克马和伯顿斯在《走向后现代主义》一书中指出，20世纪60年代中期是后现代主义"反文化"运动时期，到60年代末，后现代主义出现了被称为"智力反叛力量(Intellectual Revolt)"的新发展；1972年至1976年，后现代主义又以存在主义的形式而风靡。①

激进后现代主义的颠覆性主要体现为对"元叙事""总体性与同一性"的反叛与否定。利奥塔指出，现代性的"元叙事"以绝对真理、理想伦理的宏达叙事压制了人的其他可能性。与此同时，"总体性与同一性"作为西方哲学的典型特征，也是造成一种话语对另一种话语压迫的根源。他提醒人们在面对总体性时，要注意差异的重要性，鼓励人们站在少数和差异的一边行动，反对普遍标准和价值的不公正运用。②福柯在其《生存的美学》中也说道："我确实认为不存在至高无上的、作为根基的主体，即无处不在的、普遍性的主体。我非常怀疑这种主体，甚至非常敌视它。"③1979年，利奥塔在《后现代状况——关于知识的报告》一书中考察了后现代知识的性质、正统与非合法化，提出后现代主义是后现代知识状态的集中体现，后现代主义的根本特征是对

---

① ［荷兰］佛克马、伯顿斯编：《走向后现代主义》，王宁等译，14~30页，北京，北京大学出版社，1991。
② ［法］让-弗朗索瓦·利奥塔：《后现代性与公正游戏——利奥塔访谈、书信录》，谈瀛洲译，上海，上海人民出版社，1997。
③ 转引自张志平：《西方哲学十二讲》，219页，重庆，重庆出版社，2008。

"元叙事""宏伟叙事"的怀疑与否定。①作为一种思维方式，激进后现代主义强烈地表现为彻底的批判精神、鲜明的否定倾向和全然的消解性。作为一种思维方式的激进后现代主义力图向一切人类迄今为止认为完备至极的东西进行挑战，力图摧毁传统封闭、简单、僵化的西方思维方式。

(三)建设性后现代主义

如果说激进后现代主义侧重对西方学术传统的摧毁，那么，建设性后现代主义则侧重于西方学术的重建；如果说前者侧重于思维方式或方法论，那么，后者则侧重于世界观和"建设"的内容。美国学者大卫·格里芬、霍伊·罗蒂，英国学者大卫·伯姆、鲁珀特·谢尔德拉克，澳大利亚学者查尔斯·伯奇等都是建设性后现代主义的杰出代表。②

建设性后现代主义的最大特征在于它的重建性，它积极寻求重建人与世界、人与人的关系，积极寻求重建一个美好的新世界。针对现代性及其在西方世界所产生的一系列严重问题，建设性后现代主义提出了自己批判性的对策。首先，建设性后现代主义反对现代哲学的二元论和还原论。其次，建设性后现代主义反对现代世界观的人类中心主义。人类中心主义认为人是凌驾于自然之上的，并有权为了自身利益去控制自然，甚至随心所欲地改造自然。建设性后现代主义认为，这不过是人类为自己谋利的一种荒谬的偏见。建设性后现代主义倡导一种全球伦理，强调人与自然的统一，推崇整个世界的和谐，并认为这种人性与自然和谐的后现代世界观将帮助人们走向"完美的人性"。最后，建设性后现代主义提倡多元的思维方式。

(四)简单化后现代主义

简单化后现代主义是对激进后现代主义和建设性后现代主义进行片面理

---

① [法]让-弗朗索瓦·利奥塔：《后现代状况——关于知识的报告》，岛子译，34 页，长沙，湖南美术出版社，1996。

② [美]大卫·格里芬编：《后现代科学：科学魅力的再现》，马季方译，207~209 页，北京，中央编译出版社，1995。

解的结果。它的主要内容可以概括为四点：第一，用孤立的、对立的观点来考察现代主义与后现代主义的关系，认为后现代主义与现代主义是针锋相对的，是对现代主义的全盘否定。第二，它抽掉了后现代主义的底蕴，仅仅抓住了后现代主义的某些表面特征，并以之为后现代主义的本质特征。例如，把无中心、多元化、元叙事等个别内容或部分内容无限夸大，推崇到极端，视它们为后现代的实质。第三，简单化后现代主义视后现代主义的策略为目的。第四，用单一的原因来解释后现代主义的产生及其理论内容，如詹姆逊把后现代主义简化为某种文学艺术上的后现代主义，把后现代主义的起源归为"消费者社会"上层建筑消费的需要。

第二节　后现代主义的主要教育观点

在后现代主义思潮的影响之下，一些教育学者也从后现代主义的立场对教育问题进行反思，形成了后现代教育思潮。在后现代主义教育思想的阵营中，各种不同的思想派别林立，呈现出一种多元化的特征。例如，吉罗克斯的理论具有鲜明的激进态度，鲍尔斯的理论则较为保守，多尔的理论有构造主义倾向，诺丁斯的理论则带有强烈的女性主义烙印。[①] 尽管后现代主义者在教育理论上有不同的倾向和观点，但这些思想均展现出后现代主义的一些共同特征：去中心化、去一元化的思想，反对宏大叙事、总体化、确定性的话语系统，强调非理性、差异性、反思和批判精神，倡导多元化方法论等。

一、吉罗克斯的"边界教育学"

亨利·吉罗克斯是美国当代激进后现代主义教育学派的代表人物，他将

[①]　陈建华：《后现代主义教育思想评析》，载《外国教育研究》，1998(2)。

后现代主义、后结构主义和"新马克思主义"批判理论的一些观点和方法结合起来，在对资本主义国家的教育进行激进批判的基础上，提出了一种新的教育理论——边界教育学。

边界教育学是后现代批判教育学中一个非常重要的概念，其核心是有关教师作用的一系列重要观点：教师作为转化性知识分子(Transformative Intellectual)应在学校和社会中承担与种族主义斗争的责任；边界教育学有助于教师在社会、政治和文化领域中确定自己的位置，帮助教师发挥知识分子和文化工作者的作用。边界教育学不仅要以创造新的知识为目的，而且要揭示根植于基本制度中的不平等和人类苦难。学生将作为边界的跨越者穿过差异和权力平等构成的疆界，通过理解权力与知识之间的关系来占有知识。① 吉罗克斯认为，边界教育学是反文本(Counter-text)的，主张教育要从由优势文化决定的解释中解放出来，注重个人经验及其代表的特殊文化，造就具有批判能力的公民。这种公民能够认清优势文化的霸权性以及文本的集权性，勇于向它们发起挑战，通过对多元文化的认识，跨越文化边界。

吉罗克斯的教育理论主张教育功能的政治化，即主张教育应当在建设新的、批判的民主社会方面发挥更大的作用。学校作为行使教育功能的主要机构，应该对固有的社会秩序提出挑战以发展、推进民主的法则。吉罗克斯反对学科领域之间、社会生活领域之间、知识与学生经验之间、权力中心与边缘之间存在的固定不变的界限。他主张教育者和文化工作者跨越这些边界，并积极推动这些边界的变化。只有这样的教育和教育学，才能使学生真正掌握批判民族社会所需要的知识和技能，从而成为有勇气的公民。② 吉罗克斯的边界教育学理论有着非常强烈的民主意识，它给教育工作者提供了重新思考

---

① [美]亨利·A.吉罗克斯:《跨越边界——文化工作者与教育政治学》，刘惠珍、张弛、黄宇红译，36页，上海，华东师范大学出版社，2002。

② 魏玲、赵卫平:《试论吉罗克斯的后现代教育观——激进教育中的边界教育学》，载《外国教育研究》，2006(5)。

权力中心与边缘的机会，也给学生提供了不同文化准则、经验和语言的学习机会，倡导教育跨越种族、地域、学科、知识、课程等多方面的界限，远离所谓标准中心，抛弃带有种族偏见或性别歧视的观点，培养学生的公民勇气。

二、鲍尔斯的生态教育理论

鲍尔斯（Chet A. Bowers，1935—2017）是建设性后现代主义生态教育思想的代表人物，他运用后现代主义的方法、观点研究教育生态问题，创立了生态教育理论。在鲍尔斯看来，建立一种文化与社会环境和睦相处的社会是人类发展的重要目标。想要造就这种社会，不仅需要摆脱欧洲优势文化的控制，更需要培养具有生态意识的未来公民。

鲍尔斯在20世纪90年代的理论工作主要围绕"文化生态保守主义"展开。他在《批判的文化：为什么环境保护运动需要大学和公立学校的改革》中指出，那些文化与课程毫无关联，学生个体可以脱离文化进行思考和行动的现代教育理念是完全片面且荒谬的。环境教育绝不仅仅是传授更多的环境知识，而是重塑一个文化，教会我们解决生态危机中各种问题的方式的过程。鲍尔斯在其著作《文化忽视》一书中更是犀利地指出，西方现代文化及教育的变革为应对生态危机所做出的改变远远不够。

鲍尔斯和弗林德斯（David J. Flinders）合著的《反应式教学》一书中，集中阐述了这样一种观点：西方学校和社会普遍重视理性知识、客观知识以及线性知识。[1]学校教育中，知识仅仅被看作好学生渴求并且应当掌握的东西，社会通过测验来了解学生的竞争力，来判断一所学校的教育质量。学校和学生像机器一样被看待。与这种观点不同，作者认为知识根植于文化之中，反应式教师（Responsive Teacher）可以准确判断在学校什么才是应做的，可以将知

---

① C. A. Bowers & D. J. Flinders, *Responsive Teaching*, New York, Teachers College Press, 1990.

识与学生的文化经验有效地结合起来。教师应当在教学中考虑学生的文化背景和个体之间的差异性,学生的种族、国家、年龄、性别、所属社会阶层、家庭、邻居等因素都是影响课堂生态的重要环节。反应式教师会将课堂看作一个合作场所,一个由多种语言、文化模式共同构建的精神生态系统。教师还应对课程内容、课程媒介以及在课堂中使用的其他资源中所隐含的兴趣和目标非常敏感。

鲍尔斯的基于文化和生态的课程理论颠覆了以往课程理论家们对于情境无涉的根深蒂固的观念,它基于另一种"现实"——这些现实包括自然界的巨变、世界人口的剧增、科技和消费型生活方式的全球化,它更多地表现为人类关系和知识的商品化而不是复杂科学所描述的非线性世界。实际上,当前的文化思想模式和生活方式已经超出了自然界的承受能力的现实,正在改变人类的未来。这些现实必须成为课程理论关注的中心,课程理论必须认真对待文化之间的关系以及文化对自然界的依存关系。在鲍尔斯的生态教育理论影响下,一种倡导运用后现代主义的多元思维,实施与自然相和谐的环境教育,培养学生与人和自然和谐相处的能力的建设性后现代主义生态教育逐渐盛行。

三、诺丁斯的关怀教育理论

内尔·诺丁斯(Nel Noddings,1929—)是美国代表性的后现代建构论女性主义教育学者。[1] 她深受存在主义哲学、人本主义心理学影响,在20世纪80年代提出了对东西方世界产生广泛影响的关怀教育理论。诺丁斯的关怀教育理论以"关怀(Caring)"作为最根本的任务和目的,以学习关怀为出发点进行整合的学校教育作为关怀教育的核心,以榜样、对话、实践和认可作为关怀教育的基本方法。诺丁斯认为,以关怀为中心构建出新的教育体系是对深

---

① 甘永涛、王新华:《后现代女性主义教育学的来龙去脉》,载《比较教育研究》,2008(3)。

层社会变革的最佳应对模式。

诺丁斯认为，关怀是女性的思维方式及行为方式，也是合理教育学的基础。她指出："在这个许多思想家向后现代主义靠拢的时期——这个拒绝客观方法、鲜明的个人主体性、伦理的统一性，以及统一的认识论标准的时期——太多教育家还是死守现代主义的进步预设及其过时的方法不放。"①她提出在现代教育的框架中进行一些修正性工作并不能改变现代教育的困境，必须采取一种截然不同的思维方式来组织教育。为此，诺丁斯的关怀教育理论主张教育围绕各种"关怀"的主题来组织，而不是根据传统的学科来组织。所有学生都应该受这样的普及教育，即指导他们关怀自己，关怀他人，关怀全世界，关怀植物、动物、环境、人为的世界以及思想观念的教育。诺丁斯认为关怀从其最根本的形式来看是人类间的一种联系，这种联系根植于人类生活的属性，因为所有人都希望被关怀。关怀将成为调节整个社会中人与人关系的基本原则和出发点。因此，学校教育的主导目标应该是使有能力、能关怀人、懂得爱人也值得别人爱的人的健康成长。② 在诺丁斯的思想体系中，关怀教育实际上已经突破了道德教育的范畴，关怀已经构成了学校教育的主要目标，其他目标都应该在关怀这一中心的统摄之下进行。③

诺丁斯的关怀教育理论倡导四种教育方法：榜样、对话、实践和认可。第一种关怀教育的方法是榜样。榜样在关怀教育中非常重要，因为关怀伦理不是靠理性推导出的，而是靠伦理经验来激发的。通常，关怀教育中的榜样由教师来担当。第二种关怀教育的方法是对话。对话体现了尊重，践行了平等，渗透出自由，表达人与人之间和谐相处的人文关怀。由对话导向关怀，

---

① N. Noddings, *The Challenge to Care in schools：An Alternative Approach to Education*, New York, Teacher College Press, 1992, p.173.

② ［美］诺丁斯：《学会关心：教育的另一种模式（第2版）》，于天龙译，15页，北京，教育科学出版社，2011。

③ N. Noddings, *Caring：A Feminist Approach to Ethics and Moral Educationa*, Erkeley, University of Press, 1984, p.173.

在道德教育中不可或缺。诺丁斯说过:"对话是学会如何构建和维系与他人的关怀关系的基本方法。"①在现代的学校教育中,对话的运用已抛弃了关怀。"教师启发—学生回答—教师评价"般的固定对话交流模式的机械应用不利于使学生学会关怀。对话应是开放性的、轻松的。对话应没有预期目的,没有固定答案,学生与教师在对话中自由表达心声,碰撞思想,一起探寻一个在对话开始时不存在的答案。教师还应与学生家长真诚对话,在与家长的互动交流中,对学生加深了解,有益于教师与学生关怀关系的建立。第三种关怀教育的方法是实践。诺丁斯建构关怀教育理论,不仅是为了传播关怀的理念,更是为了使所有人都将关怀纳入生活实践,建立道德和谐的社会。实践既是教授某些技能又是在塑造心理,关怀教育的实践就是教授关怀的技巧和塑造关怀的心理。让学生成为关怀的人,就应该为学生提供充足的实践时间与空间,让他们可以亲自去寻找关怀与幸福。第四种关怀教育的方法是认可。认可是现实性和理想性的最佳结合点,是对优秀品行的肯定和鼓励。在教育中,教师对学生关怀的认可与肯定,可以增强学生的自信心,加强学生关怀实践的动力。诺丁斯在谈到如何培养学生的关怀能力时说道:"当我们肯定某人时,我们发现一个更好的自我并鼓励其发展。"②教师应该培养学生对他人的认可习惯,学生可以在认可他人的过程中,更接近理想自我,更加坚定关怀实践,与他人建立良好的联系,成为一个关怀者。

四、多尔的课程理论

多尔(William E. Doll,1931—2017)是建设性后现代主义课程理论的代表性学者。从理论基础上看,多尔的后现代课程理论具有丰富的多元性,他在

---

① N. Noddings, *The Challenge to Care in schools:An Alternative Approach to Education*, New York, Teacher College Press, 1992, p.53.

② [美]奈尔·诺丁斯:《教育哲学》,许立新译,241页,北京,北京师范大学出版社,2008。

吸收了自然科学中不确定性原理、非线性观点和耗散结构等理论观点的基础上，批判了泰勒原理，提出了具有开放性、非线性、转变性、复杂性和生命性特征的后现代主义课程观。

多尔认为，后现代主义课程是非线性、非预设的，需通过参与者的行为和交互作用而形成。后现代课程的建设和实施要充分利用自组织，发展课程的实践性，以隐喻与叙事方式，实现课程功能。[①] 他主张在人类不可避免和无以逆转地步入后现代时代之时，应当把科学的理性与逻辑、故事的想象力与文化，以及精神的感觉与创造性结合起来，从个体心灵深处救治世界的分裂。[②] 他提出了后现代课程的旅程性（Currere）、复杂性（Complexity）、宇观性（Cosmology）、会话性（Conversation）与社区性（Community）的"5C"标准，以及更为知名的"4R"理论，即强调课程的四种属性——丰富性（Richness）、循环性（Recursion）、关联性（Relationality）和严密性（Rigor）。

丰富性指"课程的深度、意义的层次、多种可能性或多重解释性"。多尔认为，为了促使学生和教师产生转变和被转变，课程应具有适量的不确定性、异常性、无效性、模糊性、不平衡性、耗散性与生动的经验。但"适量"往往是无法事先确定的，它常常需在学生、教师和文本之间的不断协调中寻得。多尔把课程内在的疑问性、干扰性特征和可能性视为转变性课程的本质，这显然是对现代主义一元、封闭课程观的挑战。多尔还认为学校里主要的学术科目均有其自身的历史背景、基本概念和最终词汇，因此每一门学科应以自己的方式解释丰富性。语言侧重于通过隐喻、神话和叙事来发展自己的丰富性。数学主要通过"与模式游戏"[③]来发展其丰富性。科学主要通过对周围世界假设的直观感觉、发展、探索和证明来发展其丰富性。社会科学则从对问

① 燕良轼：《解读后现代主义教育思想》，128~130 页，广州，广东教育出版社，2008。
② [美]小威廉姆·E. 多尔：《后现代课程观》，王红宇译，2 页，北京，教育科学出版社，2000。
③ 数学的所谓"与模式游戏"可表现为：计算 101-49 时，可将其转变为 102-50 或 100-50+2。

题解释的对话与协调中获得丰富性。①

循环性指个体思考的环形运动，即杜威的间接经验要返回到原初经验，或者皮亚杰的内省智力要返回到实用智力。它是借助个体的反思性行为来重组、再构或转变原有经验的过程。多尔认为，回归与重复是不同的，重复是现代主义的概念，其目的是强化预定的结论，其方式是封闭的。而回归则是后现代主义的概念，其目的是丰富原有的经验，发展个体组织、组合、探究运用某物的能力，重在转变，其方式是开放的。在回归中，他人的考察、批评和相互对话所引发的深入反思是获得转变的关键。多尔把"回归性反思"视作转变性课程的核心。

关联性是后现代转变性课程观的重要概念，它包括教育联系和文化联系两个方面。教育联系是指课程结构的内在联系或者赋予课程以丰富的网络，它借助回归性来发展课程的深度。在后现代框架中，文本并不被看作必须遵循的，而是需要修改的。文化联系是指课程之外的知识，其目的是形成课程赖以存在的大模体。该观念产生于诠释宇宙学，描述和对话常常作为解释的工具。多尔课程理论中的文化联系注入了生态观、全球观和宇宙观的内涵，是一种具有全球视野的后现代主义课程观。

严密性是"4R"中最重要的。为了防止转变性课程落入相对主义，多尔十分重视严密性。但是，后现代视野中的严密性与现代主义者的严密性是不同的。在后者看来，严密就是学术逻辑、科学观察和数学的精确性，而前者则将其理解为确定性。在处理不确定性上，严密性意味着不断地探索、寻求新的组合、解释或模式，寻找不同的选择方案、关系和联系，而不一定以之为尊。

综上，在多尔的后现代主义课程框架中，教育目的、教育计划、教育评

---

① 邬志辉：《教育全球化——中国的视点与问题》，202页，上海，华东师范大学出版社，2004。

价都是开放、可调整的，课程更多的是以过程为中心而不是以结果为中心，所有课程参与者都是课程的开发者和创造者，课程是师生共同探索新知识的发展过程。这些主张为课程研究提供了新的视野和广阔的前景。

第三节　后现代主义的教学理论

后现代主义作为一种文化哲学思潮对现代教学理论产生了积极而深远的影响。它通过对现代教学中的教学目标、教学内容、教学过程、教学评价、师生关系的反思、批判与解构、建构，形成了后现代主义教学理论。

一、后现代主义对教学目标的探讨

后现代主义的教育目的观是建立在对现代主义的"完人的教育目的观"的反思与批判基础之上的。自启蒙运动以来的现代教育思想将理想的人（"完人"）定义为具有理性和自主性的人，他是自身命运的唯一主人以及自身世界的主宰。在后现代主义者的眼里，"完人"的概念是典型的现代主义观点，表现出一种宏大的系统化的设计。① 它将教育视作一个封闭的过程，过程一结束，人可以在各方面得到均衡的发展，人的理想状况具有一致性。对此，后现代主义者批判道，强调完人教育目的将导致两种恶果：一是在个人与他人交往和教育过程中，使个体虚伪地扮演完美的角色；二是用完人的标准来要求自己和别人，使个人一直处在内心斗争和痛苦中，无法进行真正的沟通和交流。在批判现代主义完人教育目的观的基础上，后现代主义者提出了自己的教育目的观。他们主张，学校的教育目的应从优势文化决定论中解放出来，

① Stanley Aronowitz and Henry A. Giroux, *Postmodern Education: Politics, Culture, and Social Criticism*, Minneapolis, University of Minnesota Press, 1991, pp.75-76.

肯定个人经验及其代表的特殊文化，既注重学生各方面的发展，同时也不强求每个受教育者都得到"全面发展"，甚至可以培养"片面发展"的人，即符合学生自己特点及生活特殊性的人。后现代主义还强调教育要造就一批具有批判能力的公民，这种公民既能够认清优势文化的霸权性，又敢于向它们挑战，既认同自己，也认同不同文化背景下具有不同价值观的他人，具有一定的社会责任感、使命感以及对自然、土地、生态的伦理观念。

现代主义的教育目的观贯彻在课堂教学目标上，表现出行为主义特征：教学目标表现为一系列明确的外显行为，教学提供特定的刺激，引导学生特定的反应，最终在知识、行为及情感等方面使学生达到一个新的层次。这种教学目标理念预设了整个的教学过程是一个完全受到控制的过程，过程的每一步都被事先设定好，学生按图索骥，就能达到目标。教师和学生成为实现教学目标的工具，教学成为完成目标的、封闭性的、程序化的过程。后现代主义极力批判这种封闭性和程序化，在其视野中教学是一种开放的、非线性的师生交往活动，在这个过程中会有种种偶发因素的出现，任何明确的、外在的教学目标只能是过程结束后的可能结果之一，但不是唯一结果。后现代主义者所倡导的教学目标是：首先，要在教学中促成一种真正的对话。教师、学生和文本在一种自由的、平等的氛围里进行对话，使教学内容在教师、学生和文本之间得以协调，师生都能在对话中得以反思，得以发展。其次，要在教学中让学生获得一种作为主体的自由体验。派纳(W. F. Pinar)指出现代教学的主要弊端在于对自我意识的压抑和对个性的扭曲，它限制并剥夺了学生作为主体的自由体验、探究和表达的权利。① 因此，后现代的教学目标就是要给予学生探究和表达的权利，让学生获得在教学中自由感受与表达的体验。

---

① W.F.Pinar, W.M.Reynolds, P. Slattery and P.M.Taubman, *Understanding Curriculum: An Introduction to Study of Historical and Contemporary Curriculum Discourses*, New York, Peter-alng, 1995, p.271.

最后，后现代的教学目标要服务于后现代的教育目的，尤其强调培养具有关怀能力、社会批判能力、生态意识的有勇气的公民。①

二、后现代主义对教学内容的探讨

现代主义知识观是现代教育的基础，它强调知识具有客观性、普遍性和中立性，认为科学知识是最有价值的一种知识。现代教育就成为传递这种客观知识的载体，教学的内容就是课程文本中包含的客观知识，教师照本宣科地将这些知识传递给学生，学生就是这些知识的被动接受者。从后现代主义大师利奥塔开始，对现代主义知识观进行了猛烈的抨击，他认为知识"不能归结为科学，更不能归结为学问"②。包括科学知识在内的任何知识，都不可避免地带有主观色彩，受到权力关系的制约，不存在真正客观的、普遍的和中立的知识。罗蒂提出："将各种知识作为相互协调的人类经验，消解知识间的等级和科学界限。"③

正因为普遍的、中立的知识并不存在，后现代主义者认为，课程文本所包含的知识信息也非绝对的真理，教学内容不再是课程文本的复制，而应该是教师、学生联合创造的教育经验。据此，后现代主义倡导在教学内容方面的以下变革。第一，教学内容应从文本转向文本所引起的读者体验。文本只是提供了一个交流的平台，学生和老师在阅读文本时，形成各自的体验，展开对话，在过程中构建着教学内容。第二，教学内容应从关注客观真理转向

---

① 陆有铨：《躁动的百年：20世纪的教育历程》，169~171页，济南，山东教育出版社，1997。

② ［法］让-弗朗索瓦·利奥塔：《后现代状况——关于知识的报告》，岛子译，74页，长沙，湖南美术出版社，1996。

③ R.Rorty, *Philosophy and the Mirror of Nature*, Princeton, Princeton University Press, 1989, p.132.

关注"个人真理"和"共享真理"。① 由于客观的、绝对的真理并不存在，教师也不再是"真理的代言人"，教学内容也不再成为客观真理的载体，所以就应认可个人在教学过程中所形成的认识的价值，就应关注个体之间在对话交流中所达成的共识——"共享真理"。第三，教学内容应从封闭的、简单的、不变的状态转变为开放的、复杂的、变革的状态。要使教学重新焕发生命力，内容必须具有开放性、复杂性和变革性，学生的一个问题、一个错误都应成为教学内容的源泉。

三、后现代主义对教学过程的探讨

现代主义教学观将教学过程视为达成目标的工具，其教学过程观有鲜明的封闭化与工具主义倾向。后现代主义对此展开了猛烈的批判，并揭露了现代主义教学过程所隐含着种种的危险：首先，在教学过程中，教师更关心自己是否将教学内容传递到位，能否完成教学任务，从而忽视了对学生的关照，使教学过程的人性化被削弱；其次，教学过程的优劣并不取决于教学过程本身，而是靠其达成教学目标和好坏来判定，造成教学过程成为教学目标的附属物，成为一种封闭的过程；最后，教师为了追求更好的教学结果，强调教学过程的高效率，使教学过程不免出现"一刀切""满堂灌"的局面。

后现代主义教学观认为，教学过程是一个"自组织"过程。自组织是一个通过系统内外部诸要素相互作用，在看似混沌无序的状态下自发形成有序结构的动态过程。教学过程的自组织性质主要表现在以下三个方面。

①教学过程在不断变化中体现一定的秩序。正如日本学者佐藤正夫所言："教学过程既不是单纯的教授过程，也不是单纯的学习过程，它是教师的教授

---

① [加]大卫·杰弗里·史密斯：《全球化与后现代化教育学》，郭洋生译，27~34 页，北京，教育科学出版社，2000。

活动与学生的学习活动的统一。"①虽然这种活动的全程错综复杂，没有一个固定的模式，没有一条划定的跑道，但从总体上看，它又界限明晰，趋向稳定和有序。

②教学过程是一种自我创生的过程。后现代主义认为，知识的习得不是强加的，也不是随机的，而是学习者在选择性地接受教师的施教信息后，内化为认知、感情、意志，并外化为行动的过程。因此，教学过程不可能是对课程文本的刻板传递，而是学习主体对课程文本的反思性理解。教学材料不再是整个课堂教学的基调，它恢复了自己作为文本的本来面目——拥有大量的可供解释的空间。在后现代的教学过程中，学生和教师通过对文本的自我创生和"视界融合"，使教学过程成为一个反思性理解的过程。②

③教学过程更是一个共同建构的过程。在教学活动中，教学主客体之间的作用和影响并非一种静态的、单向的行为或过程，而是处在不断的相互作用、相互影响、相互适应之中，是一个互动性过程。布鲁纳认为，教学的实施方式有两种：逻辑的、分析的、科学的方式和隐喻的、描述的、存在主义的方式。在这两者之间，后现代主义重视的是隐喻的方式，认为隐喻的方式是阐释性的、生产性的、开放性的和启发性的，它可以使学习者与教师共同参与到与文本的对话和构建当中。当教师和学生在进行对话时，各自对文本的理解得以交流，从而实现着视界的融合，形成新的共识，这种共识就成为师生共同建构的知识。

四、后现代主义对师生关系的探讨

关于教学中教师的作用和师生关系问题，后现代主义思想家也有自己独

---

① ［日］佐藤正夫：《让学生成为学习的主体》，钟启泉译，载《湖北教育（教学版）》，2007（4）。

② ［加］大卫·杰弗里·史密斯：《全球化与后现代教育学》，郭洋生译，119～127 页，北京，教育科学出版社，2000。

特的观点。他们认为,现代主义的教学本质上是教师单向、独白式的权威教学,教师成为话语霸权的占有者,学生的自主性和潜能受到压制。因此,后现代主义主张消解教师的话语霸权,铲除对秩序和权威的服从,鼓励在课堂教学中以师生平等对话代替教师的传授与灌输,以培养求知者的民主意识和创新精神。"针对现代师生关系范式中流行的主客二分带来的弊端,后现代主义者认为师生关系是一种交互作用、相互作用的共生关系。这种关系是有机的、相互联系的,而不是无机的、相互分离的;这种关系是内在的、构成性的,而不是外在的、非构成性的;这种关系是两者之间相互影响的关系,而不是一方支配另一方的关系。"①在后现代主义的视野中,教学活动中的师生关系有以下三点核心特征。

首先,后现代主义视角的师生关系是主体间的"我-你"关系。后现代主义认为,现代主义原子式的主体性一方面促进了科学的发展,另一方面也带来了人类主体性的困惑,特别是主体与客体的二元对立,带来了人与自然、社会甚至自我的分离。后现代主义所倡导的主体间性的"我-你"关系意味着交往双方互相理解,彼此承认;意味着"我-你"之间具有对等的地位与权利,遵守共同认可的规范。在教学实践的师生关系中,二者表现出"交互主体"为中心的和谐一致性。在这种主体间的"我-你"关系中,教师和学生都是作为独特的精神整体而发生相互作用。后现代主义认为,师生关系的教育性就在于它是一种生活关系,无论对教师或是学生来说,他们都是对方生活的一部分,师生互相创造与彼此的交往关系,即创造着对方的生活。正是师生关系的这种对生活的体验性形成了对个人精神发展的教育性。在完满的师生关系中,教师和学生双方在精神的理解和沟通中获得了新的经验,获得精神的扩展,在交往中,各自都接纳了对方,构成了双方之间的精神交流。教师才能真正成为学生发展的引路人。在教育性的师生关系中,教育才是完整的教育。

---

① 龚晓林:《反思现代性:后现代师生关系研究的价值取向》,载《教学与管理》,2009(21)。

其次，后现代主义视角的师生关系是一种对话关系。后现代主义者认为，师生对话的核心，是作为两个主体之间的平等的会晤，是师生在相互尊重、信任与平等的立场上通过言谈和倾听而进行双向沟通的方式。师生的对话关系不仅有言语层面的你来我往，还有知识、思想、经验和情感等多方面、深层次的相互交流。换言之，对话不仅是师生产生交往关系的一种方式，更是弥漫于师生之间的一种教育情境。在课堂教学中，师生对话取代了教师的灌输，通过对话，学生意识到自我的存在与发展。通过对话，学生的批判精神与批判能力得以发展，师生共同对求知过程负责。

最后，后现代主义视野中的师生关系是互惠式的。利奥塔指出，知识的供应者与使用者与他们所供应和使用的知识的关系，日益等同于商品的生产者与消费者与他们所供应和使用的商品的关系，即一切都采用价值的形式。在后现代主义者看来，师生之间的关系不再是传授式和控制式的教学关系，而是一种共同学习、相互影响的互惠式关系。多尔指出："这种关系将更少地体现为有知识的教师教导无知的学生，而更多地体现为一群个体在共同探究有关课题的过程中相互影响……教师将'乐于面对学生'，与学生一起探索师生所达成的共识。"[①]这种互惠式的师生关系，要求师生都以求知的参与者的身份进行交往，教师是好的倾听者与探讨者，而非仅仅是好的讲解人。

五、后现代主义对教学评价的探讨

现代主义教学观对于教学目标的关注，导致在教学评价上更倾向于目标达成评价。事先厘定教学目标，再根据教学过程结束后学生达成目标的程度，教师完成教学任务的程度，来对学生、教师和教学进行评价。这种教学评价观念具有强烈的目标导向与工具理性的色彩，企图在教学评价中把科学研究中那一套量化思维移植过来。

---

① ［美］小威廉姆·E. 多尔：《后现代课程观》，王红宇译，5 页，北京，教育科学出版社，2000。

后现代主义更强调教学评价的开放性特征和人性化色彩：一是注重定性评价。主张从人的需要出发，重视人文学科方法在评价中的应用，运用定性方法对于教学过程和参与者的体验进行研究与评价。二是强调个性化。重视教学过程中个体之间的差异性，让评价指向每个个体。例如档案袋评价，就是将每一位学生在教学过程中的种种信息收集起来，反映出每一位学生在教学过程中的发展和改变，实现一种个性化评价。三是倡导多元化。提供多个视角看待教学活动，认识到它的复杂性所在。提倡定性评价和定量评价相结合，绝对评价和相对评价相结合，诊断性、形成性和终结性评价相结合，自评和他评相结合，体现出评价的多样性。四是强调评价者和被评价者之间的对话，认为评价是一种通过"协商"而形成的"心理建构"。在教学评价中，被评价者与评价者同为平等的参与者，通过协商达成共识，形成最终评价结果。后现代主义教学评价推崇一种异质的平等观，强调每个人之间的差异，主张去权威、去中心、拆结构，摈弃一切歧视，反对追求共识和统一的标准，主张接受一切差异，承认和保护学习者的丰富性、多样性，大力提倡教育者应把关注的视线投向具有无限发展潜能和各具独特性的受教育者个体。激进的后现代主义者甚至要求教育者面对多少个学习者，就应该建立多少种不同性质的关系，发展出多少种不同的影响，运用多少种不同的评价。

第四节　后现代主义教育思想评述

后现代主义对西方简单、封闭、僵化的传统思维方式进行了彻底的批判，给我们提供了一种认识世界的新视角。正如富兰所言："出路并不是爬上山头把更多的革新和改革引进教育系统。我们需要一张不同的处方，以便抓住问题的核心，或者说到达另一个山头。一句话，我们对教育变革需要有一个新的思维方式。"①

一、后现代主义教育思想的主要特点

(一)批判现代性

对现代性进行反思和批判是后现代主义众多思潮的共同动机和追求。所谓现代性,从哲学角度看,指的是西方启蒙运动以来确立的理性原则和科学精神。它强调理性、权威性、同一性、整体性、确定性和终极价值。后现代主义者则拒绝被现代性所首肯的话语系统,他们要求解构主体性、消解同一性、抨击理性,否定规则、秩序、权威、真理、崇高、完美、合法性、普遍性、简单性等概念。表现在教育方面,就是对现代社会的教育目的、制度、课程、教材、教法进行了无情的批判和颠覆。认为教育的神圣性需被消解,教育不应再作为一个复制社会秩序的手段,也不再是大规模的社会工程的工具。教育目的并不在于追求共识和统一的标准,而是通过宽松的争论去发现悖论和错误,追求异质。教育应引导学生了解他人对其选择的差异性所可能提供的各种良好理由,并学习接受教育的差异性。

(二)强调非理性

非理性也是后现代主义思潮的重要特征之一。后现代主义者强调,人与自然、人与人是处在一种复杂的关系中的,任何人都不能自以为能超越这种关系而成为独立的他者,人应当由存在的冷静观察者、分析者变为存在的关心者、参与者。也就是说,人的存在,与人的自身有关,人要参与进去,不要去履行那些僵化的、所谓"理性"的信条,不要企图去"理性"地分析自己的人生。因为,人生本身就不在"理性"的范畴之内。进一步说,非理性就是人性,尊重人性就必须肯定人的非理性存在。后现代主义强调个人的经验、背

---

① [加]迈克·富兰:《变革的力量——透视教育改革》,中央教育科学研究所、加拿大多伦国际学院译,10页,北京,教育科学出版社,2000。

景、意愿和喜好在知识、生活、文化上的优先地位,反对连贯的、权威的、确定的解释。在教育领域表现为对普遍的、一般性的教育理论的蔑视,强调教育应当从不同的文化背景中获得暗示,而不是要去寻找或建构教育的逻各斯。教育中,后现代主义十分青睐两个概念——"去中心"和"松散边界":前者不仅仅是指学科知识的"去中心",同时也包含了教育权威、教育控制和教育措施的"去中心";后者指的是以往教育狭隘的定义和范围是不合理的,应当加以扬弃。

(三)倡导多元化

后现代主义反对哲学上长期占统治地位的"二元论",主张通过发动一场思维方式上的变革来消除主客体的分离,从而改造由二元论带来的现实世界中价值与事实、伦理与实际需要的分离,并取消二元模式中主体的中心地位。在思维的方法方面,后现代主义强调世界自身的多样性和丰富性,提倡对世界的认识应该是多视角、多维度、差异性的。例如,德里达提出的"解构"概念、利奥塔对"元话语"的质疑和提出的"谬误推理"、福柯选择疯癫等反常现象研究人文科学史,都体现了差异性与边缘性。在后现代主义者看来,人对现实世界的认识只能是多样的和歧义的,应该从多视角出发认识和理解世界。相应地,后现代主义者注重教育中各种各样的"差异性",努力寻求各种"不同的声音",而不是现代主义下的一种"权威的声音"。他们主张发展并维护个性的、多样性和富有差异的教育,不局限于单一的教育目的,反对从单一理性出发观照和解释世界,要求建立多元多样的教育实践形式,提倡多元文化教育。从这一点来看,后现代主义教育思潮与多元文化教育思潮具有天然的同质性。

二、后现代主义教育思想的积极意义

(一)后现代主义消解了二元对立的思维模式,促进了教育思维方式的多

元化

长期以来，在课程与教学的关系上，人们做了二元对立的划分，将二者理解为一种机械的线性关系，结果课程成了在教学过程之前和教学情境之外预设的确定的东西，教学过程成了忠实而有效地传递课程的过程，教育教学同丰富多彩的生活世界日益疏离，丧失了创造性；在对教育的理解上，二元对立的思维方式将本来具有自我统一性的人进行了二元分割——身体和心理、认知和情感、精神和物质等，结果将本来是世界上最复杂的存在物的人，还原成一个原子式的机械的人。

后现代主义对二元对立思维模式的消解，促使我们采取复杂思维方式来重新思考我们的教育：教育活动是人的活动，人作为世界上最复杂的存在，是一个知、情、意、行多层次丰富的整体，有着多种需求与多种发展的可能性；作为人类社会所特有的教育活动，是人的意向、目的和行为共同作用的结果。人类的交往活动必然具有不确定性、复杂性和多变性。这就要求我们不能对教育进行简单化、机械化的处理，而要容纳多样性规则、标准和方案，允许多种情况同时并存。①

(二)后现代主义推翻了科学主义的霸权，强化了教育人文性的一面

西方自启蒙运动以来的科学在征服与改造自然、发展社会生产力等方面取得了重大成就，人们对科学技术的态度逐渐由喜爱走向信仰，科学逐渐成为一种霸权。后现代主义对现代科学主义进行了强有力的批判。这种批判主要从以下两个方面展开：第一，质疑科学知识的霸权地位。现代人对科学的崇拜使科学知识获得了加冕，人文学科不仅被边缘化，还需要向科学看齐，力求使其知识体系客观化、科学化，结果反而丧失了本身的独特性与价值。利奥塔认为，知识有各种各样的形态，科学仅是其中的一种。他提出"叙事知

---

① 陈翠荣：《批判与重构——后现代主义视野中的教育观念解析》，硕士学位论文，华中师范大学，2003。

识"的概念,认为"叙事知识"与"科学知识"遵循着不同的游戏规则,应该用不同的标准来衡量,不能以前者判定后者,也不能以后者来判定前者。第二,对科学方法的沙文主义进行批判。科学主义以真理自居,造成科学方法上的沙文主义。科学沙文主义坚信科学方法是独一无二的方法,它的应用往往导致获得世界上的唯一的真理。

现代主义的教育从目标、内容、方式到评价,都反映出现代科学主义的倾向。首先,教育知识过多地关注表现为公理、概念、公式、方程等数理化知识的学习,轻视人文学科的学习。即使开设了一些人文课程,也是用科学的原则和方法来施教,学生无法体悟人文课程所包含的丰富意义。其次,为迎合现代科技对高效率、标准化的追求,教育走向了模式化。本来人应该是各具特色的独特个体,但科学主义下的教育无论在它的机制方面还是在它的精神方面,都不把人看作与众不同的、具有差异性的人。它把各具特色的人强行拉入一个统一而固定的模式之中,像生产加工标准件一样对学生进行训练。对此,法国学者 E. 赛甘批判道:"把成千上万的儿童关在像兵营一样的大房子里面,不考虑他们的体力、不同的生理需要以及智力差距,每天都不加区别地、清一色地给所有孩子配给四五种精神食粮。"①受科学主义支配的现代教育重事实轻价值、重理性轻感性、重控制轻关怀,结果教育中人文的一面被遗忘了——忽视了教育与人的丰富性、复杂性,是一种不见人的教育。后现代主义对科学主义的批判,有助于使教育者从人文的视角思考教育的使命,教育作为培育人格、建构人生意义的社会活动,理应关注人生、关注人生意义的实现。

(三)后现代主义对权威话语的解构,有助于教育的话语创新和发展

后现代主义致力于消解思想霸权和权威话语,让"王位"的空缺成为常态。利奥塔在《后现代状况》中将"后现代主义"定义为"对元叙事的不信任"。元叙

---

① 转引自[法]昂热拉·梅迪契:《新教育》,侯健译,35 页,北京,商务印书馆,1998。

事即在各种话语中占有一定优先和特权地位的权威话语。后现代主义认为，真理的霸权主义会压迫弱势话语和非主流话语。例如，福柯通过谱系学和知识考古学对精神病史、监狱史进行挖掘，打开了被主流话语尘封的另一个世界，让被压抑的声音说话，颠覆权威话语与主流思想的霸权主义。

后现代主义对权威话语的解构，启示我们应该消解教育中权威话语的影响，进行话语创新，以更好地促进教育的发展。后现代教育思想启发我们立足于教育生活和体验，将日常生活的反思与专家理论进行开放、平等的对话。在这种对话中，权威话语被暂时悬置起来，每个人既充分表达自己的声音，又倾听他人的声音，在对话中达成一种视域的融合。

三、后现代主义教育思想的局限性

后现代教育理论对现代教育的批判是推动现代教育向"未来教育"嬗变的诱发剂。它的一系列思想与主张为我们了解教育过程和现象提供了一个新的视野，力图冲破工具理性和技术理性理解范式，在教育观念上为我们提供了一个可供选择的新思路。当然，作为一种新的理论思潮，后现代主义教育理论的观点并非完美无缺。

首先，后现代主义教育本身并不是一个严密的学派。作为一种理论思潮，它在组成上派系林立，庞杂多样。各流派主张不一，甚至相互冲突。这也反映出其在深层意义上的不足，缺乏共同的概念和稳定的思想。其中一个典型的悖论就是，后现代主义教育思想反对理性，但它却是对现代主义理论性反思的产物。这一悖论所造成的直接后果就是有人因此而认为后现代主义教育思想并未超越现代主义教育思想，而是对现代主义教育思想的合理延续。

其次，后现代主义教育思想反对基础主义，强调解构的特性容易使其陷入相对主义的泥潭。解构的后现代主义教育流派只讲解构而不建构，给世界留下一片破碎与荒芜；建构的后现代主义教育在解构的基础上进行了建构，然而又因理想色彩过于浓厚而无法实现。例如，后现代课程观对现代教育体系进行批判和解构，仅勾勒出课程开发的模糊轮廓，但并没有提供一套具有可操作性的课程方案。后现代主义课程理论强调课程应具有不确定性、异常性、无效性、模糊性、不平衡性、耗散性以及生动的经验，提倡没有固定的起点和终点的回归性课程，这些理念固然对教育发展提供了新思路，但同样有绝对化、理想化之嫌，甚至有虚无主义色彩。从某种角度看，后现代主义教育，无论激进派还是建构派，都是一种"空想"。理论众多而实践上力有不逮，始终是后现代主义所面临的困境。后现代教育理论如何由乌托邦走向实践并取得成效，始终是一个难题。

最后，大多数学者都承认，当今的时代是信息化时代，知识经济初露端倪，也构成了未来社会的发展方向。然而，信息时代和知识经济都是以高科技为支撑的，对效率的追求是时代所无法避免的。因此，科学理性在当代不是被削弱，而有加强的趋势；现代科学的方法论也在被强化。这与后现代教育理念所强调的人文方向在某些方面有所冲突。如何解决这些冲突，也是后现代主义教育理论所应思考的问题，而大多数后现代主义教育理论研究者对此持回避态度。

基于后现代主义教育思想中的局限性，有些学者遂对后现代主义的教育理论和主张提出了疑问和批评，甚至认为，后现代主义教育思想的影响不会太久远，它很有可能回到"文化保守主义"传统上去。

结　语

　　20世纪后半期，人类社会快速发展，世界各国在政治、经济、科学技术以及意识形态等方面，都产生了重大而深远的变化。特别是社会经济的变化和科学技术的革新，更令人目不暇接。显然，这些变化不能不影响到世界的教育领域。在这一时期，世界各国的教育都面临着许多新的挑战，从而进行了前所未有的改革和发展。教育的规模不断扩充，教育的形式日益多样，教育的质量显著提升，越来越多的人在受到各种更好的教育。教育科学研究持续地蓬勃开展，硕果累累。各种教育思想和教育理论争奇斗艳。国际教育交流合作崛起，成绩斐然。人类的教育事业朝着更现代化和科学化的方向演进，并呈现许多新的亮点。

一、教育受到前所未有的重视，被置于优先发展的地位

　　随着人类社会的发展，教育愈来愈受到社会的重视。到20世纪中后期，在"二战"后世界重建，社会主义革命和民族独立解放运动在一些国家取得胜利，新的科技革命猛进，信息传播全球化，美、苏两大国在"冷战"中激烈争斗等的背景下，各国的教育都面临着新的挑战和机遇。因此，几乎世界所有的国家都空前关注和重视教育。许多国家将教育置于优先发展的领域。有些国家甚至将教育提升到具有战略重要性的高度。

　　现代科技的突飞猛进，特别是"二战"后出现的新科技革命，使科学技术

日益成为第一生产力。教育作为科技与生产之间的中介的作用空前提高。许多国家都把通过教育培养科技人才和增强各种实力，以应对科技的竞争、人力的竞争和教育的竞争，作为教育的一种主要取向，即所谓教育的科技取向。20世纪70年代以后，这种教育的科技取向甚至在某种意义上发展为一种科技主义教育思潮。这与各国对教育的重视密切相关。

随着科学技术对经济发展的积极作用日益凸显，特别是20世纪60年代后，在人力资本理论的影响下，对现代教育与现代经济的互动关系，尤其是对所谓"人力资本"对经济增长的巨大作用，人们愈来愈取得突破性的共识，甚至很快形成了一种教育经济主义思潮。这是"二战"后最具影响力的一种教育思潮。它有力地推动着各国政府和社会更加重视教育，加大教育投入，以促进教育的改革和发展。

"二战"后，世界各国在社会、政治领域出现了许多新的问题。面对这种新的社会态势，各国加强了教育与社会政治的关系，要求更好地发挥教育的政治功能。许多新兴的民族独立国家为了彻底摆脱殖民主义和组织国家建设，都把建立符合本国社会发展需要的教育体系，加快教育的发展，置于政府的重要政治任务之一。这些国家还强调将民族主义和爱国主义教育视为提高其全民统一思想和推进国家进步的重要途径。一些国家为加强民族团结，或者为维护本国的社会制度，或者为对各种社会危机和政治革命做出反应，越来越重视向年青一代灌输主流社会的政治意识和忠于国家统一的教育，加强民族主义和爱国主义教育等。在"冷战"的影响下，许多国家加强了教育领域中的意识形态斗争。人们要求通过教育来捍卫和平、争取民主，促进社会改造和社会重建的呼声日趋高涨。许多有识之士对如何发挥教育在改造社会弊端的作用方面提出了各种思想理论和建议。在许多国家，利用教育以确保人民一定的政治信仰，帮助国家的社会和文化状况得到改善，促进国家长远的经济和社会计划的实现，愈益成为制定社会(含教育)持续发展战略的一项基本的政治原则。①

　　总之，"二战"后，在"冷战"的背景下，各国都力图通过发展教育规模和提高教育质量来加速普及教育，培养人才，发展科技，增强经济实力。既以此适应各类群体对教育的需求，又为缓解国家和社会的各种矛盾和斗争，促进国家的建设、发展和强大提供基础。为此，各国都制定和颁布了一系列改革和发展教育的法令，不断提出和实施各种促进教育改革发展的举措。例如，1983 年，美国甚至由其"全国教育优异委员会"提出一份名为《国家处在危险中：教育改革势在必行》的报告。该报告大声强调教育在美国生活中的极端重要性，以致将教育与国家的安危关联起来，并建议全国立即付诸行动，重建教育和学习体系，全面提高教育质量。这充分反映了美国政府当时为力图缓解其国内外的各种矛盾和危机，促进其国家的发展和强大，而对教育赋予的高度重视和有力举措。这对其他国家也产生了重大的影响。

二、富有深意的新教育理念将教育引向新的改革和发展

　　"二战"后，面对人类社会的快速变化和发展，传统的教育理论和实践日益不适应当代社会需求的矛盾更加突出。因此，众多教育家和有识之士以及普通大众都纷纷提出了各种各样富有新意的教育观点、理论和建议。它们甚至成为许多前所未有的教育思潮。这些教育理论或教育思潮，尽管其立论的视角和论断不一，但都从各自的方面对"二战"后世界教育的改革和发展，产生了与以往不同的积极影响。而对整个教育来说，其中最富有重大深远意义的是：

　　第一，现代终身教育思想的确立。在 20 世纪六七十年代，由法国教育家朗格朗首先提出并很快在全世界广泛传播的现代"终身教育"思想理论，大声

---

　　① ［美］约翰·S.布鲁贝克：《高等教育哲学》，王承绪等译，27 页，杭州，浙江教育出版社，1987。

呼吁把教育只作为人生的起点训练转变为个人终身的教育和学习。这标志着教育观念上的一大突破。它明确要求把终身教育放在社会的中心位置上，让个人终身都能得到教育和发展，而且认为只有遵循终身教育的思想和路线，对教育体系进行结构性的改造，才能根本解决教育中的问题。这对整个教育，特别是对学前教育和成人教育几乎具有革命性的意义。它引发了一系列有关的教育改革和发展。

第二，强调教育既要适应社会的需要，又要促进人自身的全面发展。在教育的发展史上，由于社会本位思想的主导，教育界长期以来存在比较忽视教育对人自身发展重要作用的缺陷。在当代，片面追求经济的增长以及社会的急剧变化和发展，更加剧了教育中的这种缺陷。对此，人们强烈地批评了这种教育，强调教育应尊重人的发展权利，应重视人自身的发展，即应使一个人成为在体力、智力、情绪、伦理各方面都得到发展的完善的人，并要求改革现行的教育。正如联合国教科文组织在《教育——财富蕴藏其中》这一报告中强调指出的：面对当今世界的发展，应该树立新的教育观念；在强调经济增长的同时，必须明确教育不仅仅是为了给经济界提供人才，把人作为经济的工具，教育还应该致力于促进人的发展，而人的发展的目的是使人作为人而不是作为生产手段，应该把人视为既是发展的第一主角，又是发展的终极目的。① 这些教育观念的阐述和强调，对现代社会和教育如何处理社会、经济的发展和人的教育与发展的关系，提供了更正确的引导。

第三，强调教育不仅要关注今天，还要心怀明天。20世纪以来，特别是在"二战"后，由于社会变化和发展的速度空前加快，处于正常状态的教育体系难以及时适应快速发展的社会的需要。为使教育体系能更好地适应社会的需要，使教育和培养出来的新一代不仅能适应当前社会的需要，还能很快地

① ［法］雅克·德洛尔等：《教育——财富蕴藏其中》，联合国教科文组织总部中文科译，66~71页，北京，教育科学出版社，1996。

跟上时代的步伐，应对新的生活和劳动，很多国家在构建其教育体系和制定各种教育策略和政策时，以及在教育改革和发展的过程中，都不同程度地认识到，在现今快速变化和发展的社会，教育的功能已不能只为当前的社会培养人才，专注于解决当前的教育问题，还必须面向未来，制定合理的教育规划和策略。这种为未来社会培养新人、重视教育先行、教育要为一个尚未存在的社会培养新人的教育思想理念的出现，被视为人类历史上的第一次①，可见其意义之深远。

其实，"二战"后出现的许多新颖的教育观点、理论或理念，诸如关于全民教育、现代人文主义教育、当今世界的生态教育、可持续发展教育、全球化教育、未来社会的教育等方面的思想和论述，既显著反映了"二战"后新时代对教育的新要求，又对此后的教育改革和发展不断产生着重大的影响。

三、教育体系不断扩充，教育民主大有进展

长期以来，对于世界各国教育中存在的不平等、不公正等不民主的弊端，人们曾不断提出指责和批评，教育当局也希望能得到改变。但限于各种原因，教育的民主之路却十分艰难。"二战"以后，随着许多国家人口的增加、经济的增长、各种社会运动的迭起、国家政治统治和管理的加强，大多数国家日益由国家和公共团体承办教育，教育经费投入逐渐加大。加之终身教育理论的确立等因素的有力影响，这些都助长了人们对教育民主化的强烈要求。很多国家尤其是获得独立的发展中国家，都采取了许多积极措施，在短期的战后教育重建的基础上，加快了整个教育的扩充、改革和发展，从而使接受教育的人越来越多，使教育民主化取得了重大的进展。

---

①　"教育在历史上第一次为一个尚未存在的社会培养着新人。"见联合国教科文组织国际教育发展委员会编著：《学会生存——教育世界的今天和明天》，华东师范大学比较教育研究所译，36 页，北京，教育科学出版社，1996。

"二战"后虽然各国教育发展的速度并不平衡，但总的来说，世界各国各级各类的教育都在快速增长。据统计资料，在1960—1968年的八年间，全世界入学总人数从3.25亿左右上升到4.6亿左右，即增加了40%以上。其中学前教育增加45%，小学教育增加33%，中等教育增加65%，高等教育增加107%。① 而在1960—1995年，全世界在中小学校注册的学生从2.5亿增加到10亿以上。这期间，能读会写的成人人数几乎增加了两倍，即从1960年的大约10亿人增加到20世纪末的27亿多人。②

这期间，在许多发达国家或发展中国家，不但正规的学校教育继续增长，非正规的各种形式的教育更是受到重视，从而获得更快的发展。教育形式更多样化，正规教育和非正规教育、学校教育和非学校教育，为更多的人提供了受教育的条件和机会。这是"二战"后世界教育发展的一个显著特征。

各国都在扫除文盲方面加大了力度，特别是一些新独立的发展中国家，更是取得了扫除文盲的重大成就。随着社会对教育的培养目标和教育的质量不断提出更高的要求，许多国家从基础教育到大学都进行了改革和发展。学前教育比以前受到重视，有些国家甚至将学前教育也列入基础教育阶段之内。基础教育方面，不但扩大规模，努力普及初等教育，为更多的人提供能够上学的条件，而且强调应使人人都能享受到高质量的基础教育，以便为学生掌握基本知识和获得某些基本能力打下良好的基础。有些国家还将基础教育阶段的时间从原来的四年延长为五年或六年，或者将普及义务教育延长至整个中学阶段，并扩大小班教学。中等教育方面，在许多国家，随着工业化的进展，不但随着初等教育的增长而增长，而且不断扩充中等教育的规模和类型，特别是加强了中等职业教育和技术教育，强调要为中学生在升学或就业上做

---

① 联合国教科文组织国际教育发展委员会编著：《学会生存——教育世界的今天和明天》，华东师范大学比较教育研究所译，60~62页，北京，教育科学出版社，1996。

② ［法］雅克·德洛尔等：《教育——财富蕴藏其中》，联合国教科文组织总部中文科译，107页，北京，教育科学出版社，1996。

好多种准备。至于高等教育，在一些发达国家或工业化、现代化进展较快的发展中国家，培养各种高级人才的需要增长很快，促使高等教育普遍得到了较快的扩充和发展。有些国家的高等教育已开始进入大众化的阶段，有的发达国家甚至接近普及高等教育。不过有的国家在扩充和发展高等教育的进程中，也出现过脱离现实条件和超越客观需要的弊端。

一般地说，"二战"后，许多国家通过对各级各类教育的扩充和发展以及同时进行的各种改革举措，如在不同程度上取消教育中的种族歧视，革除某些享受教育的特权，减少学生在学的经济负担，扩大奖学金制度，对有特殊困难的学生给予应有的帮助，缩小优质学校和一般学校的差距，改革考试制度，注意课堂教学中的民主因素等，都为在较大的程度上消除或降低教育中的不平等、不公正，促进教育的民主化创造了许多条件，从而为各年龄阶段的人提供了比以前更多的入学和不断学习的选择机会，为人们得以发展自己的潜能和更好地成长提供了更广阔的前景。

但是，在当今的教育世界里，不平等、不公平等不民主的现象仍然以各种不同的方式存在着。在不同国家特别是发达国家和发展中国家之间教育公平的状况仍存在颇大的差距和不平衡。例如，在 20 世纪 60 年代，发展中国家人口比发达国家人口多出两倍，其儿童与青年的人数等于发达国家儿童与青年的三倍，而入学儿童人数还不到世界学生人数的一半。[1] 同时，各国国内的教育也还严重存在不平等的状态。例如，在有些国家，种族上和民族上的歧视还很严重，富人或具有特权的阶层的子女与贫困家庭的子女所能享受的教育权利和教育机会、男女之间的教育机会、教育成功的机会等，仍存在着很大的差距，个人的发展仍受到种种限制。总之，教育民主化进程中仍有许多问题需要解决，教育民主化的真正实现还任重道远。特别是，因为真正的

① 联合国教科文组织国际教育发展委员会编著：《学会生存——教育世界的今天和明天》，华东师范大学比较教育研究所译，78 页，北京，教育科学出版社，1996。

教育民主化不完全是教育内部的问题，它还必须在社会民主和政治民主的支撑下，才能得以真正实现。

四、教育研究蓬勃开展，硕果累累

20 世纪以来，特别是在 20 世纪的中后期，许多国家都加强了教育研究机构的设置，教育科学研究蓬勃开展，富有创新的教育科学研究成果累累，产生了各种各样的教育观点和理论或者教育思潮，并使这一时期的教育科学研究显现许多新的特点。

首先，这一时期的教育科学研究具有更加广泛和科学的理论基础。与教育科学密切相关的学科，如生理学、心理学、人类学、社会学、语言学、信息论、控制论、工艺学等的新发现和新成就，为教育科学的研究和发展提供了许多新的科学依据和理论基础。例如，关于大脑和心理的许多突破性研究成果，使人们更加清楚地和更加客观地理解人类行为、心理机制和学习过程，促进了"教育心理学化"的诉求和探索。人类学和语言学探讨了人类运用语言这一工具进行物质的和文化的交流方式，更深入地揭示了人与自然、人与社会以及人与人之间的各种关系。这些都对教育科学的深化和发展产生了新的积极影响。

许多教育观点和理论不仅新颖，而且与教育实践的联系更加紧密。与传统的教育科学不同，新兴的教育科学研究主要不是从哲学或人性论出发进行推演，而是强调重视教育实验和教育实践。

其次，加速了教育科学的交叉分化和整合，涌现出众多教育分支学科，使教育科学的"家族"成员急剧增加。19 世纪末和 20 世纪初，在西方国家，教育科学主要沿着教育与社会、教育与人(特别是心理层面)的关系这两个方向开始分化，教育社会学和教育心理学就是这一分化的早期产物。随着实证主义对教育研究的广泛影响，教育研究也进入了实证时代，教育统计学、教育测量学、教育评价学等相继问世。随后，由于许多国家加快实施义务教育，国家对教育加强干预，以及现代管理科学的出现，又引发了教育管理学、教育行政学等新学科的诞生。

"二战"后，教育科学研究更是呈现急剧分化和融合的趋势。从形式上看，一是外向分化，即主要依据学校的类别、专业的性质和教育对象的特征分门别类地进行研究，使其分别成为教育科学发展的一个独立方向，分化出一大批新的教育研究领域和新的教育分支学科，如学前教育学、中小学教育学、高等教育学、医学教育学、军事教育学等。其中有些新分化出来的学科或研究领域与其他相关学科或研究领域再度交叉，又形成次一级的分支学科，如学前教育心理学、比较高等教育学等。二是内向分化，即由于教育实践和教育理论的深化，一些教育分支学科又以内向分化的形式快速发展，从而形成许多子级分支学科，如从教育社会学分化出教育政策社会学、高等教育社会学、班级社会学等。三是交叉分化，即由两门或两门以上的教育学科彼此交叉而形成新的边缘教育学科，如教育经济学、教育政治学、教育文化学、教育生态学等。这是基础理论型的边缘教育学科。此外，还有一些教育学科和有关的学科交叉而形成应用型的边缘教育学科，如教育技术学、教育传播学、教育规划学等。

教育科学的急剧分化融合，教育分支学科的大量涌现，是 20 世纪教育思想和教育理论的重大发展、深化和繁荣的一个重要标志。时至今日，教育学科所包含的分支学科已达数十种。当然，其中有些分支学科已较成熟地构建了其特有的体系，有些则尚待继续研究和完善才能自成体系。

最后，教育研究的方法获得重大改进。教育研究中的丰硕成果，教育思想和教育理论的发展，都与教育研究的方法论以及具体方法的改进密切相关。

教育研究的方法论，从根本上说，自马克思主义诞生以后，便存在辩证唯物主义和历史唯物主义与唯心主义和形而上学的两种不同的方法论。20 世纪以来，众多有识之士特别是苏联许多著名的教育家，都在教育研究中力图运用辩证唯物主义和历史唯物主义的方法，因而他们不仅取得了丰硕的教育研究成果，在一定程度上阐明了许多教育中的重要规律，而且在理论和实践相结合上，突破了教育领域长期以来由唯心主义和形而上学方法论占据统治地位的格局，为建立教育研究中的科学方法论产生了积极的影响。

不过，在西方教育史上，尽管唯心主义和形而上学的方法论在教育研究中长期占统治地位，但具体地说，西方教育研究的方法也是在不断革新的。

19 世纪末至 20 世纪初，西方教育学科研究的方法论主要是实证主义。在实证主义的影响下，教育研究中的"科学化"和"实证化"成为 20 世纪上半期西方教育研究中的主要倾向，应该说，这种基于实证主义方法论的教育研究，相对于纯粹哲学思辨和直观经验总结的教育研究，显然是一种进步。它有助于促进教育思想和教育理论的发展。

但是，在"二战"后，特别是 20 世纪 60 年代以后，随着实证主义日益受到非议和批评，教育界也有越来越多的人士指责那种基于实证主义的所谓"科学–实证"型教育研究范式。他们认为，作为社会科学一部分的教育科学的研究对象与自然科学的研究对象有着本质的区别，以经典自然科学为标准的实证方法已日益显示其不完全适合教育这一复杂社会现象的研究。这就引起了人们对实证主义方法的科学性质疑，使实证主义方法在教育研究中的地位和声誉逐渐下降。但是，这并不意味着实证主义方法将会销声匿迹；相反，它今后还将在教育研究中发挥一定的影响。

与实证主义者不同，当代西方一些人本主义者认为，对社会现象的研究必须建立在人文、社会科学的基础上，从而提出了不同于实证主义研究范式的所谓人本主义研究范式。人本主义研究范式强调以整体有机的观点，对人类日常生活中的行动及其意义做出诠释，强调揭示作为生命主体的人的内心真实世界，并认为任何研究都是有价值取向的，不存在纯"客观性""中立性"

的研究。20世纪六七十年代以来，西方教育界不少学者将人本主义研究范式引入教育研究领域。例如，在有关教育中的跨文化研究、学校教育人种志研究等方面，都应用了人本主义研究范式。人本主义研究范式在一定意义上克服了实证主义研究范式忽视社会人文现象的特征等缺陷，为某些教育现象的研究开辟了新的思路。但人本主义研究范式又往往容易陷于人性论的泥淖。

近几十年来，在西方教育界，还出现了许多与现代科学技术有关的教育研究方式方法。例如，为克服教育理论研究与教育实践脱节的问题，一种所谓"行动研究"已逐渐受到教育学者的重视。"行动研究"范式强调研究课题产生的自然性、研究过程的行动性、研究主体与实际工作者的一致性、研究者与研究结果受用者的统一性、研究程序的不断调整性；主张在行动过程中将理论与实践结合起来，使教育理论行动化、情境化。总之，初步形成了西方教育研究方法的多元化格局。

五、教育科学化取得显著演进

如何使人类社会的教育活动更加符合其客观规律性，更有效地达到促进社会和人自身的发展的目标，是教育历史发展和革新中的一个重大问题。对此，许多思想家和教育家深刻地指出，这实质上是一个如何使教育成为真正科学的教育问题，即教育的理论和实践活动都应该建立在科学的基础上，符合科学的规律性，又适应科学的发展要求，也就是教育要科学化。当然，教育科学化是一个长期、复杂和不断演进的过程。

自近代以来，随着与教育活动密切相关的社会生产的发展，科学技术的进步，哲学、心理学等学科的新进展，许多教育思想家和教育家曾对如何使教育科学成为真正科学的理论、使教育教学的活动依循其自身的规律性、使人们所受的实际教育是真正科学的教育，进行了不懈的探究和论述。

例如，培根确立了一切正确的科学知识必须起源于经验这一原则，强调实用科学的重要意义,创立了实验-归纳法为基础的科学方法论。夸美纽斯提出了"教育的自然适应性"原则,要求教育要依循教育的自然法则,关注儿童的身心特点。康德认为教育学应作为一种科学,成为一门学科。裴斯泰洛齐要求将现代科学的进步成果应用到教育上,强调"教育必须提高到科学的水平,教育科学应该起源于并建立在对人类天性最深入的认识的基础上"①,并首次发出"教育心理学化"的号召。随后,赫尔巴特进一步将教育学朝科学化的方向加以推进,认为教育学应建立在实践哲学(伦理学)和心理学的基础之上,并基于此,建构了其完整的教育理论体系,也因此,赫尔巴特曾被尊称为"科学的教育学之父"。

在20世纪前后,欧美兴起的儿童研究、学校调查和教育实验研究三大运动,都试图应用自然科学的研究成果以及实验研究的方法,对儿童的身心发展规律以及教育的科学化进行更直接、更具体的研究,并提出了许多有关教育科学化的新观点和新建议。随着科学技术的快速进步以及工业革命的发展,许多教育家和有识之士在探讨教育学应成为科学的同时,也大声呼吁应该将现代科学知识引入学校课程,并在教育研究和学校教学中重视应用自然科学的研究手段和方法,这也对促进教育科学化产生了直接的影响。

到20世纪中叶之后,随着社会各方面的快速变化和发展,教育领域外部和内部的压力和挑战日益增大,对教育进一步科学化的要求也愈益强烈。将推进整个教育的理论和实践更符合客观的有关规律、教育结构和制度更臻于合理和完善、教育教学的方法更加可操作和有效、教育更加人性化和现代化,视为教育革新的重要目标。而科学技术的发展以及许多新兴科学理论,如系统论、控制论、信息论等的问世,特别是各种心理学的新发展,则为教育科学化提供了新的条件和基础。因此,在许多国家对教育的高度重视和广大教

---

① [瑞士]裴斯泰洛齐:《裴斯泰洛齐教育论著选》,夏之莲等译,339~340页,北京,人民教育出版社,2001。

育界人士的努力下，教育科学化取得了重大的演进。

首先，几乎整个教育科学都在哲学、心理学，以及其他相关科学的影响和启迪下，特别是在"教育心理学化"理念的引导下，对已有的各种教育观点和理论进行了深入的反思和新的探讨，克服或消除了教育科学中存在的各种缺乏科学根据的论断，使教育科学更科学化了。例如，在关于人的发展条件问题上，长期争论不休，现今则普遍强调既要反对遗传因素决定论，也要否定环境决定论，而应将二者有机地统一起来论述人的发展。在所谓传统的教学理论和现代的教学理论之间的分歧和争议问题上，通过科学的讨论和实践的检验，一些理论主张既承续上述两种教育教学观中的积极成分，又扬弃其中的主要缺陷，以便更好适应现代社会和人的自身发展要求。在关于培养学生个性和社会性问题上，尽管教育家们基于不同的现实和视角，对此也有争议，但于今比较一致的认识是，既要尊重学生个性的发展，又必须将学生培养为适应现代社会的良好公民，二者不可偏废。在关于人文教育和科技教育的关系问题上，尽管在不同的历史条件下，也曾经发生激烈的争论，但随着现代社会的发展，教育家们普遍强调，虽然科技教育日益重要，但也绝不可淡视人文教育。而信息化社会教育理论、终身教育理论、生态教育理论、全球化教育理论等，则针对教育与人类社会许多现实问题的关系进行了科学探讨，并提出了各种富有新意的教育科学思想。所有这些无疑是教育科学的重大进步。正如《学会生存——教育世界的今天和明天》所指出的，随着教育实践和教育理论的发展，在我们的时代里，教育科学不仅取得了重大的发展，而且作为教育科学的教育学，其概念本身和含义都发生了变化，甚至可以说："教育学已经发生了根本的变化……教育科学的概念和它的应用范围这两方面都正在变得更加广阔。"[①]

———————

① 联合国教科文组织国际教育发展委员会编著：《学会生存——教育世界的今天和明天》，华东师范大学比较教育研究所译，150 页，北京，教育科学出版社，1996。

其次，大力加强科学教育，使科学和技术成为教育事业中的基本要素，强化科技核心课程，广泛运用现代化教育技术手段，日益被认为是提高教育质量和实现教育现代化的重要条件，被视为学校教学改革的重要方面。

在"二战"后的一段时期，许多国家都进行了以加强科学教育为中心的课程改革。在五六十年代，最初是美国开展了"科学教育课程现代化运动"。这一运动成效卓著，产生了十多种至今仍有影响的实验性科学教育课程。其中，"初等学校科学课程（SAPA）""小学科学研究（ESS）""改进科学课程研究（SCIS）"作为美国主要的三种实验性的小学课程，都重视学习科学知识的结构。随即，西方其他主要国家也纷纷跟进。20世纪70—90年代，随着综合科学概念的进一步强化，美国于1989年又启动了"2061计划"，强调要设计不同的课程模式，研究实施课程改革所需的条件、手段和策略，以便更好地推进科学教育改革。随后，在西方一些国家出现了多种基础科学教育课程模式。如美国的"小学科学研究""改进科学课程研究"，英国的"科学5-13""苏格兰综合科学课程""Nufifeld科学教程""牛津初等科学（OPSP）"等，这些科学课程不仅关注学习科学知识，还重视科学方法的训练，重视科学兴趣和科技能力的培养，以及重视科学教育的人文性和社会性，要求通过科学教育改善学生的行为。一些发达国家为提高科学教育的质量，还纷纷制定了全国统一的科学课程标准，促使科学教育的发展不断走向规范化。不过出于多方面的原因，很多新课程在当时的教育实践中并未取得预期的效果，其中还存在许多需要继续研究的问题。

在教育教学中运用现代科学技术方面，更是突飞猛进。在20世纪后半叶50年的时间中，前半期主要经历了程序教学与机器教学、微格教学技术的使用、电视网络的使用与升级；后半期则突进到计算机、网络和智能机器为代表的信息化和数字化时代。可以说，20世纪后半期教育技术的发展使学校的科学教育迈向了一个新的时代。

六、国际教育交流与合作成绩斐然

"二战"后，随着信息技术的快速发展，经济全球化和人类活动范围的世界化，世界各国之间的交流和合作大大增强。国际交流与合作是新时代人类活动国际化的标志之一。

各国"二战"后在教育大重建、大改革、大发展中，既取得了许多成绩和经验，也面临着各种新的严峻问题和挑战。而且，这些问题和挑战单靠某一个国家自己是很难解决的。因此，加强各国之间的教育交流，发展国际教育合作，就成为教育世界的迫切要求。而且经过各方面的努力，国际教育合作的范围逐步扩大，合作的形式和方法不断丰富，从而使教育世界里的这一领域也取得前所未有的发展和成效，推进了全球化教育和多元文化教育的发展。

国际教育交流与合作的积极参与者包括国际组织、工商业界、工会组织、知识界、基金会等。其中联合国教科文组织及其下属的国际教育局、经济合作与发展组织、世界银行等在这方面发挥了重要作用。联合国教科文组织主持召开的一系列世界性的重要会议和开展的活动，不仅为国际教育交流与合作提出了许多新的教育理念和建议，而且通过各种方式切实地为国际教育交流与合作创造了许多基础和条件。联合国教科文组织成了记录和传播教育研究成果以及交流教育革新或改革信息的主要中心，对激励和指导各成员国开展国际有益的教育和文化活动做出了许多贡献。

第一，号召和推进国际全民教育。"二战"后，在世界范围内，尽管教育体系不断扩充，各种教育形式大增，入学接受各级各类教育的人数空前增长，教育民主大有进展，但是，出于各种原因，世界上还有许多人得不到应有的公平的教育，特别是幼儿、妇女和女性青少年以及某些弱势群体的教育权利仍受到了这样那样的严重限制，这是和"二战"后人类社会的快速变化和进步要求不相适应的，是教育世界面临的一个重大问题。多年来，以联合国教科文组织为代表的一些组织一直将号召和推进国际全民教育作为其优先任务。

联合国有关组织曾多次召开国际性的会议，提出各种实现全民教育(包括扫盲教育、普及初等教育、妇女教育、少数民族教育等)的建议，并力图帮助各国根据本国实际加以实现。例如，1985年举行的"联合国妇女十年：平等、发展与和平"的世界会议，强调扩展妇女教育的重要性。1990年举行的"世界全民教育大会"，会上通过了《世界全民教育宣言：满足基本学习需要》，强调每一个人都应能获得旨在满足其基本学习需要的受教育机会，并提出了一系列明确的行动纲领。又如，1994年举行的"国际人口与发展会议"，强调教育与人口因素和社会可持续发展之间的相互关系，指出必须通过教育以促进社会可持续的和谐发展，等等。这些都对涉及国际全民教育的问题进行了国际性的研讨，并提出各种建议展开交流与合作，这对促进各国全民教育的发展发挥了很大作用。

第二，组织国际教育专题研究和讨论。"二战"后，各国都面临着教育革新的任务。针对教育理论或教育实践中的许多新的迫切问题，联合国教科文组织等机构邀请有关的部门负责人和专家进行广泛和深入的专题研究，并召开专题研讨会。例如，联合国教科文组织1980年在布加勒斯特举行题为"教育研究与实践"国际学术讨论会。该会的总结报告表明，会上曾就当时教育领域中应予克服的障碍、各会员国之间在这方面的经验，以及教育交流与合作的方式等都进行了讨论，并取得许多共识。又如，对于教师的培训，联合国教科文组织曾在20世纪80年代多次提出有关的计划并组织专门讨论，还交流了各国在这方面的经验。又如，在七八十年代，由于世界环境问题日益突出，为加强环境教育这一新的任务，联合国及有关组织多次召开国际性的环境教育研讨会，对环境教育做出了许多重要的决议。再如，1989年召开的面对21世纪国际教育研讨会，1990年举行的"世界儿童问题首脑会议"，1994年举行的"世界特殊需要教育大会"，以及一些涉及某些地区的教育发展问题的专题会议，如"亚洲开发教育革新计划研讨会"，等等，这些教育专题研讨会，共同探索了一些重大教育问题，交流了各种不同的教育观点、意见和经验，加强了国际教育领域的合作和互助，促进了教育理论和教育实践的健康发展。

第三，向国际教育提供经济资助和信息。许多国家在教育革新和发展中，由于受到其经济发展水平的限制，而遇到许多困难。为此，向这些国家提供必要的国际教育资源援助，遂成为国际教育合作的一项重要内容。在这方面，联合国教科文组织、经合组织、世界银行、联合国儿童基金会等发挥了重要作用。根据受援助国的条件和需要，采取不同的援助方式，使受援助国家获得了切实的利益，促进了其教育的革新和发展。当然，在国际教育援助中，也存在一些矛盾，如援助国攻击受援助国家浪费与无能，受援助国则抱怨援助国企图在援助的外衣下夺取政治上、军事上和商业上的利益并把外国文化模式强加在它们身上。① 不过，这并未排除国际教育经济资源方面的合作与援助，而是要求更完善地发挥这种合作与援助的作用。

第四，教育信息和经验的交流。联合国教科文组织往往通过教育部门负责人会议、国际教育局会议、专家会议、定期的区域性会议，以及其他的交流渠道，为各国教育革新的信息和经验交流提供平台。

第五，扩展国际教师和学生的流动性。"二战"后，基于各国政府对发展教育的重视，在联合国教科文组织及其他有关机构的倡导甚至资助下，在全世界范围内，学生和教师的流动性空前扩大。不仅发展中国家派送许多留学生到发达国家学习，在发展中国家之间，也日益互派学生。许多国家之间互聘教师任教的趋势也日趋扩展。国际这种教师和学生的流动性，对促进各国之间的文化教育交流与合作也发挥了重要作用。当然，在这方面，也存在一些经济上和文化差异上的问题需要妥善解决。

---

① 联合国教科文组织国际教育发展委员会编著：《学会生存——教育世界的今天和明天》，华东师范大学比较教育研究所译，305~307 页，上海，上海译文出版社，1979。

第六，推进教育的全球治理。随着科学技术的发展以及经济全球化的推进，国家间相互依存的关系逐渐扩大，各国利益不断融合，由不同利益集团通过国际组织对国际事务进行共同治理的时代，即全球治理时代正在来临。在此背景下，公民社会组织正在承担越来越重要的公共管理职能。学者们将这种管理方式称为国际治理或全球治理。一般认为，在世界教育领域，联合国教科文组织是全球教育治理的领导机构，它通过教育理念的倡导、教育规则的制定和教育项目的开发引领全球化的教育治理。诚如有的学者指出的，当今，教育政策不再是哪个民族国家的责任或事情，事实是国家教育体系的工作正在跨越区域或在全球范围进行再协调。就传统而言，教育活动被视为国家独有的，甚至是神圣不可侵犯的主权领域。而今天不可否认的是教育与超国家力量的联系愈加紧密，即全球教育治理的趋势日益加强。

全球教育治理是国际社会有关部门或方面通过协调、合作、确立共识等方式参与全球教育事业的管理，以建立或维持教育理想国际秩序的过程。作为全球教育治理的主导力量，联合国教科文组织等正在展开积极的探索和实践，力图在更加科学、创新、公平、和谐与可持续发展的愿景中，将人类社会的教育治理推向新的阶段。当然，全球教育治理是新时代的新事物，如何正确地处理好教育的国际性和民族国家性的关系仍有许多重要问题需要深入研究。

20世纪后半期世界教育在理论和实践上都取得了重大的发展和进步，创造了许多值得珍惜的经验。当然，所有各国的教育都仍存在这样那样有待改革和完善的问题。所以，最重要的是要科学地总结已有的成绩和经验，以对21世纪的教育问题进行更开创性的探索和革新，使新世纪的教育迈向更完善的发展。

20世纪后期的教育分上、中、下，分别呈现在本丛书的第十六卷、第十七卷、第十八卷。

第十六卷各章的执笔者是：导言，王保星；第一章，王保星、苏明明；第二章，李娟；第三章，周周；第四章，张宛；第五章，黄梦婉；第六章，高迎爽；第七章，齐雅蕊；第八章，赵敏；第九章，罗福益；第十、第十一章，诸惠芳。全卷由王保星、高迎爽、张宛负责统稿。

第十七卷各章的执笔者是：第一章，严平；第二章，杨孔炽；第三章第一节至第四节，杨思帆；第三章第五节，李明德；第四章第一节、第三节和第五节，傅林；第四章第二节，王冠蕙；第四章第四节，杨正刚；第五章第一节，傅林；第五章第二节、第四节和第五节，李涯；第五章第三节，刘瑞颜；第六章第一节，黄慧娟；第六章第二节，张倩；第六章第三节，张伶俐，第六章第四节，张瑶瑶；第七章第一节，孙曼丽；第七章第二节，蒋鑫；第七章第三节，赵森；第七章第四节，邹礼程；第七章第五节，陈向楠；第八章，陈露茜；第九章，洪明；第十章，高瑜。

第十八卷各章的执笔者是：第一、第三、第七、第八章，洪明；第二章，洪明、隋国栋；第四章，连榕；第五章，方展画；第六、第九、第十章、本卷结语，李明德；第十一章，巨瑛梅；第十二章，杨孔炽；第十三章，赵珂、徐佳、崔慧慧；第十四章，陈扬光；第十五、第十六章，吴佳妮。

参考文献

一、中文文献

《马克思恩格斯选集》第一卷，北京，人民出版社，2012。

《马克思恩格斯全集》第三卷，北京，人民出版社，1960。

《马克思恩格斯全集》第二十三卷，北京，人民出版社，1972。

《马克思恩格斯全集》第四十二卷，北京，人民出版社，1979。

白月桥：《课程变革概论》，石家庄，河北教育出版社，1996。

陈翠荣：《批判与重构——后现代主义视野中的教育观念解析》，硕士学位论文，华中师范大学，2003。

陈红岩：《环境教育：利益、科学与价值观的持久战》，载《生命世界》，2013(9)。

陈建华：《后现代主义教育思想评析》，载《外国教育研究》，1998(2)。

陈友松主编：《当代西方教育哲学》，杨之岭、林冰等译，北京，教育科学出版社，1982。

程军：《中外中学环境教育课程渗透模式比较研究》，硕士学位论文，东北师范大学，2002。

崔相录：《二十世纪西方教育哲学》，哈尔滨，黑龙江教育出版社，1989。

杜越：《联合国教科文组织与全球教育治理》，载《全球教育展望》，2011(5)。

方展画：《罗杰斯"学生为中心"教学理论述评》，北京，教育科学出版社，1990。

冯建军：《教育理论的"失语"与原创性诉求》，载《南京师大学报(社会科学版)》，2003(5)。

冯建军：《三种不同的教育公正观——罗尔斯、诺齐克、德沃金教育公正思想的比较》，载《比较教育研究》，2007(10)。

傅统先、张文郁：《教育哲学》，济南，山东教育出版社，1986。

甘永涛、王新华：《后现代女性主义教育学的来龙去脉》，载《比较教育研究》，2008(3)。

高觉敷、叶浩生主编：《西方教育心理学发展史》，福州，福建教育出版社，1996。

高文、徐斌艳、吴刚主编：《建构主义教育研究》，北京，教育科学出版社，2008。

龚放：《从属理论：一种值得重视的教育思潮》，载《高教研究与探索》，1994(2)。

龚晓林：《反思现代性：后现代师生关系研究的价值取向》，载《教学与管理》，2009(21)。

顾明远主编：《教育大辞典·增订合编本》上，上海，上海教育出版社，1998。

顾明远主编：《跨世纪创新人才培养国际比较》，北京，人民教育出版社，2000。

何小勇、罗飞：《西方多元文化教育理念分析》，载《教育评论》，2010(3)。

胡玉萍：《美国多元文化教育的理论困境与转向》，载《北京行政学院学报》，2012(4)。

华东师范大学教育系、杭州大学教育系编译：《现代西方资产阶级教育思想流派论著选》，北京，人民教育出版社，1980。

姜英敏编著：《全球化视域下的国际理解教育政策比较研究》，太原，山西教育出版社，2018。

解振华、冯之浚主编：《生态文明与生态自觉》，杭州，浙江教育出版社，2013。

李安民：《试论文化相对论》，载《中山大学学报》，1987(3)。

李宝庆、樊亚峤：《麦克莱伦的多元文化教育观及其启示》，载《比较教育研究》，2012(5)。

李宝庆、靳玉乐：《麦克莱伦的批判课程理论及其启示》，载《西南大学学报(社会科学版)》，2014(6)。

李芒：《建构主义到底给了我们什么？———论建构主义知识论对教学设计的影响》，载《中国电化教育》，2002(6)。

李明德：《西方教育思想史：人文主义教育之演进》，北京，人民教育出版社，2008。

李其龙编著：《德国教学论流派》，西安，陕西人民教育出版社，1993。

李少元：《教育经济学纵横谈》，南京，江苏教育出版社，1989。

连榕：《论精神分析学派的教育观》，载《福建论坛(文史哲版)》，2000(4)。

联合国环境与发展大会：《21世纪议程》，国家环境保护局译，北京，中国环境科学出版社，1993。

联合国教科文组织国际教育发展委员会编著：《学会生存——教育世界的今天和明天》，华东师范大学比较教育研究所译，北京，教育科学出版社，1996。

梁展编选:《全球化话语》,上海,上海三联书店,2002。

廖明艳:《詹姆斯·林奇多元文化教育思想及评析》,载《教育与教学研究》,2016(4)。

林文达:《教育经济学》,台北,三民书局,1984。

卢丽华、姜俊和:《全球公民教育:基本内涵、价值诉求与实践模式》,载《比较教育研究》,2013(1)。

鲁洁:《应对全球化:提升文化自觉》,载《北京大学教育评论》,2003(1)。

陆有铨:《躁动的百年——20 世纪的教育历程》,济南,山东教育出版社,1997。

吕海林:《解读康德建构主义思想的缘起、内涵及当代教育启示》,载《现代远程教育研究》,2012(5)。

孟楠:《美国教育机会均等运动及其给我国的启示》,载《学习与探索》,2017(4)。

欧力同、张伟春:《法兰克福学派研究》,重庆,重庆出版社,1990。

瞿葆奎主编:《教育学文集·教学》上册,北京,人民教育出版社,1988。

瞿葆奎主编:《教育学文集·教育与教育学》,北京,人民教育出版社,1993。

瞿葆奎主编:《教育学文集·教育目的》,北京,人民教育出版社,1989。

任凤珍、张红保、焦跃辉:《环境教育与环境教育权论》,北京,地质出版社,2010。

任钟印主编:《世界教育名著通览》,武汉,湖北教育出版社,1994。

邵瑞珍、皮连生、吴庆麟编:《教育心理学参考资料选辑》,上海,上海教育出版社,1990。

宋强:《世界公民教育思潮研究》,北京,中国社会科学出版社,2018。

滕大春:《今日美国教育》,北京,人民教育出版社,1980。

滕大春主编:《外国教育通史》第 6 卷,济南,山东教育出版社,1994。

佟立:《全球化与后现代思潮研究》,天津,天津人民出版社,2012。

王承绪、赵祥麟编译:《西方现代教育论著选》,北京,人民教育出版社,2001。

王桂编著:《日本教育史》,长春,吉林教育出版社,1987。

王希:《多元文化主义的起源、实践与局限性》,载《美国研究》,2000(2)。

王岳川、尚水编:《后现代主义文化与美学》,北京,北京大学出版社,1992。

王治河:《论后现代主义的三种形态》,载《国外社会科学》,1995(1)。

魏玲、赵卫平:《试论吉罗克斯的后现代教育观——激进教育中的边界教育学》,载《外国教育研究》，2006(5)。

邬志辉：《教育全球化——中国的视点与问题》，上海，华东师范大学出版社，2004。

吴明海：《当代多元文化教育思潮历程初探》，载《民族教育研究》，2015(2)。

吴明海：《中外民族教育政策史纲》，北京，中央民族大学出版社，2006。

吴文侃主编：《当代国外教学论流派》，福州，福建教育出版社，1990。

项贤明：《教育全球化的后殖民特征》，载《教育理论与实践》，2000(12)。

项贤明：《教育全球化全景透视：维度、影响与张力》，载《北京师范大学学报(社会科学版)》，2008(1)。

徐崇温：《"西方马克思主义"》，天津，天津人民出版社，1982。

徐崇温主编：《存在主义哲学》，北京，中国社会科学出版社，1988。

徐辉、辛治洋：《现代外国教育思潮研究》，北京，人民教育出版社，2008。

徐辉、祝怀新：《国际环境教育的理论与实践》，北京，人民教育出版社，2002。

燕良轼：《解读后现代主义教育思想》，广州，广东教育出版社，2008。

杨汉麟：《弗洛伊德的精神分析学说对现代教育的影响》，载《教育研究》，1998(4)。

杨清：《现代西方心理学主要派别》，沈阳，辽宁人民出版社，1986。

杨韶刚：《人性的彰显——人本主义心理学》，济南，山东教育出版社，2009。

姚克：《英国"种族关系法"及其立法实践研究》，载《西北民族大学学报(哲学社会科学版)》，2009(5)。

姚文峰：《后现代主义知识观及其对教育的启示》，载《教育探索》，2004(7)。

姚亚萍：《环境教育教程》，长春，东北师范大学出版社，2004。

叶浩生：《现代西方心理学流派》，南京，江苏教育出版社，1994。

余谋昌：《环境哲学：生态文明的理论基础》，北京，中国环境科学出版社，2010。

俞吾金、陈学明：《国外马克思主义哲学流派》，上海，复旦大学出版社，1990。

袁东：《美国教育体系中的环境教育》，载《深圳大学学报(人文社会科学版)》，2014(4)。

袁可嘉：《关于后现代主义思潮》，载《国外社会科学》，1982(11)。

岳长龄：《西方全球化理论面面观》，载《战略与管理》，1995(6)。

张福全主编：《简明西方心理学史》，北京，北京师范大学出版社，2012。

张建伟、陈琦：《从认知主义到建构主义》，载《北京师范大学学报(社会科学版)》，

1996(4)。

张九洲:《文化多元与多元文化教育》,载《当代教育论坛》,2004(12)。

张凯元:《人本主义的教育理念与实践》,台北,心理出版社,2003。

张奎明:《建构主义视野下的教师素质及其培养研究》,博士学位论文,华东师范大学,2005。

张志平:《西方哲学十二讲》,重庆,重庆出版社,2008。

赵祥麟主编:《外国教育家评传》第 3 卷,上海,上海教育出版社,1992。

赵修义、邵瑞欣:《教育与现代西方思潮》,北京,中国科学技术出版社,1990。

赵一凡:《欧美新学赏析》,北京,中央编译出版社,1996。

中国科学院哲学研究所西方哲学史组编:《存在主义哲学》,北京,商务印书馆,1963。

钟启泉、黄志成主编:《美国教学论流派》,西安,陕西人民教育出版社,2005。

钟启泉、李其龙主编:《教育科学新进展》,西安,陕西教育出版社,1993。

钟启泉主编:《国外课程改革透视》,西安,陕西人民教育出版社,1993。

周国文:《从生态文化的视域回顾环境哲学的历史脉络》,载《自然辩证法通讯》,2018(9)。

朱佩荣:《苏联 20—30 年代儿童学问题的再认识》(上),载《外国教育资料》,1993(2)。

朱旭东:《当代西方教育新思潮研究》,北京,人民教育出版社,2014。

祝怀新:《环境教育论》,北京,中国环境科学出版社,2002。

[奥]弗洛伊德:《精神分析引论》,高觉敷译,北京,商务印书馆,1984。

[奥]马丁·布伯:《我与你》,陈维纲译,北京,生活·读书·新知三联书店,1986。

[澳]W. F. 康内尔:《二十世纪世界教育史》,张法琨等译,北京,人民教育出版社,1990。

[德]Juergen Schriewer:《教育全球化:进程与话语》,冯巍译,载《比较教育研究》,2002(S1)。

[德]哈贝马斯:《交往与社会进化》,张博树译,重庆,重庆出版社,1989。

[德]赫尔穆特·施密特:《全球化与道德重建》,柴方国译,北京,社会科学文献出版社,2001。

[德]赖纳·特茨拉夫主编:《全球化压力下的世界文化》,吴志诚等译,南昌,江西人民出版社,2001。

[德]雅斯贝尔斯:《什么是教育》,邹进译,北京,生活·读书·新知三联书店,1991。

[德]约翰·冯·杜能:《孤立国同农业和国民经济的关系》,吴衡康译,北京,商务印书馆,1986。

[俄]列夫·谢苗诺维奇·维果茨基:《思维与语言》,李维译,杭州,浙江教育出版社,1997。

[法]昂热拉·梅迪契:《新教育》,侯健译,北京,商务印书馆,1998。

[法]保尔·朗格朗:《终身教育引论》,周南照、陈树清译,北京,中国对外翻译出版公司,1985。

[法]卢梭:《爱弥儿:论教育》上卷,李平沤译,北京,商务印书馆,1978。

[法]让-弗朗索瓦·利奥塔:《后现代与公正游戏——利奥塔访谈、书信录》,谈赢洲译,上海,上海人民出版社,1997。

[法]萨伊:《政治经济学概论》,陈福生、陈振骅译,北京,商务印书馆,1963。

[法]雅克·德洛尔等:《教育——财富蕴藏其中》,联合国教科文组织总部中文科译,北京,教育科学出版社,1996。

[荷兰]佛克马、伯顿斯编:《走向后现代主义》,王宁等译,北京,北京大学出版社,1991。

[加]大卫·杰弗里·史密斯:《全球化与后现代教育学》,郭洋生译,上海,华东师范大学出版社,2000。

[加]江绍伦:《课堂教育心理学》,邵瑞珍等译,南昌,江西教育出版社,1985。

[加]卡伦·芒迪:《全球治理与教育变革:跨国与国际教育政策过程研究的重要性》,申超译,载《北京大学教育评论》,2011(1)。

[加]迈克·富兰:《变革的力量——透视教育改革》,中央教育科学研究所、加拿大多伦国际学院译,北京,教育科学出版社,2000。

[美] A. R. 吉尔根:《当代美国心理学》,刘力等译,北京,社会科学文献出版社,1992。

[美]A. C. 奥恩斯坦:《美国教育学基础》,刘付忱等译,北京,人民教育出版社,1984。

[美]B. F. 斯金纳:《程序教学再探》,吴庆麟译,载《华东师范大学学报(教育科学

版)》，1987(4)。

[美]E. 科恩:《教育经济学》，王玉昆、李国良、李超译，上海，华东师范大学出版社，1989。

[美]H. 马尔库塞:《工业社会和新左派》，任立编译，北京，商务印书馆，1982。

[美]James A. Banks:《文化多样性与教育:基本原理、课程与教学》，荀渊等译，上海，华东师范大学出版社，2010。

[美]J. A. 舍伦伯格:《社会心理学的大师们》，孟小平译，沈阳，辽宁人民出版社，1987。

[美]J. M. 索里、C. W. 特尔福德:《教育心理学》，高觉敷等译，北京，人民教育出版社，1982。

[美]S. 鲍尔斯、H. 金蒂斯:《美国:经济生活与教育改革》，王佩雄等译，上海，上海教育出版社，1990。

[美]阿尔温·托夫勒:《第三次浪潮》，朱志焱、潘琪、张炎译，北京，生活·读书·新知三联书店，1983。

[美]奥尔多·利奥波德:《沙乡年鉴》，侯文蕙译，北京，商务印书馆，2016。

[美]白恩斯、白劳纳编:《当代资产阶级教育哲学》，瞿菊农译，北京，人民教育出版社，1964。

[美]保罗·库尔兹编:《21世纪的人道主义》，肖峰等译，北京，东方出版社，1998。

[美]本杰明·S. 布卢姆等:《布卢姆掌握学习论文集》，王钢等译，福州，福建教育出版社，1986。

[美]布列克里局·杭特:《教育社会学理论》，李锦旭等译，台北，桂冠图书股份有限公司，1987。

[美]布鲁纳:《布鲁纳教育论著选》，邵瑞珍等译，北京，人民教育出版社，1989。

[美]达肯沃尔德、梅里安:《成人教育——实践的基础》，刘宪之、蔺延梓、刘海鹏译，北京，教育科学出版社，1986。

[美]大卫·格里芬编:《后现代科学:科学魅力的再现》，马季方译，北京，中央编译出版社，1995。

[美]杜·舒尔茨:《现代心理学史》，沈德灿等译，北京，人民教育出版社，1981。

[美]恩斯特·冯·格拉塞斯费尔德：《激进建构主义》，李其龙译，北京，北京师范大学出版社，2017。

[美]范伯格、索尔蒂斯：《马克思主义理论与教育上的冲突理论》，范国睿、王佩雄译，载《现代外国哲学社会科学文摘》，1989（3）。

[美]菲力浦·库姆斯：《世界教育危机——八十年代的观点》，赵宝恒、李环等译，北京，人民教育出版社，1990。

[美]弗兰克·戈布尔：《第三思潮：马斯洛心理学》，吕明、陈红雯译，上海，上海译文出版社，1987。

[美]赫伯特·马尔库塞：《单向度的人——发达工业社会意识形态研究》，张峰、吕世平译，重庆，重庆出版社，1988。

[美]赫根汉：《人格心理学导论》，何瑾、冯增俊译，海口，海南人民出版社，1986。

[美]亨利·A. 吉罗克斯：《跨越边界——文化工作者与教育政治学》，刘惠珍、张弛、黄宇红译，上海，华东师范大学出版社，2002。

[美]理查德·D. 范斯科德、理查德·J. 克拉夫特、约翰·D. 哈斯：《美国教育基础——社会展望》，北京，教育科学出版社，1984。

[美]罗伯特·梅逊：《西方当代教育理论》，陆有铨译，北京，文化教育出版社，1984。

[美]奈尔·诺丁斯：《教育哲学》，许立新译，北京，北京师范大学出版社，2008。

[美]诺丁斯：《学会关心：教育的另一种模式（第 2 版）》，于天龙译，北京，教育科学出版社，2011。

[美]普莱西、斯金纳、克劳德等：《程序教学和教学机器》，刘范等译，北京，人民教育出版社，1979。

[美]入江昭：《全球共同体——国际组织在当代世界形成中的角色》，刘青、李静阁、颜子龙译，北京，社会科学文献出版社，2009。

[美]威廉·C. 格莱因：《儿童心理发展的理论》，计文莹等译，长沙，湖南教育出版社，1983。

[美]西奥多·W. 舒尔茨：《教育的经济价值》，曾延亭译，长春，吉林人民出版社，1982。

[美]西奥多·W. 舒尔茨：《论人力资本投资》，吴珠华等译，北京，北京经济学院出版

社,1990。

[美]西奥多·舒尔茨等:《西方教育经济学流派》,曾满超等译,北京,北京师范大学出版社,1990。

[美]小威廉姆·E. 多尔:《后现代课程观》,王红宇译,北京,教育科学出版社,2000。

[美]约翰·D. 麦克尼尔:《课程导论》,施良方等译,沈阳,辽宁教育出版社,1990。

[美]约翰·S. 布鲁柏克:《教育问题史》,吴元训主译,合肥,安徽教育出版社,1991。

[美]约翰·S. 布鲁贝克:《高等教育哲学》,王承绪等译,杭州,浙江教育出版社,1987。

[美]约翰·华生:《行为主义讲演录》,艾其来译,北京,现代出版社,2010。

[摩洛哥]扎古尔·摩西主编:《世界著名教育思想家》第1卷,梅祖培、龙治芳等译,北京,中国对外翻译出版公司,1994。

[摩洛哥]扎古尔·摩西主编:《世界著名教育思想家》第2卷,梅祖培等译,北京,中国对外翻译出版公司,1995。

[日]佐藤正夫:《让学生成为学习的主体》,钟启泉译,载《湖北教育(教学版)》,2007(4)。

[瑞士]J. 皮亚杰、B. 英海尔德:《儿童心理学》,吴福元译,北京,商务印书馆,1980。

[瑞士]裴斯泰洛奇:《裴斯泰洛齐教育论著选》,夏之莲等译,北京,人民教育出版社,2001。

[瑞士]皮亚杰:《发生认识论原理》,王宪钿等译,北京,商务印书馆,1981。

[瑞士]皮亚杰:《结构主义》,倪连生、王琳译,北京,商务印书馆,1984。

[瑞士]让·皮亚杰:《教育科学与儿童心理学》,傅统先译,北京,文化教育出版社,1981。

[苏]C.A. 托卡列夫:《外国民族学史》,汤正方译,北京,中国社会科学出版社,1983。

[苏]姆·格·雅罗舍夫斯基、勒·伊·安齐费罗娃:《国外心理学的发展与现状》,王玉琴等译,北京,人民教育出版社,1981。

[苏]斯·尔·科斯坦扬主编:《国民教育经济学》,孙夏南、刘伶、徐长瑞等译,长春,吉林人民出版社,1981。

［苏］维果茨基：《维果茨基教育论著选》，余震球选译，北京，人民教育出版社，1994。

［英］Joy A. Palmer：《21世纪的环境教育——理论、实践进展与前景》，田青、刘丰译，北京，中国轻工业出版社，2002。

［英］J. B. 科里考特：《罗尔斯顿论内在价值：一种解构》，雷毅译，载《哲学译丛》，1999(2)。

［英］戴维·赫尔德等：《全球大变革：全球化时代的政治、经济与文化》，杨雪冬等译，北京，社会科学文献出版社，2001。

［英］罗宾·科恩、保罗·肯尼迪：《全球社会学》，文军等译，北京，社会科学文献出版社，2001。

［英］马丁·阿尔布劳：《全球时代：超越现代性之外的国家和社会》，高湘泽、冯玲译，北京，商务印书馆，2001。

［英］马歇尔：《经济学原理》上卷，朱志泰译，北京，商务印书馆，1981。

［英］马歇尔：《经济学原理》下卷，陈良璧译，北京，商务印书馆，1981。

［英］威廉·配第：《配第经济著作选集》，陈冬野、马清槐、周锦如译，北京，商务印书馆，1981。

［英］休谟：《人性论》上册，关文运译，北京，商务印书馆，1980。

［英］亚当·斯密：《国富论》上卷，郭大力、王亚南译，北京，商务印书馆，1979。

［英］伊丽莎白·劳伦斯：《现代教育的起源和发展》，纪晓林译，北京，北京语言学院出版社，1992。

［英］詹姆斯·林奇：《多元文化课程》，黄政杰译，台北，师大书苑出版社，1994。

二、外文文献

Andy Green, Education, *Globalization and the Nation State*, New York, St. Martin's Press, 1997.

A. Collins, J. S. Brown and S. E. Newman, "Cognitive Apprenticeship: Teaching the Craft of Reading, Writing, and Mathematics. Technical Report No. 403," in *Knowing Learning & Instruction*, 1987(1).

A. Green, Education, *Globalization and the Nation State*, London, Macmillan Publishers Ltd. , 1997.

Bada, Steve Olusegun, "Constructivism Learning Theory: A Paradigm for Teaching and Learning," in *Journal of Research & Method in Education*, 2015(5).

Brameld, *Education as Power*, New York, John Wileg, 1965.

B. A. Yeaxlee, *Lifelong Education*, London, Cassel, 1929.

B. S. Bloom, *Human Characteristics and School Learning*, New York, Mccraw-Hill Inc. , 1976.

B. S. Bloom, *Evaluation to Improve Learning*, New York, Mccraw-Hill Inc. , 1981.

B. S. Bloom, *Mastery Learning*, in *Mastery Learning Theory and Practice*, Hott, Rinehard and Winston Inc. , 1971.

C. A. Bowers & D. J. Flinders, *Responsive Teaching*, New York, Teachers College Press, 1990.

C. D. Hardie, *Truth and Fallacy in Educational Theory*, London, Cambridge University Press, 1942.

C. E. Sletter, *Keepers of the American Dream: Multicultural Education and Staff Development*, Philadelphia, Falmer Press, 1992.

C. Grant, "The Mediator of Culture: A Teacher Role Revisited," in *Journal of Research and Development in Education*, 1997(11).

C. Jencks, "Whom Must We Treat Equally for Educational Opportunity to Be Equal?," in *Ethics*, 1988(3).

C. Phillips, "The Good, the Bad, and the Ugly: The Many Faces of Constructivism," in *Educational Researcher*, 1995(24).

Department of Education Queenslan, *P-12 Environmental Education Curriculum Guide*, Publishing Services for Studies Directorate, Australia, 1993.

D. E. Cooper, *Education Value and Mind*, London, Essays for R. S. Perter, 1986.

Everett Reimer, *School Is Dead: Alternative in Education*, New York, Doubleday, 1971.

E. C. Lindeman, *The Meaning of Adult Education*, New York, New Republic, 1926.

Featherstone, "Global Culture: An introduction," in *Theory, Culture and Society*, 1990(7).

F. Connel, *A History of Education in the 20th Century World*, Canberra, Curriculum Development Center Canberra, 1980.

F. J. Turner, "The Significance of the Frontier in American History," in *The Frontier in American History*, New York, Henry Holt and Co. , 1928, p. 23.

F. McGinn, "Education, Democratization, and Globalization: A Challenge for Comparative Education," in *Comparative Education Review*, 1996(40).

F. Pinar, W. M. Reynolds, P. Slattery and P. M. Taubman, *Understanding Curriculum: An Introduction to Study of Historical and Contemporary Curriculum Discourses*, New York, Peteralng, 1995.

Georgi Lozanov, *Suggestology and Outlines of Suggestopedy*, New York, Gordon and Breach, 1980.

Gordon W. Allport, *Becoming, Basic Consideration for a Psychology of Personality*, New Haven, Yale University Press, 1955.

G. F. Kneller, *Movements of Thought in Modern Education*, New Jersey, John Wiley & Sons Inc. , 1984.

G. Gay, *Culturally Responsive Teaching: Theory, Research, and Practice* (2nd Ed.) , New York, Teachers College Press, 2010.

G. Ladson-Billings and W. F. Tate, "Toward a Critical Race Theory of Education," in *Teachers College Record*, 1995(1).

G. Ladson-Billings, "Towards a Theory of Culturally Relevant Pedagogy,"in *American Educational Research Journal*, Vol. 32, No. 3, 1995.

Hans d. Orville, *Education and Governance, Presentation for the Chinese National Commission for UNESCO*, Beijing, 23, February, 2011.

Hans Schattle, "Education for Global Citizenship: Illustration of Ideological Pluralism and Adaptation," in *Journal of Political Ideologies*, Vol. 13, No. 1, 2008.

Henry A. Gironx, "Theories of Reproduction and Resistance in the New Sociology of Education: A Critical Analysis," in *Havard Educational Review*, Vol. 53, No. 3, 1983.

H. M. Kallen, "Democracy Versus the Melting Pot," in *The Nation*, 1915 (2).

H. M. Kallen, *Culture and Democracy in the United States*, New York, Arno Press and The New York Times, 1970.

H. R. Hungerford, T. L. Volk and J. M. Ramsey, *A Prototype Environmental Education Curriculum for the Middle School*, UNESCO-UNEP International Environmental Education Program

IUCN, *International Working Meeting on Environmental Education in the School Curriculum: Final Report*, Gland, Swizerland, 1970.

Ivan Illich, *Deschooling Society*, New York, Harper and Row, 1971.

I. Berkson, *Theories of Americanization: A Critical Study*, New York, Columbia University Press, 1920.

I. Scheffler, *The Language of Education*, Springfield, Illinois, Charles C. Thomas Publisher, 1960.

Jack Demaine, *Contemporary Theories in the Sociology of Education*, London, Macmillan, 1981.

James M. Becker, "Goals for Global Education," in *Theory into Practice*, 2001 (3).

James M. Becker, "Goals for Global Education: Theory into Practice," in *Global Education*, Vol. 21, No. 3, 1982.

Jan Nederveen Pieterse and Bhikhu Parekh eds. , *The Decolonization of Imagination: Culture, Knowledge and Power*, London, Zed Books Ltd. , 1995.

Joel Spring, *Globalization and Education Rights: An inter-civilizational Analysis*, Mahwah, NJ, Lawrence Erlbaum Associates, 2001.

John J. Cogan and Ray Derricott, *Citizenship for the 21st Century: An International Perspective on Education*, London, Kogan Page Limited, 1998.

Joy A. Palmer and Philip Neal, T*he Handbook of Environmental Education*, London, Routledge, 1994.

J. A. Banks and C. A. M. Banks eds. , *Multicultural Education: Issues and Perspectives*, 9th edition, New Jersey, John Wiley & Sons Inc. , 2016.

J. A. Banks, *The Routledge International Companion to Multicultural Education*, London and New York, Routledge, 2009.

J. Bowen and P. Hobson, *Theories of Education: Studies of Significant Innovation in Western Educational Thought*, New Jersey, John Wiley & Sons Inc. , 1987.

J. F. Soltis, *An Introduction to the Analysis of Educational Concepts*, Reading, Mass. , Addison-Wesley Publishing Company, 1978.

J. Habermas, *Knowledge and Human Interests*, Boston, Beacon Press, 1971.

J. Lynch and J. A. Banks, *Multicultural Education in Western Societies*, England, Taylor and Francis, 1986.

J. Lynch, *Prejudice Reduction and the Schools*, England, Nichols Publish Company, 1987.

J. S. Brown, A. Collins and P. Duguid, "Situated Cognition and the Culture of Learning," in *Educational Researcher*, 1989 (18).

J. S. Coleman, "The Concept of Equality of Educational Opportunity," in *Harvard Educational Review*, Vol. 38. No. 1, 1968.

Kenneth A. Tye, "Global Education as a Worldwide Movement," in *Phi Delta Kappan*, 2003(10).

K. J. Schneider et al. , *The Handbook of Humanistic Psychology*, Thousand Oaks , Sage Publications, 2001.

K. Ohmae, *The Borderless World: Power and Strategy in the Interlinked World Economy*, New York, Harper Business, 1990.

K. Wain, "Lifelong Education and Philosophy of Education," in *International Journal of Lifelong Education*, Vol. 4, No. 2, 1985.

Lan L. Tucker. "NCSS and International / Global Education," in O. L. Davis, Jr. , et al. , *NCSS in Retrospect*, Washington D. C. , National Council for the Social Studies, 1996.

ley Aronowitz and Henry A. Giroux, *Postmodern Education*: *Politics*, *Culture*, *and Social Criticism*, Minneapolis, University of Minnesota Press, 1991.

Madan Sarup, *Education*, *State and Crisis*: *A Marxist Perspective*, London, Routledge and Kegan Paul, 1982.

Madan Sarup, *Marxism and Education*: *A Marxist Perspective*, London, Routledge and Kegan Paul, 1978.

Marcus Aurelius Antonius, *The Communings With Himself*, London, Heinemann and Cambridge, MA: Harvard University Press, 1961.

Martin Carnoy, *The New Global Economy in the Information Age*: *Reflections on Our Changing World*, University Park, Pennsylvania State University Press, 1993.

Mary Joy Pigozzi, "A UNESCO View of Global Citizenship Education," in *Educational Review*, Vol. 58, No. 1, 2006.

Michael E. Porter, *The Competitive Advantage of Nations*, New York, Simon and Schuster, 1990.

M. A. Lucas, "Environmental Education: What Is It, for Whom, for What Purpose, and How?," in *The British Council*, *International Seminars in Britain*: *Environmental Education*: *From Policy to Practice*, 26 Mar. –6 Apr. 1995, London and Shropshire, 1995.

M. A. Lucas, *Environment and the Human Environmental Education*: *Conceptual Issuesand Curriculum Implications*, Ph. D. dissertation, The Ohio State University, 1972.

M. Buber, *Between Man and Man*, New York, Macrmillan, 1965.

M. Herskovits, *Man and His Works*: *The Science of Cultural Anthropology*, New York, Alfred A. Knopf, 1948.

M. Tight, "The Myth of the Learning Society," in *British Journal of Educational Studies*, Vol. 43, No. 3, 1995.

M. Tight, *Key Concepts in Adult Education and Training*, London and New York, Routledge, 1996.

National Research Council, *National Science Education Standards*, *Washington D. C.*, National Academy Press, 1996.

Neil Postman and Charles Weingartner, *Teaching as a Subversive Activity*, New York, Penguin, 1971.

Nelly P. Stromquist and Karen Monkman, *Globalization and Education: Integration and Contestation Across Cultures*, Lanham, Md, Rowman and Littlefield Publishers, Inc. , 2000.

N. Cholas, C. Burblues, C. A. Torres, eds. , *Globalization and Education: Critical Perspectives*, London and New York, Routledge, 2000.

N. Noddings, *The Challenge to Care in schools: An Alternative Approach to Education*, New York, Teacher College Press, 1992.

N. P. Stromquist and K. Monkman, *Globalization and Education: Integration and Contestation Across Cultures*, New York, Rowman and Littlefield Publishers Inc. , 2000.

Ohmae, *The Borderless World: Power and Strategy in the Interlinked World Economy*, New York, Harper Business, 1990.

P. Burrage, L. F. Pelton, "The Beam Analysis Tool (BAT) ," in *Encyclopedia of Distance Learning*, Second Edition, Deerfield, Idea Group Publishing, 2009.

P. Goodman, *Compulsory Mis-education*, New York, Random House, 1964.

P. Goodman, *Growing up Absurd: Problems of Youth in the Organized System*, New York, Random House, 1960.

P. Goodman, *Mini-school: A Prescription for the Reading Problem*, New York, Vintage.

P. McLaren, *Critical Pedagogy and Predatory Culture: Oppositional Politics in a Postmodern Era*, London and New York, Routledge, 1995.

Rand J. Spiro, Paul Feltovich, Michael J. Jacobson and Richard L. Coulson, "Random Access Instruction for Advanced Knowledge Acquisition in Ill-Structured Domains ,"in *Educational Technology*, 1991(5).

Robin Barrow, *Radical Education—A Critique of Freeschooling and Deschooling*, London, Martin Robertson. 1978.

Roger Dale and Susan L. Robertson, "New Arenas of Global Governance and International Organizations: Reflections and Direct Ions," in K. Martens, A. Rusconi and K. Lutz, *Transformations of the State and Global Governance*, London and New York, Routledge, 2007.

Roger Dale and Susan L. Robertson, "The Varying Effects of Regional Organizations as Subjects of Globalization of Education," in *Comparative Education Review*, 2002(1).

Roy D. Pea, "The Social and Technological Dimensions of Scaffolding and Related Theoretical Concepts for Learning, Education, and Human Activity," in *The Journal of the Learning Sciences*, 2004(13).

R. Boshier, *Towards a Learning Society*, Vancouver, Learning Press, 1980.

R. Dworkin, *Taking Rights Seriously*, Cambridge, Massachusetts, Harvard University Press, 1977.

R. E. Roth, "A Model for Environmental Education," in *Journal of Environmental Education*, Vol. 8, No. 3, 1973.

R. M. Gagné and L. J. Briggs, *Principles of Instructional Design*, Holt, Rinehard and Winston Inc. , 1979.

R. M. Gagné, *The Conditions of Learning and Theory of Instruction*, London, LBS College Publishing Inc. , 1985.

R. M. Hutchins, *The Learning Society*, New York, F. A. Praeger, 1968.

R. Nozick, *The Examined Life*, New York, Simon and Schuster, 1989.

R. Rorty, *Philosophy and the Mirror of Nature*, Princeton, Princeton University Press, 1989.

R. Rusk and J. Scotland, *Doctrines of the Great Educators*, London, Macmillan Publishers Ltd. , 1981.

R. S. Peters, *Education Theory and Its Foundation Disciplines*, London, Routledge and Kegan Paul, 1983.

R. S. Peters, *Ethics and Education*, London, Allen & Unwin, 1966.

Scigfried Rambe, "Global Education for the 21st Century," in *Education Leadership*, Vol. 48, No. 7, 1991.

Susan Wallace, *A Dictionary of Education* (*second ed.*), Oxford, Oxford University Press, 2015.

S. Richmond, *The Oxford Companion to Philosophy*, Oxford, Oxford University Press, 2005.

S. W. Bijou, "Behaviorism: History and Educational Application," in T. Husén, *The International Encyclopedia of Education*, Vol. 1, Oxford, Pergamon Press, 1985.

T. C. Vanderbilt, "Anchored Instruction and Its Relationship to Situated Cognititon," in *American Educational Research Association*, 1990(19).

UNESCO, *Recommendation Concerning Education for International Understanding*, "Cooperation and Peace and Education Relating to Human Rights and Fundamental Freedoms," the General Conference at its eighteenth session, Paris, November, 19, 1974.

UNESCO, *Records of the General Conference at Its Eighteenth Session*, Paris, 17 October to 23 November 1974, Volumel Resolutions, Paris, UNESCO, 1974.

UNESCO-APNIEVE, *Learning To Be: A Holistic and Integrated Approach to Values Education for Human Development*, Bangkok, UNESCO Asia and Pacific Regional Bureau for Education, 2002.